2026
제29회 시험대비 전면개정

# 박문각 주택관리사

## 합격예상문제 2차
### 주택관리관계법규

이경철 외 박문각 주택관리연구소 편저

합격까지 박문각
**합격 노하우가 다르다!**

# 이 책의 머리말

주택관리사(보) 시험을 준비하는 여러분을 진심으로 응원합니다.

이 책을 펼친 지금 이 순간에도, 아마 여러분의 마음 한편에는 기대와 함께 막연한 부담감도 함께 자리하고 있을 것입니다. 법규 과목은 범위가 넓고, 문장은 낯설며, 출제 포인트는 쉽게 잡히지 않기 때문입니다. 하지만 분명히 말씀드리고 싶습니다.
주택관리관계법규는 '어렵게 배워야 하는 과목'이 아니라, '방향만 잡히면 충분히 점수를 만들어낼 수 있는 과목입니다.
2026년 주택관리사(보) 시험을 대비하여 집필한 이 예상문제집은 단순히 많은 문제를 풀게 하기 위한 책이 아닙니다.

출제 경향을 분석하여 "어디에서, 어떤 방식으로, 왜 문제를 내는가"를 중심에 두고 다음과 같이 구성하였습니다.

**01** 최근 기출문제의 흐름을 충실히 반영

**02** 반복 출제되는 지문을 문제 속에서 자연스럽게 체득

**03** 불필요한 암기 부담을 줄이고, 출제 가능성이 높은 내용에 집중하도록 설계

특히 본 문제집은 문제를 풀고 나서 "맞혔다/틀렸다"에서 끝나는 것이 아니라, '이 지문이 왜 맞는지, 왜 틀렸는지'가 머릿속에 남도록 해설에 많은 공을 들였습니다.
법규 과목에서 가장 중요한 것은 문제 수가 아니라, 문제 지문 하나하나를 통해 출제자의 시각에서 이해하는 것이기 때문입니다.

수험 기간 동안 흔들리는 날도 있을 것입니다. 점수가 오르지 않아 불안한 순간도 분명 찾아옵니다. 그럴 때마다 이 책이 여러분에게 "지금 가고 있는 방향이 틀리지 않았다"라는 작은 확신이 되기를 바랍니다.

주택관리사(보) 시험은 결코 만만하지 않지만, 끝까지 준비한 사람에게는 반드시 답을 주는 시험입니다.
이 예상문제집이 여러분의 합격 여정에 든든한 동반자가 되기를 진심으로 바랍니다.

끝으로, 본서를 집필하는 과정에서 많은 도움을 주신 박문각 학원 부장님과 차장님, 그리고 동영상 팀장님께 깊이 감사드립니다. 또한 교재의 완성도를 높이기 위해 함께 애써주신 출판부 임직원 여러분들께도 진심으로 고마움을 전합니다.
무엇보다도, 늘 건강하게 지켜봐 주시는 부모님과 언제나 곁에서 응원과 힘이 되어주는 가족들에게 감사의 마음을 드립니다. 마지막으로, 도전과 열정을 품고 주택관리사(보)라는 길을 선택한 모든 수험생 여러분께 따뜻한 격려와 진심 어린 응원의 마음을 보냅니다.

2026년 합격의 영광이 여러분의 것이 되기를 기원합니다.

2026년 2월 도봉산을 바라보며
편저자 이경철

# 자격안내

## 자격개요

주택관리사보는 공동주택의 운영·관리·유지·보수 등을 실시하고 이에 필요한 경비를 관리하며, 공동주택의 공용부분과 공동소유인 부대시설 및 복리시설의 유지·관리 및 안전관리 업무를 수행하기 위해 주택관리사보 자격시험에 합격한 자를 말한다.

## 변천과정

| 1990년 | 주택관리사보 제1회 자격시험 실시 |
| --- | --- |
| 1997년 | 자격증 소지자의 채용을 의무화(시행일 1997. 1. 1.) |
| 2006년 | 2005년까지 격년제로 시행되던 자격시험을 매년 1회 시행으로 변경 |
| 2008년 | 주택관리사보 자격시험의 시행에 관한 업무를 한국산업인력공단에 위탁(시행일 2008. 1. 1.) |

## 주택관리사제도

### ❶ 주택관리사 등의 자격

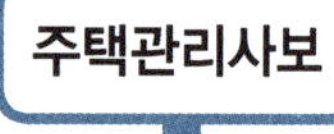


주택관리사보가 되려는 자는 국토교통부장관이 시행하는 자격시험에 합격한 후 시·도지사로부터 합격증서를 발급받아야 한다.

주택관리사는 주택관리사보 합격증서를 발급받고 대통령령으로 정하는 주택관련 실무경력이 있는 자로서 시·도지사로부터 주택관리사 자격증을 발급받은 자로 한다.

### ❷ 주택관리사 인정경력

시·도지사는 주택관리사보 자격시험에 합격하기 전이나 합격한 후 다음의 어느 하나에 해당하는 경력을 갖춘 자에 대하여 주택관리사 자격증을 발급한다.

- 사업계획승인을 받아 건설한 50세대 이상 500세대 미만의 공동주택의 관리사무소장으로 근무한 경력 3년 이상
- 사업계획승인을 받아 건설한 50세대 이상의 공동주택의 관리사무소의 직원(경비원, 청소원, 소독원 제외) 또는 주택관리업자의 직원으로 주택관리업무에 종사한 경력 5년 이상
- 한국토지주택공사 또는 지방공사의 직원으로 주택관리업무에 종사한 경력 5년 이상
- 공무원으로 주택관련 지도·감독 및 인·허가 업무 등에 종사한 경력 5년 이상
- 주택관리사단체와 국토교통부장관이 정하여 고시하는 공동주택관리와 관련된 단체의 임직원으로 주택관련 업무에 종사한 경력 5년 이상
- 위의 경력들을 합산한 기간 5년 이상

## 법적 배치근거

공동주택을 관리하는 주택관리업자·입주자대표회의(자치관리의 경우에 한함) 또는 임대사업자(「민간임대주택에 관한 특별법」에 의한 임대사업자를 말함) 등은 공동주택의 관리사무소장으로 주택관리사 또는 주택관리사보를 다음의 기준에 따라 배치하여야 한다.

- 500세대 미만의 공동주택: 주택관리사 또는 주택관리사보
- 500세대 이상의 공동주택: 주택관리사

## 주요업무

공동주택을 안전하고 효율적으로 관리하여 공동주택의 입주자 및 사용자의 권익을 보호하기 위하여 입주자대표회의에서 의결하는 공동주택의 운영·관리·유지·보수·교체·개량과 리모델링에 관한 업무 및 이와 같은 업무를 집행하기 위한 관리비·장기수선충당금이나 그 밖의 경비의 청구·수령·지출 업무, 장기수선계획의 조정, 시설물 안전관리계획의 수립 및 건축물의 안전점검에 관한 업무(단, 비용지출을 수반하는 사항에 대하여는 입주자대표회의의 의결을 거쳐야 함) 등 주택관리서비스를 수행한다.

## 진로 및 전망

주택관리사는 주택관리의 시장이 계속 확대되고 주택관리사의 지위가 제도적으로 발전하면서 공동주택의 효율적인 관리와 입주자의 편안한 주거생활을 위한 전문지식과 기술을 겸비한 전문가집단으로 자리매김하고 있다.

주택관리사의 업무는 주택관리서비스업으로서, 자격증 취득 후 아파트 단지나 빌딩의 관리소장, 공사 및 건설업체·전문용역업체, 공동주택의 운영·관리·유지·보수 책임자 등으로 취업이 가능하다.
과거 주택건설 및 공급 위주의 주택정책이 국가경제적인 측면에서 문제가 되었다는 점에서 지금은 공동주택의 수명연장 및 쾌적한 주거환경 조성을 우선으로 하는 주택관리의 시대가 되었다. 이러한 시대적 변화에 맞추어 전문자격자로서 주택관리사의 역할이 어느 때보다 중요해지고 있으며, 공동주택의 리모델링의 활성화로 주택관리사들이 전문기법을 연구·발전시켜 국가경제발전에도 크게 기여하게 될 것이다.

# 자격시험안내

## 시험기관

**소관부처** 국토교통부 주택건설공급과

**실시기관** 한국산업인력공단(http://www.Q-net.or.kr)

## 응시자격 및 결격사유

❶ **응시자격:** 없음

※ 단, 시험시행일 현재 주택관리사 등의 결격사유에 해당하는 자와 부정행위를 한 자로서 당해 시험시행일로부터 5년이 경과되지 아니한 자는 응시 불가능

❷ **주택관리사보 결격사유(공동주택관리법 제67조 제4항)**

다음 각 호 어느 하나에 해당하는 사람은 주택관리사 등이 될 수 없으며 그 자격을 상실한다.

1. 피성년후견인 또는 피한정후견인
2. 파산선고를 받은 사람으로서 복권되지 아니한 사람
3. 금고 이상의 실형의 선고를 받고 그 집행이 끝나거나(집행이 끝난 것으로 보는 경우를 포함) 집행이 면제된 날부터 2년이 지나지 아니한 사람
4. 금고 이상의 형의 집행유예를 선고받고 그 집행유예기간 중에 있는 사람
5. 주택관리사 등의 자격이 취소된 후 3년이 지나지 아니한 사람(제1호 및 제2호에 해당하여 주택관리사 등의 자격이 취소된 경우는 제외)

## 시험방법

❶ 주택관리사보 자격시험은 제1차 시험 및 제2차 시험으로 구분하여 시행
❷ **제1차 시험문제:** 객관식 5지 택일형, 과목당 40문항을 출제
❸ **제2차 시험문제:** 객관식 5지 택일형 및 주관식 단답형, 과목당 40문항을 출제(객관식 24문항, 주관식 16문항)

## 시험의 일부면제

❶ 2025년도 제28회 제1차 시험 합격자(2026년도 제1차 시험에 한함, 별도 서류제출 없음)
❷ 2025년도 제1차 시험 합격자가 2026년도 제1차 시험 재응시를 원할 경우, 응시 가능하며 불합격하여도 전년도 제1차 시험 합격에 근거하여 2026년도 제2차 시험에 응시 가능

※ 다만, 2026년도 제1차 시험의 시행일 기준으로 결격사유에 해당하는 사람에 대해서는 면제하지 아니함

## 합격기준

**❶ 제1차 시험 절대평가, 제2차 시험 상대평가**(공동주택관리법 제67조 제5항)

국토교통부장관은 선발예정인원의 범위에서 대통령령으로 정하는 합격자 결정 점수 이상을 얻은 사람으로서 전과목 총득점의 고득점자 순으로 주택관리사보 자격시험 합격자를 결정

**❷ 시험합격자의 결정**(공동주택관리법 시행령 제75조)

1. 제1차 시험

   과목당 100점을 만점으로 하여 모든 과목 40점 이상이고 전 과목 평균 60점 이상의 득점을 한 사람

2. 제2차 시험

   ① 과목당 100점을 만점으로 하여 모든 과목 40점 이상이고 전 과목 평균 60점 이상의 득점을 한 사람. 다만, 모든 과목 40점 이상이고 전 과목 평균 60점 이상의 득점을 한 사람의 수가 법 제67조 제5항 전단에 따른 선발예정인원에 미달하는 경우에는 모든 과목 40점 이상을 득점한 사람

   ② 법 제67조 제5항 후단에 따라 제2차 시험 합격자를 결정하는 경우 동점자로 인하여 선발예정인원을 초과하는 경우에는 그 동점자 모두를 합격자로 결정. 이 경우 동점자의 점수는 소수점 둘째자리까지만 계산하며, 반올림은 하지 아니함

## 시험과목

(2025. 03. 28. 제28회 시험 시행계획 공고 기준)

| 시험구분 | | 시험과목 | 시험범위 | 시험시간 |
|---|---|---|---|---|
| 제1차<br>(3과목) | 1교시 | 회계원리 | 세부 과목 구분 없이 출제 | 100분 |
| | | 공동주택<br>시설개론 | • 목구조·특수구조를 제외한 일반건축구조와 철골구조<br>• 장기수선계획 수립 등을 위한 건축적산<br>• 홈네트워크를 포함한 건축설비개론 | |
| | 2교시 | 민 법 | • 총칙<br>• 물권<br>• 채권 중 총칙·계약총칙·매매·임대차·도급·위임·부당이득·불법행위 | 50분 |
| 제2차<br>(2과목) | | 주택관리<br>관계법규 | 「주택법」·「공동주택관리법」·「민간임대주택에 관한 특별법」·「공공주택 특별법」·「건축법」·「소방기본법」·「화재예방, 소방시설설치·유지 및 안전관리에 관한 법률」·「승강기 안전관리법」·「전기사업법」·「시설물의 안전 및 유지관리에 관한 특별법」·「도시 및 주거환경정비법」·「도시재정비 촉진을 위한 특별법」·「집합건물의 소유 및 관리에 관한 법률」 중 주택관리에 관련되는 규정 | 100분 |
| | | 공동주택<br>관리실무 | 시설관리, 환경관리, 공동주택회계관리, 입주자관리, 공동주거관리이론, 대외업무, 사무·인사관리, 안전·방재관리 및 리모델링, 공동주택 하자관리(보수공사 포함) 등 | |

※ 1. 시험과 관련하여 법률·회계처리기준 등을 적용하여 답을 구하여야 하는 문제는 시험시행일 현재 시행 중인 법령 등을 적용하여 정답을 구하여야 함

2. 회계처리 등과 관련된 시험문제는 「한국채택국제회계기준(K-IFRS)」을 적용하여 출제

3. 기활용된 문제, 기출문제 등도 변형·활용되어 출제될 수 있음

# 2025년 제28회 주택관리사(보) 2차 시험 과목별 총평

## 주택관리관계법규

이번 제28회 주택관리사(보) 시험은 상대평가로 전환된 이후 다섯 번째 시험으로, 선발예정인원은 약 1,600명 수준이었습니다.

2차 과목 가운데 주택관리관계법규는 난도가 높게 출제된 반면, 공동주택관리실무는 다소 쉽게 출제되었습니다. 이에 따라 전체적인 합격 평균점수는 작년과 비슷한 수준입니다.

특히, 주택관리관계법규는 예년과 달리 최근 개정된 법률 부분이 거의 출제되지 않았으며, 난이도 기준으로 볼 때 상(上) 수준 문제가 약 12문항, 중(中) 수준 문제가 15문항이 출제되었습니다. 이로 인해 다수의 고득점자가 나오기는 어려웠을 것으로 보이며, 해가 거듭될수록 법규 과목의 출제 난도가 점차 높아지는 경향이 뚜렷하게 나타나고 있습니다.

시험 직후 수험생들의 후기를 살펴보면, 모의고사에서 70점 이상을 기록했던 수험생조차 실제 시험에서는 50점 전후에 머물렀다는 사례가 많았습니다. 이는 이번 시험의 난이도를 실감케 하는 대목입니다.

## 공동주택관리실무

이번 제28회 시험은 출제난도가 높게 유지되었고 문항 수가 많이 출제되던 사무관리에서 기존 난도보다는 낮게 5문제만 출제되었습니다. 하지만 제29회 시험에서는 이전의 난도와 문항 수로 출제될 수 있기 때문에 이에 대한 대비가 필요합니다.

공동주택관리의 개요에서는 용어정의, 자치관리와 위탁관리를 포함한 공동주택 관리에 관련된 문제가 평이하게 출제되었고 높은 출제빈도를 유지하고 있는 곳이기 때문에 꼼꼼한 정리가 필요합니다. 대외업무에서는 허가와 신고 규정이 생략되는 문제가 출제되어 난도는 낮았지만 역으로 난도를 조절할 수 있는 주관식 문제가 출제될 수 있기 때문에 이에 철저한 대비도 필요합니다.

꾸준하게 출제빈도가 높은 공동주택 건축설비에서는 까다로운 계산문제 1문제를 포함하여 총 13문제가 기존 출제난도보다는 낮게 출제되었습니다.

건축물 및 시설관리와 하자보수 등에서는 지엽적인 1문제를 포함하여 5문항이 "중" 정도의 난도로 출제되었고, 환경관리에서는 출제빈도가 높은 실내공기질 관리법을 포함하여 4문제가 출제되었으며 제29회 시험에서도 문항 수는 제28회 시험과 동일하거나 더 늘어 날 수 있을 것으로 보입니다.

박문각의 학습과정과 교재를 통해 꾸준하게 수험준비를 하신 분들은 큰 어려움 없이 시험을 치르셨을 것으로 생각됩니다.

**주택관리사(보) 자격시험 5개년 합격률**

▷ **제1차 시험**

(단위: 명)

| 구 분 | 접수자(A) | 응시자(B) | 합격자(C) | 합격률(C/B) |
|---|---|---|---|---|
| 제24회(2021) | 17,011 | 13,827 | 1,760 | 12.73% |
| 제25회(2022) | 18,084 | 14,410 | 3,137 | 21.76% |
| 제26회(2023) | 18,982 | 15,225 | 1,877 | 12.33% |
| 제27회(2024) | 20,809 | 17,023 | 2,017 | 11.84% |
| 제28회(2025) | 22,406 | 18,683 | 2,952 | 15.8% |

▷ **제2차 시험**

(단위: 명)

| 구 분 | 접수자(A) | 응시자(B) | 합격자(C) | 합격률(C/B) |
|---|---|---|---|---|
| 제24회(2021) | 2,087 | 2,050 | 1,610 | 78.5% |
| 제25회(2022) | 3,494 | 3,408 | 1,632 | 47.88% |
| 제26회(2023) | 3,502 | 3,439 | 1,610 | 46.81% |
| 제27회(2024) | 2,992 | 2,913 | 1,612 | 55.33% |
| 제28회(2025) | 3,869 | 3,791 | 1,624 | 42.83% |

# 출제경향 분석 및 수험대책

## 📖 출제경향 분석

| 분 야 | 제24회 | 제25회 | 제26회 | 제27회 | 제28회 | 총 계 | 비율(%) |
|---|---|---|---|---|---|---|---|
| 건축법 | 7(3) | 7(3) | 7(3) | 7(2) | 7(3) | 35 | 17.5 |
| 주택법 | 8(3) | 8(3) | 8(3) | 8(3) | 8(3) | 40 | 20.0 |
| 공동주택관리법 | 8(3) | 8(3) | 8(3) | 8(3) | 8(3) | 40 | 20.0 |
| 민간임대주택에 관한 특별법 | 2(1) | 2(1) | 2(1) | 2(1) | 2(1) | 10 | 5.0 |
| 공공주택 특별법 | 2(1) | 2(1) | 2(1) | 2(1) | 2(1) | 10 | 5.0 |
| 시설물의 안전 및 유지관리에 관한 특별법 | 2(1) | 2(1) | 2(1) | 2(1) | 2(1) | 10 | 5.0 |
| 전기사업법 | 2(1) | 2(1) | 2(1) | 2(1) | 2(1) | 10 | 5.0 |
| 승강기 안전관리법 | 2 | 2(1) | 2(1) | 2(1) | 2(1) | 10 | 5.0 |
| 도시 및 주거환경정비법 | 2(1) | 2(1) | 2(1) | 2(1) | 2(1) | 10 | 5.0 |
| 도시재정비 촉진을 위한 특별법 | 1(1) | 1(1) | 1 | 1 | 1 | 5 | 2.5 |
| 집합건물의 소유 및 관리에 관한 법률 | 1 | 1 | 1 | 1 | 1 | 5 | 2.5 |
| 소방기본법 | 1 | 1 | 1 | 1 | 1 | 5 | 2.5 |
| 소방시설 설치 및 관리에 관한 법률 | 2(1) | 2 | 1 | 1 | 1 | 5 | 2.5 |
| 화재의 예방 및 안전관리에 관한 법률 | | | 1(1) | 1 | 1 | 5 | 2.5 |
| 총 계 | 40 | 40 | 40 | 40 | 40 | 200 | 100 |

※ 괄호 안의 수치는 주관식 단답형 문제 수임.

이번 제28회 주택관리사(보) 시험은 상대평가로 전환된 이후 다섯 번째 시험으로, 선발예정인원은 약 1,600명 수준이었습니다.

2차 과목 가운데 주택관리관계법규는 난도가 높게 출제된 반면, 공동주택관리실무는 다소 쉽게 출제되었습니다. 이에 따라 전체적인 합격 평균점수는 작년(68점)과 비슷한 68.75로 결과가 나왔습니다.

특히, 주택관리관계법규는 예년과 달리 최근 개정된 법률 부분이 거의 출제되지 않았으며, 난이도 기준으로 볼 때 ▲상(上) 수준 문제가 약 12문항, ▲중(中) 수준 문제가 15문항이 출제되어 만점자가 나오지 못했으며 고득점자도 많이 나오지 않았습니다. 해가 거듭될수록 법규 과목의 출제 난이도가 점차 높아지는 경향이 뚜렷하게 나타나고 있습니다.

## ✎ 수험대책

**1편** 건축법은 주택법이나 공동주택관리법 다음으로 출제 비중이 높은 과목으로 7문제 중 2~3문제가 주관식으로 출제되고 있다. 건축법 용어와 건축물의 용도, 허가 및 신고, 건폐율, 용적률, 건축선, 면적·높이·층수 산정, 구조 및 피난 시설, 건축물의 높이제한, 이행강제금 등 핵심 부분에 대한 집중적인 학습이 요구된다.

**2편** 주택법은 8문제가 출제되고 있는데, 이 중 3문제는 주관식으로 출제되고 있다. 용어와 주택의 건설에서는 사업주체, 주택조합, 사업계획승인, 매도청구, 공급에서는 투기과열지구, 분양가상한제, 조정대상지역, 리모델링 등 전반적인 학습이 필요하다.

**3편** 공동주택관리법은 8문제가 출제되고 있는데, 이 중 3문제는 주관식으로 출제되고 있다. 용어, 관리방법, 입주자대표회의, 장기수선계획 등, 하자담보책임, 관리주체 등, 공동주택관리법은 주택관리실무와 중복되는 법이기 때문에 문항 수에 관계없이 전부 시험에 출제되는 부분이므로 빠짐없는 학습이 요구된다.

**4편** 민간임대주택에 관한 특별법은 2문제가 출제되는데, 1문제는 주관식으로 출제되고 있다. 용어와 임대사업자, 주택임대관리업자, 촉진지구 등으로 개괄적인 정리가 필요하다.

**5편** 공공주택 특별법은 2문제가 출제되는데, 주로 용어 중심으로 정리하고 공공주택지구, 도심공공주택복합사업, 공공주택의 관리 등 중요부분을 학습하도록 한다.

**6편** 시설물의 안전 및 유지관리에 관한 특별법은 2문제가 출제되는데, 1문제는 주관식으로 출제된다. 주로 용어 중심으로 정리하고, 안전점검, 정밀안전진단 등 핵심사항을 학습하도록 한다.

**7편** 전기사업법은 2문제가 출제되는데, 1문제는 주관식으로 출제되고 있다. 이에 비해서 학습 분량은 상당히 많다. 용어와 전기사업, 전기신사업, 전력시장, 전력거래 등을 중심으로 정리하고 나머지는 간략하게 요약해서 학습하도록 한다.

**8편** 승강기 안전관리법은 2문제가 출제되는데, 1문제는 주관식으로 출제되고 있다. 승강기 종류, 승강기 안전인증, 승강기 설치검사 및 안전검사, 자체점검 등을 중심으로 학습하도록 한다.

**9편** 도시 및 주거환경정비법은 2문제가 출제되는데, 1문제는 주관식으로 출제되고 있다. 주로 용어와 정비사업의 개략적인 절차와 사업시 행자, 시행방식, 정비사업조합, 사업시행계획인가, 관리처분계획 중심으로 정리하는 것이 필요하다.

**10편** 도시재정비 촉진을 위한 특별법은 1문제가 출제되는데, 용어와 재정비촉진지구, 총괄계획가, 총괄사업관리자등을 중심으로 학습하는 것이 효율적이다.

**11편** 집합건물의 소유 및 관리에 관한 법률은 현재 객관식으로만 1문제가 출제되는데, 용어와 공용부분, 관리인, 관리위원회, 관리단집회, 규약 등을 중심으로 정리하는 것이 효율적이다.

**12편** 소방기본법은 1문제가 출제되는데, 용어와 소방활동 등을 중심으로 정리하되, 법조문의 분량이 얼마 되지 않기 때문에 벌칙 부분도 정리해둘 필요가 있다.

**13편** 소방시설 설치 및 관리에 관한 법률은 1문제가 출제되는데, 용어와 건축허가 등의 동의, 성능위주설계, 방염, 자체점검 등 중요한 부분을 중심으로 전반적인 학습이 이루어지도록 한다.

**14편** 화재의 예방 및 안전관리에 관한 법률은 1문제가 출제되는데, 용어와 화재안전조사, 화재예방강화지구, 소방안전관리대상물, 특별관리시설물 등 핵심적인 부분을 학습하도록 한다.

# 단계별 학습전략 Process 4

## STEP 1

### 시험준비 단계

### 시험출제 수준 및 경향 파악

사전준비 없이 막연한 판단으로 공부를 시작하면 비효율적이고 시험에 실패할 위험도 크다. 따라서 기출문제의 꼼꼼한 분석을 통해 출제범위를 명확히 하고, 출제 빈도 및 경향을 정확히 가늠하여 효율적인 학습방법을 찾는 것이 합격을 위한 첫 걸음이다.

### 최적의 수험대책 수립 및 교재 선택

시험출제 수준 및 경향을 정확하게 파악하였다면, 수험생 본인에게 적합한 수험방법을 선택해야 한다. 본인에게 맞지 않는 수험방법은 동일한 결과를 얻기 위해 몇 배의 시간과 노력을 들여야 한다. 따라서 본인의 학습태도를 파악하여 자신에게 맞는 학습량과 시간 배분 및 학습 장소, 학원강의 등을 적절하게 선택해야 한다. 그리고 내용이 충실하고 본인에게 맞는 교재를 선택하는 것도 합격을 앞당기는 지름길이 된다.

## STEP 2

### 실력쌓기 단계

### 과목별 학습시간의 적절한 배분

주택관리사보 자격시험을 단기간에 준비하기에는 내용도 방대하고 난도도 쉽지 않다. 따라서 과목별 학습목표량과 학습시간을 적절히 배분하는 것이 중요한데, 취약과목에는 시간을 좀 더 배분하도록 한다. 전체 일정은 기본서, 객관식 문제집, 모의고사 순으로 학습하여 빠른 시일 내에 시험 감각을 키우는 것을 우선으로 해야 한다.

### 전문 학원 강사의 강의 수강

학습량도 많고 난도도 높아 독학으로 주택관리사보 자격시험을 공략하기란 쉽지 않다. 더욱이 법률 과목은 기본개념을 파악하는 것 자체가 쉽지 않고, 해당 과목의 전체적인 흐름을 이해하고 핵심을 파악하기보다는 평면적·단순 암기식 학습에 치우칠 우려가 있어 학습의 효율성을 떨어뜨리고 시험기간을 장기화하는 원인이 될 수 있다. 이러한 독학의 결점이나 미비점을 보완하기 위한 방안으로 전문학원 강사의 강의를 적절히 활용하도록 한다.

 수험생 스스로 사전 평가를 통하여 고득점을 목표로 집중학습할 전략과목을 정하도록 한다.
그러나 그보다 더 중요한 것은 취약과목을 어느 수준까지 끌어올리느냐 하는 것이다.

### 취약과목을 집중 공략

개인차가 있겠지만 어느 정도 공부를 하고 나면 전략과목과 취약과목의 구분이 생기기 마련이다. 고득점을 보장하는 전략과목 다지기와 함께 취약과목을 일정 수준까지 끌어올리려는 노력이 무엇보다 필요하다. 어느 한 과목의 점수라도 과락이 되면 전체 평균점수가 아무리 높다고 해도 합격할 수 없기 때문에 취약과목을 어느 수준까지 끌어올리느냐가 중요하다고 하겠다.

### 문제 해결력 기르기

각 과목별 특성을 파악하고 전체적인 흐름을 이해했다면 습득한 지식의 정확도를 높이고, 심화단계의 문제풀이를 통해 실력을 높일 필요가 있다. 지금까지 학습해 온 내용의 점검과 함께 자신의 실력으로 굳히는 과정을 어떻게 거치느냐에 따라 시험의 성패가 결정될 것이다.

### 합격을 좌우하는 마지막 1개월

시험 1개월 전은 수험생들이 스트레스를 가장 많이 받는 시점이자 수험생활에 있어 마지막 승부가 가늠되는 지점이다. 이 시기의 학습효과는 몇 개월 동안의 학습효과와 비견된다 할 수 있으므로 최대한 집중력을 발휘하고 혼신의 힘을 기울여야 한다. 이때부터는 그 동안 공부해 온 것을 시험장에서 충분히 발휘할 수 있도록 암기가 필요한 사항은 외우고 틀린 문제들은 점검하면서 마무리 교재를 이용하여 실전감각을 배양하도록 한다.

### 시험 당일 최고의 컨디션 유지

시험 당일 최고의 컨디션으로 실전에 임할 수 있어야 공부한 모든 것들을 제대로 쏟아 낼 수 있다. 특히 시험 전날의 충분한 수면은 시험 당일에 명석한 분석 및 판단력을 발휘하는 데 큰 도움이 됨을 잊지 말아야 한다.

# 이 책의 활용방법

## 01 실전에 강한 기출·예상문제

**❶ 실전예상문제**

철저한 최신출제경향 분석을 통해 출제가능성이 높은 문제를 수록함으로써 실전 능력을 기를 수 있도록 하였다.

**❷ 주관식문제**

주관식문제가 출제되는 2차 과목의 특성상 실전감각을 기를 수 있도록 주관식 단답형문제를 수록하였다.

**❸ 난이도 표시**

난이도를 3단계로 표시하여 수험생 스스로 셀프테스트가 가능하도록 구성하였다.

---

**Chapter**

## 01 용어정의 · 건축행위

📘 연계학습 기본서 p.24~47

**단·원·열·기**

건축법은 총 7문제가 출제되고 3문제가 주관식이다. 이 단원은 용어, 건축행위인 신축·증축·개축·재축·이전, 대수선, 건축용도로 구분하여 학습한다.

**01 건축법령상 용어의 정의로서 틀린 것은?**

① "고층건축물"이란 층수가 30층 이상이거나 높이가 100m 이상인 건축물을 말한다.
② "지하층"이란 건축물의 바닥이 지표면 아래에 있는 층으로서 바닥에서 지표면까지 평균높이가 해당 층 높이의 2분의 1 이상인 것을 말한다.
③ "리모델링"이란 건축물의 노후화를 억제하거나 기능 향상 등을 위하여 대수선하거나 일부 증축하는 행위를 말한다.
④ "건축물의 용도"란 건축물의 종류를 유사한 구조, 이용 목적 및 형태별로 묶어 분류한 것을 말한다.
⑤ "건축주"란 건축물의 건축·대수선·용도변경, 건축설비의 설치 또는 공작물의 축조에 관한 공사를 발주하거나 현장 관리인을 두어 스스로 그 공사를 하는 자를 말한다.

**01 건축법 제1조(목적) 중 (     ) 안에 공통으로 들어갈 용어를 쓰시오.**

> 이 법은 건축물의 대지·구조·설비 기준 및 용도 등을 정하여 건축물의 ( ㉠ )·기능·( ㉡ ) 및 미관을 향상시킴으로써 공공복리의 증진에 이바지하는 것을 목적으로 한다.

**02 다음에서 설명하고 있는 건축법령상의 용어를 쓰시오.**

> 건축물이 천재지변이나 그 밖의 재해(災害)로 멸실된 경우 그 대지에 종전과 같은 규모의 범위에서 다시 축조하는 것을 말한다.

## 02 정확하고 명쾌한 정답 및 해설

**PART**
# 01 건축법

### 01 용어정의 · 건축행위

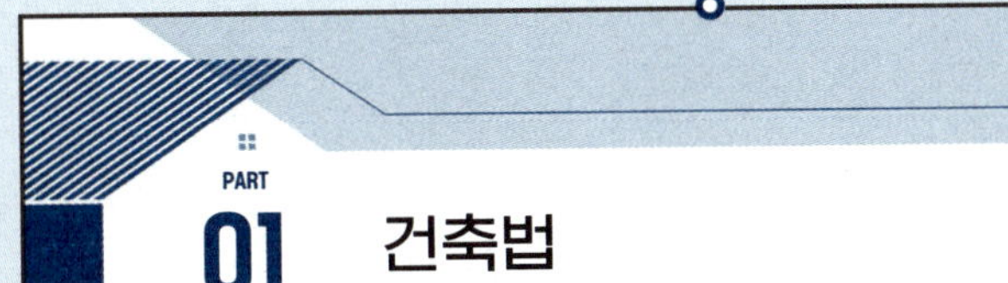

**Answer** 객관식

| 01 ① | 02 ⑤ | 03 ⑤ | 04 ③ | 05 ② | 06 ① | 07 ① | 08 ③ | 09 ⑤ | 10 ③ |
| 11 ① | 12 ③ | 13 ③ | 14 ④ | 15 ④ | 16 ④ | 17 ② | 18 ② | 19 ④ | 20 ① |
| 21 ② | 22 ② | 23 ③ | 24 ① | 25 ① | 26 ④ |

**01** ① "고층건축물"이란 층수가 30층 이상이거나 높이가 120m 이상연. 건축물을 말한다.

**02** ⑤ "설계자"에 대한 설명이며, "공사감리자"란 자기의 책임(보조자의 도움을 받는 경우를 포함한다)으로 이 법으로 정하는 바에 따라 건축물, 건축설비 또는 공작물이 설계도서의 내용대로 시공되는지를 확인하고, 품질관리 · 공사관리 · 안전관리 등에 대하여 지도 · 감독하는 자를 말한다.

**03** ① '이전'은 건축물의 주요구조부를 해체하지 않고 같은 대지의 다른 위치로 옮기는 것을 말한다.
② 건축물의 피난계단을 증설하는 것은 '대수선'에 해당한다.
③ '재축'은 건축물이 천재지변으로 멸실된 경우 그 대지에 종선과 같은 규모의 범위에서 다시 축조하는 것을 말한다.
④ 건축물의 바닥이 지표면 아래에 있는 층으로서 바닥에서 지표면까지 평균높이가 해당 층 높이의 2분의 1인 것은 '지하층'에 해당한다.

**04** ③ "발코니"에 대한 설명이다. "부속건축물"이란 같은 대지에서 주된 건축물과 분리된 부속용도의 건축물로서 주된 건축물을 이용 또는 관리하는 데에 필요한 건축물을 말한다.

**05** ② 건축물을 이전하는 것은 '건축'에 해당한다.

**06** ① 지하층인란 건축물의 바닥이 지표면 아래에 있는 층으로서 바닥에서 지표면까지 평균높이가 해당 층 높이의 2분의 1 이상인 것을 말한다.

**07** ② 지하층은 건축물의 바닥이 지표면 아래에 있는 층으로서 바닥에서 지표면까지 평균높이가 해당 층 높이의 2분의 1 이상인 것을 말한다.



---

**❶ 효율적 지면 구성**
문제풀이에 방해되지 않도록 문제와 해설 · 정답을 분리하여 수록하였다.

**❷ 상세한 해설**
문제의 핵심을 찌르는 정확하고 명쾌한 해설은 물론, 문제와 관련하여 더 알아두어야 할 내용을 제시함으로써 문제풀이의 효과를 극대화하고자 하였다.

# 이 책의 차례

# 이 책의 차례

**정답 및 해설**

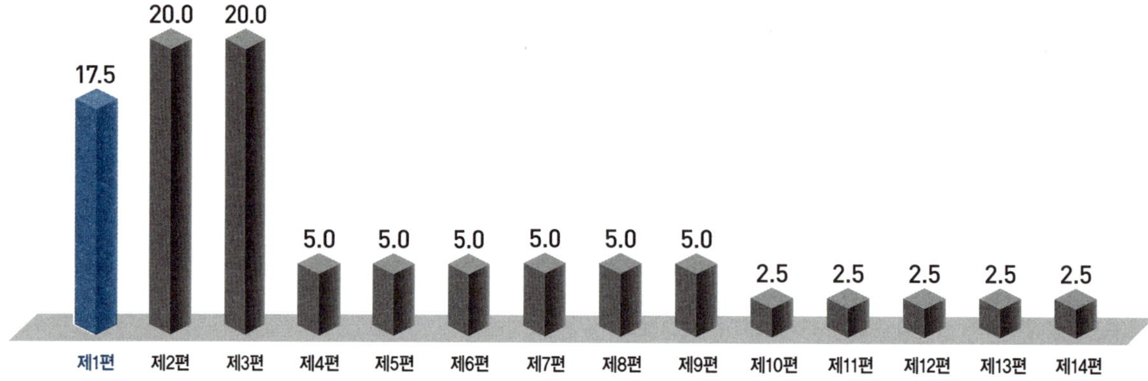



## 최근 5개년간 기출문제 분석

건축법은 주택법이나 공동주택관리법 다음으로 출제 비중이 높은 과목으로 7문제 중 2~3문제가 주관식으로 출제되고 있다. 건축법 용어와 건축물의 용도, 허가 및 신고, 건폐율, 용적률, 건축선, 면적 · 높이 · 층수 산정, 구조 및 피난시설, 건축물의 높이제한, 이행강제금 등 핵심부분에 대한 집중적인 학습이 요구된다.

# 건축법

### Chapter
# 01 용어정의 · 건축행위



**단·원·열·기**

건축법은 총 7문제가 출제되고 3문제가 주관식이다. 이 단원은 용어, 건축행위인 신축 · 증축 · 개축 · 재축 · 이전, 대수선, 건축용도로 구분하여 학습한다.

**01** 건축법령상 용어의 정의로서 틀린 것은?

① "고층건축물"이란 층수가 30층 이상이거나 높이가 100m 이상인 건축물을 말한다.

② "지하층"이란 건축물의 바닥이 지표면 아래에 있는 층으로서 바닥에서 지표면까지 평균높이가 해당 층 높이의 2분의 1 이상인 것을 말한다.

③ "리모델링"이란 건축물의 노후화를 억제하거나 기능 향상 등을 위하여 대수선하거나 일부 증축하는 행위를 말한다.

④ "건축물의 용도"란 건축물의 종류를 유사한 구조, 이용 목적 및 형태별로 묶어 분류한 것을 말한다.

⑤ "건축주"란 건축물의 건축 · 대수선 · 용도변경, 건축설비의 설치 또는 공작물의 축조에 관한 공사를 발주하거나 현장 관리인을 두어 스스로 그 공사를 하는 자를 말한다.

**02** 건축법령상 용어의 정의로서 틀린 것은?

① "건축"이란 건축물을 신축 · 증축 · 개축 · 재축(再築)하거나 건축물을 이전하는 것을 말한다.

② "건축물의 용도"란 건축물의 종류를 유사한 구조, 이용 목적 및 형태별로 묶어 분류한 것을 말한다.

③ "거실"이란 건축물 안에서 거주, 집무, 작업, 집회, 오락, 그 밖에 이와 유사한 목적을 위하여 사용되는 방을 말한다.

④ "지하층"이란 건축물의 바닥이 지표면 아래에 있는 층으로서 바닥에서 지표면까지 평균높이가 해당 층 높이의 2분의 1 이상인 것을 말한다.

⑤ "공사감리자"란 자기의 책임(보조자의 도움을 받는 경우를 포함한다)으로 설계도서를 작성하고 그 설계도서에서 의도하는 바를 해설하며, 지도하고 자문에 응하는 자를 말한다.

**03** 건축법령상 용어에 관한 설명으로 옳은 것은?

① '이전'은 건축물의 주요구조부를 해체하여 같은 대지의 다른 위치로 옮기는 것을 말한다.
② 건축물의 피난계단을 증설하는 것은 '증축'에 해당한다.
③ '개축'은 건축물이 천재지변으로 멸실된 경우 그 대지에 종전과 같은 규모의 범위에서 다시 축조하는 것을 말한다.
④ 건축물의 바닥이 지표면 아래에 있는 층으로서 바닥에서 지표면까지 평균높이가 해당 층 높이의 3분의 1인 것은 '지하층'에 해당한다.
⑤ 바닥(최하층 바닥은 제외)은 '주요구조부'에 해당한다.

**04** 건축법령상 용어의 정의로서 틀린 것은?

① "고층건축물"이란 층수가 30층 이상이거나 높이가 120m 이상인 건축물을 말한다.
② "건축"이란 건축물을 신축·증축·개축·재축(再築)하거나 건축물을 이전하는 것을 말한다.
③ "부속건축물"이란 건축물의 내부와 외부를 연결하는 완충공간으로서 전망이나 휴식 등의 목적으로 건축물 외벽에 접하여 부가적(附加的)으로 설치되는 공간을 말한다.
④ "지하층"이란 건축물의 바닥이 지표면 아래에 있는 층으로서 바닥에서 지표면까지 평균높이가 해당 층 높이의 2분의 1 이상인 것을 말한다.
⑤ "재축"이란 건축물이 천재지변이나 그 밖의 재해(災害)로 멸실된 경우 그 대지에 종전과 같은 규모의 범위에서 다시 축조하는 것을 말한다.

**05** 건축법령상 용어에 관한 설명으로 틀린 것은?

① '지하층'이란 건축물의 바닥이 지표면 아래에 있는 층으로서 바닥에서 지표면까지 평균높이가 해당 층 높이의 2분의 1 이상인 것을 말한다.
② 건축물을 이전하는 것은 '건축'에 해당되지 않는다.
③ '리모델링'이란 건축물의 노후화를 억제하거나 기능 향상 등을 위하여 대수선하거나 일부 증축하는 행위를 말한다.
④ 층수가 25층이며, 높이가 120m인 건축물은 '고층건축물'에 해당한다.
⑤ 피뢰침은 '건축설비'에 해당한다.

**06** 건축법령상 용어에 관한 설명으로 틀린 것은?

① "지하층"이란 건축물의 바닥이 지표면 아래에 있는 층으로서 바닥에서 지표면까지 평균높이가 해당 층 높이의 3분의 1 이상인 것을 말한다.

② "거실"이란 건축물 안에서 거주, 집무, 작업, 집회, 오락 그 밖에 이와 유사한 목적을 위하여 사용되는 방을 말한다.

③ "고층건축물"이란 층수가 30층 이상이거나 높이가 120m 이상인 건축물을 말한다.

④ "초고층건축물"이란 층수가 50층 이상이거나 높이가 200m 이상인 건축물을 말한다.

⑤ "이전"이란 건축물의 주요구조부를 해체하지 아니하고 같은 대지의 다른 위치로 옮기는 것을 말한다.

**07** 건축법령상 용어정의에 대한 설명으로 옳은 것은?

① 리모델링은 건축물의 노후화를 억제하거나 기능향상 등을 위하여 대수선하거나 일부 증축하는 행위를 말한다.

② 지하층은 건축물의 바닥이 지표면 아래에 있는 층으로서 바닥에서 지표면까지 평균높이가 해당 층 높이의 2분의 1 이하인 것을 말한다.

③ 층수가 50층 이상이고 높이가 200m인 이상인 건축물을 초고층건축물이라 말한다.

④ 주요구조부는 내력벽·사이기둥·바닥·작은보·지붕틀 및 주계단을 말한다.

⑤ 문화 및 집회시설 중 동·식물원에 해당하는 용도로 쓰는 바닥면적의 합계가 5천m² 이상인 건축물은 다중이용건축물이다.

**08** 건축법상 용어의 정의에 관한 조문의 일부이다. (    )에 들어갈 내용으로 옳은 것은?

> • "지하층"이란 건축물의 바닥이 지표면 아래에 있는 층으로서 바닥에서 지표면까지 평균높이가 해당 층 높이의 ( ㉠ )분의 1 이상인 것을 말한다.
> • "고층건축물"이란 층수가 ( ㉡ )층 이상이거나 높이가 ( ㉢ )m 이상인 건축물을 말한다.

① ㉠: 2, ㉡: 20, ㉢: 100　　　② ㉠: 2, ㉡: 20, ㉢: 120

③ ㉠: 2, ㉡: 30, ㉢: 120　　　④ ㉠: 3, ㉡: 20, ㉢: 100

⑤ ㉠: 3, ㉡: 30, ㉢: 120

**09** 건축법령상 용어의 정의에 관한 설명으로 틀린 것은?

① 기존 건축물의 전부를 해체하고 그 대지에 종전과 같은 규모의 범위에서 건축물을 다시 축조하는 것은 "개축"에 해당한다.
② "재축"에 해당하려면 연면적 합계는 종전 규모 이하로 하여야 한다.
③ "이전"이란 건축물의 주요구조부를 해체하지 아니하고 같은 대지의 다른 위치로 옮기는 것을 말한다.
④ 16층 이상인 건축물은 그 용도에 관계없이 "다중이용 건축물"이다.
⑤ 기둥과 기둥 사이의 거리가 15m 이상인 건축물은 "특수구조 건축물"이다.

**10** 건축법령상 용어에 관한 설명으로 옳은 것은?

① 주요구조부란 내력벽 · 기둥 · 바닥 · 보 · 옥외계단 및 지붕틀을 말한다.
② 이전이란 건축물을 그 주요구조부를 해체하고 같은 대지의 다른 위치로 옮기는 것을 말한다.
③ 결합건축이란 법 제56조에 따른 용적률을 개별 대지마다 적용하지 아니하고, 2개 이상의 대지를 대상으로 통합적용하여 건축물을 건축하는 것을 말한다.
④ 바닥면적의 합계가 5천m² 이상인 동 · 식물원은 다중이용건축물에 속한다.
⑤ 무량판 구조(보가 없이 바닥판 · 기둥으로 구성된 구조를 말한다)를 가진 건축물로서 무량판 구조인 어느 하나의 층에 수직으로 배치된 주요구조부의 전체 단면적에서 보가 없이 배치된 기둥의 전체 단면적이 차지하는 비율이 5분의 1 이상인 건축물은 특수구조건축물이다.

**11** 건축법령상 건축신고대상인 대수선의 범위에 해당하지 않는 것은?

① 주요구조부의 해체없이 내력벽의 면적을 20m² 이상 수선하는 것
② 주요구조부의 해체없이 기둥을 세 개 수선하는 것
③ 주요구조부의 해체없이 보를 세 개 수선하는 것
④ 주요구조부의 해체없이 지붕틀을 세 개 수선하는 것
⑤ 주요구조부의 해체없이 방화벽을 수선하는 것

**12** 건축법령상 대수선에 해당하지 않은 것은?

상 중 하

① 내력벽을 20m² 해체하는 것
② 보를 3개 수선하는 것
③ 기둥을 2개 증설하여 연면적을 늘리는 것
④ 주계단·피난계단 또는 특별피난계단을 수선하는 것
⑤ 다세대주택의 세대 간 경계벽 수선

**13** 건축법령상 건축법을 적용하지 않는 건축물을 모두 고른 것은?

상 중 하

> ㉠ 「문화유산의 보존 및 활용에 관한 법률」에 따른 지정문화유산이나 임시지
>   정문화유산
> ㉡ 철도나 궤도의 선로 부지에 있는 플랫폼
> ㉢ 고속도로 통행료 징수시설
> ㉣ 주거용 건축물의 대지에 설치한 컨테이너를 이용한 간이창고
> ㉤ 「하천법」에 따른 하천구역 내의 수문조작실

① ㉠, ㉣
② ㉡, ㉢
③ ㉠, ㉡, ㉢, ㉤
④ ㉠, ㉢, ㉣, ㉤
⑤ ㉡, ㉢, ㉣, ㉤

**14** 건축법령상 시설로서 건축법의 적용을 받지 않은 건축물이 아닌 것은?

상 중 하

① 고속도로 통행료 징수시설
② 철도의 선로 부지에 있는 철도 선로의 위나 아래를 가로지르는 보행시설
③ 「문화유산의 보존 및 활용에 관한 법률」에 따른 임시지정문화유산
④ 전통한옥건축물
⑤ 「하천법」에 따른 하천구역 내의 수문조작실

**15** 건축법령상 건축물과 분리하여 공작물을 축조할 경우 특별자치도지사 또는 시장·군수·구청장에게 신고해야 하는 공작물에 해당하지 않는 것은?

상 중 하

① 높이 5m의 기념탑
② 높이 5m의 광고탑
③ 높이 5m의 첨탑
④ 높이 5m의 고가수조(高架水槽)
⑤ 높이 5m의 옹벽

**16** 건축법령상 제1종 근린생활시설이 아닌 것은?

① 대피소  
② 의원  
③ 마을회관  
④ 일반음식점  
⑤ 변전소

**17** 건축법령상 제2종 근린생활시설에 해당하는 것은?

① 미용원  
② 독서실  
③ 마을회관  
④ 변전소  
⑤ 의원

**18** 건축법령상 건축물종류와 용도에 관한 연결이 옳은 것은?

① 카지노영업소 − 관광휴게시설  
② 동물전용의 장례식장 − 장례시설  
③ 오피스텔 − 숙박시설  
④ 야외극장 − 문화 및 집회시설  
⑤ 자동차운전학원 − 교육연구시설

**19** 건축법령상 용도별 건축물의 종류에 관한 설명으로 옳은 것은?

① 단독주택 또는 공동주택에 해당하는 노인복지시설은 노유자시설이다.  
② 휴게음식점으로서 같은 건축물에 해당 용도로 쓰는 바닥면적의 합계가 $300m^2$ 인 것은 제1종 근린생활시설에 해당된다.  
③ 자동차학원 및 무도학원은 교육연구시설에 속한다.  
④ 경마장의 경우 관람석의 바닥면적의 합계가 1천$m^2$ 이상인 것은 문화 및 집 회시설에 속한다.  
⑤ 치과의원과 한의원은 의료시설에 속한다.

**20** 건축법령상 건축물의 용도와 그에 부합하는 시설군의 연결로 틀린 것은?

① 묘지 관련 시설 – 교육 및 복지시설군
② 발전시설 – 전기통신시설군
③ 관광휴게시설 – 문화 및 집회시설군
④ 숙박시설 – 영업시설군
⑤ 교정 및 국방·군사시설 – 주거업무시설군

**21** 건축법령상 시설군과 그에 속하는 건축물의 용도를 옳게 연결한 것은?

① 자동차 관련 시설군 – 운수시설
② 산업 등 시설군 – 자원순환 관련 시설
③ 전기통신시설군 – 공장
④ 문화집회시설군 – 수련시설
⑤ 교육 및 복지시설군 – 종교시설

**22** 건축법령상 건축물의 용도변경으로서 허가대상인 것을 모두 고른 것은?

| | 용도변경 전 | 용도변경 후 |
|---|---|---|
| ㉠ | 숙박시설 | 위락시설 |
| ㉡ | 문화 및 집회시설 | 교육연구시설 |
| ㉢ | 판매시설 | 관광휴게시설 |
| ㉣ | 의료시설 | 장례시설 |
| ㉤ | 운동시설 | 수련시설 |

① ㉠, ㉡, ㉤          ② ㉠, ㉢, ㉣
③ ㉡, ㉢, ㉣          ④ ㉡, ㉣, ㉤
⑤ ㉢, ㉣, ㉤

**23** 건축법령상 시설군과 그에 속하는 건축물의 용도의 연결로 틀린 것은?

① 영업시설군 – 운동시설
② 주거업무시설군 – 교정시설
③ 문화집회시설군 – 장례시설
④ 교육 및 복지시설군 – 의료시설
⑤ 그 밖의 시설군 – 동물 및 식물 관련 시설

**24** 건축법령상 사용승인을 받은 건축물의 용도를 변경하려는 경우 허가를 받아야 하는 사항은?

① 아파트를 문화 및 집회시설로 용도변경하려는 경우
② 운동시설을 노유자시설으로 용도변경하려는 경우
③ 의료시설을 업무시설로 용도변경하려는 경우
④ 공장을 관광휴게시설로 용도변경하려는 경우
⑤ 종교시설을 교육연구시설로 용도변경하려는 경우

**25** 건축법령상 건축관계자가 허가권자에게 건축법 기준을 완화하여 적용할 것을 허가권자에게 요청할 수 있다. 이 경우 사용승인을 받은 후 15년 이상이 되어 리모델링이 필요한 건축물에 완화하여 적용하는 기준에 해당하지 않는 것은?

① 건축물의 내화구조와 방화벽
② 대지의 조경
③ 건축선의 지정
④ 건축물의 용적률
⑤ 건축물의 건폐율

📘 **연계학습** 기본서 p.48~68

**단·원·열·기**

건축법은 총 7문제가 출제되고 3문제가 주관식이다. 이 단원은 건축허가, 건축신고, 가설건축물, 사용승인으로 구분하여 학습한다.

**01** 건축법령상 건축물의 건축허가를 받으면 허가를 받거나 신고를 한 것으로 본다. 이러한 허가 등의 의제에 해당하지 않는 것은?

① 「농지법」에 따른 농지전용허가
② 「하천법」에 따른 하천점용허가
③ 「도로법」에 따른 도로점용허가
④ 「산지관리법」에 따른 산지전용 신고
⑤ 「국토의 계획 및 이용에 관한 법률」에 따른 개발행위허가

**02** 건축법령상 건축허가권자로부터 계획관리지역에 건축 관련 입지와 규모의 사전결정 통지를 받은 경우 허가를 받은 것으로 보는 것이 아닌 것은?

① 「국토의 계획 및 이용에 관한 법률」에 따른 개발행위허가
② 「산지관리법」에 따른 산지전용허가(보전산지 포함)
③ 「농지법」에 따른 농지전용허가
④ 「하천법」에 따른 하천점용허가
⑤ 「농지법」에 따른 농지전용신고

**03** 건축법령상 건축 관련 입지와 규모의 사전결정에 관한 설명으로 틀린 것은?

① 건축허가 대상 건축물을 건축하려는 자는 건축허가를 신청하기 전에 허가권자에게 그 건축물을 해당 대지에 건축하는 것이 「건축법」이나 다른 법령에서 허용되는지에 대한 사전결정을 신청할 수 있다.

② 사전결정신청자는 건축위원회 심의와 「도시교통정비 촉진법」에 따른 교통영향평가서의 검토를 동시에 신청할 수 있다.

③ 허가권자는 사전결정이 신청된 건축물의 대지면적이 「환경영향평가법」에 따른 소규모 환경영향평가 대상사업인 경우 기후에너지환경부장관이나 지방환경관서의 장과 소규모 환경영향평가에 관한 협의를 하여야 한다.

④ 사전결정 통지를 받은 경우에도 「국토의 계획 및 이용에 관한 법률」에 따른 개발행위허가는 따로 받아야 한다.

⑤ 사전결정신청자가 사전결정을 통지받은 날부터 2년 이내에 건축허가를 신청하지 아니하면 사전결정의 효력이 상실된다.

**04** 건축법령상 건축 관련 입지와 규모의 사전결정에 관한 설명으로 틀린 것은?

① 건축허가 대상 건축물을 건축하려는 자는 건축허가를 신청하기 전에 허가권자에게 해당 대지에 건축 가능한 건축물의 규모에 대한 사전결정을 신청할 수 있다.

② 사전결정신청자는 건축위원회 심의와 「도시교통정비 촉진법」에 따른 교통영향평가서의 검토를 동시에 신청할 수 있다.

③ 허가권자는 사전결정이 신청된 건축물의 대지면적이 「환경영향평가법」에 따른 소규모 환경영향평가 대상사업인 경우 기후에너지환경부장관이나 지방환경관서의 장과 소규모 환경영향평가에 관한 협의를 하여야 한다.

④ 사전결정신청자가 사전결정 통지를 받은 경우에는 「하천법」에 따른 하천점용허가를 받은 것으로 본다.

⑤ 사전결정신청자는 사전결정을 통지받은 날부터 2년 이내에 건축허가를 받아야 하며, 이 기간에 건축허가를 받지 아니하면 사전결정의 효력은 상실된다.

**05** 건축법령상 건축허가에 관한 설명으로 옳은 것은?

① 위락시설에 해당하는 건축물의 건축을 허가하는 경우 건축물의 용도·규모
가 주거환경 등 주변 환경을 고려할 때 부적합하다고 인정되면 건축위원회
의 심의를 거쳐 건축허가를 하지 않을 수 있다.

② 연면적의 합계가 10만$m^2$ 이상인 공장을 광역시에 건축하려면 광역시장의
허가를 받아야 한다.

③ 고속도로 통행료 징수시설을 대수선하려는 자는 시장·군수·구청장의 허
가를 받아야 한다.

④ 허가권자는 건축허가를 받은 자가 허가를 받은 날부터 6개월 이내에 공사에
착수하지 아니한 경우 허가를 취소하여야 한다.

⑤ 건축위원회의 심의를 받은 자가 심의 결과를 통지 받은 날부터 1년 이내에
건축허가를 신청하지 아니하면 건축위원회 심의의 효력이 상실된다.

**06** 건축법령상 건축허가에 관한 설명으로 틀린 것은?

① 건축허가 대상 건축물을 건축하려는 자가 허가권자의 사전결정통지를 받은
경우 「산지관리법」에 따른 도시지역 안의 보전산지에 대한 산지일시사용허
가를 받은 것으로 본다.

② 수질을 보호하기 위하여 지정·공고한 구역에 건축하는 연면적의 합계가
900$m^2$인 2층의 숙박시설은 도지사 승인이 필요하다.

③ 특별시에 건축하는 층수가 21층이 되는 공장은 구청장의 허가를 받아야 한다.

④ 건축물의 착공을 제한하는 경우 제한기간은 2년 이내로 하되, 1회에 한하여
1년 이내의 범위에서 제한기간을 연장할 수 있다.

⑤ 도지사가 관할 군수의 건축허가를 제한한 경우, 국토교통부장관은 제한 내
용이 지나치다고 인정하면 해제를 명할 수 있다.

**07** 건축법령상 건축허가 등에 관한 설명으로 틀린 것은?

① 광역시에 연면적의 합계가 20만$m^2$인 공장을 건축하려면 광역시장의 허가를
받아야 한다.

② 허가권자는 숙박시설에 해당하는 건축물의 용도가 교육환경 등 주변환경을
고려할 때 부적합하다고 인징되는 경우에는 건축위원회의 심의를 거쳐 해
당 건축허가를 하지 아니할 수 있다.

③ 건축허가를 받으면 「도로법」에 따른 도로의 점용 허가를 받은 것으로 본다.

④ 건축 관련 입지와 규모에 대한 사전결정을 신청한 자는 사전결정을 통지받
은 날부터 2년 이내에 건축허가를 신청하여야 한다.

⑤ 건축허가를 받은 후 건축주를 변경하는 경우에는 신고하여야 한다.

PART
01

## 08 건축법령상 건축물의 용도에 따른 건축허가의 승인에 관한 설명이다. (　　)에 해당하는 건축물이 아닌 것은?

> 시장·군수가 자연환경이나 수질을 보호하기 위하여 도지사가 지정·공고한 구역에 건축하는 3층 이상 또는 연면적의 합계가 1천m² 이상인 건축물로서 (　　)의 건축을 허가하려면 미리 도지사의 승인을 받아야 한다.

① 공동주택
② 제2종 근린생활시설(일반음식점만 해당한다)
③ 업무시설(일반업무시설은 제외한다)
④ 숙박시설
⑤ 위락시설

## 09 건축법령상 건축허가에 관한 설명으로 옳은 것은?

① 21층 이상의 건축물을 특별시나 광역시에 건축하려면 국토교통부장관의 허가를 받아야 한다.
② 주거환경이나 교육환경 등 주변 환경을 보호하기 위하여 도지사가 필요하다고 인정하여 지정·공고한 구역에 건축하는 위락시설에 해당하는 건축물의 건축을 시장·군수가 허가하려면 도지사의 승인을 받아야 한다.
③ 허가권자는 숙박시설에 해당하는 건축물의 건축을 허가하는 경우 해당 대지에 건축하려는 건축물의 용도·규모가 주거환경 등 주변환경을 고려할 때 부적합하다고 인정되는 경우에는 건축위원회의 심의를 거치지 않고 건축허가를 하지 아니할 수 있다.
④ 허가권자는 허가를 받은 자가 허가를 받은 날부터 4년 이내에 공사에 착수하지 아니한 경우라도 정당한 사유가 있다고 인정되면 2년의 범위에서 공사기간을 연장할 수 있다.
⑤ 분양을 목적으로 하는 공동주택의 건축허가를 받으려는 자는 대지의 소유권을 확보하지 않아도 된다.

**10** 건축법령상 건축허가에 관한 설명으로 옳은 것은?

① 자연환경이나 수질을 보호하기 위하여 도지사가 지정·공고한 구역에 건축하는 3층 이상 또는 연면적의 합계가 1천㎡ 이상인 위락시설에 해당하는 건축물은 도지사의 허가를 받아야 한다.

② 층수가 21층 이상의 창고를 광역시에 건축하려면 광역시장의 허가를 받아야 한다.

③ 위락시설에 해당하는 건축물의 건축을 허가하는 경우 해당 대지에 건축하려는 건축물의 형태가 주거환경 등 주변 환경을 고려할 때 부적합하다고 인정되는 경우에는 건축위원회의 심의를 거쳐 건축허가를 하지 아니할 수 있다.

④ 건축허가를 받은 건축주는 동의하지 아니한 공유자에게 그 공유지분을 시가로 매도할 것을 청구할 수 있다. 이 경우 매도청구를 하기 전에 매도청구 대상이 되는 공유자와 6개월 이상 협의를 하여야 한다.

⑤ 특별시장·광역시장·도지사는 국토관리나 도시·군계획에 특히 필요하다고 인정하면 시장·군수·구청장의 건축허가나 허가를 받은 건축물의 착공을 제한할 수 있다.

**11** 건축법령상 건축허가나 허가를 받은 건축물의 착공제한에 관한 설명으로 옳은 것은?

① 국토교통부장관은 국토관리상 필요하다고 인정하는 경우에는 도지사의 건축허가를 제한할 수 있다.

② 교육감이 교육환경의 개선을 위하여 특히 필요하다고 인정하여 요청하면 국토교통부장관은 허가를 받은 건축물의 착공을 제한할 수 있다.

③ 특별시장·광역시장·도지사는 지역계획 또는 국토관리상 특히 필요하다고 인정하는 경우에는 시장·군수·구청장의 건축허가를 제한할 수 있다.

④ 건축허가나 건축물의 착공을 제한하는 경우에는 제한기간은 2년 이내로 하며, 1회에 한하여 1년 이내의 범위에서 제한기간을 연장할 수 있다.

⑤ 국토교통부장관은 특별시장·광역시장의 제한의 내용이 지나치다고 인정하는 경우에는 해제할 수 있다.

**12**  건축법령상 허가 대상 건축물이라 하더라도 건축신고를 하면 건축허가를 받은 것으로 보는 경우를 모두 고른 것은?

> ㉠ 연면적이 150m²이고 2층인 건축물의 대수선
> ㉡ 보를 5개 수선하는 것
> ㉢ 내력벽의 면적을 50m² 수선하는 것
> ㉣ 소규모 건축물로서 연면적의 합계가 150m²인 건축물의 신축
> ㉤ 소규모 건축물로서 건축물의 높이를 5m 증축하는 건축물의 증축

① ㉠, ㉡, ㉢
② ㉠, ㉢, ㉣
③ ㉠, ㉣, ㉤
④ ㉡, ㉢, ㉣
⑤ ㉡, ㉢, ㉣, ㉤

**13** 건축법령상 건축신고에 관한 설명으로 옳은 것은?

① 관리지역에서 연면적이 190m²이고 3층인 건축물의 건축
② 5층 건물의 특별피난계단을 수선하는 것
③ 연면적이 200m²이고 2층인 건축물의 대수선
④ 산업입지 및 개발에 관한 법률에 따른 산업단지에서 건축하는 3층인 건축물로서 연면적 합계 400m²인 공장
⑤ 농업이나 수산업을 경영하기 위하여 읍·면지역에서 건축하는 연면적 400m²의 창고

**14** 건축법령상 건축신고를 하면 건축허가를 받은 것으로 볼 수 있는 경우에 해당하지 않은 것은?

① 연면적합계가 300m²인 2층인 공장
② 연면적 190m²인 2층 건축물의 대수선
③ 연면적 270m²인 3층 건축물의 방화벽 수선
④ 1층의 바닥면적 50m², 바닥면적 20m²인 2층 건축물의 신축
⑤ 연면적 180m²인 3층 건축물의 피난계단 증설

**15** 건축법령상 주요구조부의 해체가 없는 등 대수선의 경우로 신고를 하면 건축허가가
의제되는 것은?

① 내력벽의 면적을 20m² 이상 수선하는 것
② 특별피난계단을 수선하는 것
③ 보를 두 개 이상 수선하는 것
④ 지붕틀을 두 개 이상 수선하는 것
⑤ 기둥을 두 개 이상 수선하는 것


**16** 건축법령상 신고대상 건축물에 해당하지 않는 것은?

① 연면적의 합계가 100m² 이하인 건축물의 건축
② 건축물의 높이를 3m 이하의 범위 안에서 증축하는 건축물의 건축
③ 주요구조부의 해체가 없는 등 내력벽의 면적을 30m² 이상 수선하는 것
④ 「국토의 계획 및 이용에 관한 법률」에 따른 공업지역, 지구단위계획구역(산
  업·유통형만 해당한다) 및 「산업입지 및 개발에 관한 법률」에 따른 산업단
  지에서 건축하는 2층 이하로서 연면적합계가 500m² 이하인 공장의 건축
⑤ 「국토의 계획 및 이용에 관한 법률」에 따라 지정된 방재지구에서 연면적이
  200m² 미만이고 3층 미만인 건축물의 건축


**17** 건축법령상 건축허가 및 신고에 관한 설명으로 틀린 것은?

① 허가권자는 주변의 교육환경을 고려할 때 부적합하다고 인정되는 숙박시설
  에 대해서는 건축위원회의 심의를 거쳐 건축허가를 거부할 수 있다.
② 허가권자는 공사에 착수하였으나 공사의 완료가 불가능하다고 인정되는 경
  우 건축허가를 취소할 수 있다.
③ 연면적 200m² 미만이고 3층 미만인 건축물의 대수선은 건축신고 사항이다.
④ 건축신고일부터 1년 이내에 공사에 착수하지 아니하면 그 신고의 효력은 없
  어진다.
⑤ 국토교통부장관은 국토관리를 위하여 특히 필요하다고 인정할 경우 건축허
  가를 받은 건축물의 착공을 제한할 수 있다.

**18** 건축법령상 건축허가와 건축신고에 관한 설명으로 옳은 것은?

① 층수 20층, 연면적 8만m²인 공장의 경우 시장·군수가 허가함에 있어서 도지사의 승인을 필요로 한다.

② 건축물을 건축하거나 대수선하려는 자가 허가권자로부터 건축허가를 받았다면 「국토의 계획 및 이용에 관한 법률」에 따른 개발행위허가를 받은 것으로 본다.

③ 국토교통부장관은 지역계획이나 도시·군계획에 특히 필요하다고 인정하면 시장·군수·구청장의 건축허가나 허가 받은 건축물의 착공이 제한할 수 있으며, 제한 기간은 4년으로 한다.

④ 주요구조부가 아닌 비내력벽의 면적을 20m² 수선하는 것은 시장·군수·구청장에게 신고하면 건축허가를 받은 것으로 본다.

⑤ 재해복구·흥행 등 대통령령으로 정하는 용도의 가설건축물을 축조하려 자는 특별자치도지사 또는 시장·군수·구청장에게 착공한 다음 신고하여야 한다.

**19** 건축법령상 건축허가와 건축신고에 관한 설명으로 틀린 것은?

① 건축위원회의 심의를 받은 자가 심의결과를 통지 받은 날부터 2년 이내에 건축허가를 신청하지 아니하면 건축위원회 심의의 효력이 상실된다.

② 사전결정신청자는 사전결정을 통지받은 날부터 2년 이내에 착공를 하여야 하며, 이 기간에 착공하지 아니하면 사전결정의 효력이 상실된다.

③ 건축허가나 건축물의 착공을 제한하는 경우 제한기간은 2년 이내로 한다. 다만, 1회에 한하여 1년 이내의 범위에서 제한기간을 연장할 수 있다.

④ 건축신고한 자가 신고일부터 1년 이내에 공사에 착수하지 아니하면 그 신고의 효력은 없어진다. 다만, 건축주의 요청에 따라 허가권자가 정당한 사유가 있다고 인정하면 1년의 범위에서 착수기한을 연장할 수 있다.

⑤ 공장의 신설·증설 또는 업종변경의 승인을 받은 공장은 허가를 받은 날부터 3년 이내에 공사에 착수하지 아니한 경우 허가를 취소해야 한다.

**20** 건축법령상 도시 · 군계획시설에서 가설건축물을 건축하는 경우 그 허가권자가 아닌 것은?

① 특별자치시장
② 광역시장
③ 특별자치도지사
④ 시장
⑤ 군수

**21** 건축법령상 허가권자가 공사감리자를 지정하는 건축물에 해당하는 것을 모두 고른 것은?

| | |
|---|---|
| ㉠ 아파트 | ㉡ 오피스텔 |
| ㉢ 다가구주택 | ㉣ 단독주택 |
| ㉤ 다중생활시설 | |

① ㉠, ㉤
② ㉠, ㉡
③ ㉠, ㉢
④ ㉢, ㉣
⑤ ㉡, ㉢, ㉣

🔖 **연계학습** 기본서 p.69~89

> ### 단 · 원 · 열 · 기

건축법은 총 7문제가 출제되고 3문제가 주관식이다. 이 단원은 건축설비, 대지, 도로, 건축선으로 구분하여 학습한다.

**01** 

건축법령상 구조 안전을 확인한 건축물 중 건축주가 착공신고시 구조 안전의 확인 서류를 제출하여야 하는 건축물이 아닌 것은? (단, 건축법상 적용 제외 및 특례는 고려하지 않음)

① 처마높이가 13m인 건축물
② 공동주택
③ 기둥과 기둥 사이의 거리가 20m인 건축물
④ 높이가 15m인 건축물
⑤ 연면적이 200m²인 2층의 목구조 건축물

**02**

건축법령상 건축물의 구조 및 재료 등에 관한 설명으로 틀린 것은?

① 건축물은 고정하중, 적재하중, 적설하중, 풍압, 지진, 그 밖의 진동 및 충격 등에 대하여 안전한 구조를 가져야 한다.
② 지방자치단체의 장은 구조 안전 확인 대상 건축물에 대하여 건축허가를 하는 경우 내진성능 확보 여부를 확인하여야 한다.
③ 국토교통부장관은 지진으로부터 건축물의 구조 안전을 확보하기 위하여 건축물의 용도, 규모 및 설계구조의 중요도에 따라 내진등급을 설정하여야 한다.
④ 연면적이 300m²인 목구조 건축물을 건축하고자 하는 자는 사용승인을 받는 즉시 내진능력을 공개하여야 한다.
⑤ 국가 또는 지방자치단체는 건축물의 소유자나 관리자에게 피난시설 등의 설치, 개량 · 보수 등 유지 · 관리에 대한 기술지원을 할 수 있다.

**03** 건축법령상 소음 방지를 위하여 일정한 기준에 따라 경계벽을 설치하여야 하는 경우가 아닌 것은? (단, 「건축법」에 따른 적용 특례는 고려하지 않음)

① 의료시설의 병실 간
② 숙박시설의 객실 간
③ 도서관의 열람실 간
④ 단독주택 중 다가구주택의 각 가구 간
⑤ 제2종 근린생활시설 중 다중생활시설의 호실 간

**04** 건축법령상 국토교통부장관이 고시하는 범죄예방 기준에 따라 건축하여야 하는 건축물이 아닌 것은? (단, 「건축법」에 따른 적용 제외는 고려하지 않음)

① 수련시설
② 노유자시설
③ 제2종 근린생활시설 중 다중생활시설
④ 제1종 근린생활시설 중 일용품을 판매하는 소매점
⑤ 단독주택 중 다중주택

**05** 건축법령상 소음 방지를 위한 일정한 기준에 따라 층간바닥(화장실의 바닥은 제외)을 설치해야 하는 건축물이 아닌 것은? (단, 건축법령상의 특례는 고려하지 않음)

① 업무시설 중 오피스텔
② 단독주택 중 다가구주택
③ 교육연구시설 중 도서관
④ 숙박시설 중 다중생활시설
⑤ 제2종 근린생활시설 중 다중생활시설

**06** 건축법령상 내용으로 옳은 것은?

① 하나의 건축물이 방화지구와 그 밖의 구역에 걸치는 경우에는 그 전부에 대하여 방화지구 안의 대지 및 건축물에 관한 이 법의 규정을 적용한다.
② 공동주택으로서 지상층에 설치한 기계실, 전기실, 어린이놀이터, 조경시설 및 생활폐기물 보관시설의 면적은 건축면적에 산입한다.
③ 전용주거지역 및 준주거지역 안에서 건축하는 건축물의 높이는 일조 등의 확보를 위하여 건축물의 각 부분을 정북방향으로의 인접대지경계선으로부터 거리에 따라 대통령령령으로 정하는 높이 이하로 하여야 한다.
④ 높이 31m를 초과하는 건축물에는 대통령령으로 정하는 바에 따라 승용승강기뿐만 아니라 피난용승강기를 추가로 설치하여야 한다.
⑤ 6층 이상의 건축물의 설계자는 해당 건축물에 대한 구조의 안전을 확인하는 경우에는 건축구조기술사의 협력을 받아야 한다.

**07** 건축법령상 건축물의 구조에 관한 설명으로 틀린 것은?

① 층수가 12층인 건축물로서 12층인 층의 바닥면적의 합계가 15,000m$^2$인 건축물의 옥상에는 헬리포트의 설치공간을 확보하여야 한다.
② 판매시설 중 상점 간에는 건축물의 가구·세대 등 소음방지를 위한 경계벽을 설치하지 않아도 된다.
③ 필로티 구조의 부분은 그 부분이 공중의 통행이나 차량의 통행 또는 주차에 전용되는 경우와 공동주택의 경우에는 바닥면적에 산입하지 아니한다.
④ 층고란 방의 바닥구조체 윗면으로부터 위층 바닥구조체의 윗면까지의 높이로 본다.
⑤ 단독주택을 제외한 다세대주택, 연립주택, 아파트에 해당하는 건축물은 국토교통부장관이 정하여 고시하는 범죄예방기준에 따라 건축하여야 한다.

**08** 건축법령상 건축물의 구조에 관한 설명으로 틀린 것은?

① 대지면적이 500m² 이상인 건축물의 대지에는 국토교통부령으로 정하는 바에 따라 「전기사업법」에 따른 전기사업자가 전기를 배전하는 데 필요한 전기설비를 설치할 수 있는 공간을 확보하여야 한다.

② 연면적이 1천m² 이상인 목조 건축물의 구조는 국토교통부령으로 정하는 바에 따라 방화구조로 하거나 불연재료로 하여야 한다.

③ 방화지구 안의 공작물로서 간판, 광고탑, 그 밖에 대통령령으로 정하는 공작물 중 건축물의 지붕 위에 설치하는 공작물이나 높이 3m 이상의 공작물은 주요부를 불연(不燃)재료로 하여야 한다.

④ 옥상광장 또는 2층 이상의 층에 있는 노대나 그 밖에 이와 비슷한 것의 주위에는 높이 1.2m 이상의 난간을 설치하여야 한다.

⑤ 5층 이상 또는 지하 2층 이하의 층에 설치하는 직통계단은 국토교통부령으로 정하는 기준에 따라 피난계단 또는 특별피난계단으로 설치하여야 한다.


**09** 건축법령상 건축물의 구조 및 재료에 관한 설명으로 틀린 것은?

① 건축물은 고정하중, 적재하중, 적설하중 등에 대하여 안전한 구조를 가져야 한다.

② 인접 대지경계선으로부터 직선거리 3m에 이웃주택의 내부가 보이는 창문을 설치하려면 차면시설을 설치하여야 한다.

③ 방화지구 안에서 간판, 광고탑을 건축물의 지붕위에 설치하는 경우 그 높이가 3m 미만인 경우에는 주요부를 불연재료로 하지 않아도 된다.

④ 바닥면적의 합계가 3천m²인 공연장을 지하층에 설치하는 경우에는 각 실에 있는 자가 피난층으로 대피할 수 있도록 천장이 개방된 외부 공간을 설치하여야 한다.

⑤ 옥상광장 또는 2층 이상인 층에 있는 노대 등의 주위에는 높이 1.2m 이상의 난간을 설치하여야 한다.

**10** 건축법령상 건축물의 피난시설 등에 관한 규정으로 틀린 것은?

① 아파트로서 3층 이상의 각 세대가 2개 이상의 직통계단을 사용할 수 없는 경우로서 아파트 발코니에 설치하는 대피공간을 각 세대별로 설치하는 경우, 대피공간의 바닥면적은 $4m^2$ 이상이어야 한다.

② 건축물의 피난층 외의 층에서는 피난층 또는 지상으로 통하는 직통계단을 거실의 각 부분으로부터 계단에 이르는 보행거리가 30m 이하가 되도록 설치해야 한다.

③ 초고층 건축물에는 피난층 또는 지상으로 통하는 직통계단과 직접 연결되는 피난안전구역(건축물의 피난·안전을 위하여 건축물 중간층에 설치하는 대피공간을 말한다)을 지상층으로부터 최대 30개 층마다 1개소 이상 설치하여야 한다.

④ 준초고층 건축물에는 피난층 또는 지상으로 통하는 직통계단과 직접 연결되는 피난안전구역을 해당 건축물 전체 층수의 2분의 1에 해당하는 층으로부터 상하 5개층 이내에 1개소 이상 설치하여야 한다.

⑤ 고층건축물에는 대통령령으로 정하는 바에 따라 피난안전구역을 설치하거나 대피공간을 확보한 계단을 설치하여야 한다.

**11** 건축법령상 5층 이상의 층에 피난광장을 옥상에 설치해야 하는 건축물이 아닌 것은?

① 종교시설  
② 동·식물원  
③ 공연장  
④ 판매시설  
⑤ 주점영업

**12** 건축법령상에 규정된 내용으로 옳은 것은?

① 허가권자는 지능형건축물로 인증을 받은 건축물에 대하여 조경설치면적을 100분의 115까지 완화하여 적용할 수 있으며, 용적률 및 건축물의 높이를 100분의 85의 범위에서 완화하여 적용할 수 있다.

② 층고는 방의 바닥구조체 윗면으로부터 위층 바닥구조체의 윗면까지의 높이로 한다.

③ 지하주차장의 경사로는 바닥면적에 산입하지 않는다.

④ 2층 이하 또는 높이가 8m 이하인 건축물에는 국토교통부장관이 정하는 바에 따라 일조 등의 확보를 위한 건축물의 높이제한의 규정을 적용하지 아니할 수 있다.

⑤ 갓복도식 공동주택의 16층 이상의 층(바닥면적이 $400m^2$ 미만인 층은 제외한다) 또는 지하 3층 이하의 층(바닥면적이 $400m^2$ 미만인 층은 제외한다)으로부터 피난층 또는 지상으로 통하는 직통계단은 특별피난계단으로 설치하여야 한다.

**13** 건축법령상 건축허가 전에 건축물 안전영향평가를 받아야 하는 주요 건축물에 해당하지 않는 것은? (단, 하나의 대지 위에 하나의 건축물이 있는 경우를 전제로 함)

① 층수가 70층인 건축물
② 높이가 250m인 건축물
③ 연면적 10만m²인 20층의 건축물
④ 연면적 20만m²인 30층의 건축물
⑤ 층수가 15층이고 높이가 150m인 연면적 10만m²의 건축물

**14** 건축법령상 안전영향평가를 실시하여야 할 건축물은 다음 각 호의 어느 하나에 해당하는 건축물이다. (    )에 들어갈 내용으로 옳은 것은?

> 1. 초고층 건축물
> 2. 연면적(하나의 대지에 둘 이상의 건축물을 건축하는 경우에는 각각의 건축물의 연면적을 말한다)이 ( ㉠ )만m² 이상이고 ( ㉡ )층 이상인 건축물

① ㉠: 5, ㉡: 15  　　② ㉠: 7, ㉡: 15
③ ㉠: 7, ㉡: 16  　　④ ㉠: 10, ㉡: 15
⑤ ㉠: 10, ㉡: 16

**15** 건축법령상 안전영향평가에 관한 설명으로 틀린 것은?

① 허가권자는 초고층 건축물에 대하여 건축허가를 하기 전에 안전영향평가를 안전영향평가기관에 의뢰하여 실시하여야 한다.
② 안전영향평가는 건축물의 구조, 지반 및 풍환경(風環境) 등이 건축물의 구조안전과 인접 대지의 안전에 미치는 영향 등을 평가하는 것이다.
③ 안전영향평가 결과는 건축위원회의 심의를 거쳐 확정한다.
④ 안전영향평가의 대상에는 하나의 건축물이 연면적 10만m² 이상이면서 16층 이상인 경우도 포함된다.
⑤ 안전영향평가를 실시하여야 하는 건축물이 다른 법률에 따라 구조안전과 인접대지의 안전에 미치는 영향 등을 평가 받은 경우에는 안전영향평가의 모든 항목을 평가 받은 것으로 본다.

**16** 건축법령에 따른 건축물의 안전영향평가에 관한 설명이다. 옳은 것은?

① 허가권자는 초고층건축물이거나, 건축물이 16층 이상으로서 연면적 10만m² 이상인 건축물에 대하여 건축허가를 한 후 건축물의 구조안전과 인접대지의 안전에 미치는 영향 등을 평가하는 건축물 안전영향평가를 안전영향평가기관에 의뢰하여 실시하여야 한다.

② 안전영향평가기관은 허가권자가 「공공기관의 운영에 관한 법률」 제4조에 따른 공공기관으로서 건축 관련 업무를 수행하는 기관 중에서 지정하여 고시한다.

③ 안전영향평가 결과는 건축위원회의 심의를 거쳐 확정한다.

④ 안전영향평가기관은 안전영향평가를 의뢰받은 날부터 20일 이내에 안전영향평가 결과를 허가권자에게 제출하여야 한다.

⑤ ④의 경우 부득이한 경우에는 10일의 범위에서 그 기간을 한 차례만 연장할 수 있다.


**17** 건축법령상 건축허가에 관한 설명으로 틀린 것은? (단, 조례는 고려하지 않음)

① 50층의 공동주택을 광역시에 건축하려면 광역시장의 허가를 받아야 한다.

② 자연환경을 보호하기 위하여 도지사가 지정·공고한 구역에 건축하는 3층의 숙박시설에 대하여 시장·군수가 건축허가를 하려면 도지사의 승인을 받아야 한다.

③ 건축허가를 받으면 「자연공원법」에 따른 행위허가를 받은 것으로 본다.

④ 건축허가시 실시하는 건축물 안전영향평가는 건축물이 연면적 10만m² 이상이고 21층 이상일 것을 요건으로 한다.

⑤ 2층 건축물이 건축허가 대상이라도 증축하려는 부분의 바닥면적의 합계가 80m²인 경우에는 증축에 대한 건축신고를 하면 건축허가를 받은 것으로 본다.

**18** 건축법령상 대지에 관한 설명 중 틀린 것은?

① 대지란 「공간정보의 구축 및 관리 등에 관한 법률」에 따라 각 필지로 나눈 토지를 말한다. 다만, 대통령령으로 정하는 토지에 대하여는 둘 이상의 필지를 하나의 대지로 하거나, 하나 이상의 필지의 일부를 하나의 대지로 할 수 있다.

② 대지는 인접한 도로면보다 낮아서는 아니 된다. 다만, 대지의 배수에 지장이 없거나 건축물의 용도상 방습의 필요가 없는 경우에는 인접한 도로면보다 낮아도 된다.

③ 대지에는 빗물과 오수를 배출하거나 처리하기 위하여 필요한 하수관, 하수구, 저수탱크, 그 밖에 이와 유사한 시설을 하여야 한다.

④ 상업지역에 바닥면적의 합계가 5천m² 이상인 종교시설인 건축물의 대지에는 공개공지 또는 공개공간을 확보하여야 한다.

⑤ 대지에 도시·군계획시설인 도로·공원 등이 있는 경우 그 도시·군계획시설에 포함되는 대지면적은 대지의 수평투영면적으로 산입한다.

**19** 건축법령상 면적이 200m² 이상인 대지에 건축을 하는 건축주는 용도지역 및 건축물의 규모에 따라 해당 지방자치단체의 조례로 정하는 기준에 따라 대지에 조경이나 그 밖에 필요한 조치를 하여야 한다. 다만, 건축법령은 예외적으로 조경 등의 조치를 필요로 하지 않는 건축물을 허용하고 있다. 이러한 예외에 해당하는 것을 모두 고른 것은? (단, 그 밖의 조례, 건축법 제73조에 따른 적용 특례, 건축협정은 고려하지 않음)

> ㉠ 축사
> ㉡ 녹지지역에 건축하는 건축물
> ㉢ 건축법상 가설건축물
> ㉣ 면적 4천m²인 대지에 건축하는 공장
> ㉤ 상업지역에 건축하는 연면적 합계가 1천500m²인 물류시설

① ㉠, ㉡, ㉣
② ㉠, ㉡, ㉤
③ ㉢, ㉣, ㉤
④ ㉠, ㉡, ㉢, ㉣
⑤ ㉡, ㉢, ㉣, ㉤

**20** 건축법령상 대지에 대한 조경 등의 조치를 하여야 하는 건축물은?

① 녹지지역에 건축하는 건축물
② 면적 5천m² 미만인 대지에 건축하는 공장
③ 상업지역에 건축하는 연면적의 합계가 1천500m² 미만인 물류시설
④ 축사
⑤ 연면적의 합계가 1천500m² 미만인 공장

**21** 다음은 건축법령상 예외적으로 대지에 조경 등의 조치를 하지 아니할 수 있는 건축물에 관한 규정의 일부이다. (    ) 안에 들어갈 숫자를 순서대로 나열한 것은?

> 1. 녹지지역에 건축하는 건축물
> 2. 면적 (      )m² 미만인 대지에 건축하는 공장
> 3. 연면적의 합계가 (      )m² 미만인 공장
> 4. 「산업집적활성화 및 공장설립에 관한 법률」 제2조 제14호에 따른 산업단지의 공장
> 5. 대지에 염분이 함유되어 있는 경우 또는 건축물용도의 특성상 조경 등의 조치를 하기가 곤란하거나 조경 등의 조치를 하는 것이 불합리한 경우로서 건축조례로 정하는 건축물

① 3,000, 1,000
② 3,000, 1,500
③ 5,000, 1,000
④ 5,000, 1,500
⑤ 5,000, 3,000

**22** 건축법령상 조경의무가 면제되는 것을 다음에서 모두 고른 것은?

> ㉠ 상업지역에 건축하는 연면적의 합계가 1천500m² 미만인 물류시설
> ㉡ 관리지역이 지구단위계획구역으로 지정된 지역의 건축물
> ㉢ 연면적의 합계가 1천500m² 이상인 공장
> ㉣ 「국토의 계획 및 이용에 관한 법률 시행령」에 따른 관광·휴양형 지구단위계획구역에 설치하는 관광시설

① ㉠, ㉢
② ㉣
③ ㉡, ㉢
④ ㉠, ㉡
⑤ ㉠, ㉢, ㉣

**23** 건축법령상 공개공지의 확보 등에 관한 설명으로 틀린 것은?

① 공개공지의 면적은 대지면적의 100분의 10 이하의 범위에서 건축조례로 정한다.

② 문화 및 집회시설로서 연면적의 합계가 3천m² 이상일 경우 공개공지를 확보하여야 한다.

③ 공개공지를 확보하는 경우 용적률은 해당 지역에 적용하는 용적률의 1.2배 이하의 범위 내에서 건축조례로 정하여 완화할 수 있다.

④ 공개공지에는 연간 60일 이내의 기간 동안 건축조례로 정하는 바에 따라 주민을 위한 문화행사를 열거나 판촉활동을 할 수 있다.

⑤ 일반주거지역의 환경을 쾌적하게 조성하기 위하여 대통령령으로 정하는 용도와 규모의 건축물은 일반이 사용할 수 있도록 소규모 휴식시설 등의 공개 공간을 설치하여야 한다.

**24** 건축법령상 공개공지 등의 확보에 관한 설명으로 틀린 것은?

① 상업지역에서 업무시설로서 해당 용도로 쓰는 바닥면적의 합계가 5천m² 이상인 건축물의 대지에는 공개공지 등을 확보하여야 한다.

② 공개공지는 필로티의 구조로 설치할 수 있다.

③ 공개공지 등에는 물건을 쌓아 놓거나 출입을 차단하는 시설을 설치하지 아니하여야 한다.

④ 공개공지 등의 면적은 건축면적의 100분의 10 이하로 한다.

⑤ 공개공지 등을 설치하는 경우에는 건축물의 용적률 기준을 완화하여 적용할 수 있다.

**25** 건축법령상 공개공지 등에 관한 설명으로 틀린 것은? (단, 조례는 고려하지 않음)

① 공개공지 등은 해당지역의 환경을 쾌적하게 조성하기 위하여 일반이 사용할 수 있도록 설치하는 소규모 휴식시설 등의 공개공지 또는 공개 공간을 지칭한다.

② 공개공지 등은 상입지역에도 설치할 수 있다.

③ 공개공지는 필로티의 구조로 설치할 수 있다.

④ 숙박시설로서 해당 용도로 쓰는 바닥면적의 합계가 3천m²인 건축물의 대지에는 공개공지 또는 공개 공간을 설치하여야 한다.

⑤ 판매시설 중 「농수산물 유통 및 가격안정에 관한 법률」에 따른 농수산물유통시설에는 공개공지 등을 설치하지 않아도 된다.

**26** 건축법령상 공개공지 또는 공개공간을 설치해야 하는 건축물을 모두 고른 것은?

> ㉠ 일반주거지역에서 건축하는 바닥면적의 합계가 3천$m^2$인 전시장
> ㉡ 전용주거지역에서 건축하는 바닥면적의 합계가 5천$m^2$인 오피스텔
> ㉢ 준공업지역에서 건축하는 바닥면적의 합계가 6천$m^2$인 농수산물유통시설
> ㉣ 상업지역에서 건축하는 바닥면적의 합계가 7천$m^2$인 백화점
> ㉤ 준주거지역에서 건축하는 바닥면적의 합계가 8천$m^2$인 화물용 운수시설

① ㉣  　② ㉡  　③ ㉠, ㉡, ㉣
④ ㉡, ㉣  　⑤ ㉠, ㉣, ㉤

**27** 건축법령상 대지의 조경 및 공개공지에 관한 설명으로 틀린 것은? (단, 건축법상 특례는 고려하지 않음)

① 면적이 4천$m^2$인 대지에 건축하는 공장에 대하여는 조경의 조치를 하지 아니할 수 있다.
② 도시·군계획시설에 건축하는 가설건축물의 경우에는 조경의 조치를 하지 아니할 수 있다.
③ 주거지역에 건축하는 연면적의 합계가 1천5백$m^2$ 미만인 물류시설은 조경의 조치를 하여야 한다.
④ 공개공지에는 연간 60일 이내의 기간 동안 주민들을 위한 문화행사를 열거나 판촉활동을 할 수 있다.
⑤ 근린상업지역에 건축하는 바닥면적의 합계가 6천$m^2$인 여객용 운수시설은 공개공지를 설치하지 않아도 된다.

**28** 건축법령상 건축물의 대지가 도로(자동차만의 통행에 사용되는 도로는 제외)에 접해야 하는 경우 연면적의 합계가 5천$m^2$인 공장의 대지가 접하여야 하는 도로의 기준으로 옳은 것은?

① 너비 4m 이상의 도로에 2m 이상 접하여야 한다.
② 너비 4m 이상의 도로에 4m 이상 접하여야 한다.
③ 너비 6m 이상의 도로에 4m 이상 접하여야 한다.
④ 너비 6m 이상의 도로에 6m 이상 접하여야 한다.
⑤ 너비 10m 이상의 도로에 6m 이상 접하여야 한다.

**29** 건축법령상 건축물의 대지와 도로에 관한 설명으로 틀린 것은?

① 대지의 배수에 지장이 없는 경우에는 대지가 인접한 도로면보다 낮아도 된다.

② 녹지지역의 건축물은 면적이 200m² 이상인 대지에 건축하는 경우에도 조경 등의 조치를 하지 아니할 수 있다.

③ 건축물의 대지는 2m 이상이 자동차전용도로가 아닌 도로에 접하여야 하지만, 해당 건축물의 출입에 지장이 없다고 인정되는 경우에는 그러하지 아니하다.

④ 이해관계인이 해외에 거주하여 동의를 받기 곤란한 경우에 허가권자는 건축위원회의 심의를 거쳐 이해관계인의 동의 없이 도로의 위치를 지정·공고할 수 있다.

⑤ 건축물의 지표의 위·아래 부분에서 건축선의 수직면을 넘어서는 아니 되며, 도로면으로부터 높이 4.5m 이하에 있는 창문은 열고 닫을 때 건축선의 수직면을 넘지 않는 구조로 하여야 한다.


**30** 건축법령상 건축물의 대지와 도로에 관한 설명으로 틀린 것은? (단, 건축법상 적용 제외 규정 및 건축협정에 따른 특례는 고려하지 않음)

① 건축물의 주변에 허가권자가 인정한 유원지가 있는 경우에는 건축물의 대지가 자동차전용도로가 아닌 도로에 2m 이상 접할 것이 요구되지 아니한다.

② 연면적의 합계가 3천m²인 작물 재배사의 대지는 너비 6m 이상의 도로에 4m 이상 접할 것이 요구되지 아니한다.

③ 주민이 오랫동안 통행로로 이용하고 있는 사실상의 통로로서 해당 지방자치단체의 조례로 정하는 것인 경우의 「건축법」상 도로는 이해관계인의 동의를 받지 아니하고 건축위원회의 심의를 거쳐 그 도로를 폐지할 수 있다.

④ 면적 5천m² 미만인 대지에 공장을 건축하는 건축주는 대지에 조경 등의 조치를 하지 아니할 수 있다.

⑤ 도로면으로부터 높이 4.5m 이하에 있는 창문은 열고 닫을 때 건축선의 수직면을 넘지 아니하는 구조로 하여야 한다.

**31** 건축법령상 건축선의 지정 및 건축제한에 관한 설명으로 옳은 것은?

① 특별자치시장·특별자치도지사 또는 시장·군수·구청장은 시가지 안에서 건축물의 위치나 환경을 정비하기 위하여 필요하다고 인정하면 건축선을 따로 지정할 수 있는 바, 도시지역에서는 4m 이하의 범위에서 건축선을 따로 지정할 수 있다.

② 대지가 소요너비에 미달되는 도로에 접하는 경우로서 그 도로의 반대쪽에 경사지 등이 있는 경우 그 경사지 등이 있는 쪽의 반대편 도로경계선에서 소요너비에 해당하는 수평거리의 선을 건축선으로 한다.

③ 대지가 소요너비에 못 미치는 도로에 접하는 경우 그 경계선에서 그 소요너비의 2분의 1의 수평거리만큼 물러난 선을 건축선으로 한다.

④ 건축물과 담장 및 그 지표 아래 부분은 건축선의 수직면을 넘어서는 아니 된다.

⑤ 도로면으로부터 높이 4m 이하 부분은 창문은 열고 닫을 때 건축선의 수직면을 넘지 아니하는 구조로 하여야 한다.

**32** 건축법령상 도로와 건축선에 관한 설명으로 옳은 것은?

① 소요너비에 못 미치는 너비의 도로인 경우에는 그 중심선으로부터 그 소요너비의 수평거리만큼 물러난 선을 건축선으로 한다.

② 공장의 연면적의 합계가 2천m²인 건축물의 대지는 너비 6m 이상의 도로에 4m 이상 접하여야 한다.

③ 주민이 오랫동안 통행로로 이용하고 있는 사실상의 통로로서 해당 지방자치단체의 조례로 정하는 것인 경우에 해당하면 이해관계인의 동의를 받지 아니하고 건축위원회의 심의를 거쳐 도로를 지정할 수 있다.

④ 특별자치시장·특별자치도지사 또는 시장·군수·구청장은 시가지 안에서 건축물의 위치나 환경을 정비하기 위하여 필요하다고 인정하면 도시지역에서 5m의 범위에서 건축선을 따로 지정할 수 있다.

⑤ 도로면으로부터 높이 5m에 있는 출입구, 창문, 그 밖에 이와 유사한 구조물은 열고 닫을 때 건축선의 수직면을 넘지 아니하는 구조로 하여야 한다. 다만, 지표 아래 부분도 그러하다.

■ 연계학습 기본서 p.90~121

**단·원·열·기**

건축법은 총 7문제가 출제되고 3문제가 주관식이다. 이 단원은 면적, 높이, 특별건축구역, 건축협정, 결합건축, 이행강제금으로 구분하여 학습한다.

## 01 건축법령상 건축물의 면적에 관한 설명으로 틀린 것은?

상 **중** 하

① 전통사찰은 3m 이하의 범위에서 외벽의 중심선까지의 거리수평거리를 후퇴한 선으로 둘러싸인 부분의 수평투영면적을 건축면적으로 본다.

② 지하주차장의 경사로는 건축면적에서 제외된다.

③ 공동주택으로서 지상층에 설치한 기계실, 전기실, 어린이놀이터, 조경시설 및 생활폐기물 보관함의 면적은 바닥면적에 산입하지 아니한다.

④ 지하층의 면적은 용적률 산정시 연면적에서 제외한다.

⑤ 건축물의 노대 등의 바닥은 난간 등의 설치 여부에 관계없이 노대 등의 면적에서 노대 등이 접한 가장 긴 외벽에 접한 길이에 1.5m를 곱한 값을 뺀 면적을 바닥면적에 산입한다.

## 02 건축법령상 건축물의 면적 등의 산정방법에 관한 설명으로 옳은 것은?

상 **중** 하

① 벽·기둥의 구획이 없는 건축물은 그 지붕 끝부분으로부터 수평거리 1m를 후퇴한 선으로 둘러싸인 수평투영면적을 건축면적으로 한다.

② 바닥면적은 원칙적으로 건축물의 외벽의 중심선으로 둘러싸인 부분의 수평투영면적으로 한다.

③ 건축물 지상층에 일반인이나 차량이 통행할 수 있도록 설치한 보행통로나 차량통로 및 지하주차장의 경사로는 건축면적에 산입하지 아니한다.

④ 연면적은 하나의 건축물 각 층(지하층을 포함한다)의 건축면적의 합계로 한다.

⑤ 공동주택으로서 지상층에 설치한 기계실, 전기실, 어린이놀이터, 조경시설, 생활폐기물보관시설의 면적은 바닥면적에 산입한다.

**03** 건축법령상 설명으로 옳은 것은?

① 학교시설로서 바닥면적의 합계가 5천m² 이상은 다중이용건축물에 해당한다.

② 「군사기지 및 군사시설 보호법」에 따른 군사기지 및 군사시설 보호구역은 특별건축구역으로 지정할 수 없다.

③ 면적이 200m² 이상인 건축물의 대지에는 국토교통부령으로 정하는 바에 따라 「전기사업법」에 따른 전기사업자가 전기를 배전하는 데 필요한 전기설비를 설치할 수 있는 공간을 확보하여야 한다.

④ 공동주택으로서 지상층에 설치한 기계실, 전기실, 어린이놀이터, 조경시설 및 생활폐기물 보관시설의 면적은 바닥면적에 산입한다.

⑤ 「농지법」에 따른 농막을 건축하는 경우 건축물의 대지가 2m 이상을 도로에 접하지 않아도 된다.

**04** 건축법령상 일조 등의 확보를 위한 건축물의 높이제한에 관한 설명으로 옳은 것은?

① 전용주거지역 또는 준주거지역에서 건축물의 높이 10m 초과하는 부분은 정북방향으로의 인접대지경계선으로부터 해당 건축물의 각 부분의 높이의 2분의 1 이상의 거리를 띄어 건축하여야 한다.

② 특별건축구역 안의 대지 상호 간에 건축하는 건축물로서 해당 대지가 너비 20m 이상의 도로에 접한 경우에는 일조 등의 확보를 위한 건축물의 높이제한 규정을 적용하지 아니한다.

③ 공동주택과 부대시설 또는 복리시설이 서로 마주보고 있는 경우에는 부대시설 또는 복리시설 각 부분 높이의 0.5배 이상 거리를 띄어 건축하여야 한다.

④ 일반상업지역에서 건축할 경우 공동주택(기숙사 제외)의 각 부분의 높이는 그 부분으로부터 채광을 위한 창문 등이 있는 벽면으로부터 직각방향으로 인접대지경계선까지의 수평거리의 4배 이하로 한다.

⑤ 두 동(棟) 이상의 공동주택 건축물이 서로 마주보고 있는 경우에 건축물 각 부분 사이의 거리는 채광을 위한 창문 등이 있는 벽면으로부터 직각방향으로 건축물 각 부분 높이의 0.5배 이상의 범위에서 건축조례로 정하는 거리 이상을 띄어 건축하여야 한다.

**05** 건축물의 높이를 정남방향의 인접대지경계선으로부터의 거리에 따라 시장·군수·구청장이 정하는 높이 이하로 할 수 있는 지역이 아닌 것은?

① 「도시개발법」에 따른 도시개발구역
② 「도시 및 주거환경정비법」에 따른 정비구역
③ 「공공주택특별법」에 따른 공공주택지구
④ 「지역 개발 및 지원에 관한 법률」에 따른 지역개발사업구역
⑤ 「산업입지 및 개발에 관한 법률」에 따른 국가산업단지, 일반산업단지, 도시첨단산업단지 및 농공단지

**06** 건축법령으로 규정된 내용이 옳은 것은?

① 허가권자는 건축허가를 받은 날부터 2년(「산업집적활성화 및 공장설립에 관한 법률」 제13조에 따라 공장의 신설·증설 또는 업종변경의 승인을 받은 공장은 3년) 이내에 공사에 착수하지 아니한 경우 허가를 취소할 수 있다.
② 건축물의 부분에 따라 그 층수를 달리하는 경우에는 그중 가장 많은 층수를 당해 건축물의 층수로 한다.
③ 사전결정신청자는 사전결정을 통지 받은 날부터 2년 이내에 사용승인을 신청하여야 하며, 이 기간에 사용승인을 신청하지 아니하면 사전결정의 효력이 상실된다.
④ 연면적 합계가 2천m² 이상인 공장의 대지는 너비 6m 이상 도로에 4m 이상 접하여야 한다.
⑤ 전용주거지역 및 준주거지역 안에서 건축하는 건축물의 높이는 일조 등의 확보를 위하여 건축물의 각 부분을 정북방향으로의 인접 대지경계선으로부터 거리에 따라 대통령령으로 정하는 높이 이하로 하여야 한다.

**07** 건축법령상 건축물의 높이제한에 관한 설명으로 틀린 것은?

① 건축물의 높이 지정 : 허가권자는 가로구역(도로로 둘러싸인 일단의 지역)을 단위로 건축물의 높이를 지정·공고할 수 있다.

② 건축법상 일조권의 확보를 위한 건축물의 높이를 제한하는 지역은 원칙적으로 전용주거지역, 일반주거지역 및 준주거지역이다.

③ 2층 이하로서 높이가 8m 이하인 건축물에는 해당 지방자치단체의 조례로 정하는 바에 따라 일조 등의 확보를 위한 건축물의 높이제한을 적용하지 아니할 수 있다.

④ 허가권자는 같은 가로구역에서 건축물의 용도 및 형태에 따라 건축물의 높이를 다르게 정할 수 있다.

⑤ 건축물이 부분에 따라 그 층수가 다른 경우에는 그중 가장 많은 층수를 그 건축물의 층수로 본다.

**08** 건축법령상 건축물의 높이 제한에 관한 설명으로 옳은 것은? (단, 특례 및 조례는 고려하지 않음)

① 허가권자는 같은 가로구역에서 건축물의 용도 및 형태에 따라 건축물의 높이를 다르게 정하여서는 아니 된다.

② 가로구역별 건축물의 높이를 지정하는 경우에는 지방건축위원회의 심의를 아니한다.

③ 가로구역을 단위로 하여 건축물의 높이를 지정·공고함에 있어, 건축물의 높이는 지표면으로부터 그 건축물의 상단까지의 높이로 산정한다.

④ 가로구역별로 건축물의 높이를 지정·공고할 때에는 해당 가로구역의 상·하수도 등 간선시설의 수용능력을 고려하여야 한다.

⑤ 일반상업지역에서 하나의 대지에 두 동 이상의 공동주택을 건축하는 경우에는 채광의 확보를 위하여 높이가 제한된다.

**09** 건축법령상 면적·높이의 산정방법으로 옳은 것은?

① 지표면으로부터 1m 이하에 있는 부분은 건축면적에 산입하지 않는다.

② 건축면적은 건축물의 각 층 또는 그 일부로서 벽·기둥, 그 밖에 이와 비슷한 구획의 중심선으로 둘러싸인 부분의 수평투영면적으로 한다.

③ 벽·기둥의 구획이 없는 건축물(캔틸레버)에 있어서 건축면적은 그 지붕 끝부분으로부터 수평거리 1m를 후퇴한 선으로 둘러싸인 수평투영면적으로 한다.

④ 건축물 지상층에 일반인이나 차량이 통행할 수 있도록 설치한 보행통로나 차량통로는 바닥면적에 산입하지 않는다.

⑤ 건축물의 옥상에 설치되는 승강기탑·계단탑·망루·장식탑·옥탑 등으로서 그 수평투영면적의 합계가 해당 건축물 건축면적의 8분의 1(「주택법」에 따른 사업계획승인 대상인 공동주택 중 세대별 전용면적이 $85m^2$ 이하인 경우에는 6분의 1) 이하인 경우로서 그 부분의 높이가 12m를 넘는 경우에는 모두 해당 건축물의 높이에 산입한다.

**10** 건축법령상 1,000$m^2$의 대지에 건축한 다음 건축물의 용적률은 얼마인가? (단, 제시된 조건 외에 다른 조건은 고려하지 않음)

- 하나의 건축물로서 지하 2개 층, 지상 4개 층으로 구성되어 있으며, 지붕은 평지붕임
- 건폐율은 50퍼센트이고, 지하층 포함 각 층의 바닥면적은 400$m^2$로 동일함
- 지하의 모든 층과 지상 1층은 주차장시설로 사용하고 지상 3개 층은 전부 업무시설로 사용됨

① 120퍼센트      ② 150퍼센트
③ 160퍼센트      ④ 200퍼센트
⑤ 240퍼센트

**11** 건축면적이 560m²이고 높이 28m인 건축물의 옥상에 좌측에는 수평투영면적이 63m²이고 높이 9m로 된 장식탑을 세우고, 우측에는 수평투영면적이 42m²이고 높이 14m인 옥탑을 설치하였을 경우, 이 건축물의 건축법령상의 높이는?

① 28m

② 30m

③ 37m

④ 42m

⑤ 51m

**12** 건축법령상 국토교통부장관이 특별건축구역으로 지정할 수 있는 것은?

① 국가가 국제행사를 개최하는 도시의 사업구역

② 「자연공원법」에 따른 자연공원

③ 「개발제한구역의 지정 및 관리에 관한 특별조치법」에 따른 개발제한구역

④ 「산지관리법」에 따른 보전산지

⑤ 「도로법」에 따른 접도구역

**13** 건축법령상 국토교통부장관이 도시나 지역의 일부에 대해 특별건축구역으로 지정할 수 없는 지역·지구·구역은?

① 「도로법」에 따른 접도구역

② 「도시 및 주거환경정비법」에 따른 정비구역

③ 「도시개발법」에 따른 도시개발구역

④ 「택지개발촉진법」에 따른 택지개발사업구역

⑤ 「공공주택 건설 등에 관한 특별법」에 따른 공공주택지구

**14** 건축법령상 특별건축구역에 관한 설명으로 옳은 것은?

① 시장·군수·구청장은 특별건축구역의 지정을 신청할 수 없다.
② 「군사기지 및 군사시설 보호법」에 따른 군사기지 및 군사시설 보호구역은 특례 적용이 필요하다고 인정하는 경우에는 특별건축구역으로 지정될 수 없다.
③ 시·도지사는 「도시개발법」에 따른 도시개발구역에 대하여 특별건축구역을 지정할 수 있다.
④ 특별건축구역을 지정하는 경우 「국토의 계획 및 이용에 관한 법률」에 따른 용도지역·지구·구역의 지정이 있는 것으로 본다.
⑤ 지정신청기관은 특별건축구역 지정 이후 특별건축구역의 도시·군관리계획에 관한 사항이 변경되는 경우에는 변경지정을 받지 않아도 된다.

**15** 건축법령상 특별건축구역에서 도시경관의 창출, 건설기술 수준향상 및 건축 관련 제도개선을 위하여 특례적용이 필요하다고 허가권자가 인정하는 건축물과 그 규모를 연결한 것으로 틀린 것은?

① 문화 및 집회시설, 판매시설, 운수시설, 의료시설, 교육연구시설, 수련시설 − 2천m² 이상
② 운동시설, 업무시설, 숙박시설, 관광휴게시설, 방송통신시설 − 3천m² 이상
③ 노유자시설 − 5백m² 이상
④ 공동주택(주거용 외의 용도와 복합된 건축물을 포함한다) − 100세대 이상
⑤ 단독주택(한옥 또는 한옥건축양식의 단독주택) − 30동 이상

**16** 건축법령상 결합건축을 할 수 있는 지역을 다음에서 모두 고른 것은?

> ㉠ 「국토의 계획 및 이용에 관한 법률」에 따라 지정된 상업지역
> ㉡ 「도시 및 주거환경정비법」에 따른 정비구역 중 재건축사업의 시행을 위한 구역
> ㉢ 「도시재생 활성화 및 지원에 관한 특별법」에 따른 도시재생활성화지역
> ㉣ 「한옥 등 건축자산의 진흥에 관한 법률」에 따른 건축자산진흥구역
> ㉤ 「역세권의 개발 및 이용에 관한 법률」에 따라 지정된 역세권개발구역

① ㉠, ㉡, ㉢, ㉣  　② ㉠, ㉡, ㉢, ㉤
③ ㉠, ㉢, ㉣  　④ ㉢, ㉣, ㉤
⑤ ㉠, ㉢, ㉣, ㉤

**17** 건축법령상 이행강제금에 관한 설명으로 틀린 것은?

① 허가권자는 최초의 시정명령이 있었던 날을 기준으로 하여 1년에 2회 이내의 범위에서 해당 지방자치단체의 조례로 정하는 횟수만큼 그 시정명령이 이행될 때까지 반복하여 이행강제금을 부과·징수할 수 있다.

② 면적이 60m² 이하인 주거용 건축물에 해당하는 금액의 2분의 1의 범위에서 해당 지방자치단체의 조례로 정하는 금액의 2분의 1 범위에서 해당 지방자치단체의 조례로 정하는 금액을 부과한다.

③ 허가권자는 이행강제금을 부과하기 전에 이행강제금을 부과·징수한다는 뜻을 미리 문서로써 계고하여야 한다.

④ 허가권자는 위반 건축물에 대한 시정명령을 받은 자가 이를 이행하면 이미 부과된 이행강제금의 징수를 즉시 중지하여야 한다.

⑤ 허가권자는 이행강제금 부과처분을 받은 자가 이행강제금을 납부기한까지 내지 아니하면 「지방행정제재·부과금의 징수 등에 관한 법률」에 따라 징수한다.

**18** 건축법령상 위반 건축물 등에 대한 조치에 관한 설명으로 틀린 것은?

① 허가권자는 건축물이 건축법령에 위반되는 경우 그 건축물의 현장관리인에게 공사의 중지를 명할 수 있다.

② 건축물이 용적률을 초과하여 건축된 경우에는 해당 건축물에 적용되는 1m² 당 시가표준액의 100분의 50에 해당하는 금액에 100분의 80을 곱하는 비율로 이행강제금이 부과된다.

③ 허가권자는 이행강제금을 부과학 전에 이행강제금을 부과·징수한다는 뜻을 미리 문서로써 계고(戒告)하여야 한다.

④ 허가권자는 이행강제금 부과처분을 받은 자가 이행강제금을 납부기한까지 내지 아니하면 「지방행정제재·부과금의 징수 등에 관한 법률」에 따라 징수한다.

⑤ 허가권자는 시정명령을 받은 자가 이를 이행하면 새로운 이행강제금의 부과를 즉시 중지하되, 이미 부과된 이행강제금은 징수하여야 한다.

**19** 건축법령상 이행강제금에 관한 설명으로 옳은 것은?

① 이행강제금은 건축신고 대상 건축물에 대하여 부과할 수 없다.

② 이행강제금의 징수절차는 지방세법을 준용한다.

③ 허가권자는 이행강제금을 부과하기 전에 이행강제금을 부과·징수한다는 뜻을 미리 문서로서 계고하여야 한다.

④ 허가권자는 위반건축물에 대한 시정명령을 받은 자가 이를 이행하면 이미 부과된 이행강제금의 징수를 즉시 중지하여야 한다.

⑤ 허가권자는 최초의 시정명령이 있었던 날을 기준으로 하여 1년에 5회 이내의 범위에서 그 시정명령이 이행될 때까지 반복하여 이행강제금을 부과·징수할 수 있다.

**20** 건축법령상 이행강제금에 관한 설명으로 옳은 것을 모두 고른 것은?

> ㉠ 허가권자는 시정명령을 받은 자가 이를 이행하면 새로운 이행강제금의 부과를 즉시 중지하되, 이미 부과된 이행강제금은 징수하여야 한다.
> ㉡ 동일인이 「건축법」에 따른 명령을 최근 2년 내에 2회 위반한 경우 부과될 금액을 100분의 150의 범위에서 가중하여야 한다.
> ㉢ 허가권자는 최초의 시정명령이 있었던 날을 기준으로 하여 1년에 최대 3회 이내의 범위에서 그 시정명령이 이행될 때까지 반복하여 이행강제금을 부과·징수할 수 있다.

① ㉠  　② ㉡  　③ ㉠, ㉡
④ ㉡, ㉢  　⑤ ㉠, ㉡, ㉢

**21** 건축법령상 건축위원회에 관한 설명으로 틀린 것은?

① 국토교통부장관, 시·도지사 및 시장·군수·구청장은 각각 건축위원회를 두어야 한다.

② 시장·군수·구청장은 자신이 설치하는 건축위원회에 건축분쟁전문위원회를 둘 수 없다.

③ 자치구의 경우에는 해당 자치구의 조례로 건축위원회의 조직·운영, 그 밖에 필요한 사항을 정한다.

④ 전문위원회는 건축위원회가 정하는 사항에 대하여 심의 등을 한다.

⑤ 전문위원회의 심의 등을 거친 사항은 건축위원회의 심의 등을 거친 것으로 본다.

**22** 건축법령상 조정(調停) 및 재정(裁定)에 관한 설명으로 틀린 것은?

① 재정은 문서로써 하여야 한다.
② 조정은 3명의 위원으로 구성되는 조정위원회에서 한다.
③ 건축분쟁전문위원회는 재정신청이 된 사건을 조정에 회부하는 것이 적합하다고 인정하면 직권으로 직접 조정할 수 있다.
④ 당사자가 재정에 불복하여 소송을 제기한 경우 시효의 중단과 제소기간의 산정에 있어서는 재정신청을 재판상의 청구로 본다.
⑤ 재정위원회의 회의는 구성원 과반수의 출석으로 열고 출석한 위원 과반수의 찬성으로 의결한다.

**23** 건축법령상 조정(調停) 및 재정(裁定)에 관한 설명으로 틀린 것은?

① 조정 및 재정을 하기 위하여 국토교통부에 건축분쟁전문위원회를 둔다.
② 부득이한 사정으로 연장되지 않는 한 건축분쟁전문위원회는 당사자의 조정신청을 받으면 60일 이내에 절차를 마쳐야 한다.
③ 조정안을 제시받은 당사자는 제시를 받은 날부터 30일 이내에 수락 여부를 조정위원회에 알려야 한다.
④ 조정위원회는 필요하다고 인정하면 당사자나 참고인을 조정위원회에 출석하게 하여 의견을 들을 수 있다.
⑤ 건축분쟁전문위원회는 재정신청이 된 사건을 조정에 회부하는 것이 적합하다고 인정하면 직권으로 직접 조정할 수 있다.

## 주관식 단답형 문제

**01** 건축법 제1조(목적) 중 (    ) 안에 공통으로 들어갈 용어를 쓰시오.

> 이 법은 건축물의 대지·구조·설비 기준 및 용도 등을 정하여 건축물의 ( ㉠ )·기능·( ㉡ ) 및 미관을 향상시킴으로써 공공복리의 증진에 이바지하는 것을 목적으로 한다.

**02** 다음에서 설명하고 있는 건축법령상의 용어를 쓰시오.

> 건축물이 천재지변이나 그 밖의 재해(災害)로 멸실된 경우 그 대지에 종전과 같은 규모의 범위에서 다시 축조하는 것을 말한다.

**03** 건축법 제2조(정의)의 일부이다. (    ) 안에 들어갈 용어를 각각 쓰시오.

> 결합건축이란 제56조에 따른 ( ㉠ )을 개별 대지마다 적용하지 아니하고, 2개 이상의 대지를 대상으로 ( ㉡ )적용하여 건축물을 건축하는 것을 말한다.

**04** 건축법 제2조(정의)에서 다음 설명에 해당하는 용어를 쓰시오.

> 건축물의 구조·설비 등 건축물과 관련된 전문기술자격을 보유하고 설계와 공사감리에 참여하여 설계자 및 공사감리자와 협력하는 자를 말한다.

**05** 건축법 시행령 제2조(정의)의 일부이다. (    ) 안에 들어갈 아라비아 숫자 및 용어를 쓰시오.

> "특수구조 건축물"이란 다음 각 목의 어느 하나에 해당하는 건축물을 말한다.
> 가. 한쪽 끝은 고정되고 다른 끝은 지지(支持)되지 아니한 구조로 된 보·차양 등이 외벽의 중심선으로부터 ( ㉠ )m 이상 돌출된 건축물
> 나. 기둥과 기둥 사이의 거리가 ( ㉡ )m 이상인 건축물
> 다. 무량판 구조를 가진 건축물로서 무량판 구조인 어느 하나의 층에 수직으로 배치된 주요구조부의 전체 단면적에서 보가 없이 배치된 ( ㉢ )의 전체 단면적이 차지하는 비율이 4분의 1 이상인 건축물

**06** 건축법 제8조(리모델링에 대비한 특례 등)이다. (    ) 안에 들어갈 용어 및 아라비아 숫자를 각각 쓰시오.

> 리모델링이 쉬운 구조의 공동주택의 건축을 촉진하기 위하여 공동주택을 대통령령으로 정하는 구조로 하여 건축허가를 신청하면 ( ㉠ )·가로구역별 건축물의 높이제한 및 일조 등의 확보를 위한 건축물의 높이제한에 따른 기준을 100분의 ( ㉡ )의 범위에서 대통령령으로 정하는 비율로 완화하여 적용할 수 있다.

**07** 건축법 제10조(사전결정) 제9항의 규정이다. (    )에 들어갈 용어를 쓰시오.

> 사전결정신청자는 사전결정을 통지 받은 날부터 2년 이내에 (    )를 신청하여야 하며, 이 기간에 건축허가를 신청하지 아니하면 사전결정의 효력이 상실된다.

**08** 건축법 제11조의 일부이다. (    )에 들어갈 아라비아 숫자를 순서대로 쓰시오.

> 특별시장 또는 광역시장의 허가를 받아야 하는 건축물의 건축은 층수가 ( ㉠ )층 이상이거나 연면적의 합계가 ( ㉡ )만m² 이상인 건축물의 건축을 말한다.

**09**
상중하

건축법 제13조의2 및 동법 시행령 제10조의3 제1항 일부이다. (    )에 들어갈 용어와 아라비아 숫자를 각각 쓰시오.

> 허가권자는 초고층 건축물 등 대통령령으로 정하는 주요 건축물에 대하여 건축허가를 하기 전에 안전영향평가를 ( ㉠ )에 의뢰하여 실시하여야 한다.
> "초고층 건축물 등 대통령령으로 정하는 주요 건축물"이란 다음의 어느 하나에 해당하는 건축물을 말한다.
> 1. 초고층 건축물
> 2. 다음의 요건을 모두 충족하는 건축물
>     ① 연면적(하나의 대지에 둘 이상의 건축물을 건축하는 경우에는 각각의 건축물의 연면적을 말한다)이 ( ㉡ )만m² 이상일 것
>     ② ( ㉢ )층 이상일 것

**10**
상중하

건축법 제14조(건축신고) 제5항에 관한 규정이다. (    )에 들어갈 아라비아 숫자를 순서대로 쓰시오.

> 건축신고를 한 자가 신고일부터 ( ㉠ )년 이내에 공사에 착수하지 아니하면 그 신고의 효력은 없어진다. 다만, 건축주의 요청에 따라 허가권자가 정당한 사유가 있다고 인정하면 ( ㉡ )년의 범위에서 착수기한을 연장할 수 있다.

**11**
상중하

건축법 시행령 제27조(옥상 조경) 제3항의 규정이다. (    ) 안에 들어갈 아라비아 숫자를 차례대로 쓰시오.

> 건축물의 옥상에 조경의무 규정에 따라 국토교통부장관이 고시하는 기준에 따라 조경이나 그 밖에 필요한 조치를 하는 경우에는 옥상부분의 조경면적의 3분의 ( ㉠ )에 해당하는 면적을 대지의 조경면적으로 산정할 수 있다. 이 경우 조경면적으로 산정하는 면적은 의무조경면적의 ( ㉡ )퍼센트를 초과할 수 없다.

## 12

건축법 시행령 제27조의2(공개공지 등의 확보) 규정의 일부이다 (    )에 들어갈 아라비아 숫자를 쓰시오.

> 1. 공개공지 등의 면적은 대지면적의 100분의 ( ㉠ ) 이하의 범위에서 건축조례로 정한다.
> 2. 대지에 공개공지 등을 확보하여야 하는 건축물의 경우 공개공지 등을 설치하는 때에는 해당지역에 적용하는 용적률의 ( ㉡ )배 이하의 범위에서 건축조례로 정하는 바에 따라 용적률을 완화하여 적용할 수 있다.

## 13

건축법령상 (    ) 안에 공통으로 들어갈 용어를 쓰시오.

> 건축물과 담장은 (    )의 수직면을 넘어서는 아니되며[다만, 지표(地表) 아래 부분은 그러하지 아니하다], 도로면으로부터 높이 4.5m 이하에 있는 출입구, 창문, 그 밖에 이와 유사한 구조물은 열고 닫을 때 (    )의 수직면을 넘지 아니하는 구조로 하여야 한다.

## 14

건축법 시행령 제34조(직통계단의 설치) 제4항 규정이다. (    )에 들어갈 용어와 아라비아 숫자를 각각 쓰시오.

> 준초고층 건축물에는 피난층 또는 지상으로 통하는 직통계단과 직접 연결되는 ( ㉠ )을 해당 건축물 전체 층수의 2분의 1에 해당하는 층으로부터 상하 ( ㉡ ) 개 층 이내에 1개소 이상 설치하여야 한다. 다만, 국토교통부령으로 정하는 기준에 따라 피난층 또는 지상으로 통하는 직통계단을 설치하는 경우에는 그러하지 아니하다.

## 15

건축법 시행령 제34조(직통계단의 설치) 제1항의 일부이다. (    ) 안에 들어갈 아라비아 숫자와 용어를 쓰시오.

> 건축물(지하층에 설치하는 것으로서 바닥면적의 합계가 $300m^2$ 이상인 공연장·집회장·관람장 및 전시장은 제외한다)의 ( ㉠ )가 내화구조 또는 불연재료로 된 건축물은 그 보행거리가 ( ㉡ )m 이하가 되도록 설치할 수 있다. 층수가 ( ㉢ )층 이상인 공동주택의 ( ㉢ )층 이상인 층에 대해서는 40m 이하가 되도록 설치할 수 있다.

**16** 다음은 건축법령상 건축설비의 원칙에 관한 설명이다. (     ) 안에 들어갈 용어를 쓰시오.

> 건축설비는 건축물의 안전·방화, 위생, 에너지 및 정보통신의 합리적 이용에 지장이 없도록 설치하여야 하고, 배관피트 및 닥트의 단면적과 (     )의 크기를 해당 설비의 수선에 지장이 없도록 하는 등 설비의 유지·관리가 쉽게 설치하여야 한다.

**17** 건축법령상 아래와 같은 조건을 갖는 건축물의 용적률은 몇 퍼센트(%)인가?

> - 대지면적 : 20,000m²
> - 지하 2층 : 주차장(12,000m²), 전기실·기계실 등 공용시설(2,000m²)
> - 지하 1층 : 제1종 근린생활시설(8,000m²), 주차장(6,000m²)
> - 지상 1층 : 필로티구조로 전부를 상층부 공동주택의 부속용도인 주차장으로 사용(4,000m²)
> - 지상 2층 ~ 지상 9층 : 공동주택(각 층 4,000m²)

**18** 건축법 제42조(대지의 조경)의 규정의 일부이다. (     ) 안에 들어갈 아라비아 숫자를 쓰시오.

> 면적이 (     )m² 이상인 대지에 건축을 하는 건축주는 용도지역 및 건축물의 규모에 따라 해당 지방자치단체의 조례로 정하는 기준에 따라 대지에 조경이나 그 밖에 필요한 조치를 하여야 한다.

**19** 건축법 제43조(공개 공지 등의 확보)의 일부이다. (      )에 들어갈 용어를 쓰시오.

> ① 다음 각 호의 어느 하나에 해당하는 지역의 환경을 쾌적하게 조성하기 위하
> 여 대통령령으로 정하는 용도와 규모의 건축물은 일반이 사용할 수 있도록
> 대통령령으로 정하는 기준에 따라 소규모 휴식시설 등의 공개 공지(空地：
> 공터) 또는 공개 공간(이하 "공개 공지 등"이라 한다)을 설치하여야 한다.
> 1. 일반주거지역, ( ㉠ )지역
> 2. ( ㉡ )지역
> 3. 준공업지역
> 4. 특별자치시장·특별자치도지사 또는 시장·군수·구청장이 ( ㉢ )의
>    가능성이 크거나 노후산업단지의 정비가 필요하다고 인정하여 지정·
>    공고하는 지역

**20** 건축법 시행령 제46조 제4항이다. (      ) 안에 들어갈 아라비아 숫자 및 용어를 쓰시오.

> 공동주택 중 아파트로서 ( ㉠ )층 이상의 층의 각 세대가 2개 이상의 직통계단
> 을 사용할 수 없는 경우에는 ( ㉡ )에 인접세대와 공동으로 또는 각 세대별로
> 다음의 요건을 모두 갖춘 대피공간을 하나 이상 설치해야 한다. 이 경우 인접
> 세대와 공동으로 설치하는 대피공간은 인접세대를 통하여 2개 이상의 직통계
> 단을 사용할 수 있는 위치에 우선 설치되어야 한다.
> 1. 대피공간은 바깥의 공기와 접할 것
> 2. 대피공간은 실내의 다른 부분과 방화구획으로 구획될 것
> 3. 대피공간의 바닥면적은 인접세대와 공동으로 설치하는 경우에는 3m² 이상,
>    각 세대별로 설치하는 경우에는 2m² 이상일 것
> 4. 대피공간으로 통하는 출입문에는 제64조 제1항 제1호에 따른 ( ㉢ )방화문
>    을 설치할 것

**21**
상 중 하

건축법 제48조의3(건축물의 내진능력 공개)의 일부이다. (　　) 안에 들어갈 용어
또는 아라비아 숫자를 쓰시오.

> ① 다음 각 호의 어느 하나에 해당하는 건축물을 건축하고자 하는 자는 제22조
> 에 따른 (　㉠　)을 받는 즉시 건축물이 지진 발생시에 견딜 수 있는 능력,
> 즉 내진능력을 공개하여야 한다. 다만, 제48조 제2항에 따른 구조안전 확인
> 대상 건축물이 아니거나 내진능력 산정이 곤란한 건축물로서 대통령령으로
> 정하는 건축물은 공개하지 아니한다.
> 1. 층수가 (　㉡　)층[주요구조부인 기둥과 보를 설치하는 건축물로서 그 기
>    둥과 보가 목재인 목구조 건축물(이하 "목구조 건축물"이라 한다)의 경
>    우에는 3층] 이상인 건축물
> 2. 연면적이 200m²[목구조 건축물의 경우에는 (　㉢　)m²] 이상인 건축물
> 3. 그 밖에 건축물의 규모와 중요도를 고려하여 대통령령으로 정하는 건축물

**22**
상 중 하

건축법 제48조의3의 제1항 규정의 일부이다. (　　) 안에 들어갈 용어를 아라비아
숫자를 각각 쓰시오.

> 다음의 어느 하나에 해당하는 건축물을 건축하고자 하는 자는 사용승인을 받
> 는 즉시 (　㉠　)을 공개하여야 한다.
> 1. 층수가 2층(목구조 건축물의 경우에는 3층) 이상인 건축물
> 2. 연면적이 (　㉡　)m²(목구조 건축물의 경우에는 500m²) 이상인 건축물
> <생략>

**23**
상 중 하

건축법 제49조(건축물의 피난시설 및 용도제한 등)의 일부이다. (　　)에 들어갈
용어 및 아라비아 숫자를 쓰시오.

> ⑤ 「자연재해대책법」 제12조 제1항에 따른 자연재해위험개선지구 중 (　㉠　)에
> 국가·지방자치단체 또는 「공공기관의 운영에 관한 법률」 제4조 제1항에
> 따른 공공기관이 건축하는 건축물은 침수 방지 및 방수를 위하여 다음 각
> 호의 기준에 따라야 한다.
> 1. 건축물의 (　㉡　)층 전체를 필로티(건축물을 사용하기 위한 경비실, 계단
>    실, 승강기실, 그 밖에 이와 비슷한 것을 포함한다) 구조로 할 것
> 2. 국토교통부령으로 정하는 침수 방지시설을 설치할 것

## 24

건축법 제51조(방화지구 안의 건축물) 일부이다. (      ) 안에 들어갈 용어 및 아라비아 숫자를 쓰시오.

> 1. 「국토의 계획 및 이용에 관한 법률」 제37조 제1항 제3호에 따른 방화지구 안에서는 건축물의 주요구조부와 지붕 · 외벽을 ( ㉠ )로 하여야 한다. 다만, 대통령령으로 정하는 경우에는 그러하지 아니하다.
> 2. 방화지구 안의 공작물로서 간판, 광고탑, 그 밖에 대통령령으로 정하는 공작물 중 건축물의 지붕 위에 설치하는 공작물이나 높이 ( ㉡ )m 이상의 공작물은 주요부를 불연재료로 하여야 한다.

## 25

건축물의 대지가 지역 · 지구 · 구역에 걸치는 경우의 조치에 대한 「건축법」 제54조 제2항의 규정이다. 다음 (       )에 알맞은 용어를 쓰시오.

> 하나의 건축물이 방화지구와 그 밖의 구역에 걸치는 경우에는 그 전부에 대하여 방화지구 안의 건축물에 관한 이 법의 규정을 적용한다. 다만, 건축물의 방화지구에 속한 부분과 그 밖의 구역에 속한 부분의 경계가 (       )으로 구획되는 경우 그 밖의 구역에 있는 부분에 대하여는 그러하지 아니하다.

## 26

건축법 제65조의2(지능형건축물의 인증)의 일부이다. (       )에 들어갈 아라비아 숫자 및 용어를 쓰시오.

> ⑥ 허가권자는 지능형건축물로 인증을 받은 건축물에 대하여 제42조에 따른 조경설치면적을 100분의 ( ㉠ )까지 완화하여 적용할 수 있으며, 제56조 및 제60조에 따른 ( ㉡ ) 및 건축물의 높이를 100분의 ( ㉢ )의 범위에서 완화하여 적용할 수 있다.

## 27

다음에서 설명하고 있는 건축법령상의 용어를 쓰시오.

> 조화롭고 창의적인 건축물의 건축을 통하여 도시경관의 창출, 건설기술 수준향상 및 건축 관련 제도개선을 도모하기 위하여 이 법 또는 관계 법령에 따라 일부 규정을 적용하지 아니하거나 완화 또는 통합하여 적용할 수 있도록 특별히 지정하는 구역을 말한다.

**28** 건축법령상 특별건축구역에서 건축기준 등의 특례사항을 적용하여 건축할 수 있는 건축물에 관한 내용이다. (　　) 안에 들어갈 아라비아 숫자를 쓰시오.

| 용 도 | 규 모 |
|---|---|
| 문화 및 집회시설, 판매시설, 운수시설, 의료시설, 교육연구시설, 수련시설 | (　　)천m² 이상 |

**29** 건축법 제77조의2(특별가로구역의 지정)의 일부이다. (　　)에 들어갈 용어를 쓰시오.

> ① 국토교통부장관 및 허가권자는 도로에 인접한 건축물의 건축을 통한 조화로운 도시경관의 창출을 위하여 이 법 및 관계 법령에 따라 일부 규정을 적용하지 아니하거나 완화하여 적용할 수 있도록 다음 각 호의 어느 하나에 해당하는 지구 또는 구역에서 대통령령으로 정하는 도로에 접한 대지의 일정 구역을 특별가로구역으로 지정할 수 있다.
> 1. 삭제<2017. 4. 18.>
> 2. ( ㉠ )
> 3. ( ㉡ ) 중 미관유지를 위하여 필요하다고 인정하는 구역

**30** 건축법 제77조의4(건축협정의 체결) 일부이다. (　　) 안에 들어갈 용어를 쓰시오.

> ① 토지 또는 건축물의 소유자, 지상권자 등 대통령령으로 정하는 자(이하 "소유자 등"이라 한다)는 전원의 합의로 다음 각 호의 어느 하나에 해당하는 지역 또는 구역에서 건축물의 건축·대수선 또는 리모델링에 관한 협정(이하 "건축협정"이라 한다)을 체결할 수 있다.
> 1. 「국토의 계획 및 이용에 관한 법률」 제51조에 따라 지정된 지구단위계획구역
> 2. 「도시 및 주거환경정비법」 제2조 제2호 가목에 따른 ( ㉠ )을 시행하기 위하여 같은 법 제8조에 따라 지정·고시된 정비구역
> 3. 「도시재정비 촉진을 위한 특별법」 제2조 제6호에 따른 ( ㉡ )
> 4. 「도시재생 활성화 및 지원에 관한 특별법」 제2조 제1항 제5호에 따른 도시재생활성화지역

## 31

건축법 제80조(이행강제금)의 일부이다. (     ) 안에 들어갈 숫자를 쓰시오.

> ① 허가권자는 제79조 제1항에 따라 시정명령을 받은 후 시정기간 내에 시정명령을 이행하지 아니한 건축주등에 대하여는 그 시정명령의 이행에 필요한 상당한 이행기한을 정하여 그 기한까지 시정명령을 이행하지 아니하면 다음 각 호의 이행강제금을 부과한다. 다만, 연면적(공동주택의 경우에는 세대 면적을 기준으로 한다)이 60m² 이하인 주거용 건축물과 제2호 중 주거용 건축물로서 대통령령으로 정하는 경우에는 다음 각 호의 어느 하나에 해당하는 금액의 ( ㉠ ) 분의 1의 범위에서 해당 지방자치단체의 조례로 정하는 금액을 부과한다.
> 1. 건축물이 제55조와 제56조에 따른 건폐율이나 용적률을 초과하여 건축된 경우 또는 허가를 받지 아니하거나 신고를 하지 아니하고 건축된 경우에는 「지방세법」에 따라 해당 건축물에 적용되는 1m²의 시가표준액의 100분의 ( ㉡ )에 해당하는 금액에 위반면적을 곱한 금액 이하의 범위에서 위반 내용에 따라 대통령령으로 정하는 비율을 곱한 금액
> 2. 건축물이 제1호 외의 위반 건축물에 해당하는 경우에는 「지방세법」에 따라 그 건축물에 적용되는 시가표준액에 해당하는 금액의 100분의 ( ㉢ )의 범위에서 위반내용에 따라 대통령령으로 정하는 금액

## 32

건축법 시행령 제119조(면적 등의 산정방법)으로 (        )에 들어갈 아라비아 숫자를 쓰시오.

> 3. 바닥면적: 건축물의 각 층 또는 그 일부로서 벽, 기둥, 그 밖에 이와 비슷한 구획의 중심선으로 둘러싸인 부분의 수평투영면적으로 한다. 다만, 다음 각 목의 어느 하나에 해당하는 경우에는 각 목에서 정하는 바에 따른다.
> 가. 벽·기둥의 구획이 없는 건축물은 그 지붕 끝부분으로부터 수평거리 ( ㉠ )m를 후퇴한 선으로 둘러싸인 수평투영면적으로 한다.
> 나. 건축물의 노대등의 바닥은 난간 등의 설치 여부에 관계없이 노대등의 면적(외벽의 중심선으로부터 노대등의 끝부분까지의 면적을 말한다)에서 노대등이 접한 가장 긴 외벽에 접한 길이에 ( ㉡ )m를 곱한 값을 뺀 면적을 바닥면적에 산입한다.

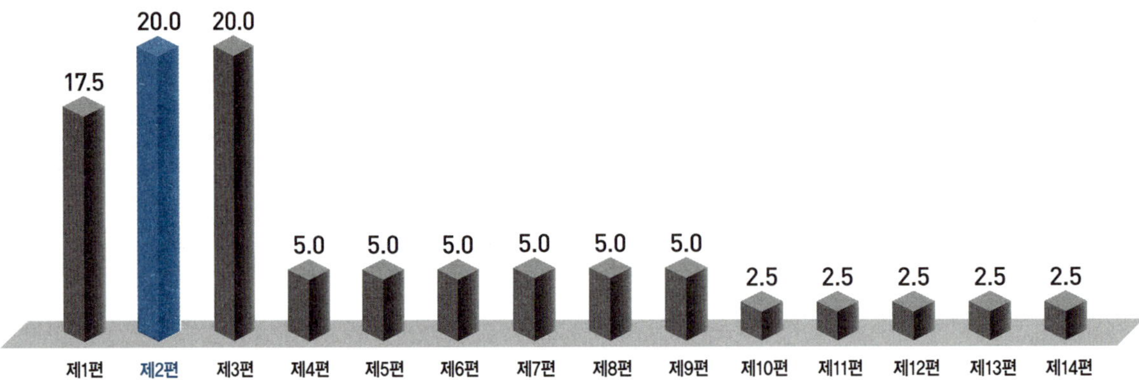


## 최근 5개년간 기출문제 분석

주택법은 8문제가 출제되고 있는데, 이 중 3문제는 주관식으로 출제되고 있다. 용어와 주택의 건설에서는 사업주체, 주택조합, 사업계획승인, 매도청구, 공급에서는 투기과열지구, 분양가상한제, 조정대상지역, 리모델링 등이 출제되고 있다. 이에 대한 전반적인 학습이 필요하다.

# 주택법

# 01 용어정의

 연계학습 기본서 p.124~131

> **단·원·열·기**

주택법은 총 8문제가 출제되고 3문제가 주관식이다. 이 단원은 용어 정리 학습내용으로 주관식으로 자주 출제된다.

---

## 01 주택법령상 용어의 정의에 따를 때 '주택'에 해당하지 않는 것을 모두 고른 것은?

상 중 하

> ㉠ 3층의 다가구주택  ㉡ 2층의 공관
> ㉢ 4층의 다세대주택  ㉣ 3층의 기숙사
> ㉤ 7층의 오피스텔

① ㉠, ㉡, ㉢  ② ㉠, ㉣, ㉤  ③ ㉡, ㉢, ㉣
④ ㉡, ㉣, ㉤  ⑤ ㉢, ㉣, ㉤

---

## 02 주택법령상 준주택을 다음에서 모두 고른 것은?

상 중 하

> ㉠ 「건축법 시행령」 별표 1 제2호 라목에 따른 기숙사
> ㉡ 「건축법 시행령」 별표 1 제1호 나목에 따른 다중주택
> ㉢ 「건축법 시행령」 별표 1 제11호 나목에 따른 노인복지시설
> ㉣ 「건축법 시행령」 별표 1 제14호 나목 2)에 따른 오피스텔

① ㉡, ㉢  ② ㉠, ㉡  ③ ㉠, ㉣
④ ㉢, ㉣  ⑤ ㉡, ㉣

**03** 주택법령상 국민주택 등에 관한 설명으로 옳은 것은?

① 민영주택이라도 국민주택규모 이하로 건축되는 경우 국민주택에 해당한다.
② 한국토지주택공사가 수도권에 건설한 주거전용면적이 1세대당 $80m^2$인 아파트는 국민주택에 해당한다.
③ 지방자치단체의 재정으로부터 자금을 지원받아 건설되는 주택이 국민주택에 해당하려면 자금의 50퍼센트 이상을 지방자치단체로부터 지원받아야 한다.
④ 다세대주택의 경우 주거전용면적은 건축물의 바닥면적에서 지하층 면적을 제외한 면적으로 한다.
⑤ 아파트의 경우 복도, 계단 등 아파트의 지상층에 있는 공용면적은 주거전용면적에 포함한다.

**04** 주택법령상 용어정의에 관한 설명으로 옳은 것은?

① 민영주택은 국민주택 규모의 주택을 제외한 주택을 말한다.
②「건축법 시행령」에 따른 다중생활시설은 준주택에 해당한다.
③ 공구별 세대수는 600세대 이상으로 한다.
④ 단지형 다세대주택은 건축법에 따른 건축위원회의 심의를 받은 경우에는 주택으로 쓰는 층수를 4개 층까지 건축할 수 있다.
⑤ 세대구분형 공동주택은 주택 내부 공간의 일부를 세대별로 구분하여 생활이 가능한 구조로 하되, 구분된 공간 일부에 대하여 구분소유를 할 수 있는 주택을 말한다.

**05** 주택법령상 용어에 관한 설명으로 옳은 것은?

① "주택단지"에 해당하는 토지가 폭 8m 이상인 도시계획예정도로로 분리된 경우, 분리된 토지를 각각 별개의 주택단지로 본다.
② "단독주택"에는 「건축법 시행령」에 따른 다가구주택이 포함되지 않는다.
③ "공동주택"에는 「건축법 시행령」에 따른 아파트, 연립주택, 기숙사 등이 포함된다.
④ "주택"이란 세대의 구성원이 장기간 독립된 주거생활을 할 수 있는 구조로 된 건축물의 전부 또는 일부를 말하며, 그 부속토지는 제외한다.
⑤ 주택단지에 딸린 어린이놀이터, 근린생활시설, 유치원, 주민운동시설, 지역난방공급시설 등은 "부대시설"에 포함된다.

**06** 주택법령상 용어에 관한 설명으로 옳은 것은?

① 건축법 시행령에 따른 다중생활시설은 준주택에 해당하지 않는다.
② 주택도시기금으로부터 자금을 지원받아 건설되는 1세대당 주거전용면적 84m²인 주택은 국민주택에 해당한다.
③ 간선시설이란 도로·상하수도·전기시설·가스시설·통신시설·지역난방시설 등을 말한다.
④ 방범설비는 복리시설에 해당한다.
⑤ 주민공동시설은 부대시설에 해당한다.

**07** 주택법령상 규정으로 옳은 것은?

① 세대구분형 공동주택 중 사업계획의 승인을 받아 건설하는 공동주택의 경우 세대별로 구분된 각각의 공간마다 별도의 욕실, 부엌과 구분출입문을 설치해야 한다.
② 하나의 건축물에는 단지형 연립주택 또는 단지형 다세대주택과 아파트형 주택을 함께 건축할 수 있다.
③ 600세대 이상은 분할하여 사업을 시행할 수 있으며, 공구별 세대수는 300세대 이상으로 하고 4m 이상의 너비로 공구 간 경계를 설정한다.
④ 공동주택의 주거전용면적은 외벽의 내부선을 기준으로 산정한 면적이다.
⑤ 사업주체가 위탁관리부동산투자회사인 경우에는 한국토지주택공사를 감리자로 지정해야 한다.

**08** 주택법령상 세대구분형 공동주택의 건설기준 등으로 틀린 것은?

① 세대구분형 공동주택의 세대별로 구분된 각각의 공간마다 별도의 욕실, 부엌과 현관을 설치할 것
② 구분된 공간의 세대수는 기존 세대를 제외하고 2세대 이하일 것
③ 하나의 세대가 통합하여 사용할 수 있도록 세대 간에 연결문 또는 경량구조의 경계벽 등을 설치할 것
④ 세대구분형 공동주택은 주택단지 공동주택 동의 전체 세대수의 3분의 1을 넘지 아니할 것
⑤ 승인받아 건설하는 세대구분형 공동주택의 세대별로 구분된 각각의 공간의 주거전용면적 합계가 주택단지 전체 주거전용면적 합계의 3분의 1을 넘지 아니할 것

**09** 주택법령상 「공동주택관리법」에 따른 행위의 허가를 받거나 신고를 하고 설치하는 세대구분형 공동주택이 충족하여야 하는 요건에 해당하는 것을 모두 고른 것은?
(단, 조례는 고려하지 않음)

> ㉠ 하나의 세대가 통합하여 사용할 수 있도록 세대 간에 연결문 또는 경량구조의 경계벽 등을 설치할 것
> ㉡ 구분된 공간의 세대수는 기존 세대를 포함하여 2세대 이하일 것
> ㉢ 세대별로 구분된 각각의 공간마다 별도의 욕실, 부엌과 구분 출입문을 설치할 것
> ㉣ 구조, 화재, 소방 및 피난안전 등 관계 법령에서 정하는 안전 기준을 충족할 것

① ㉠, ㉡, ㉢　　　　　　　② ㉠, ㉡, ㉣
③ ㉠, ㉢, ㉣　　　　　　　④ ㉡, ㉢, ㉣
⑤ ㉠, ㉡, ㉢, ㉣

**10** 「주택법령」상 도시형생활주택에 관한 설명으로 틀린 것은?
① 도시형생활주택은 세대수가 300세대 미만이어야 한다.
② 「수도권정비계획법」에 따른 수도권의 경우 도시형생활주택은 1호(戶) 또는 1세대당 주거전용면적이 $85m^2$ 이하이어야 한다.
③ 「국토의 계획 및 이용에 관한 법률」에 따른 도시지역에 건설하는 세대별 주거전용면적이 $100m^2$인 아파트는 도시형생활주택에 해당하지 아니한다.
④ 도시형생활주택에는 분양가상한제가 적용되지 아니한다.
⑤ 준주거지역에서 도시형생활주택인 아파트형주택과 도시형생활주택이 아닌 주택을 하나의 건축물에 함께 건축할 수 없다.

**11** 주택법령상 도시형생활주택의 요건에 관한 설명으로 틀린 것은?
① 아파트형 주택은 세대별로 독립된 주거가 가능하도록 욕실, 부엌을 설치하여야 한다.
② 단지형 다세대주택은 5개 층까지 건축할 수 있다.
③ 단지형 연립주택은 5개 층까지 건축할 수 있다.
④ 세대별 주거전용면적이 $60m^2$ 이하인 경우 아파트형 주택에 해당한다.
⑤ 아파트형 주택은 지하층에 설치하여서는 아니 된다.

**12** 주택법령상 도시형생활주택으로서 아파트형 주택의 요건에 해당하는 것을 모두 고른 것은?

> ㉠ 세대별 주거전용면적은 60m² 이하일 것
> ㉡ 세대별로 독립된 주거가 가능하도록 욕실 및 부엌을 설치할 것
> ㉢ 지하층에는 세대를 설치하지 아니할 것

① ㉠　　　　　② ㉡　　　　　③ ㉠, ㉡
④ ㉡, ㉢　　　⑤ ㉠, ㉡, ㉢

**13** 주택법령상 용어에 관한 설명으로 옳은 것을 모두 고른 것은?

> ㉠ 주택에 딸린 「건축법」에 따른 건축설비는 복리시설에 해당한다.
> ㉡ 300세대인 국민주택규모의 단지형 다세대주택은 도시형생활주택에 해당한다.
> ㉢ 민영주택은 국민주택을 제외한 주택을 말한다.

① ㉠　　　　　② ㉢　　　　　③ ㉠, ㉡
④ ㉡, ㉢　　　⑤ ㉠, ㉡, ㉢

**14** 주택법령상 하나의 주택단지로 보아야 하는 것은?
① 폭 12m의 일반도로로 분리된 주택단지
② 고속도로로 분리된 주택단지
③ 폭 10m의 도시계획예정도로로 분리된 주택단지
④ 자동차전용도로로 분리된 주택단지
⑤ 보행자 및 자동차의 통행이 가능한 도로로서 「도로법」에 의한 지방도로 분리된 주택단지

**15** 주택법령상 주택단지가 일정한 시설로 분리된 토지는 각각 별개의 주택단지로 본다. 그 시설에 해당하지 않는 것은?
① 철도　　　　　　　　　　　② 폭 20m의 고속도로
③ 폭 10m의 일반도로　　　　④ 폭 20m의 자동차전용도로
⑤ 폭 10m의 도시계획예정도로

**16** 주택법령상 주택 등의 용어에 관한 설명으로 옳은 것은?

① 사업계획승인을 받은 세대구분형 공동주택의 해당주택단지 안의 공동주택 전체 세대수의 2분의 1을 넘지 않아야 한다.

② 도시형생활주택인 하나의 건축물에는 단지형 연립주택 또는 단지형 다세대 주택과 아파트형 주택을 함께 건축할 수 있다.

③ 주택단지란 주택건설사업계획 또는 대지조성사업계획의 승인을 받아 주택과 그 부대시설 및 복리시설을 건설하거나 대지를 조성하는 데 사용되는 일단의 토지로 폭 30m인 일반도로로 분리된 토지는 각각 별개의 주택단지로 본다.

④ 도로·상하수도·전기시설·가스시설·통신시설 및 지역난방시설 등 주택단지 안의 시설을 그 주택단지밖에 있는 같은 종류의 시설에 연결시키는 시설을 기간시설이라 한다.

⑤ 어린이놀이터, 근린생활시설, 유치원, 주민운동시설 및 경로당, 자전거보관소는 복리시설에 해당한다.

**17** 주택법령상 용어에 관한 설명으로 옳은 것은?

① 폭 10m인 일반도로로 분리된 토지는 각각 별개의 주택단지이다.

② 공구란 하나의 주택단지에서 둘 이상으로 구분되는 일단의 구역으로서 공구별 세대수는 200세대 이상으로 해야 한다.

③ 세대구분형 공동주택이란 공동주택의 주택내부 공간의 일부를 세대별로 구분하여 생활이 가능한 구조로 하되 그 구분된 공간의 일부를 구분소유할 수 있는 주택이다.

④ 500세대인 국민주택규모의 아파트형 주택은 도시형생활주택에 해당한다.

⑤ 「산업입지 및 개발에 관한 법률」에 따른 산업단지개발사업에 의하여 개발·조성되는 공동주택이 건설되는 용지는 공공택지에 해당한다.

**18** 주택법령상 용어에 관한 설명으로 틀린 것은?

① 「건축법 시행령」에 따른 다세대주택은 공동주택에 해당한다.

② 「건축법 시행령」에 따른 오피스텔은 준주택에 해당한다.

③ 주택단지에 해당하는 토지가 폭 8m 이상인 도시계획예정도로로 분리된 경우, 분리된 토지를 각각 별개의 주택단지로 본다.

④ 주택에 딸린 자전거보관소는 복리시설에 해당한다.

⑤ 도로·상하수도·전기시설·가스시설·통신시설·지역난방시설은 기간시설(基幹施設)에 해당한다.

**19** 주택법령상 주택단지 안의 복리시설에 해당하는 것을 모두 고른 것은?

> ㉠ 입주자집회소      ㉡ 관리사무소
> ㉢ 주민운동시설      ㉣ 전기자동차의 전기충전시설
> ㉤ 제2종 근린생활시설인 다중생활시설

① ㉢, ㉣      ② ㉠, ㉣, ㉤      ③ ㉠, ㉢
④ ㉠, ㉢, ㉤      ⑤ ㉡, ㉢, ㉣, ㉤

**20** 주택법령상 '기간시설'에 해당하지 않는 것은?

① 전기시설      ② 통신시설
③ 상하수도      ④ 어린이놀이터
⑤ 지역난방시설

**21** 주택법령상 용어를 설명한 것으로서 옳은 것은?

① 도시형생활주택 중 아파트형주택은 주거전용면적이 $60m^2$ 이하이다.
② 간선시설이란 도로·상하수도·전기시설·가스시설·통신시설·지역난방시설 등을 말한다.
③ 건강친화형 주택이란 저에너지 건물 조성기술 등 대통령령으로 정하는 기술을 이용하여 에너지 사용량을 절감하거나 이산화탄소 배출량을 저감할 수 있도록 건설된 주택을 말한다.
④ 장수명 주택이란 구조적으로 오랫동안 유지·관리될 수 있는 내구성을 갖추고, 내부 구조를 쉽게 변경할 수 있는 가변성과 수리 용이성 등이 우수한 주택을 말한다.
⑤ 토지임대부 분양주택이란 토지의 소유권은 분양받은 자가 가지며, 건축물 및 복리시설 등에 대한 소유권은 사업계획의 승인을 받아 토지임대부 분양주택 건설사업을 시행하는 자가 가지는 주택을 말한다.

**22** 주택법령상 용어에 관한 설명으로 옳은 것은?

① 허가받은 세대구분형 공동주택의 구분된 공간의 세대수는 기존 세대를 제외하고 3세대 이하이어야 한다.

② 장수명 주택이란 건강하고 쾌적한 실내환경의 조성을 위하여 실내공기의 오염물질 등을 최소화할 수 있도록 대통령령으로 정하는 기준에 따라 건설된 주택을 말한다.

③ 수도권정비계획법에 따른 수도권의 경우 도시형생활주택은 1호(戸) 또는 1세대당 주거전용면적이 100m² 이하이어야 한다.

④ 「공익사업을 위한 토지 등의 취득 및 보상에 관한 법률」에 따른 공익사업으로서 대통령령으로 정하는 사업상 건설하는 용지는 공공택지에 해당한다.

⑤ 건강친화형 주택이란 구조적으로 오랫동안 유지·관리될 수 있는 내구성을 갖추고, 입주자의 필요에 따라 내부 구조를 쉽게 변경할 수 있는 가변성과 수리용이성 등이 우수한 주택을 말한다.

**23** 주택법령상 내용으로 옳은 것은?

① 「혁신도시 조성 및 발전에 관한 특별법」에 따른 혁신도시개발사업으로 조성된 토지는 공공택지이다.

② 간선시설이란 도로·상하수도·전기시설·가스시설·통신시설·지역난방시설 등을 말한다.

③ 고용자가 그 근로자의 주택을 건설하는 경우에는 대통령령으로 정하는 바에 따라 등록사업자와 공동으로 사업을 시행할 수 있다.

④ 공동주택의 4층 이상인 층의 발코니에 세대 간 경계벽을 설치하는 경우에는 화재 등의 경우에 피난용도로 사용할 수 있는 피난구를 경계벽에 설치하거나 경계벽의 구조를 파괴하기 쉬운 경량구조 등으로 할 수 있다.

⑤ 공동주택 바닥충격음 차단구조의 성능등급 인정을 받은 자는 유효기간이 끝나기 전에 유효기간을 연장할 수 있다. 이 경우 연장되는 유효기간은 연장될 때마다 5년을 초과할 수 없다.

# 사업주체 · 주택조합 · 주택상환사채

🔖 **연계학습** 기본서 p.132~148

**단·원·열·기**

주택법은 총 8문제가 출제되고 3문제가 주관식이다. 이 단원은 주택건설사업주체 · 주택조합 · 주택상환사채로 구분하여 학습한다.

---

**01** 주택법령상 주택건설사업 등의 등록과 관련하여 (    ) 안에 들어갈 내용으로 옳게 연결된 것은? (단, 사업등록이 필요한 경우를 전제로 함)

> 연간 (  ㉠  )호 이상의 단독주택 건설사업을 시행하려는 자 또는 연간 (  ㉡  )m² 이상의 대지조성사업을 시행하려는 자는 국토교통부장관에게 등록하여야 한다.

① ㉠: 10, ㉡: 10만  　　　② ㉠: 20, ㉡: 1만

③ ㉠: 20, ㉡: 10만  　　　④ ㉠: 30, ㉡: 1만

⑤ ㉠: 30, ㉡: 10만

---

**02** 주택법령상 주택건설사업의 등록과 주택건설사업자에 관한 설명으로 옳은 것은?

① 지방자치단체가 30호의 단독주택을 건설하는 주택건설사업을 시행하려면 국토교통부장관에게 등록하여야 한다.

② 지방공사가 20세대의 도시형 생활주택을 건설하는 주택건설사업을 시행하려면 국토교통부장관에게 등록하여야 한다.

③ 등록사업자는 등록사항에 변경이 있으면 변경 사유가 발생한 날부터 60일 이내에 국토교통부장관에게 신고하여야 한다.

④ 세대수를 증가하지 않는 리모델링주택조합이 그 구성원의 주택을 건설하는 경우에는 한국토지주택공사와 공동으로 사업을 시행하여야 한다.

⑤ 거짓으로 주택건설사업을 등록하여 그 등록이 말소된 후 2년이 지나지 아니한 자는 주택건설사업의 등록을 할 수 없다.

**03** 주택법령상 주택건설사업의 등록사업자에 관한 설명으로 옳은 것은?

① 미성년자는 주택건설사업등의 등록을 할 수 없다.

② 등록사업자는 등록사항에 변경이 있으면 국토교통부령으로 정하는 바에 따라 변경사유가 발생한 날부터 30일 이내에 시장·군수·구청장에게 신고하여야 한다.

③ 주택건설공사를 시공하려는 등록사업자는 자본금이 3억원(개인인 경우에는 자산평가액 6억원) 이상되어야 한다.

④ 도시형 생활주택의 경우 연간 20세대 이상의 주택건설사업을 시행하려는 자는 시장·군수·구청장에게 등록하여야 한다.

⑤ 주택건설공사를 시공하는 건설사업자로 간주되는 등록사업자는 건설공사비가 자본금과 자본준비금·이익준비금을 합한 금액의 5배(개인인 경우에는 자산평가액의 10배)를 초과하는 건설공사를 시공할 수 없다.


**04** 주택법령상 주택건설사업자 등에 관한 설명으로 옳은 것은?

① 「공익법인의 설립·운영에 관한 법률」에 따라 주택건설사업을 목적으로 설립된 공익법인이 연간 20호 이상의 단독주택 건설사업을 시행하려는 경우 국토교통부장관에게 등록하여야 한다.

② 세대수를 증가하는 리모델링주택조합이 그 구성원의 주택을 건설하는 경우에는 국가와 사업을 시행할 수 있다.

③ 고용자가 그 근로자의 주택을 건설하는 경우에는 대통령령으로 정하는 바에 따라 등록사업자와 공동으로 사업을 시행하여야 한다.

④ 국토교통부장관은 등록사업자가 타인에게 등록증을 대여한 경우에는 1년 이내의 기간을 정하여 영업의 정지를 명할 수 있다.

⑤ 영업정지 처분을 받은 등록사업자는 그 처분 전에 사업계획승인을 받은 사업을 계속 수행할 수 없다.

**05** 주택법령상 주택건설사업자 등에 관한 설명으로 옳은 것을 모두 고른 것은?

> ㉠ 한국토지주택공사가 연간 10만㎡ 이상의 대지조성사업을 시행하려는 경우에는 대지조성사업의 등록을 하여야 한다.
> ㉡ 세대수를 증가하는 리모델링주택조합이 그 구성원의 주택을 건설하는 경우에는 등록사업자와 공동으로 사업을 시행할 수 없다.
> ㉢ 주택건설공사를 시공할 수 있는 등록사업자가 최근 3년간 300세대 이상의 공동주택을 건설한 실적이 있는 경우에는 주택으로 쓰는 층수가 7개 층인 주택을 건설할 수 있다.

① ㉠  
② ㉢  
③ ㉠, ㉡  
④ ㉡, ㉢  
⑤ ㉠, ㉡, ㉢

**06** 주택법령상 시·도지사에게 위임한 국토교통부장관의 권한이 아닌 것은?

① 주택건설사업의 등록  
② 주택건설사업자의 등록말소  
③ 사업계획승인을 받아 시행하는 주택건설사업을 완료한 경우의 사용검사  
④ 사업계획승인을 받아 시행하는 주택건설사업을 완료한 경우의 임시 사용승인  
⑤ 주택건설사업자의 영업의 정지

**07** 주택법령상 주택조합에 관한 설명으로 틀린 것은?

① 등록사업자와 공동으로 주택건설사업을 하는 주택조합은 등록하지 않고 20세대 이상의 공동주택의 건설사업을 시행할 수 있다.  
② 리모델링주택조합은 그 리모델링 결의에 찬성하지 아니하는 자의 토지에 대하여 매도청구를 할 수 없다.  
③ 국민주택을 공급받기 위하여 직장주택조합을 설립하려는 자는 관할 시장·군수·구청장에게 신고하여야 한다.  
④ 투기과열지구에서 설립인가를 받은 지역주택조합이 구성원을 선정하는 경우 신청서의 접수 순서에 따라 조합원의 지위를 인정하여서는 아니 된다.  
⑤ 시공자와의 공사계약 체결은 조합총회의 의결을 거쳐야 한다.

**08** 주택법령상 주택조합에 관한 설명으로 옳은 것은?

① 국민주택을 건설하기 위하여 직장주택조합을 설립하려는 자는 관할 특별자치시장, 특별자치도지사, 시장·군수·구청장에게 신고를 해야 한다.

② 지역주택조합을 해산하려는 경우 관할 특별자치시장, 특별자치도지사, 시장·군수·구청장의 신고를 해야 한다.

③ 지역주택조합의 조합원이 무자격자로 판명되어 자격을 상실함에 따라 결원의 범위에서 조합원을 충원하는 경우 충원되는 자의 조합원 자격 요건을 충족여부의 판단은 사업계획승인신청일을 기준으로 한다.

④ 공개모집 이후 조합원의 사망·자격상실·탈퇴 등으로 인한 결원을 충원하거나 미달된 조합원을 재모집하는 경우에는 신고하고 조합원을 모집해야 한다.

⑤ 주택조합 및 주택조합의 발기인은 업무대행자의 업무 중 계약금 등 자금의 보관 업무는 신탁업자에게 대행하도록 하여야 한다.

**09** 주택법령상 주택조합에 관한 설명으로 옳은 것은? (단, 리모델링주택조합은 제외)

① 주거전용면적 $60m^2$의 주택 1채를 소유하고 있는 세대주인 자는 국민주택을 공급받기 위한 직장주택조합의 조합원이 될 수 있다.

② 주택조합의 설립인가를 받기 위하여는 해당 주택건설대지의 80퍼센트 이상에 해당하는 토지의 사용권원 및 15퍼센트 이상에 해당하는 토지소유권을 확보하여 국토교통부장관에게 제출하여야 한다.

③ 조합원으로 추가 모집되는 자와 충원되는 자에 대한 조합원 자격요건 충족여부의 판단은 해당 주택조합의 설립인가신청일을 기준으로 한다.

④ 조합원 추가모집에 따른 주택조합의 변경인가신청은 추가모집공고일까지 하여야 한다.

⑤ 시장·군수·구청장은 주택조합 또는 주택조합의 구성원이 거짓이나 그 밖의 부정한 방법으로 설립인가를 받은 경우에는 주택조합의 설립인가를 취소하여야 한다.

**10** 주택법령상 주택조합에 관한 다음 규정 중 옳은 것은?

① 국민주택을 공급받기 위한 직장주택조합의 조합원은 세대주를 포함한 세대원 전원이 주택을 소유하고 있지 않은 세대주이어야 한다.

② 지역주택조합 또는 직장주택조합의 설립인가를 받기 위하여 조합원을 모집하려는 자는 해당 주택건설대지의 80퍼센트 이상에 해당하는 토지의 사용권원을 확보하여 관할 시장·군수·구청장에게 신고하고, 공개모집의 방법으로 조합원을 모집하여야 한다.

③ 주택조합은 설립인가를 받은 날부터 5년 이내에 사업계획승인(30세대 이상 세대수가 증가하지 않는 리모델링의 경우에는 시장·군수·구청장의 허가)을 신청하여야 한다.

④ 리모델링주택조합의 설립에 동의한 자로부터 건축물을 취득한 자는 별도로 리모델링주택조합의 설립에 동의를 해야 조합원의 지위가 인정된다.

⑤ 주택조합은 대통령령으로 정하는 바에 따라 회계감사를 받아야 하며, 그 감사결과를 사업계획승인권자에게 보고하여야 한다.

**11** 주택법령상 주택조합에 관한 설명으로 옳은 것은?

① 국민주택을 공급받기 위하여 설립한 직장주택조합을 해산하려면 관할 시장·군수·구청장의 인가를 받아야 한다.

② 지역주택조합은 임대주택으로 건설·공급하여야 하는 세대수를 포함하여 주택건설예정세대수의 3분의 1 이상의 조합원으로 구성하여야 한다.

③ 리모델링주택조합의 경우 공동주택의 소유권이 수인의 공유에 속하는 경우에는 그 수인 모두를 조합원으로 본다.

④ 지역주택조합의 설립 인가 후 조합원이 사망하였더라도 조합원수가 주택건설예정 세대수의 50% 이상을 유지하고 있다면 조합원을 충원할 수 없다.

⑤ 지역주택조합이 설립인가를 받은 후에 조합원을 추가로 모집한 경우에는 주택조합의 변경인가를 받아야 한다.

**12** 주택법령상 주택조합에 관한 설명으로 틀린 것은?

① 국민주택을 공급받기 위하여 직장주택조합을 설립하려는 자는 관할 시장·군수·구청장에게 신고하여야 한다.

② 인가 후 조합원의 탈퇴 등으로 조합원 수가 주택건설 예정 세대수의 50퍼센트 미만이 되는 경우에는 결원이 발생한 범위에서 충원이 허용된다.

③ 조합원의 공개모집 이후 조합원의 사망·자격상실·탈퇴 등으로 인한 결원을 충원하거나 미달된 조합원을 재모집하는 경우에는 신고 후 선착순의 방법으로 조합원을 모집할 수 있다.

④ 조합원의 사망으로 인하여 조합원의 지위를 상속받으려는 경우에는 유주택자이어도 된다.

⑤ 지역주택조합의 발기인은 무주택세대주이거나 $85m^2$ 이하인 주택1채를 소유한자로서 조합원모집 신고를 하는 날의 1년 전부터 거주하여야 한다.

**13** A는 주택조합(리모델링주택조합이 아님)의 발기인으로부터 주택조합업무를 수임하여 대행하고자 한다. 주택법령상 이에 관한 설명으로 틀린 것은? (단, A는 「자본시장과 금융투자업에 관한 법률」에 따른 신탁업자로서 법인이다)

① A는 5억원 이상의 자본금을 보유해야 한다.

② A는 계약금 등 자금의 보관 업무를 수임하여 대행할 수 있다.

③ 발기인과 A는 주택조합의 원활한 사업추진 및 조합원의 권리 보호를 위하여 국토교통부장관이 작성·보급한 표준업무대행계약서를 사용할 수 있다.

④ A가 주택조합의 발기인인 경우, 자신의 귀책사유로 주택조합 또는 조합원에게 손해를 입힌 경우 손해배상책임이 있다.

⑤ 업무대행을 수임한 A는 업무의 실적보고서를 해당 분기의 말일부터 20일 이내에 시장·군수·구청장에게 제출해야 한다.

**14** 주택법령상 주택조합에 관한 설명으로 가장 틀린 것은? (단, 리모델링주택조합은 제외함)

① 주택을 마련하기 위하여 지역·직장주택조합의 설립인가를 받으려는 자는 토지의 소유권을 확보가 아닌 해당 주택건설대지의 80% 이상에 해당하는 토지의 사용권원 및 주택건설대지의 10% 이상의 소유권을 확보하여야 한다.

② 탈퇴한 조합원은 조합규약으로 정하는 바에 따라 부담한 비용의 환급을 청구할 수 있다.

③ 주택조합은 주택건설 예정 세대수의 50% 이상의 조합원으로 구성하되, 조합원은 20명 이상이어야 한다.

④ 지역주택조합은 그 구성원을 위하여 건설하는 주택을 그 조합원에게 우선 공급할 수 있다.

⑤ 조합원의 공개모집 이후 조합원의 사망·자격상실·탈퇴 등으로 인한 결원을 충원하거나 미달된 조합원을 재모집하는 경우에는 신고하지 아니하고 선착순의 방법으로 조합원을 모집할 수 있다.

**15** 주택법령상 모집주체가 지역주택조합의 조합원을 모집하기 위하여 광고를 하는 경우 포함되어야 하는 내용을 모두 고른 것은?

> ㉠ "지역주택조합의 조합원 모집을 위한 광고"라는 문구
> ㉡ 주택조합의 설립 인가일
> ㉢ 조합임원의 대표권을 제한하는 경우에는 그 내용
> ㉣ 주택건설대지의 사용권원 및 소유권을 확보한 비율

① ㉠, ㉡　　　　　② ㉠, ㉣　　　　　③ ㉠, ㉡, ㉢
④ ㉡, ㉢, ㉣　　　　⑤ ㉠, ㉡, ㉢, ㉣

**16** 주택법령상 주택조합에 관한 설명으로 틀린 것은?

① 관할 시장·군수·구청장의 인가를 받아 설립된 리모델링주택조합은 그 리모델링 결의에 찬성하지 아니하는 자의 주택 및 토지에 대하여 매도청구를 할 수 있다.

② 국가 또는 지방자치단체는 그가 소유하는 토지를 매각할 때 인가를 받아 설립된 주택조합이 주택의 건설을 목적으로 그 토지의 매수 또는 임차를 원하는 자가 있으면 그에게 우선적으로 그 토지를 매각할 수 있다.

③ 국민주택을 공급받기 위하여 설립된 직장주택조합을 설립하려는 자는 관할 시장·군수·구청장에게 신고하여야 한다.

④ 시장·군수·구청장은 주택조합 또는 그 조합의 구성원이 주택법 또는 주택법에 따른 명령이나 처분을 위반한 경우에는 주택조합의 설립인가를 취소할 수 있다.

⑤ 주택조합은 회계감사를 받아야 하는데, 이때 회계감사를 한 자는 회계감사 종료일부터 15일 이내에 회계감사결과를 관할 시·도지사에게 통보하여야 한다.

**17** 주택법령상 지역주택조합의 설립인가신청을 위하여 제출하여야 하는 서류에 해당하지 않는 것은?

① 조합장선출동의서

② 조합원의 동의를 받은 정산서

③ 조합원 전원이 자필로 연명한 조합규약

④ 조합원 명부

⑤ 해당 주택건설대지의 80% 이상에 해당하는 토지의 사용권원과 주택건설대지의 15% 이상에 해당하는 토지의 소유권을 확보하였음을 증명하는 서류

**18** 주택법령상 주택조합에 관한 규정으로 옳은 것은?

① 지역주택조합의 설립인가를 받기 위하여 조합원을 모집하려는 자는 해당 주택건설대지의 80퍼센트 이상에 해당하는 토지의 사용권원을 확보하여 관할 시장·군수·구청장에게 신고하고 조합원을 공개모집하여야 한다.

② 리모델링주택조합이 대수선인 리모델링을 하려면 해당 주택이 주택법에 따른 사용검사일 또는 건축법에 따른 사용승인일부터 15년 이상이 경과하여야 한다.

③ 주택조합사업의 시행에 관한 서류와 관련 자료를 조합원이 열람·복사 요청을 한 경우 주택조합의 발기인 또는 임원은 30일 이내에 그 요청에 따라야 한다.

④ 주택조합 및 주택조합의 발기인은 업무대행자의 업무 중 계약금 등 자금의 보관 업무는 신탁업자에게 대행하도록 하여야 한다.

⑤ 주택조합의 발기인 또는 임원은 주택조합사업의 시행에 관한 조합규약, 계약서, 사업시행계획서, 회계감사보고서 등 각 호의 서류 및 관련 자료가 작성되거나 변경된 후 10일 이내에 이를 조합원이 알 수 있도록 인터넷과 그 밖의 방법을 병행하여 공개하여야 한다.

**19** 주택법령상 지역주택조합이 설립인가를 받은 후 조합원을 신규로 가입하게 할 수 있는 경우와 결원의 범위에서 충원할 수 있는 경우 중 어느 하나에도 해당하지 않은 것은?

① 조합원이 사망한 경우

② 조합원이 무자격자로 판명되어 자격을 상실하는 경우

③ 조합원을 수가 주택건설 예정 세대수를 초과하지 아니하는 범위에서 조합원 추가모집의 승인을 받은 경우

④ 조합원의 탈퇴 등으로 조합원 수가 주택건설 예정 세대 수의 60퍼센트가 된 경우

⑤ 사업계획승인의 과정에서 주택건설 예정 세대수가 변경되어 조합원 수가 변경된 세대수의 40퍼센트가 된 경우

**20** 주택법령상 지역주택조합의 조합원에 관한 설명으로 틀린 것은?

① 조합원의 사망으로 그 지위를 상속받는 자는 조합원이 될 수 있다.

② 조합원이 근무로 인하여 세대주 자격을 일시적으로 상실한 경우로서 시장·군수·구청장이 인정하는 경우에는 조합원 자격이 있는 것으로 본다.

③ 조합설립 인가 후에 조합원의 탈퇴로 조합원 수가 주택건설 예정 세대수의 50% 미만이 되는 경우에는 결원이 발생한 범위에서 조합원을 신규로 가입하게 할 수 있다.

④ 조합설립 인가 후에 조합원으로 추가 모집되는 자가 조합원 자격 요건을 갖추었는지를 판단할 때에는 추가 모집 공고일을 기준으로 한다.

⑤ 조합원 추가 모집에 따른 주택조합의 변경인가 신청은 사업계획승인 신청일까지 하여야 한다.

**21** 주택법령상 주택조합에 관한 규정으로 옳은 것은?

① 주택조합설립인가를 받으려는 자는 해당 주택건설대지의 80% 이상에 해당하는 토지의 소유권과 해당 주택건설대지의 15% 이상에 해당하는 토지의 사용권원을 확보하여야 한다.

② 조합원은 조합규정으로 정하는 바에 따라 조합에 탈퇴 의사를 알리고 탈퇴할 수 없다.

③ 주택조합의 발기인은 조합원 모집 신고가 수리된 날부터 2년이 되는 날까지 주택조합 설립인가를 받지 못하는 경우 주택조합 가입 신청자 전원으로 구성되는 총회 의결을 거쳐 주택조합 사업의 종결 여부를 결정하도록 하여야 한다.

④ 주택조합의 가입을 신청한 자는 가입비 등을 예치한 날부터 15일 이내에 주택조합 가입에 관한 청약을 철회할 수 있다.

⑤ 회계감사를 한 자는 회계감사 종료일부터 7일 이내에 회계감사 결과를 관할 시장·군수·구청장과 해당 주택조합에 각각 통보하여야 한다.

**22** 주택법령상 지역주택조합에 관한 설명으로 옳은 것은?

① 조합설립에 동의한 조합원은 조합설립인가가 있은 이후에는 자신의 의사에 의해 조합을 탈퇴할 수 없다.

② 총회의 의결로 제명된 조합원은 조합에 자신이 부담한 비용의 환급을 청구할 수 없다.

③ 조합임원의 선임을 의결하는 총회의 경우에는 조합원의 100분의 20 이상이 직접 출석하여야 한다.

④ 조합원을 공개모집한 이후 조합원의 자격상실로 인한 결원을 충원하려면 시장·군수·구청장에게 신고하고 공개모집의 방법으로 조합원을 충원하여야 한다.

⑤ 조합의 임원이 금고 이상의 실형을 받아 당연퇴직을 하면 그가 퇴직 전에 관여한 행위는 그 효력을 상실한다.

**23** 주택법령상 주택조합에 관한 설명으로 옳은 것은?

① 국민주택을 공급받기 위해 설립한 직장주택조합의 경우는 관할 특별자치시장, 특별자치도지사, 시장, 군수 또는 자치구의 구청장의 인가를 받아야 한다.

② 주택단지 전체를 리모델링하고자 조합을 설립하는 경우에는 주택단지 전체의 구분소유자와 의결권의 각 3분의 2 이상의 결의 및 각 동의 구분소유자와 의결권의 각 3분의 2 이상의 결의가 있어야 한다.

③ 공개모집 이후 조합원의 사망·자격상실·탈퇴 등으로 인한 결원을 충원하거나 미달된 조합원을 재모집하는 경우에는 신고하지 아니하고 선착순의 방법으로 조합원을 모집할 수 있다.

④ 조합원으로 추가모집되거나 충원되는 자가 조합원 자격 요건을 갖추었는지를 판단할 때에는 해당 조합설립인가일을 기준으로 한다.

⑤ 주택조합은 주택조합의 설립인가를 받은 날부터 2년이 되는 날까지 사업계획승인을 받지 못하는 경우 대통령령으로 정하는 바에 따라 총회의 의결을 거쳐 해산 여부를 결정하여야 한다.

**24**  주택법령상 주택상환사채에 관한 설명으로 틀린 것은?

① 등록사업자가 주택상환사채를 발행하려면 금융기관 또는 주택도시보증공사의 보증을 받아야 한다.
② 주택상환사채는 취득자의 성명을 채권에 기록하지 아니하면 사채발행자 및 제3자에게 대항할 수 없다.
③ 등록사업자의 등록이 말소된 경우에는 등록사업자가 발행한 주택상환사채의 효력은 상실된다.
④ 주택상환사채는 기명증권으로 한다.
⑤ 주택상환사채를 발행하려는 자는 주택상환사채발행계획을 수립하여 국토교통부장관의 승인을 받아야 한다.

**25** 주택법령상 주택상환사채의 납입금이 사용될 수 있는 용도로 명시된 것을 모두 고른 것은?

> ㉠ 주택건설자재의 구입
> ㉡ 택지의 구입 및 조성
> ㉢ 주택조합 운영비의 충당
> ㉣ 주택조합 가입 청약철회자의 가입비 반환

① ㉠, ㉡　　　　　　② ㉠, ㉣　　　　　　③ ㉢, ㉣
④ ㉠, ㉡, ㉢　　　　⑤ ㉡, ㉢, ㉣

**26** 주택법령상 주택상환사채에 관한 설명으로 옳은 것은?

① 주택상환사채의 납입금은 주택건설자재의 구입을 위하여 사용할 수 있다.
② 주택상환사채는 무기명증권으로 한다.
③ 등록사업자의 등록이 말소된 경우에는 등록사업자가 발행한 주택상환사채의 효력도 소멸한다.
④ 등록사업자가 발행할 수 있는 주택상환사채의 규모는 최근 5년간의 연평균 주택건설 호수 이내로 한다.
⑤ 주택상환사채의 상환기간은 5년 이내로 한다.

**27** 주택법령상 주택상환사채에 관한 설명으로 옳은 것은?

① 법인으로서 자본금이 3억원인 등록사업자는 주택상환사채를 발행할 수 있다.
② 발행 조건은 주택상환사채권에 적어야 하는 사항에 포함된다.
③ 주택상환사채를 발행하려는 자는 주택상환사채발행계획을 수립하여 시·도지사의 승인을 받아야 한다.
④ 주택상환사채는 액면으로 발행하고, 할인의 방법으로는 발행할 수 없다.
⑤ 주택상환사채는 무기명증권(無記名證券)으로 발행한다.


**28** 주택법령상 주택상환사채에 관한 설명으로 틀린 것은?

① 주택상환사채는 액면 또는 할인의 방법으로 발행한다.
② 주택상환사채의 납입금은 해당 보증기관과 주택상환사채발행자가 협의하여 정하는 금융기관에서 관리한다.
③ 주택상환사채의 상환기간은 3년을 초과할 수 없다.
④ 주택상환사채는 언제든지 양도하거나 중도에 해약할 수 있다.
⑤ 주택상환사채를 상환할 때에는 주택상환사채권자가 원하면 주택상환사채의 원리금을 현금으로 상환할 수 있다.


**29** 주택법령상 주택상환사채에 관한 설명으로 틀린 것은?

① 주택상환사채를 발행하려는 자는 주택상환사채발행계획을 수립하여 국토교통부장관의 승인을 받아야 한다.
② 등록사업자는 대통령령으로 정하는 기준에 맞고 금융기관 또는 주택도시보증공사의 보증을 받은 경우에만 주택상환사채를 발행할 수 있다.
③ 지방자치단체와 등록사업자는 대통령령으로 정하는 바에 따라 주택상환사채를 발행할 수 있다.
④ 등록사업자의 등록이 말소된 경우에도 그가 발행한 주택상환사채의 효력에는 영향을 미치지 아니한다.
⑤ 주택상환사채는 세대원 전원이 2년 이상 해외에 체류하려는 경우 이를 양도하거나 중도에 해약할 수 있다.

🔖 **연계학습** 기본서 p.149~181

**단·원·열·기**

주택법은 총 8문제가 출제되고 3문제가 주관식이다. 이 단원은 주택건설사업절차로 사업계획승인, 매도청구, 간선시설, 감리, 사용검사로 구분하여 학습한다.

**01** **주택법령상 주택건설사업시행에 관한 내용으로 옳은 것은?**

상중하

① 전체 세대수가 600세대 이상인 주택단지는 공구별로 분할하여 주택을 건설·공급할 수 있다.

② 위탁관리 부동산투자회사(해당 부동산투자회사의 자산관리회사가 한국토지주택공사인 경우만 해당한다)가 공공주택건설사업을 시행하는 경우에는 시·도지사에게 사업계획승인을 받아야 한다.

③ 상업지역(유통상업지역을 제외한다) 또는 준주거지역 안에서 300세대 미만의 주택과 주택 외의 시설을 동일건축물로 건축하는 경우로서 해당 건축물의 연면적에 대해 주택의 연면적이 차지하는 비율이 90% 이상인 경우 사업계획승인 대상에서 제외된다.

④ 사업계획승인을 받은 사업주체는 해당 주택건설대지 중 사용할 수 있는 권원을 확보하지 못한 대지(건축물을 포함한다)의 소유자에게 그 대지를 공시지가로 매도할 것을 청구할 수 있다.

⑤ 사업주체가 주택건설사업의 사업계획승인을 받은 날부터 정당한 사유없이 2년 이내 공사를 시작하지 아니하면 사업계획승인권자는 그 사업계획의 승인을 취소할 수 있다.

**02** 주택법령상 주택건설사업시행에 관한 설명으로 옳은 것은?

① 주택건설사업을 시행하려는 자는 해당 주택단지를 공구별로 분할하여 주택을 건설·공급할 수 없다.

② 승인받은 사업계획의 내용 중 건축물이 아닌 부대시설 및 복리시설의 설치기준 변경하고자 할 때, 해당 부대시설 및 복리시설 설치기준 이상으로의 변경이며, 위치변경이 없는 경우에도 변경승인을 받아야 한다.

③ 주택도시기금을 지원받은 사업주체가 사업주체를 변경하기 위하여 사업계획의 변경승인을 신청하는 경우에는 기금수탁자로부터 사업주체 변경에 관한 동의서를 첨부하여야 한다.

④ 대지조성사업으로서 해당 대지면적이 10만$m^2$ 미만인 경우 국토교통부장관 또는 시·도지사에게 사업계획승인을 받아야 한다.

⑤ 국가·지방자치단체·한국토지주택공사 또는 지방공사가 주택건설사업을 하는 경우 해당 주택건설대지의 소유권을 확보하여야 한다.

**03** 주택법령상 주택건설사업계획의 승인 등에 관한 설명으로 틀린 것은? (단, 다른 법률에 따른 사업은 제외함)

① 주거전용 단독주택인 건축법령상의 한옥 50호 이상의 건설사업을 시행하려는 자는 사업계획승인을 받아야 한다.

② 주택건설사업을 시행하려는 자는 전체 세대수가 600세대 이상의 주택단지를 공구별로 분할하여 주택을 건설·공급할 수 있다.

③ 사업주체는 공사의 착수기간이 연장되지 않는 한 주택건설사업계획의 승인을 받은 날부터 5년 이내에 공사를 시작하여야 한다.

④ 사업계획승인권자는 사업계획승인의 신청을 받았을 때에는 정당한 사유가 없으면 신청받은 날부터 60일 이내에 사업주체에게 승인 여부를 통보하여야 한다.

⑤ 사업계획승인권자는 사업주체가 승인받은 날부터 5년 이내 공사를 시작하지 아니한 경우 그 사업계획의 승인을 취소하여야 한다.

**04** 주택법령상 주택건설사업에 대한 사업계획의 승인에 관한 설명으로 틀린 것은?

① 지역주택조합은 설립인가를 받은 날부터 1년 이내에 사업계획승인을 신청하여야 한다.

② 사업주체가 승인받은 사업계획에 따라 공사를 시작하려는 경우 사업계획승인권자에게 신고하여야 한다.

③ 사업계획승인권자는 사업주체가 경매로 인하여 대지소유권을 상실한 경우에는 그 사업계획의 승인을 취소할 수 있다.

④ 사업주체가 주택건설대지를 사용할 수 있는 권원을 확보한 경우에는 그 대지의 소유권을 확보하지 못한 경우에도 사업계획의 승인을 받을 수 있다.

⑤ 주택조합이 승인받은 총사업비의 10퍼센트를 감액하는 변경을 하려면 변경승인을 받아야 한다.


**05** 주택법령상 사업계획승인에 관한 설명으로 틀린 것은?

① 주택건설사업 또는 대지조성사업으로서 해당 대지면적이 10만㎡ 이상인 경우에는 시·도지사 또는 대도시의 시장에게 사업계획승인을 받아야 한다.

② 사업주체가 한국토지주택공사인 경우 국토교통부장관에게 사업계획승인을 받아야 한다.

③ 세대별 주거전용면적이 30㎡ 이상이고 해당 주택단지 진입도로의 폭이 6m 이상의 단지형 연립주택 또는 단지형 다세대주택을 50세대 이상 건설할 경우 사업계획승인대상이다.

④ 면적 300만㎡ 이상의 규모로 「택지개발촉진법」에 따른 택지개발사업 또는 「도시 및 주거환경정비법」에 따른 정비사업을 추진하는 지역 중 국토교통부장관이 지정·고시하는 지역에서 주택건설사업을 시행하는 경우 국토교통부장관에게 사업계획승인을 받아야 한다.

⑤ 사업계획승인권자는 감리자에 대하여 시정명령을 하거나 교체지시를 한 경우에는 시정명령 또는 교체지시를 한 날부터 7일 이내에 국토교통부장관에게 보고하여야 한다.

**06** 주택법령상 사업계획의 승인 등에 관한 설명으로 옳은 것을 모두 고른 것은? (단, 다른 법률에 따른 사업은 제외함)

> ㉠ 대지조성사업계획승인을 받으려는 자는 사업계획승인신청서에 조성한 대지의 공급계획서를 첨부하여 사업계획승인권자에게 제출하여야 한다.
> ㉡ 등록사업자는 동일한 규모의 주택을 대량으로 건설하려는 경우에는 시·도지사에게 주택의 형별로 표본설계도서를 작성·제출하여 승인을 받을 수 있다.
> ㉢ 지방공사가 사업주체인 경우 건축물의 설계와 용도별 위치를 변경하지 아니하는 범위에서의 건축물의 배치조정은 사업계획 변경승인을 받지 않아도 된다.

① ㉠  
② ㉠, ㉡  
③ ㉠, ㉢  
④ ㉡, ㉢  
⑤ ㉠, ㉡, ㉢

**07** 주택법령상 사업계획의 승인 등에 관한 설명으로 틀린 것은?

① 승인받은 사업계획 중 공공시설 설치계획의 변경이 필요한 경우에는 사업계획승인권자로부터 변경승인을 받지 않아도 된다.
② 주택건설사업계획에는 부대시설 및 복리시설의 설치에 관한 계획 등이 포함되어야 한다.
③ 주택건설사업을 시행하려는 자는 전체 세대수가 600세대 이상인 주택단지를 공구별로 분할하여 주택을 건설·공급할 수 있다.
④ 주택건설사업계획의 승인을 받으려는 한국토지주택공사는 해당 주택건설대지의 소유권을 확보하지 않아도 된다.
⑤ 사업주체는 입주자 모집공고를 한 후 사업계획변경승인을 받은 경우에는 14일 이내에 문서로 입주예정자에게 그 내용을 통보하여야 한다.

**08** 주택법령상 사업주체가 50세대의 주택과 주택 외의 시설을 동일 건축물로 건축하는 계획 및 임대주택의 건설·공급에 관한 사항을 포함한 사업계획승인신청서를 제출한 경우에 대한 설명으로 옳은 것은?

① 사업계획승인권자는 「국토의 계획 및 이용에 관한 법률」에 따른 건폐율 및 용적률을 완화하여 적용할 수 있다.

② 사업계획승인권자가 임대주택의 건설을 이유로 용적률을 완화하는 경우 사업주체는 완화된 용적률의 70퍼센트에 해당하는 면적을 임대주택으로 공급하여야 한다.

③ 사업주체는 용적률의 완화로 건설되는 임대주택을 인수자에게 공급하여야 하며, 이 경우 시장·군수가 우선 인수할 수 있다.

④ 사업주체가 임대주택을 인수자에게 공급하는 경우 임대주택의 부속토지의 공급가격은 공시지가로 한다.

⑤ 인수자에게 공급하는 임대주택의 선정은 주택조합이 사업주체인 경우에는 조합원에게 공급하고 남은 주택을 대상으로 공개추첨의 방법에 의한다.


**09** 주택법령상 (     ) 안에 들어갈 내용으로 옳게 연결된 것은? (단, 주택 외의 시설과 주택이 동일 건축물로 건축되지 않음을 전제로 함)

> • 한국토지주택공사가 서울특별시 A구에서 대지 면적 10만m²에 50호의 한옥 건설사업을 시행하려는 경우 ( ㉠ )으로부터 사업계획승인을 받아야 한다.
> • B광역시 C구에서 지역균형개발이 필요하여 국토교통부장관이 지정·고시하는 지역 안에 50호의 한옥 건설사업을 시행하는 경우 ( ㉡ )으로부터 사업계획승인을 받아야 한다.

① ㉠: 국토교통부장관    ㉡: 국토교통부장관
② ㉠: 서울특별시장    ㉡: C구청장
③ ㉠: 서울특별시장    ㉡: 국토교통부장관
④ ㉠: A구청장    ㉡: C구청장
⑤ ㉠: 국토교통부장관    ㉡: B광역시장

**10** 주택법령상 사업계획승인권자가 사업주체의 신청을 받아 공사의 착수기간을 연장할 수 있는 경우가 아닌 것은? (단, 공사에 착수하지 못할 다른 부득이한 사유는 고려하지 않음)

① 사업계획승인의 조건으로 부과된 사항을 이행함에 따라 공사 착수가 지연되는 경우

② 공공택지의 개발·조성을 위한 계획에 포함된 기반시설의 설치 지연으로 공사 착수가 지연되는 경우

③ 「매장문화재 보호 및 조사에 관한 법률」에 따라 국가유산청장의 매장유산 발굴허가를 받은 경우

④ 해당 사업시행지에 대한 소유권 분쟁을 사업주체가 소송 외의 방법으로 해결하는 과정에서 공사 착수가 지연되는 경우

⑤ 사업주체에게 책임이 없는 불가항력적인 사유로 인하여 공사 착수가 지연되는 경우

**11** 사업주체 甲은 사업계획승인권자 乙로부터 주택건설사업을 분할하여 시행하는 것을 내용으로 사업계획승인을 받았다. 주택법령상 이에 관한 설명으로 틀린 것은?

① 乙은 사업계획승인에 관한 사항을 고시하여야 한다.

② 甲은 최초로 공사를 진행하는 공구 외의 공구에서 해당 주택단지에 대한 최초 착공신고일부터 2년 이내에 공사를 시작하여야 한다.

③ 甲이 소송 진행으로 인하여 공사착수가 지연되어 연장 신청을 한 경우, 乙은 그 분쟁이 종료된 날부터 2년의 범위에서 공사 착수기간을 연장할 수 있다.

④ 주택분양보증을 받지 않은 甲이 파산하여 공사 완료가 불가능한 경우, 乙은 사업계획승인을 취소할 수 있다.

⑤ 甲이 최초로 공사를 진행하는 공구 외의 공구에서 해당 주택단지에 대한 최초 착공신고일부터 2년이 지났음에도 사업주체가 공사를 시작하지 아니한 경우 乙은 사업계획승인을 취소할 수 없다.

**12** 주택법령상 주택건설사업시행과 관련된 설명으로 틀린 것은?

① 주택건설사업 또는 대지조성사업으로서 해당 대지면적이 10만m² 미만인 경우에는 특별시장·광역시장·특별자치시장·특별자치도지사 또는 시장·군수에게 사업계획승인을 받아야 한다.

② 사업주체가 공사를 시작하려는 경우에는 국토교통부령으로 정하는 바에 따라 사업계획승인권자에게 신고하여야 한다. 사업계획승인권자는 신고를 받은 날부터 30일 이내에 신고수리 여부를 신고인에게 통지하여야 한다.

③ 사업주체가 신고한 후 공사를 시작하려는 경우 사업계획승인을 받은 해당 주택건설대지에 매도청구 대상이 되는 대지가 포함되어 있으면 해당 매도청구 대상 대지에 대하여는 그 대지의 소유자가 매도에 대하여 합의를 하거나 매도청구에 관한 법원의 승소판결(확정되지 아니한 판결을 포함한다)을 받은 경우에만 공사를 시작할 수 있다.

④ 사업주체는 승인받은 사업계획대로 사업을 시행하여야 하고, 승인받은 날부터 5년 이내 공사를 시작하여야 한다. 다만, 사업계획승인권자는 대통령령으로 정하는 정당한 사유가 있다고 인정하는 경우에는 사업주체의 신청을 받아 그 사유가 없어진 날부터 1년의 범위에서 공사의 착수기간을 연장할 수 있다.

⑤ 준주거지역 또는 상업지역(유통상업지역은 제외한다)에서 300세대 미만의 주택과 주택 외의 시설을 동일 건축물로 건축하는 경우로서 해당 건축물의 연면적에서 주택의 연면적이 차지하는 비율이 90퍼센트 미만인 경우 사업계획승인대상에서 제외한다.


**13** 주택법령상 사업계획승인 등에 관한 설명으로 틀린 것은? (단, 다른 법률에 따른 사업은 제외함)

① 주택건설사업을 시행하려는 자는 전체 세대수가 600세대 이상의 주택단지를 공구별로 분할하여 주택을 건설·공급할 수 있다.

② 사업계획승인권자는 착공신고를 받은 날부터 20일 이내에 신고수리 여부를 신고인에게 통지하여야 한다.

③ 사업계획승인권자는 사업계획승인의 신청을 받았을 때에는 정당한 사유가 없으면 신청받은 날부터 60일 이내에 사업주체에게 승인 여부를 통보하여야 한다.

④ 사업주체는 사업계획승인을 받은 날부터 1년 이내에 공사를 착수하여야 한다.

⑤ 사업계획에는 부대시설 및 복리시설의 설치에 관한 계획 등이 포함되어야 한다.

**14** 주택법령상 주택건설사업계획의 승인을 받은 사업주체에게 인정되는 매도청구권에 관한 설명으로 틀린 것은?

① 매도청구권은 국민주택규모를 초과하는 주택의 주택건설사업에 대해서도 인정된다.

② 주택건설대지면적 중 100분의 95 이상에 대해 사용권원을 확보한 경우에는 사용권원을 확보하지 못한 대지의 모든 소유자에게 매도청구할 수 있다.

③ 사업주체가 주택건설대지면적 중 100분의 80에 대하여 사용권원을 확보한 경우, 사용권원을 확보하지 못한 대지의 소유자 중 지구단위계획구역 결정 고시일 10년 이전에 해당 대지의 소유권을 취득하여 계속 보유하고 있는 자에 대하여는 매도청구를 할 수 없다.

④ 사업주체가 리모델링주택조합인 경우 리모델링 결의에 찬성하지 아니하는 자의 주택에 대하여는 매도청구를 할 수 있다.

⑤ 주택건설대지에 사용권원을 확보하지 못한 대지(건축물 포함)는 소유자에게 공시지가로 매도할 것을 청구할 수 있다.

**15** 주택법령상 사업계획승인을 받은 사업주체에게 인정되는 매도청구권에 관한 설명으로 옳은 것은?

① 주택건설대지에 사용권원을 확보하지 못한 건축물이 있는 경우 그 건축물은 매도청구의 대상이 되지 않는다.

② 사업주체는 매도청구일 전 60일부터 매도청구 대상이 되는 대지의 소유자와 협의를 진행하여야 한다.

③ 사업주체가 주택건설대지면적 중 100분의 90에 대하여 사용권원을 확보한 경우, 사용권원을 확보하지 못한 대지의 모든 소유자에게 매도청구를 할 수 있다.

④ 사업주체가 주택건설대지면적 중 100분의 80에 대하여 사용권원을 확보한 경우, 사용권원을 확보하지 못한 대지의 소유자 중 지구단위계획구역 결정 고시일 10년 이전에 해당 대지의 소유권을 취득하여 계속 보유하고 있는 자에 대하여는 매도청구를 할 수 없다.

⑤ 사업주체가 리모델링주택조합인 경우 리모델링 결의에 찬성하지 아니하는 자의 주택에 대하여는 매도청구를 할 수 없다.

**16** 주택법령상 매도청구에 관한 설명으로 옳은 것은?

① 사업계획승인을 받은 사업주체가 주택건설대지면적 중 80% 이상의 사용권원을 확보한 경우에는 사용권원을 확보하지 못한 대지의 모든 소유자에게 매도청구가 가능하다.

② 사업계획승인을 받은 사업주체가 매도청구권을 행사하는 경우 공시지가로 매도할 것을 청구할 수 있다.

③ 사업계획승인을 받은 사업주체가 사용권원을 확보하지 못한 대지의 모든 소유자에게 매도청구를 할 수 있는 경우 외에는, 지구단위계획구역 결정고시일 10년 이전에 해당 대지의 소유권을 취득하여 계속 보유하고 있는 자(직계존·비속, 배우자로부터 상속받은 경우 피상속인의 소유기간 합산)는 사업주체의 매도청구에 응할 의무가 없다.

④ 사업계획승인을 받은 사업주체가 매도청구를 하는 경우, 대상 대지의 소유자가 있는 곳을 확인하기가 현저히 곤란한 경우에는 특별한 공고절차 없이 매도청구 대상 대지의 감정평가액에 해당하는 금액을 법원에 공탁하고 주택건설사업을 시행할 수 있다.

⑤ 사업계획승인을 받은 사업주체는 사업계획승인 후 즉시 매도청구를 할 수 있다.

**17** 주택법령상 주택건설사업에 관련된 설명으로 옳은 것은?

① 「민간임대주택에 관한 특별법」에 따른 공공지원민간임대주택 공급촉진지구 조성사업을 환지방식으로 시행하는 사업은 공공사업으로 공공택지가 된다.

② 고용자가 그 근로자의 주택을 건설하는 경우에는 대통령령으로 정하는 바에 따라 등록사업자와 공동으로 사업을 시행할 수 있다.

③ 등록사업자는 등록사항에 변경이 있으면 국토교통부령으로 정하는 바에 따라 변경 사유가 발생한 날부터 30일 이내에 시·도지사에게 신고하여야 한다.

④ 사업주체가 국가 및 한국토지주택공사인 경우 사업계획승인을 받지 않는다.

⑤ 주택건설공사를 시공하는 건설사업자로 간주되는 등록사업자는 건설공사비(총공사비에서 대지구입비를 제외한 금액을 말한다)가 자본금과 자본준비금·이익준비금을 합한 금액의 10배(개인인 경우에는 자산평가액의 5배)를 초과하는 건설공사를 시공할 수 없다.

**18** 주택법령상 주택의 건설에 관한 설명으로 옳은 것은? (단, 조례는 고려하지 않음)

① 하나의 건축물에는 단지형 연립주택 또는 단지형 다세대주택과 아파트형주택을 함께 건축할 수 없다.

② 국토교통부장관이 적정한 주택수급을 위하여 필요하다고 인정하는 경우, 고용자가 건설하는 주택에 대하여 국민주택규모로 건설하게 할 수 있는 비율은 주택의 75퍼센트 이하이다.

③ 「주택법」에 따라 건설사업자로 간주하는 등록사업자는 주택건설사업계획승인을 받은 주택의 건설공사를 시공할 수 없다.

④ 장수명 주택의 인증기준·인증절차 및 수수료 등은 「주택공급에 관한 규칙」으로 정한다.

⑤ 국토교통부장관은 바닥충격음 성능등급을 인정받은 제품이 인정받은 내용과 다르게 판매·시공한 경우에 해당하면 그 인정을 취소하여야 한다.

**19** 주택법령상 내용으로 틀린 것은?

① 사업계획승인권자는 사업계획승인의 신청을 받았을 때에는 정당한 사유가 없으면 신청을 받은 날부터 60일 이내에 사업주체에게 승인여부를 통보하여야 한다.

② 사업주체는 사업계획승인을 받아 시행하는 주택건설사업에 의하여 건설된 주택 및 대지에 대하여는 입주자모집공고 승인신청일 이후부터 소유권이전등기 신청할 수 있는 날 이후 60일까지의 기간 동안 입주예정자의 동의 없이 저당권 설정행위 등을 하여서는 아니 된다.

③ 토지임대부 분양주택을 공급받은 자는 해당 주택의 매입신청서를 한국토지주택공사에 제출하고, 한국토지주택공사는 매입신청서를 제출받은 날부터 60일 이내에 해당 주택의 매입 여부를 신청인에게 통보해야 한다.

④ 국토교통부장관은 공업화주택의 인정 신청을 받은 경우에는 그 신청을 받은 날부터 60일 이내에 인정 여부를 통보하여야 한다.

⑤ 사업주체가 주택건설대지를 신탁하는 경우 신탁등기일 이후부터 입주예정자가 해당 주택건설대지의 소유권이전등기를 신청할 수 있는 날 이후 60일까지의 기간 동안 해당 신탁의 종료를 원인으로 하는 사업주체의 소유권이전등기청구권에 대한 압류·가압류·가처분 등은 효력이 없음을 신탁계약조항에 포함하여야 한다.

**20**
상 중 하

주택법령상 (     ) 안에 들어갈 내용을 순서대로 옳게 나열한 것은?

> 국가 또는 지방자치단체는 주택법의 규정에 따라 국가 또는 지방자치단체로부터 토지를 매수하거나 임차한 자가 그 매수일 또는 임차일로부터 (     ) 이내에 국민주택규모의 주택 또는 주택조합을 건설하지 아니하거나 그 주택을 건설하기 위한 대지조성사업을 시행하지 아니한 경우에는 (     )하거나 임대계약을 취소할 수 있다.

① 1년, 환매　　　　　　　　　　② 1년, 벌금을 부과
③ 2년, 환매　　　　　　　　　　④ 2년, 과태료를 부과
⑤ 3년, 과태료를 부과


**21**
상 중 하

주택법령상 주택의 감리자에 관한 설명으로 옳은 것을 모두 고른 것은?

> ㉠ 사업계획승인권자는 감리자가 업무수행 중 위반 사항이 있음을 알고도 묵인한 경우 그 감리자에 대하여 2년의 범위에서 감리업무의 지정을 제한할 수 있다.
> ㉡ 설계도서가 해당 지형 등에 적합한지에 대한 확인은 감리자의 업무에 해당한다.
> ㉢ 감리자는 업무를 수행하면서 위반 사항을 발견하였을 때에는 지체 없이 시공자 및 사업주체에게 위반 사항을 시정할 것을 통지하고, 7일 이내에 사업계획승인권자에게 그 내용을 보고하여야 한다.

① ㉠　　　　　　　　② ㉡　　　　　　　　③ ㉠, ㉡
④ ㉠, ㉢　　　　　　⑤ ㉡, ㉢

**22** 주택법령상 주택건설공사에 대한 감리자에 관한 설명으로 틀린 것은?

① 감리자의 업무 중에서 방수·방음·단열시공의 적정성 확보, 재해의 예방, 시공상의 안전관리 및 그 밖에 건축공사의 질적 향상을 위하여 국토교통부장관이 정하여 고시하는 사항에 대한 검토·확인도 있다.

② 사용검사권자는 사업주체로부터 예치받은 공사감리비를 감리자에게 국토교통부령으로 정하는 절차 등에 따라 지급하여야 한다.

③ 감리자는 업무를 수행하면서 위반사항을 발견하였을 때에는 지체 없이 시공자 및 사업주체에게 위반사항을 시정할 것을 통지하고, 7일 이내에 사업계획승인권자에게 그 내용을 보고하여야 한다.

④ 공사기간 중 공사현장에 1개월 이상 감리원을 상주시키지 아니한 경우 감리자를 교체하고, 그 감리자에 대하여는 1년의 범위에서 감리업무의 지정을 제한할 수 있다.

⑤ 국토교통부장관은 계약을 체결할 때 사업주체와 감리자 간에 공정하게 계약이 체결되도록 하기 위하여 감리용역표준계약서를 정하여 보급할 수 있다.

**23** 주택법령상 주택건설사업의 감리자에 관한 설명 중 틀린 것은?

① 사업계획승인권자는 주택건설사업계획을 승인하였을 때와 시장·군수·구청장이 리모델링의 허가를 하였을 때에는 「건축사법」 또는 「건설기술 진흥법」에 따른 감리자격이 있는 자를 대통령령으로 정하는 바에 따라 해당 주택건설공사의 감리자로 지정하여야 한다.

② 사업주체가 국가·지방자치단체·한국토지주택공사·지방공사 또는 대통령령으로 정하는 자인 경우와 「건축법」에 따라 공사감리를 하는 도시형 생활주택의 경우에는 감리자를 지정하지 아니한다.

③ 사업계획승인권자는 300세대 미만의 주택건설공사에 대해 「건축사법」에 따라 건축사사무소 개설 신고한 자 또는 「건설기술 진흥법」에 따른 건설엔지니어링사업자를 감리자로 지정하여야 한다.

④ 사업주체(리모델링 허가만 받은 자도 제외된다)와 감리자 간의 책임내용 및 범위는 「주택법」에서 규정된 것 외에는 당사자 간의 계약으로 정한다.

⑤ 감리자는 업무를 수행하면서 위반사항을 발견하였을 때에는 지체 없이 시공자 및 사업주체에게 위반사항을 시정할 것을 통지하고, 7일 이내에 사업계획승인권자에게 그 내용을 보고하여야 한다.

**24** 주택법령상 내용으로 옳은 것은?

① 「도시 및 주거환경정비법」에 따른 정비구역에서 재개발사업을 토지등소유자가 시행하는 방법으로 50세대 이상 공동주택을 건설하는 경우에는 사업계획승인을 받아야 한다.

② 등록사업자의 등록이 말소되면 그가 발행한 주택상환사채는 당연히 효력을 상실한다.

③ 국가 또는 지방자치단체는 국가 또는 지방자치단체로부터 토지를 매수하거나 임차한 자가 그 매수일 또는 임차일부터 5년 이내에 국민주택규모의 주택 또는 조합주택을 건설하지 아니하거나 그 주택을 건설하기 위한 대지조성사업을 시행하지 아니한 경우에는 환매하거나 임대계약을 취소할 수 있다.

④ 토지임대부 분양주택의 토지에 대한 임대차기간은 40년 이내로 한다. 이 경우 토지임대부 분양주택 소유자의 75퍼센트 이상이 계약갱신을 청구하는 경우 40년 이상 이를 갱신할 수 있다.

⑤ 사업주체는 사용검사를 받기 전에 입주예정자가 해당 주택을 방문하여 공사 상태를 미리 점검(이하 "사전방문이라 한다")할 수 있게 하여야 한다. 이 경우 사업주체는 사전방문을 주택공급계약에 따라 정한 입주지정기간 시작일 45일 전까지 2일 이상 실시해야 한다.

**25** 주택법령상 사업계획 승인에 관한 설명으로 옳은 것은?

① 한옥인 경우 30호 이상의 주택건설사업을 시행하려는 자 또는 1만m² 이상의 대지조성사업을 시행하려는 자는 사업계획승인을 받아야 한다.

② 주택건설사업 또는 대지조성사업으로서 해당 대지면적이 30만m² 이상인 경우에는 시·도지사 또는 대도시의 시장에게 사업계획승인을 받아야 한다.

③ 주택건설사업을 시행하려는 자는 전체 세대수가 300세대 이상인 주택단지를 공구별로 분할하여 주택을 건설·공급할 수 있다.

④ 임시사용승인의 대상이 공동주택인 경우에는 동별로 임시사용승인을 할 수 있다.

⑤ 사업주체는 임대주택을 국토교통부장관, 시·도지사, 한국토지주택공사 또는 지방공사에 공급하여야 하며 시·도지사가 우선 인수할 수 있다.

**26** 주택법령상 주택의 사용검사 등에 관한 설명으로 틀린 것은?

① 하나의 주택단지의 입주자를 분할 모집하여 전체 단지의 사용검사를 마치기 전에 입주가 필요한 경우에는 공사가 완료된 주택에 대하여 동별로 사용검사를 받을 수 있다.

② 사용검사는 사용검사 신청일부터 15일 이내에 하여야 한다.

③ 사업주체는 건축물의 동별로 공사가 완료된 경우로서 사용검사권자의 임시 사용승인을 받은 경우에는 사용검사를 받기 전에 주택을 사용하게 할 수 있다.

④ 사업주체가 파산 등으로 사용검사를 받을 수 없는 경우에는 해당 주택의 시공을 보증한 자, 해당 주택의 시공자 또는 입주자대표회의는 사용검사를 받아야 한다.

⑤ 무단거주가 아닌 입주예정자가 사업주체의 파산 등으로 사용검사를 받을 때에는 입주예정자의 대표회의가 사용검사권자에게 사용검사를 신청할 때 하자보수보증금을 예치하여야 한다.

**27** 주택법령상 사용검사에 관한 설명으로 틀린 것은?

① 한국토지주택공사가 사업주체인 경우 시장·군수·구청장의 사용검사를 받아야 한다.

② 사업주체가 파산 등으로 사용검사를 받을 수 없는 경우에는 해당 주택의 시공을 보증한 자 또는 입주예정자는 대통령령으로 정하는 바에 따라 사용검사를 받을 수 있다.

③ 사용검사는 그 신청일부터 15일 이내에 하여야 한다.

④ 사업주체는 구획별로 공사가 완료된 대지조성사업의 경우로서 사용검사권자의 임시 사용승인을 받은 경우에는 사용검사를 받기 전에 대지를 사용하게 할 수 있다.

⑤ 사용검사권자가 임시사용을 승인하는 경우 임시 사용승인의 대상이 공동주택인 경우에는 세대별로 임시 사용승인을 할 수 있다.

**28** 주택법령상 주택건설용지의 확보대책 및 사용검사에 관한 설명으로 옳은 것은?

① 체비지의 양도가격은 조성원가를 기준으로 하지만, 예외적으로 감정가격을 기준으로 할 수 있다.

② 국민주택규모의 주택을 50퍼센트 이상으로 주택건설을 위해 국·공유지를 임차한 자가 임차일부터 2년 이내에 국민주택규모의 주택을 건설하지 아니한 경우에는 국가 또는 지방자치단체는 임대계약을 취소할 수 있다.

③ 주택의 사용검사 후 주택단지 내 일부의 토지 소유권을 회복한 자에게 주택소유자들이 매도청구를 하려면 해당 토지면적이 주택단지 전체 대지면적의 10퍼센트 미만이어야 한다.

④ 사용검사를 하는 사업계획승인권자는 사용검사의 대상인 주택 또는 대지가 사업계획의 내용에 적합한지를 확인하여야 하며, 신청일부터 15일 이내에 하여야 한다.

⑤ 주택건설사업의 경우의 경우 건축물의 세대별로 공사가 완료된 경우에 임시사용이 허용된다.

**29** 주택법령상 사용검사 및 임시사용승인에 관한 설명으로 옳은 것은?

① 사업주체는 사업계획승인을 받아 시행하는 주택건설사업 또는 대지조성사업을 완료한 경우에는 주택 또는 대지에 대하여 사업계획승인권자에게 사용검사를 받아야 한다.

② 공동주택건설사업의 경우에는 건축물의 동별 또는 세대별로 공사가 완료된 때, 대지조성사업의 경우에는 구획별로 공사가 완료된 때에는 임시사용승인을 받을 수 있다.

③ 사업계획승인 조건의 미이행 등 대통령령으로 정하는 사유가 있는 경우에는 공사가 완료된 주택에 대하여 동별로 사용검사를 받을 수 없다.

④ 사용검사는 그 신청일부터 30일 이내에 하여야 한다.

⑤ 주택건설사업을 500세대 이상을 분할하여 시행하기 위하여 사업계획을 승인받은 경우에는 완공된 주택에 대하여 공구별로 사용검사를 받을 수 있다.

**30** 주택법상 사용검사 후 매도청구 등에 관한 조문의 일부이다. (     )에 들어갈 숫자를 바르게 나열한 것은?

> 「주택법」 제62조 【사용검사 후 매도청구 등】
> ①~③ <생략>
> ④ 제1항에 따라 매도청구를 하려는 경우에는 해당 토지의 면적이 주택단지 전체 대지 면적의 ( ㉠ )퍼센트 미만이어야 한다.
> ⑤ 제1항에 따른 매도청구의 의사표시는 실소유자가 해당 토지 소유권을 회복한 날부터 ( ㉡ )년 이내에 해당 실소유자에게 송달되어야 한다.
> ⑥ <생략>

① ㉠: 5,  ㉡: 1
② ㉠: 5,  ㉡: 2
③ ㉠: 5,  ㉡: 3
④ ㉠: 10,  ㉡: 1
⑤ ㉠: 10,  ㉡: 2

**31** 주택건설사업이 완료되어 사용검사가 있은 후에 甲이 주택단지 일부의 토지에 대해 소유권이전등기 말소소송에 따라 해당 토지의 소유권을 회복하게 되었다. 주택법령상 이에 관한 설명으로 옳은 것은?

① 주택의 소유자들은 甲에게 해당 토지를 공시지가로 매도할 것을 청구할 수 있다.
② 대표자를 선정하여 매도청구에 관한 소송을 하는 경우 대표자는 복리시설을 포함하여 주택의 소유자 전체의 4분의 3 이상의 동의를 받아 선정한다.
③ 대표자를 선정하여 매도청구에 관한 소송을 하는 경우 그 판결은 대표자 선정에 동의하지 않은 주택의 소유자에게는 효력이 미치지 않는다.
④ 甲이 소유권을 회복한 토지의 면적이 주택단지 전체 대지 면적의 5퍼센트를 넘는 경우에는 주택 소유자 전원의 동의가 있어야 매도청구를 할 수 있다.
⑤ 甲이 해당 토지의 소유권을 회복한 날부터 1년이 경과한 이후에는 甲에게 매도청구를 할 수 없다.

**32** 주택법령상 500세대 이상으로 건설·공급하는 공동주택에 적용되는 것을 모두 고른 것은?

> ㉠ 건강친화형 주택 건설
> ㉡ 결로(結露)방지 성능 구비
> ㉢ 공동주택성능에 대한 등급표시
> ㉣ 어린이 안전보호구역 설치
> ㉤ 주민공동시설 중 경로당, 어린이놀이터, 어린이집, 주민운동시설, 작은도서관, 다함께돌봄센터 의무 설치

① ㉠, ㉡, ㉢
② ㉡, ㉢, ㉣
③ ㉡, ㉢, ㉣, ㉤
④ ㉢, ㉣, ㉤
⑤ ㉠, ㉡, ㉢, ㉣, ㉤

**33** 주택법령상 입주자 모집공고에 표시하여야 하는 공동주택성능등급에 해당하지 않는 것은?

① 리모델링 등을 대비한 가변성 및 수리 용이성 등 구조 관련 등급
② 경량충격음·중량충격음·화장실소음·경계소음 등 소음 관련 등급
③ 커뮤니티시설, 사회적 약자 배려, 홈네트워크, 방범안전 등 생활환경 관련 등급
④ 인근 초·중등학교, 구청·동사무소와의 거리 등 사회 관련 등급
⑤ 조경·일조확보율·실내공기질·에너지절약 등 환경 관련 등급

**34** 주택법령상 간선시설에 관한 설명으로 옳은 것은?

① "간선시설"이란 도로·상하수도·전기시설·가스시설·통신시설 및 지역난방시설 등 주택단지(둘 이상의 주택단지를 동시에 개발하는 경우에는 각각의 주택단지를 말한다) 안의 기간시설을 그 주택단지 밖에 있는 같은 종류의 기간시설에 연결시키는 시설을 말한다. 다만, 도로·상하수도·전기시설의 경우에는 주택단지 안의 기간시설을 포함한다.

② 사업계획승인권자는 사업계획을 승인할 때 사업주체가 제출하는 사업계획에 해당 주택건설사업 또는 대지조성사업과 직접적으로 관련이 없거나 과도한 기반시설의 기부채납을 요구하여서는 아니 된다.

③ 사업주체가 대통령령으로 정하는 호수 이상의 주택건설사업을 시행하는 경우에 간선시설로서 지역난방시설의 설치의무자는 지방자치단체이다.

④ 지방자치단체가 간선시설의 설치의무자인 경우에는 도로 및 상·하수도 시설의 설치비용의 전부를 국가가 보조할 수 있다.

⑤ 시장·군수·구청장은 간선시설의 설치가 필요한 일정한 규모 이상의 주택건설 또는 대지조성에 관한 사업계획을 승인한 때에는 지체 없이 간선시설 설치의무자를 사업주체에게 통지하여야 한다.

**35** 주택법령상 공동주택의 세대 내의 충간바닥(화장실의 바닥은 제외한다)기준에 관한 설명으로 옳은 것은?

① 충간 바닥의 콘크리트 슬래브 두께는 270mm 이상으로 할 것

② 라멘구조의 공동주택은 콘크리트 슬래브 두께는 180mm 이상으로 할 것

③ 각 충간 바닥은 바닥충격음 차단성능(바닥의 경량충격음 및 중량충격음이 각각 65데시벨 미만인 성능을 말한다)을 갖춘 구조일 것

④ 공동주택 외의 공동주택 중 발코니, 현관 등 국토교통부령으로 정하는 부분의 충간바닥의 경우 바닥충격음 차단성능기준을 적용하지 않는다.

⑤ 법 제51조 제1항에 따라 인정받은 공업화주택도 콘크리트 슬래브 두께기준과 바닥충격음 차단성능기준을 적용한다.

**36** 주택법령상 바닥충격음 성능등급 인정기관이 성능등급을 인정받은 제품에 대해 그 인정을 취소할 수 있는 경우에 해당하지 않는 것은?

① 인정받은 내용과 다르게 판매한 경우

② 인정받은 내용과 다르게 시공한 경우

③ 인정제품이 국토교통부령으로 정한 품질관리기준을 준수하지 아니한 경우

④ 인정의 유효기간을 연장하기 위한 시험결과를 제출하지 아니한 경우

⑤ 인정제품을 정당한 사유 없이 계속하여 1개월 이상 생산하지 아니한 경우

**37** 주택법령상 내용으로 옳은 것은?

① 5층 이상인 공동주택의 난방설비는 중앙집중난방방식(「집단에너지사업법」에 따른 지역난방공급방식을 제외한다)으로 하여야 한다.

② 사업계획승인 조건의 미이행 등 대통령령으로 정하는 사유가 있는 경우 공사가 완료된 주택에 대하여 동별로 사용검사를 받을 수 있다.

③ 간선시설의 설치비용은 그 설치의무자가 이를 부담한다. 이 경우 도로, 상·하수도시설, 전기통신시설의 설치비용은 그 비용의 50%의 범위에서 국가가 보조할 수 있다.

④ 300세대 이상 공동주택을 건설하려는 자는 세대 내의 거실·침실의 벽체와 천장의 접합부위, 최상층 세대의 천장부위, 지하주차장·승강기홀의 벽체부위 등 결로 취약부위에 대한 결로방지 상세도를 설계도서에 포함하여야 한다.

⑤ 「도시 및 주거환경정비법」 따른 재개발사업에서 건설·공급하는 주택은 분양가상한제를 적용하지 아니한다.

**38** 주택법령상 설명으로 옳은 것은?

① 6층 이상인 공동주택에는 국토교통부령이 정하는 기준에 따라 대당 6인승 이상인 승용승강기를 설치하여야 한다. 다만, 층수가 6층인 건축물로서 각 층 거실의 바닥면적 300m² 이내마다 1개소 이상의 직통계단을 설치한 건축물은 승용승강기를 설치하지 않아도 된다.

② 사업주체가 500세대 이상의 주택을 공급하고자 하는 때에는 장수명 주택의 등급인증제도에 따라 일반 이상의 등급을 인정받아야 한다.

③ 사용검사권자는 300세대 미만의 주택건설공사인 경우 「건축사법」에 따른 건축사사무소 개설 신고한 자를 감리자로 지정할 수 있다.

④ 국토교통부장관은 사전방문을 실시하고 사용검사를 신청하기 전에 공동주택의 품질을 점검하여 사업계획의 내용에 적합한 공동주택이 건설되도록 할 목적으로 주택 관련 분야 등의 전문가로 구성된 공동주택 품질점검단을 설치·운영하여야 한다.

⑤ 토지임대부 분양주택을 공급받은 자가 토지소유자와 임대차계약을 체결한 경우 해당 주택의 구분소유권을 목적으로 그 토지 위에 임대차기간 동안 임차권이 설정된 것으로 본다.

📖 **연계학습** 기본서 p.182~199

### 단·원·열·기

주택법은 총 8문제가 출제되고 3문제가 주관식이다. 이 단원은 주택공급으로 분양가상한제, 투기과열지구, 조정대상지역, 전매제한으로 학습한다.

**01** **주택법령상 주택의 공급에 관한 설명으로 옳은 것은?**

상 중 하

① 시장·군수·구청장은 입주자 모집승인시 사업주체에게서 받은 마감자재 목록표의 열람을 입주자가 요구하는 경우 이를 공개하여야 한다.

② 사업주체가 일반인에게 공급하는 공동주택 중 공공택지에서 공급하는 주택의 경우에는 분양가상한제가 적용되지 않는다.

③ 한국토지주택공사가 사업주체로서 복리시설의 입주자를 모집하려는 경우 시장·군수·구청장에게 신고하여야 한다.

④ 지방공사가 사업주체로서 견본주택을 건설하는 경우에는 견본주택에 사용되는 마감자재 목록표와 견본주택의 각 실의 내부를 촬영한 영상물 등을 제작하여 시장·군수·구청장에게 제출할 수 있다.

⑤ 시·도지사는 사업계획승인 신청이 있는 날부터 20일 이내에 분양가심사위원회를 설치·운영하여야 한다.

**02** **주택법령상 주택의 공급에 관한 설명으로 옳은 것은?**

상 중 하

① 한국토지주택공사가 사업주체로서 복리시설의 입주자를 모집하려는 경우 시장·군수·구청장에게 신고하여야 한다.

② 지방공사가 사업주체로서 견본주택을 건설하는 경우에는 견본주택에 사용되는 마감자재 목록표와 견본주택의 각 실의 내부를 촬영한 영상물 등을 제작하여 시장·군수·구청장에게 제출하여야 한다.

③ 「관광진흥법」에 따라 지정된 관광특구에서 건설·공급하는 50층 이상의 공동주택은 분양가상한제의 적용을 받는다.

④ 공공택지 외의 택지로서 분양가상한제가 적용되는 지역에서 공급하는 도시형생활주택은 분양가상한제의 적용을 받는다.

⑤ 시·도지사는 사업계획승인 신청이 있는 날부터 30일 이내에 분양가심사위원회를 설치·운영하여야 한다.

**03** 주택법령상 주택의 공급에 관한 설명으로 틀린 것은?

① 군수는 입주자 모집승인시 사업주체에게서 받은 마감자재 목록표의 열람을 입주자가 요구하는 경우 이를 공개하여야 한다.

② 사업주체가 부득이한 사유로 인하여 사업계획승인의 마감자재와 다르게 시공·설치하려는 경우에는 당초의 마감자재와 같은 질 이하의 자재로 설치할 수 있다.

③ 사업주체가 마감자재 목록표의 자재와 다른 마감자재를 시공·설치하려는 경우에는 그 사실을 입주예정자에게 알려야 한다.

④ 사업주체가 일반인에게 공급하는 공동주택 중 공공택지에서 공급하는 주택의 경우에는 분양가상한제가 적용된다.

⑤ 도시형생활주택을 공급하는 경우에는 분양가상한제가 적용되지 않는다.

**04** 주택법령상 주택의 공급에 관한 설명으로 옳은 것은?

① 한국토지주택공사가 총지분의 100분의 70을 출자하여 설립한 부동산투자회사가 사업주체로서 입주자를 모집하려는 경우에는 시장·군수·구청장의 승인을 받아야 한다.

② 관광진흥법에 따라 지정된 관광특구에서 건설·공급하는 층수가 51층이고 높이가 140m인 아파트는 분양가상한제의 적용대상이다.

③ 시·도지사는 주택가격상승률이 물가상승률보다 현저히 높은 지역으로서 주택가격의 급등이 우려되는 지역에 대해서 분양가상한제 적용 지역으로 지정할 수 있다.

④ 주택의 사용검사 후 주택단지 내 일부의 토지의 소유권을 회복한 자에게 주택소유자들이 매도청구를 하려면 해당 토지의 면적이 주택단지 전체 대지면적의 5% 미만이어야 한다.

⑤ 사업주체가 투기과열지구에서 건설·공급하는 주택의 입주자로 선정된 지위는 매매하거나 상속할 수 없다.

**05** 주택법령상 분양가상한제 적용주택에 관한 설명으로 옳은 것을 모두 고른 것은?

> ㉠ 도시형생활주택은 분양가상한제 적용주택에 해당하지 않는다.
> ㉡ 토지임대부 분양주택의 분양가격은 택지비와 건축비로 구성된다.
> ㉢ 사업주체는 분양가상한제 적용주택으로서 공공택지에서 공급하는 주택에 대하여 입주자 모집공고에 분양가격을 공시해야 하는데, 간접비는 공시해야 하는 분양가격에 포함되지 않는다.

① ㉠  ② ㉠, ㉡  ③ ㉠, ㉢
④ ㉡, ㉢  ⑤ ㉠, ㉡, ㉢

**06** 주택법령상 분양가상한제를 적용하지 않는 건축물을 모두 고른 것은?

> ㉠ 「도시 및 주거환경정비법」 제2조 제2호 가목에 따른 주거환경개선사업 및 같은 호 다목 후단에 따른 공공재건축사업에서 건설·공급하는 주택
> ㉡ 「도시재생 활성화 및 지원에 관한 특별법」에 따른 주거재생혁신지구에서 시행하는 혁신지구재생사업 에서 건설·공급하는 주택
> ㉢ 도시형생할주택
> ㉣ 「관광진흥법」에 따라 지정된 관광특구에서 건설·공급하는 공동주택으로서 해당 건축물의 층수가 30층 이상이거나 높이가 120m 이상인 경우
> ㉤ 「공공주택 특별법」 제2조 제2호에 따른 공공주택지구조성사업에서 건설·공급하는 주택

① ㉠, ㉡  ② ㉡, ㉢  ③ ㉡, ㉢, ㉣
④ ㉢, ㉣, ㉤  ⑤ ㉠, ㉡, ㉢, ㉣, ㉤

**07** 주택법령상 분양가심사위원회의 심의사항으로 틀린 것은?

① 분양가상한제 적용주택의 분양가격 및 발코니 확장비용 산정의 적정성 여부
② 분양가상한제 적용주택의 분양가격 공시내역의 적정성 여부
③ 국토교통부장관이 정하여 고시하는 기본형 건축비 산정의 적정성 여부
④ 분양가상한제 적용주택의 전매행위제한과 관련된 인근지역 주택매매가격 산정의 적정성 여부
⑤ 분양가상한제 적용주택과 관련된 제2종 국민주택채권 매입예정상한액 산정의 적정성 여부

**08** 주택법령상 주택공급질서의 교란을 방지하기 위하여 금지되는 행위가 아닌 것은?

① 주택을 공급받을 수 있는 조합원 지위의 매매
② 주택상환사채의 매매의 알선
③ 입주자저축 증서의 저당
④ 공공사업의 시행으로 인한 이주대책에 의하여 주택을 공급받을 수 있는 지위의 매매를 위한 인터넷 광고
⑤ 주택을 공급받을 수 있는 증서로서 군수가 발행한 건물철거확인서의 매매

**09** 주택법령상 주택공급과 관련하여 금지되는 공급질서교란행위에 해당하는 것을 모두 고른 것은?

> ㉠ 주택을 공급받을 수 있는 조합원 지위의 상속
> ㉡ 입주자저축 증서의 저당
> ㉢ 공공사업의 시행으로 인한 이주대책에 따라 주택을 공급받을 수 있는 지위의 매매
> ㉣ 주택을 공급받을 수 있는 증서로서 시장·군수·구청장이 발행한 무허가건물 확인서의 증여

① ㉠, ㉡  　　② ㉠, ㉣  　　③ ㉢, ㉣
④ ㉠, ㉡, ㉢  　　⑤ ㉡, ㉢, ㉣

**10** 주택법령상 주택공급과 관련하여 금지되는 공급질서교란행위에 해당하지 않은 것은?

① 건물철거확인서의 상속
② 입주자저축 증서의 알선목적 광고
③ 주택상환사채의 알선
④ 주택을 공급받을 수 있는 주택조합원 지위의 양수
⑤ 이주대책대상자 확인서의 매매

**11** 주택법령상 저당권 설정 등의 제한에 관한 설명으로 틀린 것은?

① 저당권 설정 등 제한기간은 입주자모집공고승인 신청일 이후부터 입주예정자가 소유권이전등기를 신청할 수 있는 날 이후 60일까지의 기간을 말한다.

② '소유권이전등기를 신청할 수 있는 날'이란 사업주체가 입주예정자에게 통보한 입주가능일을 말한다.

③ 저당권설정 등의 제한을 할 때 사업주체는 해당 주택 또는 대지가 입주예정자의 동의 없이는 양도하거나 제한물권을 설정하거나 압류·가압류·가처분 등의 목적물이 될 수 없는 재산임을 소유권등기에 부기등기하여야 한다.

④ 사업주체가 저당권 설정제한의 부기등기를 하는 경우, 주택건설대지에 대하여는 입주자모집공고승인 신청과 동시에, 건설된 주택에 대하여는 소유권보존등기와 동시에 하여야 한다.

⑤ 저당권 설정제한 규정을 위반한 자에 대하여는 3년 이하의 징역 또는 3천만원 이하의 벌금에 처한다.

**12** 주택법령상 투기과열지구에 관한 설명으로 옳은 것은?

① 국토교통부장관이 투기과열지구를 지정하거나 해제할 경우에는 시장·군수·구청장과 협의하여야 한다.

② 투기과열지구 지정 후 해당 지역의 주택가격이 안정되어 지정 사유가 없어진 경우 해당 지역에 거주하는 법령이 정한 수 이상의 토지소유자는 시·도지사에게 투기과열지구 지정의 해제를 요청할 수 있다.

③ 국토교통부장관은 반기마다 주거정책심의위원회의 회의를 소집하여 투기과열지구로 지정된 지역별로 투기과열지구 지정의 유지 여부를 재검토하여야 한다.

④ 투기과열지구에서 제한되는 전매는 상속의 경우를 포함하여 권리의 변동을 수반하는 모든 행위를 말한다.

⑤ 투기과열지구에서 주택의 입주자로 선정된 지위는 이혼으로 인하여 배우자에게 이전이 불가피하고 사업주체의 동의를 받은 경우에도 배우자에게 전매할 수 없다.

**13** 주택법령상 투기과열지구의 지정 기준에 관한 조문의 일부이다. 다음 (    )에 들어갈 숫자를 옳게 연결한 것은?

> • 주택공급이 있었던 직전 ( ㉠ )개월간 해당 지역에서 공급되는 주택의 청약경쟁률이 ( ㉡ ) 대 1을 초과하였거나 국민주택규모 이하 주택의 청약경쟁률이 10 대 1을 초과한 곳
> • 다음 각 목의 어느 하나에 해당하여 주택공급이 위축될 우려가 있는 곳
>   가. 주택의 분양계획이 직전월보다 ( ㉢ )% 이상 감소한 곳

① ㉠: 2, ㉡: 5,  ㉢: 30       ② ㉠: 2, ㉡: 10, ㉢: 40

③ ㉠: 6, ㉡: 5,  ㉢: 30       ④ ㉠: 6, ㉡: 10, ㉢: 30

⑤ ㉠: 6, ㉡: 10, ㉢: 40

**14** 주택법령상 투기과열지구의 지정 기준에 관한 설명이다. (    )에 들어갈 숫자와 내용을 바르게 나열한 것은?

> • 투기과열지구로 지정하는 날이 속하는 달의 바로 전 달(이하 "직전월")부터 소급하여 주택공급이 있었던 ( ㉠ )개월 동안 해당 지역에서 공급되는 주택의 월평균 청약경쟁률이 모두 5 대 1을 초과하였거나 국민주택규모 주택의 월평균 청약경쟁률이 모두 ( ㉡ ) 대 1을 초과한 곳
> • 주택의 ( ㉢ )이 직전월보다 30퍼센트 이상 감소하여 주택공급이 위축될 우려가 있는 곳

① ㉠: 2, ㉡: 10, ㉢: 분양계획

② ㉠: 2, ㉡: 10, ㉢: 건축허가실적

③ ㉠: 2, ㉡: 20, ㉢: 건축허가실적

④ ㉠: 3, ㉡: 10, ㉢: 분양계획

⑤ ㉠: 3, ㉡: 20, ㉢: 건축허가실적

**15** 주택법령상 주택공급에 관한 설명으로 옳은 것은?

① 국토교통부장관은 반기마다 중앙도시계획위원회의 회의를 소집하여 투기과열지구로 지정된 지역별로 해당지역의 주택가격 안정 여건의 변화 등을 고려하여 투기과열지구 지정의 유지 여부를 재검토하여야 한다.

② 공급질서 교란 금지를 위반한 자는 3년 이하의 징역 또는 3천만원 이하의 벌금에 처한다. 다만, 그 위반행위로 얻은 이익의 3배에 해당하는 금액이 3천만원을 초과하는 자는 3년 이하의 징역 또는 그 이익의 2배에 해당하는 금액 이하의 벌금에 처한다.

③ 도시형 생활주택은 분양가상한제가 적용된다.

④ 한국토지주택공사인 경우 견본주택을 건설하는 경우 건설하는 견본주택의 마감자재의 규격·성능 및 재질을 적은 목록표와 견본주택의 각 실의 내부를 촬영한 영상물 등을 제작하여 승인권자에게 제출하여야 한다.

⑤ 조정대상지역의 지정권자는 시·도지사이다.


**16** 주택법령상 조정대상지역의 지정기준의 일부이다. (     )에 들어갈 숫자로 옳은 것은?

> • 조정대상지역지정직전월부터 소급하여 6개월간의 평균 주택가격상승률이 마이너스 ( ㉠ )퍼센트 이하인 지역으로서 다음에 해당하는 지역
> • 조정대상지역지정직전월부터 소급하여 ( ㉡ )개월 연속 주택매매거래량이 직전 연도의 같은 기간보다 ( ㉢ )퍼센트 이상 감소한 지역
> • 조정대상지역지정직전월로부터 소급하여 ( ㉡ )개월간의 평균 미분양주택(「주택법」 제15조 제1항에 따른 사업계획승인을 받아 입주자를 모집했으나 입주자가 선정되지 않은 주택을 말한다)의 수가 직전 연도의 같은 기간보다 2배 이상인 지역

① ㉠: 1, ㉡: 3, ㉢: 20
② ㉠: 1, ㉡: 3, ㉢: 30
③ ㉠: 1, ㉡: 6, ㉢: 30
④ ㉠: 3, ㉡: 3, ㉢: 20
⑤ ㉠: 3, ㉡: 6, ㉢: 20

**17** 주택법령상 투기과열지구 및 조정대상지역에 관한 설명으로 옳은 것은?

① 국토교통부장관은 시·도별 주택보급률 또는 자가주택 비율이 전국 평균을 초과하는 지역을 투기과열지구로 지정할 수 있다.

② 국토교통부장관은 주택가격의 안정을 위하여 필요한 경우에는 중앙도시계획위원회의 심의를 거쳐 일정한 지역을 투기과열지구로 지정하거나 이를 해제할 수 있다.

③ 국토교통부장관은 2년마다 해당 지역의 주택가격 안정 여건의 변화 등을 고려하여 투기과열지구 지정의 유지 여부를 재검토하여야 한다.

④ 시·도지사는 주택의 분양·매매 등 거래가 위축될 우려가 있는 지역을 시·도 주거정책심의위원회의 심의를 거쳐 조정대상지역으로 지정할 수 있다.

⑤ 조정대상지역으로 지정된 지역의 시장·군수·구청장은 조정대상지역으로 유지할 필요가 없다고 판단되는 경우 국토교통부장관에게 그 지정의 해제를 요청할 수 있다.

**18** 주택법령상 주택의 전매행위 제한에 관한 설명으로 틀린 것은? (단, 수도권은 수도권정비계획법에 의한 것임)

① 전매제한기간은 주택의 수급 상황 및 투기 우려 등을 고려하여 지역별로 달리 정할 수 있다.

② 사업주체가 수도권의 지역으로서 공공택지 외의 택지에서 건설·공급하는 주택을 공급하는 경우에는 그 주택의 소유권을 제3자에게 이전할 수 없음을 소유권에 관한 등기에 부기등기하여야 한다.

③ 세대원 전원이 2년 이상의 기간 해외에 체류하는 경우로서 사업주체의 동의를 받은 경우에는 전매제한 주택을 전매할 수 있다.

④ 상속에 의하여 취득한 주택으로 세대원 전원이 이전하는 경우로서 사업주체의 동의를 받은 경우에는 전매제한 주택을 전매할 수 있다.

⑤ 공공택지 외의 택지에서 건설·공급되는 주택의 소유자가 국가에 대한 채무를 이행하지 못하여 공매가 시행되는 경우에는 사업주체의 동의 없이도 전매를 할 수 있다.

**19**
상중하

주택법령상 전매제한에 관한 설명으로 틀린 것은?

① 세대원이 근무 또는 생업상의 사정이나 질병치료ㆍ취학ㆍ결혼으로 인하여 세대원 전원이 다른 광역시ㆍ특별자치시ㆍ특별자치도ㆍ시 또는 군(광역시의 관할구역에 있는 군은 제외)으로 이전하는 경우. 다만, 수도권 안에서 이전하는 경우는 제외한다.

② 세대원 전원이 해외로 이주하거나 5년의 기간 동안 해외에 체류하려는 경우

③ 상속에 따라 취득한 주택으로 세대원 전원 또는 일부가 이전하는 경우

④ 실직, 파산 또는 신용불량으로 경제적 어려움이 발생한 경우

⑤ 주택의 소유자가 국가ㆍ지방자치단체 및 금융기관에 대한 채무를 이행하지 못하여 경매 또는 공매가 시행되는 경우

**20**
상중하

주택법령상 주거정책심의위원회의 심의를 거치도록 규정되어 있는 것만을 모두 고른 것은?

> ㉠ 「주택법」 제20조에 따라 시장ㆍ군수ㆍ구청장의 요청을 받아 국토교통부장관이 임대주택의 인수자를 지정하는 경우
> ㉡ 「주택법」 제58조에 따라 국토교통부장관이 분양가상한제 적용 지역을 지정하는 경우
> ㉢ 「주택법」 제63조에 따라 국토교통부장관이 투기과열지구의 지정을 해제하는 경우

① ㉡  
② ㉠, ㉡  
③ ㉠, ㉢  
④ ㉡, ㉢  
⑤ ㉠, ㉡, ㉢

📕 **연계학습** 기본서 p.200~206

**단·원·열·기**

주택법은 총 8문제가 출제되고 3문제가 주관식이다. 이 단원은 리모델링, 토지임대부분양주택으로 구분하여 학습한다.

**01** 주택법령상 주택단지 전체를 대상으로 증축형 리모델링을 하기 위하여 리모델링주택조합을 설립하려는 경우 조합설립인가 신청시 제출해야 할 첨부서류가 아닌 것은? (단, 조례는 고려하지 않음)

① 창립총회의 회의록
② 조합원 전원이 자필로 연명한 조합규약
③ 해당 주택건설대지의 80% 이상에 해당하는 토지의 사용전원을 확보하였음을 증명하는 서류
④ 해당 주택이 사용검사를 받은 후 15년 이상 경과하였음을 증명하는 서류
⑤ 조합원 명부

**02** 주택법령상 공동주택의 리모델링에 관한 설명으로 틀린 것은? (단, 조례는 고려하지 않음)

① 입주자·사용자 또는 관리주체가 리모델링하려고 하는 경우에는 공사기간, 공사방법 등이 적혀 있는 동의서에 입주자 전체의 동의를 받아야 한다.
② 리모델링에 동의한 소유자는 입주자대표회의가 시장·군수·구청장에게 허가신청서를 제출한 이후에도 서면으로 동의를 철회할 수 있다.
③ 수직증축형 리모델링의 대상이 되는 기존 건축물의 층수가 15층 이상인 경우에는 3개층까지 증축할 수 있다.
④ 주택단지 전체를 리모델링하고자 하는 경우에는 주택단지 전체의 구분소유자와 의결권의 각 3분의 2 이상의 결의 및 각 동의 구분소유자와 의결권의 각 과반수의 결의를 얻어야 한다.
⑤ 증축형 리모델링을 하려는 자는 시장·군수·구청장에게 안전진단을 요청하여야 한다.

**03** 주택법령상 수직증축형 리모델링의 허용 요건에 관한 규정의 일부이다. (    )에 들어갈 숫자로 옳은 것은?

> 시행령 제13조 ① 법 제2조 제25호 다목1)에서 "대통령령으로 정하는 범위"란 다음 각 호의 구분에 따른 범위를 말한다.
> 1. 수직으로 증축하는 행위(이하 "수직증축형 리모델링"이라 한다)의 대상이 되는 기존 건축물의 층수가 ( ㉠ )층 이상인 경우: ( ㉡ )개 층
> 2. 수직증축형 리모델링의 대상이 되는 기존 건축물의 층수가 ( ㉢ )층 이하인 경우: ( ㉣ )개 층

① ㉠: 10, ㉡: 3, ㉢: 9, ㉣: 2  
② ㉠: 10, ㉡: 4, ㉢: 9, ㉣: 3  
③ ㉠: 15, ㉡: 3, ㉢: 14, ㉣: 2  
④ ㉠: 15, ㉡: 4, ㉢: 14, ㉣: 3  
⑤ ㉠: 20, ㉡: 5, ㉢: 19, ㉣: 4

**04** 주택법령상 공동주택의 증축형 리모델링에 대한 안전진단요청을 받은 시장·군수·구청장이 의뢰하는 안전진단기관을 다음에서 모두 고른 것은?

> ㉠ 국토안전관리원  
> ㉡ 한국건설기술연구원  
> ㉢ 안전진단전문기관  
> ㉣ 건설엔지니어링사업자

① ㉡, ㉢, ㉣  
② ㉠, ㉢  
③ ㉠, ㉡, ㉢  
④ ㉠, ㉢, ㉣  
⑤ ㉠, ㉡, ㉢, ㉣

**05** 주택법령상 공동주택의 리모델링에 관한 설명으로 틀린 것은? (단, 조례는 고려하지 않음)

① 입주자대표회의가 리모델링하려는 경우에는 리모델링설계개요, 공사비, 소유자의 비용분담 명세가 적혀 있는 결의서에 주택단지 소유자 전원의 동의를 받아야 한다.

② 공동주택의 입주자가 공동주택을 리모델링하려고 하는 경우에는 시장·군수·구청장의 허가를 받아야 한다.

③ 사업비에 관한 사항은 세대수가 증가되는 리모델링을 하는 경우 수립하여야 하는 권리변동계획에 포함되지 않는다.

④ 증축형 리모델링을 하려는 자는 시장·군수·구청장에게 안전진단을 요청하여야 한다.

⑤ 수직증축형 리모델링의 대상이 되는 기존 건축물의 층수가 12층인 경우에는 2개층까지 증축할 수 있다.

**06** 주택법령상 리모델링 기본계획 수립절차에 관한 조문의 일부이다. (    )에 들어갈 숫자를 옳게 연결한 것은?

> 리모델링 기본계획을 수립하거나 변경하려면 ( ㉠ )일 이상 주민에게 공람하고, 지방의회의 의견을 들어야 한다. 이 경우 지방의회는 의견제시를 요청받은 날부터 ( ㉡ )일 이내에 의견을 제시하여야 한다.

① ㉠: 7, ㉡: 14
② ㉠: 10, ㉡: 15
③ ㉠: 14, ㉡: 15
④ ㉠: 14, ㉡: 30
⑤ ㉠: 15, ㉡: 30

**07** 다음은 주택법령상 리모델링에 해당하는 행위에 관한 설명이다. (    ) 안에 들어갈 내용을 순서대로 나열한 것은? (단, 임시사용승인을 받은 경우 및 조례는 고려하지 않음)

> 건축물의 노후화 억제 또는 기능 향상 등을 위한 행위로서, 주택법에 따른 사용검사일 또는 건축법에 따른 사용승인일부터 (    )년이 경과된 공동주택을 각 세대의 주거전용면적의 (    )% 이내(세대의 주거전용면적이 85m² 미만인 경우에는 40% 이내)에서 증축하는 행위

① 20, 10
② 20, 20
③ 20, 30
④ 15, 20
⑤ 15, 30

**08** 주택법령상 리모델링에 관한 설명으로 옳은 것은? (단, 조례는 고려하지 않음)

① 대수선은 리모델링에 포함되지 않는다.
② 공동주택의 리모델링은 동별로 할 수 있다.
③ 주택단지 전체를 리모델링하고자 주택조합을 설립하기 위해서는 주택단지 전체의 구분소유자와 의결권의 각 과반수의 결의가 필요하다.
④ 공동주택 리모델링의 허가는 시·도지사가 한다.
⑤ 리모델링주택조합 설립에 동의한 자로부터 건축물을 취득하였더라도 리모델링주택조합 설립에 동의한 것으로 보지 않는다.

**09** 주택법령상 리모델링에 관한 설명으로 틀린 것은? (단, 조례는 고려하지 않음)

① 세대수 증가형 리모델링으로 인한 도시과밀, 이주수요집중 등을 체계적으로 관리하기 위하여 수립하는 계획을 리모델링 기본계획이라 한다.

② 리모델링에 동의한 소유자는 리모델링 결의를 한 리모델링주택조합이나 소유자 전원의 동의를 받은 입주자대표회의가 시장·군수·구청장에게 리모델링 허가신청서를 제출하기 전까지 서면으로 동의를 철회할 수 있다.

③ 특별시장·광역시장 및 대도시의 시장은 리모델링 기본계획을 수립하거나 변경한 때에는 이를 지체 없이 해당지방자치단체의 공보에 고시하여야 한다.

④ 수직증축형 리모델링의 설계자는 국토교통부장관이 정하여 고시하는 구조기준에 맞게 구조설계도서를 작성하여야 한다.

⑤ 대수선인 리모델링을 하려는 자는 시장·군수·구청장에게 안전진단을 요청하여야 한다.

**10** 주택법령상 리모델링주택조합이 공동주택의 리모델링 허가를 받기 위한 동의비율에 관한 내용이다. (    )에 들어갈 숫자로 옳은 것은?

> 주택단지 전체를 리모델링하는 경우에는 주택단지 전체 구분소유자 및 의결권의 각 ( ㉠ )퍼센트 이상의 동의와 각 동별 구분소유자 및 의결권의 각 ( ㉡ )퍼센트 이상의 동의를 받아야 하며, 동을 리모델링하는 경우에는 그 동의 구분소유자 및 의결권의 각 ( ㉢ )퍼센트 이상의 동의를 받아야 한다.

① ㉠: 50, ㉡: 50, ㉢: 75  　　② ㉠: 50, ㉡: 75, ㉢: 50
③ ㉠: 75, ㉡: 50, ㉢: 50  　　④ ㉠: 75, ㉡: 50, ㉢: 75
⑤ ㉠: 75, ㉡: 75, ㉢: 50

**11** 주택법상 청문을 하여야 하는 처분이 아닌 것은? (단, 다른 법령에 따른 청문은 고려하지 않음)

① 공업화주택의 인정취소　　② 주택조합의 설립인가취소
③ 주택건설 사업계획승인의 취소　　④ 공동주택 리모델링허가의 취소
⑤ 주택건설사업의 등록말소

**12** 주택법령상 리모델링에 관한 설명으로 옳은 것은?

① 증축하는 리모델링을 하려는 자는 안전진단기관에게 직접 안전진단을 요청하여야 하며, 안전진단을 요청받은 안전진단기관은 해당 건축물의 증축 가능 여부의 확인 등을 위하여 안전진단을 실시하여야 한다.

② 입주자·사용자 또는 관리주체의 경우 공사기간, 공사방법 등이 적혀 있는 동의서에 입주자 75% 이상의 동의를 받고 나머지는 매도청구소송으로 사업을 시행할 수 있다.

③ 리모델링에 동의한 소유자는 리모델링주택조합 또는 입주자대표회의가 시장·군수·구청장에게 허가신청서를 제출한 후에도 언제든지 서면으로 동의를 철회할 수 있다.

④ 입주자 공유가 아닌 복리시설 등은 사용검사를 받은 후 10년 이상 지난 복리시설로서 공동주택과 동시에 리모델링하는 경우로서 시장·군수·구청장이 구조안전에 지장이 없다고 인정하는 경우로 한정한다.

⑤ 시장·군수·구청장이 증가하는 세대수가 30세대 이상의 세대수 증가형 리모델링을 허가하려는 경우에는 기반시설에의 영향이나 도시·군관리계획과의 부합 여부 등에 대하여 「국토의 계획 및 이용에 관한 법률」에 따라 설치된 시·군·구도시계획위원회의 심의를 거쳐야 한다.

**13** 주택법령상 토지임대부 분양주택에 관한 설명으로 옳은 것은?

① 토지임대부 분양주택의 토지에 대한 임대차기간은 50년 이내로 한다.

② 토지임대부 분양주택의 토지에 대한 임대차기간을 갱신하기 위해서는 토지임대부 분양주택 소유자의 3분의 2 이상이 계약갱신을 청구하여야 한다.

③ 토지임대료를 보증금으로 전환하여 납부하는 경우, 그 보증금을 산정할 때 적용되는 이자율은 「은행법」에 따른 은행의 3년 만기 정기예금 평균이자율 이상이어야 한다.

④ 토지임대부 분양주택을 공급받은 자가 토지임대부 분양주택을 양도하려는 경우에는 시·도지사에게 해당 주택의 매입을 신청하여야 한다.

⑤ 토지임대료는 분기별 임대료를 원칙으로 한다.

**14** 주택법령상 토지임대부 분양주택에 관한 설명으로 옳은 것은?

① 토지임대부 분양주택의 토지에 대한 임대차기간이 40년인 경우, 토지임대부 분양주택 소유자의 75퍼센트 이상이 계약갱신을 청구하면 40년이 넘는 기간을 임대차기간으로 하여 이를 갱신할 수 있다.

② 토지소유자와 토지임대주택을 분양받은 자가 주택법령이 정하는 기준에 따라 토지임대료에 관한 약정을 체결한 경우, 토지소유자는 약정 체결 후 2년이 지나기 전에는 토지임대료의 증액을 청구할 수 없다.

③ 주택을 공급받은 자는 토지임대료를 보증금으로 전환하여 납부할 수 없다.

④ 토지임대부 분양주택을 공급받은 자가 토지소유자와 임대차계약을 체결한 경우 해당 주택의 구분소유권을 목적으로 그 토지 위에 임대차기간 동안 전세권이 설정된 것으로 본다.

⑤ 토지임대부 분양주택에 관하여 「주택법」에서 정하지 아니한 사항에 대하여는 「민법」을 「집합건물의 소유 및 관리에 관한 법률」에 우선하여 적용한다.

**15** 주택법령상 분양가상한제가 적용되는 토지임대부 분양주택에 관한 설명으로 옳은 것은?

① 토지임대부 분양주택 입주자의 거주의무기간은 10년이다.

② 토지임대부 분양주택의 건축물의 공용부분·부속건물 및 복리시설은 토지임대부 분양주택 건설사업을 시행하는 자와 분양받은 자들이 공유한다.

③ 토지임대부 분양주택의 분양가격은 건축비로 구성한다.

④ 토지임대부 분양주택의 입주자는 해당 주택의 최초 입주가능일부터 3년 이내에 입주하여야 한다.

⑤ 토지임대부 분양주택의 토지에 대한 임대차기간은 50년 이내로 한다.

## 주관식 단답형 문제

**01** 주택법 제2조(정의)의 규정이다. (  )에 들어갈 용어를 쓰시오.

> 준주택이란 주택 외의 건축물과 그 부속토지로서 주거시설로 이용가능한 시설 등을 말하며 오피스텔, 제2종 근린생활시설 및 숙박시설로서의 다중생활시설, 노인복지시설 중 「노인복지법」에 따른 노인복지주택, (  )를 말한다.

**02** 주택법 시행령 제10조(도시형 생활주택)의 일부이다. (  )에 들어갈 알맞은 아라비아 숫자 및 용어를 쓰시오.

> <생략>
> ② 하나의 건축물에는 도시형 생활주택과 그 밖의 주택을 함께 건축할 수 없다. 다만, 다음 각 호의 어느 하나에 해당하는 경우는 예외로 한다.
>   1. 도시형 생활주택과 주거전용면적이 ( ㉠ )m²를 초과하는 주택 1세대를 함께 건축하는 경우
>   2. 「국토의 계획 및 이용에 관한 법률 시행령」 제30조 제1항 제1호 다목에 따른 준주거지역 또는 같은 항 제2호에 따른 상업지역에서 ( ㉡ )과 도시형 생활주택 외의 주택을 함께 건축하는 경우

**03** 주택법 제2조(정의)에 관한 일부 내용이다. (  )에 들어갈 아라비아 숫자를 쓰시오.

> 12. "주택단지"란 제15조에 따른 주택건설사업계획 또는 대지조성사업계획의 승인을 받아 주택과 그 부대시설 및 복리시설을 건설하거나 대지를 조성하는 데 사용되는 일단(一團)의 토지를 말한다. 다만, 다음 각 목의 시설로 분리된 토지는 각각 별개의 주택단지로 본다.
>   가. 철도·고속도로·자동차전용도로
>   나. 폭 ( ㉠ )m 이상인 일반도로
>   다. 폭 ( ㉡ )m 이상인 도시계획예정도로
>   라. 가목부터 다목까지의 시설에 준하는 것으로서 대통령령으로 정하는 시설

**04** 주택법 시행령 제8조(공구의 구분기준)의 일부이다. (　　) 안에 들어갈 아라비아 숫자를 쓰시오.

> 법 제2조 제18호에서 "대통령령으로 정하는 기준"이란 다음 각 호의 요건을 모두 충족하는 것을 말한다.
> 1. 다음 각 목의 어느 하나에 해당하는 시설을 설치하거나 공간을 조성하여 ( ㉠ )m 이상의 너비로 공구 간 경계를 설정할 것
>    가. 「주택건설기준 등에 관한 규정」 제26조에 따른 주택단지 안의 도로
>    나. 주택단지 안의 지상에 설치되는 부설주차장
> 2. 공구별 세대수는 ( ㉡ )세대 이상으로 할 것

**05** 주택법 시행령 제9조(세대구분형 공동주택)의 일부이다. 다음 (　　)에 들어갈 아라비아 숫자를 쓰시오.

> 「공동주택관리법」 제35조에 따른 행위의 허가를 받거나 신고를 하고 설치하는 공동주택의 경우: 다음 각 목의 요건을 모두 충족할 것
> ⑴ 구분된 공간의 세대수는 기존 세대를 포함하여 ( ㉠ )세대 이하일 것
> ⑵ 세대별로 구분된 각각의 공간마다 별도의 욕실, 부엌과 구분 출입문을 설치할 것
> ⑶ 세대구분형 공동주택의 세대수가 해당 주택단지 안의 공동주택 전체 세대수의 ( ㉡ )분의 1과 해당 동의 전체 세대수의 ( ㉢ )분의 1을 각각 넘지 않을 것
>
> <생략>

**06** 「주택법령」상 (　　) 안에 공통으로 들어갈 용어를 쓰시오.

> • "주택단지"란 주택건설사업계획 또는 대지조성사업계획의 승인을 받아 주택과 그 (　　) 및 복리시설을 건설하거나 대지를 조성하는 데 사용되는 일단의 토지를 말한다.
> • 주택에 딸린 주차장, 관리사무소, 담장 및 주택단지 안의 도로는 (　　)에 해당한다.

**07** 주택법 시행령 제13조(수직증축형 리모델링의 허용 요건)이다. (     )에 들어갈 아라비아 숫자 및 용어를 쓰시오.

> ① 법 제2조 제25호 다목1)에서 "대통령령으로 정하는 범위"란 다음 각 호의 구분에 따른 범위를 말한다.
>   1. 수직으로 증축하는 행위(이하 "수직증축형 리모델링"이라 한다)의 대상이 되는 기존 건축물의 층수가 15층 이상인 경우: ( ㉠ )개 층
>   2. 수직증축형 리모델링의 대상이 되는 기존 건축물의 층수가 14층 이하인 경우: ( ㉡ )개 층
> ② 법 제2조 제25호 다목 2)에서 "리모델링 대상 건축물의 구조도 보유 등 대통령령으로 정하는 요건"이란 수직증축형 리모델링의 대상이 되는 기존 건축물의 신축 당시 ( ㉢ )를 보유하고 있는 것을 말한다.

**08** 시공권이 있는 등록사업자가 시공할 수 있는 주택의 규모에 관한 「주택법 시행령」 제17조의 일부 규정이다. (     ) 안에 들어갈 아라비아 숫자를 순서대로 각각 쓰시오.

> 건설사업자로 간주되는 등록사업자가 건설할 수 있는 주택은 주택으로 쓰는 층수가 5개 층 이하[각 층 거실의 바닥면적 ( ㉠ )m² 이내마다 1개소 이상의 직통계단을 설치한 경우에는 주택으로 쓰는 층수가 6개 층인 주택]의 주택으로 한다. 다만, 주택으로 쓰는 층수가 6개 층 이상인 아파트를 건설한 실적이 있거나 최근 ( ㉡ )년간 ( ㉢ )세대 이상의 공동주택을 건설한 실적이 있는 등록사업자는 6개 층 이상의 주택을 건설할 수 있다.

**09** 주택법령상 주택조합에 관한 설명이다. (     ) 안에 공통으로 들어갈 아라비아 숫자를 쓰시오.

> 1. 지역주택조합 또는 직장주택조합의 설립인가를 받기 위하여 조합원을 모집하려는 자는 해당 주택건설대지의 (     )퍼센트 이상에 해당하는 토지의 사용권원을 확보하여 관할 시장·군수·구청장에게 신고하고, 공개모집의 방법으로 조합원을 모집하여야 한다.
> 2. 지역주택조합 또는 직장주택조합의 주택건설 예정세대수의 (     )퍼센트 이상의 조합원으로 구성하되, 조합원은 20명 이상이어야 한다.

**10** 주택법 시행령 제24조의2(주택조합 업무대행자의 요건)이다. (      )에 들어갈 아라비아 숫자를 쓰시오.

> 법 제11조의2 제1항 각 호 외의 부분에서 "대통령령으로 정하는 자본금을 보유한 자"란 다음 각 호의 어느 하나에 해당하는 자를 말한다.
> 1. 법인인 경우 : ( ㉠ )억원 이상의 자본금을 보유한 자
> 2. 개인인 경우 : ( ㉡ )억원 이상의 자산평가액을 보유한 사람

**11** 주택법 시행령 제27조(사업계획승인) 규정의 일부이다 (      )에 들어갈 아라비아 숫자를 쓰시오.

> ( ㉠ )호 및 ( ㉠ )세대 이상의 주택건설사업을 시행하려는 자 또는 ( ㉡ )만㎡ 이상의 대지조성사업을 시행하려는 자는 사업계획승인을 받아야 한다.

**12** 다음은 주택법령상 국·공유지 등의 우선 매각 및 임대에 관한 설명이다. (      ) 안에 들어갈 숫자를 쓰시오.

> 국가 또는 지방자치단체는 그가 소유하는 토지를 매각하거나 임대할 때 국민주택규모의 주택을 (      )퍼센트 이상으로 건설하는 주택의 건설을 목적으로 그 토지의 매수 또는 임차를 원하는 자가 있으면 그에게 우선적으로 그 토지를 매각하거나 임대할 수 있다.

**13** 주택법 제22조(매도청구 등) 제1항에 관한 규정의 일부이다. (      )에 들어갈 아라비아 숫자를 쓰시오.

> ① <생략>
> 1. 주택건설대지면적의 ( ㉠ )퍼센트 이상의 사용권원을 확보한 경우 : 사용권원을 확보하지 못한 대지의 모든 소유자에게 매도청구 가능
> 2. 제1호 외의 경우 : 사용권원을 확보하지 못한 대지의 소유자 중 지구단위계획구역결정고시일 ( ㉡ )년 이전에 해당 대지의 소유권을 취득하여 계속 보유하고 있는 자(대지의 소유기간을 산정할 때 대지소유자가 직계존속·직계비속 및 배우자로부터 상속받아 소유권을 취득한 경우에는 피상속인의 소유기간을 합산한다)를 제외한 소유자에게 매도청구 가능

**14** 주택법 제22조(매도청구 등)의 일부이다. (    )에 들어갈 용어 및 아라비아 숫자를 쓰시오.

> ① 제21조 제1항 제1호에 따라 사업계획승인을 받은 사업주체는 다음 각 호에 따라 해당 주택건설대지 중 사용할 수 있는 권원을 확보하지 못한 대지(건축물을 포함한다)의 소유자에게 그 대지를 ( ㉠ )로 매도할 것을 청구할 수 있다. 이 경우 매도청구 대상이 되는 대지의 소유자와 매도청구를 하기 전에 ( ㉡ )개월 이상 협의를 하여야 한다.
> 1. 주택건설대지면적의 95퍼센트 이상의 사용권원을 확보한 경우: 사용권원을 확보하지 못한 대지의 모든 소유자에게 매도청구 가능
> 2. 제1호 외의 경우: 사용권원을 확보하지 못한 대지의 소유자 중 지구단위계획구역 결정 고시일 ( ㉢ )년 이전에 해당 대지의 소유권을 취득하여 계속 보유하고 있는 자(대지의 소유기간을 산정할 때 대지소유자가 직계존속·직계비속 및 배우자로부터 상속받아 소유권을 취득한 경우에는 피상속인의 소유기간을 합산한다)를 제외한 소유자에게 매도청구 가능

**15** 주택법 제23조(소유자를 확인하기 곤란한 대지 등에 대한 처분)에 관한 규정이다. (    ) 안에 들어갈 아라비아 숫자와 용어를 쓰시오.

> ① 제21조 제1항 제1호에 따라 사업계획승인을 받은 사업주체는 해당 주택건설대지 중 사용할 수 있는 권원을 확보하지 못한 대지의 소유자가 있는 곳을 확인하기가 현저히 곤란한 경우에는 전국적으로 배포되는 둘 이상의 일간신문에 두 차례 이상 공고하고, 공고한 날부터 ( ㉠ )일 이상이 지났을 때에는 제22조에 따른 매도청구 대상의 대지로 본다.
> ② 사업주체는 제1항에 따른 매도청구 대상 대지의 감정평가액에 해당하는 금액을 ( ㉡ )에 공탁하고 주택건설사업을 시행할 수 있다.

**16** 주택법 제26조(주택조합의 회계감사)의 일부이다. (        ) 안에 들어갈 아라비아 숫자를 쓰시오.

① 법 제14조의3 제1항에 따라 주택조합은 다음 각 호의 어느 하나에 해당하는 날부터 ( ㉠ )일 이내에 「주식회사 등의 외부감사에 관한 법률」 제2조 제7호에 따른 감사인의 회계감사를 받아야 한다.
1. 법 제11조에 따른 주택조합 설립인가를 받은 날부터 ( ㉡ )개월이 지난 날
2. 법 제15조에 따른 사업계획승인(제27조 제1항 제2호에 따른 사업계획승인 대상이 아닌 리모델링인 경우에는 법 제66조 제2항에 따른 허가를 말한다)을 받은 날부터 ( ㉢ )개월이 지난 날
3. 법 제49조에 따른 사용검사 또는 임시사용승인을 신청한 날

**17** 주택법 제31조(환지 방식에 의한 도시개발사업으로 조성된 대지의 활용)의 일부이다. (        )에 들어갈 아라비아 숫자 및 용어를 쓰시오.

① 사업주체가 국민주택용지로 사용하기 위하여 환지방식에 의하여 사업을 시행하는 도시개발사업시행자가 체비지의 매각을 요구한 경우 그 도시개발사업시행자는 대통령령으로 정하는 바에 따라 체비지의 총면적의 ( ㉠ )퍼센트의 범위에서 이를 우선적으로 사업주체에게 매각할 수 있다.
<생략>
③ 제1항에 따른 체비지의 양도가격은 국토교통부령으로 정하는 바에 따라 「감정평가 및 감정평가사에 관한 법률」에 따른 감정평가법인등이 감정평가한 감정가격을 기준으로 한다. 다만, 임대주택을 건설하는 경우 등 국토교통부령으로 정하는 경우에는 국토교통부령으로 정하는 ( ㉡ )를 기준으로 할 수 있다.

**18** 주택법 제62조(사용검사 후 매도청구 등)에 관한 규정이다. (        )에 들어갈 용어와 아라비아 숫자를 쓰시오.

1. 주택(복리시설을 포함한다)의 소유자들은 주택단지 전체 대지에 속하는 일부의 토지에 대한 소유권이전등기 말소소송 등에 따라 사용검사를 받은 이후에 해당 토지의 소유권을 회복한 자(이하 "실소유자"라 한다)에게 해당 토지를 ( ㉠ )로 매도할 것을 청구할 수 있다.
2. 매도청구의 의사표시는 실소유자가 해당 토지 소유권을 회복한 날부터 ( ㉡ )년 이내에 해당 실소유자에게 송달되어야 한다.

**19** 주택법 제41조(바닥충격음 성능등급 인정 등) 및 주택건설기준 등에 관한 규정 제
60조의8(건축물 높이의 최고한도의 완화 적용 대상인 바닥구조의 두께)의 **일부 규
정으로 (　　)에 들어갈 아라비아 숫자를 쓰시오.**

> • 사업주체가 대통령령으로 정하는 두께 이상으로 바닥구조를 시공하는 경우
> 사업계획승인권자는 「국토의 계획 및 이용에 관한 법률」 제50조 및 제52조
> 제1항 제4호에 따라 지구단위계획으로 정한 건축물 높이의 최고한도의 100
> 분의 ( ㉠ )를 초과하지 아니하는 범위에서 조례로 정하는 기준에 따라 건축
> 물 높이의 최고한도를 완화하여 적용할 수 있다.
> • 위에서 "대통령령으로 정하는 두께"란 콘크리트 슬래브 두께 ( ㉡ )mm를
> 말한다.

**20** 주택법령상 법 제39조(공동주택성능등급)에 관한 규정이다. (　　)에 들어갈 내용
을 차례대로 쓰시오. (단, 숫자는 아라비아 숫자로 쓰시오)

> 사업주체가 ( ㉠ )세대 이상의 공동주택을 공급할 때에는 주택의 성능 및 품질을
> 입주자가 알 수 있도록 「녹색건축물 조성 지원법」에 따라 다음 각 호의 공동
> 주택성능에 대한 등급을 발급받아 국토교통부령으로 정하는 방법으로 ( ㉡ )
> 에 표시하여야 한다.
> 1. 경량충격음·중량충격음·화장실소음·경계소음 등 소음 관련 등급
> 2. 리모델링 등에 대비한 가변성 및 수리 용이성 등 구조 관련 등급
> 3. 조경·일조확보율·실내공기질·에너지절약 등 환경 관련 등급
> 4. 커뮤니티시설, 사회적 약자 배려, 홈네트워크, 방범안전 등 생활환경 관련
> 등급
> 5. 화재·소방·피난안전 등 화재·소방 관련 등급

**21** 주택건설기준 등에 관한 규정 제9조(소음방지대책의 수립) 제1항 규정의 일부이다.
(　　)에 공통적으로 들어갈 아라비아 숫자를 쓰시오.

> 사업주체는 공동주택을 건설하는 지점의 소음도가 (　　)데시벨 미만이 되도
> 록 하되, (　　)데시벨 이상인 경우에는 방음벽·방음림 등의 방음시설을 설치
> 하여 해당 공동주택의 건설지점의 소음도가 (　　)데시벨 미만이 되도록 소음
> 방지대책을 수립하여야 한다.

**22** 주택법 시행령 제46조의 일부이다. (　　)에 들어갈 아라비아 숫자를 쓰시오.

> 국토교통부장관은 적정한 주택수급을 위하여 필요하다고 인정하는 경우에는 사업 주체가 건설하는 주택의 (　㉠　)%[주택조합이나 고용자가 건설하는 주택은 (　㉡　)%] 이하의 범위에서 일정 비율 이상을 국민주택규모로 건설하게 할 수 있다.

**23** 주택법 시행령 제61조(분양가상한제적용지역의 지정)의 규정의 일부이다. (　　) 안에 들어갈 아라비아 숫자를 각각 쓰시오.

> 1. 분양가상한제 적용지역으로 지정하는 날이 속하는 달의 바로 전달(이하 "분양가상한제 적용직전월"이라 한다)부터 소급하여 (　㉠　)개월 간의 아파트 분양가격상승률이 물가상승률(해당 지역이 포함된 시·도 소비자 물가상승률을 말한다)의 (　㉡　)배를 초과한 지역
> <생략>
> 2. 분양가상한제 적용직전월부터 소급하여 3개월간의 주택매매거래량이 전년 동기 대비 (　㉢　)% 이상 증가한 지역

**24** 주택법 시행령 제72조의3(조정대상지역의 지정기준) 제1항 제2호 규정의 일부이다. (　　)에 들어갈 아라비아 숫자를 쓰시오.

> 2. 위축지역 직전월부터 소급하여 (　㉠　)개월간의 평균 주택가격상승률이 마이너스 1.0퍼센트 이하인 지역으로서 다음의 어느 하나에 해당하는 지역을 말한다.
> 　가. 직전월부터 소급하여 3개월 연속 주택매매거래량이 전년 동기 대비 (　㉡　) 퍼센트 이상 감소한 지역
> 　나. <생략>
> 　다. <생략>

**25** 전매행위 제한기간에 관한 주택법 시행령 제73조 제1항 관련 [별표3]의 일부 내용이다. ( ) 안에 들어갈 숫자를 각각 쓰시오.

> 투기과열지구에서 건설·공급된 주택의 전매행위 제한기간은 수도권은 ( ㉠ )년, 수도권 외의 지역은 ( ㉡ )년으로 한다.

**26** 주택법 제76조(공동주택 리모델링에 따른 특례)의 일부이다. ( ) 안에 들어갈 용어를 쓰시오.

> 공동주택의 소유자가 리모델링에 의하여 전유부분의 면적이 늘거나 줄어드는 경우에는 「집합건물의 소유 및 관리에 관한 법률」 제12조 및 제20조 제1항에도 불구하고 ( ㉠ )은 변하지 아니하는 것으로 본다. 다만, 세대수 증가를 수반하는 리모델링의 경우에는 ( ㉡ )에 따른다.

**27** 주택법 시행령 [별표4](공동주택 리모델링의 허가기준)의 일부이다. ( )에 들어갈 알맞은 아라비아 숫자를 쓰시오.

> 나. 리모델링주택조합의 경우 다음의 사항이 적혀 있는 결의서에 주택단지 전체를 리모델링하는 경우에는 주택단지 전체 구분소유자 및 의결권의 각 ( ㉠ ) 퍼센트 이상의 동의와 각 동별 구분소유자 및 의결권의 각 ( ㉡ )퍼센트 이상의 동의를 받아야 하며, 동을 리모델링하는 경우에는 그 동의 구분소유자 및 의결권의 각 ( ㉢ )퍼센트 이상의 동의를 받아야 한다.
> 1) 리모델링 설계의 개요
> 2) 공사비
> 3) 조합원의 비용분담 명세

**28** 공동주택 리모델링에 따른 특례에 관한 규정이다. ( ) 안에 들어갈 용어를 쓰시오.

> 공동주택의 소유자가 리모델링에 의하여 전유부분의 면적이 늘거나 줄어드는 경우에는 「집합건물의 소유 및 관리에 관한 법률」 제12조 및 제20조 제1항에도 불구하고 ( )은(는) 변하지 아니하는 것으로 본다.

**29** 주택법 시행령 제81조(토지임대료 결정 등) 제3항에 관한 규정이다. (　　)에 들어갈 아라비아 숫자를 쓰시오.

> 토지소유자는 토지임대주택을 분양받은 자와 토지임대료에 관한 약정을 체결한 후 (　　)년이 지나기 전에는 토지임대료의 증액을 청구할 수 없다.

**30** 주택법 시행령 제84조(등록사업자의 주택상환사채 발행)이다. (　　) 안에 들어갈 아라비아 숫자를 쓰시오.

> ① 법 제80조 제1항 후단에서 "대통령령으로 정하는 기준"이란 다음 각 호의 기준 모두를 말한다.
>   1. 법인으로서 자본금이 ( ㉠ )억원 이상일 것
>   2. 「건설산업기본법」 제9조에 따라 건설업 등록을 한 자일 것
>   3. 최근 3년간 연평균 주택건설 실적이 ( ㉡ )호 이상일 것
> ② 등록사업자가 발행할 수 있는 주택상환사채의 규모는 최근 ( ㉢ )년간의 연평균 주택건설 호수 이내로 한다.

**31** 주택상환사채의 상환에 관한 주택법 시행령 제86조의 일부 규정이다. (　　) 안에 들어갈 아라비아 숫자와 용어를 순서대로 각각 쓰시오.

> 주택상환사채의 상환기간은 ( ㉠ )년을 초과할 수 없다. 이 경우 상환기간은 주택상환사채 발행일부터 주택의 ( ㉡ )까지의 기간으로 한다.

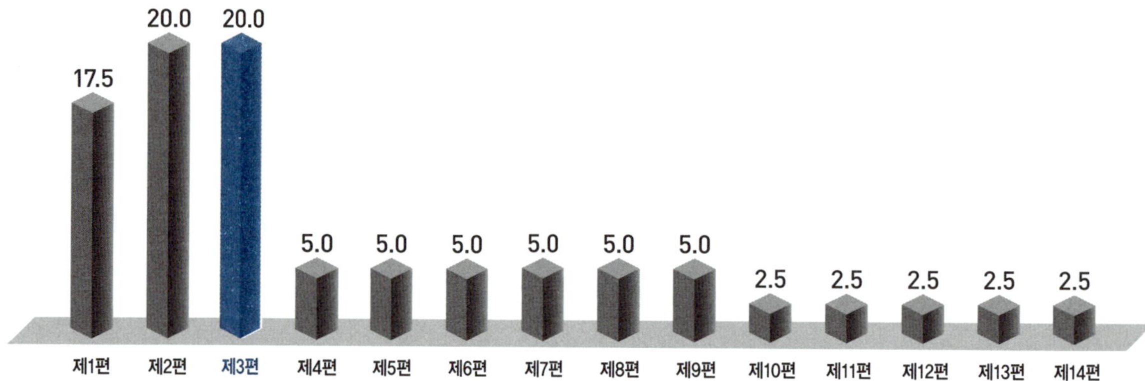


## 최근 5개년간 기출문제 분석

공동주택관리법은 8문제가 출제되고 있는데, 이 중 3문제는 주관식으로 출제되고 있다. 용어, 관리방법, 입주자대표회의, 장기수선계획 등, 하자담보책임, 관리주체 등 공동주택관리법은 주택관리실무와 중복되는 법이기 때문에 문항 수에 관계없이 전부 시험에 출제되는 부분이므로 빠짐없는 학습이 요구된다.

# 공동주택관리법

# 용어정의 · 관리방법

**연계학습** 기본서 p.210~221

**단 · 원 · 열 · 기**

공동주택관리법은 총 8문제가 출제되고 3문제가 주관식이다. 이 단원은 용어정의, 관리방법으로 구분하여 학습하되, 특히 용어정리는 주관식으로 자주 출제된다.

---

**01** 공동주택관리법상 용어의 정의로서 옳은 것은?

① "입주자"란 공동주택의 소유자 또는 그 소유자를 대리하는 배우자 및 직계가족(직계비속은 제외한다)을 말한다.

② "혼합주택단지"란 분양을 목적으로 한 공동주택과 단독주택(임대주택은 제외한다)이 함께 있는 공동주택단지를 말한다.

③ "주택관리사 등"이란 주택관리사와 주택관리법인을 말한다.

④ "사용자"란 공동주택을 임차하여 사용하는 사람(임대주택의 임차인은 제외한다) 등을 말한다.

⑤ "임대주택"이란 「민간임대주택에 관한 특별법」에 따른 민간임대주택을 말하며, 「공공주택 특별법」에 따른 공공임대주택은 이에 포함되지 않는다.

---

**02** 공동주택관리법령상 관리주체에 해당하지 않는 것은?

① 입주자대표회의

② 관리업무를 인계하기 전의 사업주체

③ 주택관리업자

④ 자치관리기구의 대표자인 공동주택의 관리사무소장

⑤ 임대사업자 또는 「민간임대주택에 관한 특별법」에 따른 주택 임대관리업자(시설물 유지 · 보수 · 개량 및 그 밖의 주택관리업무를 수행하는 경우에 한정한다)

---

**03** 공동주택관리법령상 공동주택의 관리방법에 관한 설명으로 옳은 것은?

① 의무관리대상 공동주택은 입주자 등이 자치관리할 수 없다.

② 의무관리대상 공동주택의 관리방법은 전체 입주자 등의 5분의 1 이상이 서면으로 제안하고 전체 입주자 등의 3분의 1 이상이 찬성하는 방법으로 결정할 수 있다.

③ 입주자대표회의는 해당 공동주택의 관리에 필요하다고 인정하는 경우 공동주택을 300세대 이상의 단위로 나누어 관리하게 할 수 있다.

④ 의무관리대상 공동주택 전환 신고를 하려는 자는 입주자 등의 동의를 받은 날부터 15일 이내에 관할 시·도지사에게 신고하여야 한다.

⑤ 입주자 등은 의무관리대상 공동주택을 자치관리하거나 주택관리업자에게 위탁하여 관리하여야 한다.

**04** 공동주택관리법령상 공동주택의 관리방법에 관한 내용으로 틀린 것은?

① 의무관리대상 전환 공동주택의 입주자 등은 관리규약의 제정 신고가 수리된 날부터 3개월 이내에 입주자대표회의를 구성하여야 한다.

② 전체 입주자 등의 10분의 1 이상이 서면으로 제안하고 전체 입주자 등의 과반수가 찬성하면 의무관리대상 공동주택 관리방법을 변경할 수 있다.

③ 입주자대표회의는 국토교통부령으로 정하는 바에 따라 500세대 이상의 단위로 나누어 관리하게 할 수 있다.

④ 의무관리대상 공동주택을 입주자 등이 자치관리할 것을 정한 경우 자치관리기구의 대표자는 입주자대표회의의 회장이 겸임한다.

⑤ 관리사무소장은 자치관리기구가 갖추어야 하는 기술인력을 겸직할 수 없다.

**05** 공동주택관리법령상 공동주택관리기구에 관한 설명으로 틀린 것은?

① 입주자인 자치관리기구의 직원은 입주자대표회의의 구성원을 겸할 수 있다.

② 자치관리기구는 입주자대표회의의 감독을 받는다.

③ 공동관리하거나 구분관리하는 경우에는 공동관리 또는 구분관리 단위별로 공동주택관리기구를 설치하여야 한다.

④ 입주자대표회의는 자치관리기구의 관리사무소장을 그 구성원 과반수의 찬성으로 선임한다.

⑤ 자치관리기구는 각 1대 이상의 망원경, 카메라 등 건축물 안전점검의 보유 장비를 갖추어야 한다.

**06** 공동주택관리법령상 자치관리에 관한 설명으로 틀린 것은?

① 주택관리업자에게 위탁관리하다가 자치관리로 관리방법을 변경하는 경우 입주자대표회의는 그 위탁관리의 종료일로부터 6개월 이내에 자치관리기구를 구성하여야 한다.

② 자치관리기구는 입주자대표회의의 감독을 받는다.

③ 입주자대표회의는 선임된 관리사무소장이 해임되거나 그 밖의 사유로 결원이 되었을 때에는 그 사유가 발생한 날부터 30일 이내에 새로운 관리사무소장을 선임하여야 한다.

④ 입주자대표회의 구성원은 자치관리기구의 직원을 겸할 수 없다.

⑤ 기술인력 상호간에는 겸직할 수 없는 것이 원칙이나 예외적으로 입주자대표회의가 구성원의 과반수 찬성으로 의결하는 방법으로 겸직을 허용하는 경우도 있다.

**07** 공동주택관리법령상 의무관리대상 공동주택의 관리방법에 관한 설명으로 틀린 것은?

① 사업주체는 입주자대표회의의 회장으로부터 주택관리업자의 선정을 통지받은 경우에 통지받은 날부터 1개월 이내에 해당 공동주택의 관리주체에게 공동주택의 관리업무를 인계하여야 한다.

② 입주자 등이 공동주택의 관리 요구를 받았을 때에는 그 요구를 받은 날부터 3개월 이내에 입주자를 구성원으로 하는 입주자대표회의를 구성하여야 한다.

③ 공동주택 관리방법의 결정 또는 변경은 입주자대표회의의 의결로 제안하고 전체 입주자 등의 과반수가 찬성하여 결정 또는 변경하거나 전체 입주자 등의 10분의 1 이상이 서면으로 제안하고 전체 입주자 등의 과반수가 찬성하여 결정 또는 변경한다.

④ 사업주체는 공동주택 관리방법의 결정 또는 변경결정에 관한 신고를 하려는 경우에는 그 결정일 또는 변경결정일부터 15일 이내에 신고서를 시장·군수·구청장에게 제출하여야 한다.

⑤ 의무관리대상 전환 공동주택의 입주자 등은 관리규약의 제정 신고가 수리된 날부터 3개월 이내에 입주자대표회의를 구성하여야 하며, 입주자대표회의의 구성 신고가 수리된 날부터 3개월 이내에 공동주택의 관리방법을 결정하여야 한다.

**08**  공동주택관리법령상 의무관리대상 공동주택의 관리방법에 관한 설명으로 틀린 것은?

① 입주자대표회의의 회장은 공동주택 관리방법의 결정에 관한 신고를 하려는 경우에는 그 결정일부터 30일 이내에 신고서를 시장·군수·구청장에게 제출해야 한다.

② 자치관리기구 관리사무소장은 입주자대표회의가 입주자대표회의 구성원 과반수의 찬성으로 선임한다.

③ 관리사무소장은 자치관리기구가 갖추어야 하는 기술인력을 겸직할 수 있다.

④ 혼합주택단지의 관리에 관한 사항 중 장기수선계획의 조정은 입주자대표회의와 임대사업자가 공동으로 결정하여야 한다.

⑤ 공동주택을 건설한 사업주체는 입주예정자의 과반수가 입주할 때까지 공동주택을 관리하여야 한다.

**09**  공동주택관리법령상 의무관리대상 공동주택의 관리방법에 관한 설명으로 옳은 것은?

① 승강기가 설치된 300세대 이상의 공동주택이 의무관리대상 공동주택이다.

② 자치관리기구 관리사무소장은 입주자대표회의가 입주자대표회의 구성원 3분의 2 이상의 찬성으로 선임한다.

③ 입주자대표회의 또는 관리주체는 공동주택을 공동관리하거나 구분관리하는 경우에는 공동관리 또는 구분관리 단위별로 공동주택관리기구를 구성하여야 한다.

④ 의무관리대상 공동주택을 건설한 사업주체가 그 공동주택에 대하여 관리하여야 하는 기간은 입주예정자의 3분의 1이 입주할 때까지이다.

⑤ 주택관리업자에게 위탁관리하다가 자치관리로 관리방법을 변경하는 경우 입주자대표회의는 그 위탁관리의 종료일의 다음 날부터 6개월 이내에 대통령령으로 정하는 기술인력 및 장비를 갖춘 자치관리기구를 구성하여야 한다.

**10** 공동주택관리법령상 의무관리대상 공동주택의 관리주체에 관한 내용으로 옳은 것은?

① 의무관리대상 공동주택의 관리주체는 다음 회계연도에 관한 관리비 등의 사업계획 및 예산안을 매 회계연도 개시 2개월 전까지 입주자대표회의에 제출하여 승인을 받아야 한다.

② 입주자 등은 기존 사업자의 서비스가 만족스럽지 못한 경우에는 전체 입주자 등의 과반수의 서면동의로 새로운 사업자의 선정을 위한 입찰에서 기존 사업자의 참가를 제한하도록 입주자대표회의에 요구할 수 있다.

③ 의무관리대상 공동주택의 관리주체 또는 입주자대표회의는 선정한 주택관리업자 또는 공사, 용역 등을 수행하는 사업자와 계약을 체결하는 경우 계약체결일부터 1개월 이내에 그 계약서를 공동주택관리정보시스템에 공개하여야 한다.

④ 입주자대표회의는 관리규약의 준칙을 참조하여 관리규약을 정한다.

⑤ 의무관리대상 공동주택의 관리주체는 회계연도마다 사업실적서 및 결산서를 작성하여 회계연도 종료 후 1개월 이내에 입주자대표회의에 제출하여야 한다.

**11** 공동주택관리법령상 의무관리대상 전환 공동주택의 관리에 관한 설명으로 옳은 것은?

① 의무관리대상 전환 공동주택의 관리인은 입주자 등의 동의를 받은 날로부터 30일 이내에 관할 시·도지사에게 신고서를 제출해야 한다.

② 의무관리대상 공동주택에는 해당하지 않는 공동주택 중 전체 입주자 등의 과반수가 서면으로 동의하여 정하는 공동주택도 포함이 된다.

③ 의무관리대상 전환 공동주택의 입주자 등은 관리규약의 제정 신고가 수리된 날부터 6개월 이내에 입주자대표회의를 구성하여야 한다.

④ 입주자대표회의의 구성 신고가 수리된 날부터 3개월 이내에 공동주택의 관리방법을 결정하여야 한다.

⑤ 의무관리대상 전환 공동주택의 입주자 등이 공동주택을 위탁관리할 것을 결정한 경우 입주자대표회의는 관리규약의 제정 신고가 수리된 날부터 6개월 이내에 주택관리업자를 선정하여야 한다.

**12** 공동주택관리법령상 의무관리대상 공동주택의 입주자 등이 공동주택을 위탁관리할 것을 정한 경우 입주자대표회의가 주택관리업자를 선정하는 기준 및 방식에 관한 설명으로 옳은 것을 모두 고른 것은?

> ㉠ 입주자대표회의는 입주자대표회의의 감사가 입찰과정 참관을 원하는 경우에는 참관할 수 있도록 하여야 한다.
> ㉡ 입주자 등은 기존 주택관리사업자의 관리 서비스가 만족스럽지 못한 경우에는 대통령령으로 정하는 바에 따라 새로운 주택관리업자 선정을 위한 입찰에서 기존 주택관리업자의 참가를 제한하도록 입주자대표회의에 요구할 수 있다.
> ㉢ 입주자 등이 새로운 주택관리업자 선정을 위한 입찰에서 기존 주택관리업자의 참가를 제한하도록 입주자대표회의에 요구하려면 전체 입주자 등 3분의 2 이상의 서면동의가 있어야 한다.

① ㉠　　　　　　② ㉢　　　　　　③ ㉠, ㉡

④ ㉡, ㉢　　　　⑤ ㉠, ㉡, ㉢

**13** 공동주택관리법령상 의무관리 공동주택의 관리에 설명으로 틀린 것은?

① 의무관리대상 공동주택의 입주자 등이 공동주택을 자치관리할 것을 정한 경우에는 입주자대표회의는 사업주체의 관리 요구가 있은 날부터 6개월 이내에 공동주택의 관리사무소장을 자치관리기구의 대표자로 선임하고, 자치관리기구를 구성하여야 한다.

② 기존 관리의 종료일까지 인계·인수가 이루어지지 아니한 경우 기존 관리주체는 기존 관리의 종료일부터 1개월 이내에 새로운 관리주체에게 공동주택의 관리업무를 인계하여야 한다.

③ 공동주택관리방법 결정은 입주자대표회의 의결 또는 전체입주자 등의 10분의 1 이상이 서면으로 제안하고, 전체입주자 등의 과반수가 찬성하는 방법에 따른다.

④ 입주자대표회의 구성원 3분의 1 이상이 청구하는 때 또는 입주자 등의 10분의 1 이상이 요청하는 때에는 입주자대표회의의 회장은 해당일로부터 14일 이내에 입주자대표회의를 소집하여야 한다.

⑤ 입주자대표회의는 공동주택을 공동관리하거나 구분관리할 것을 결정한 경우에는 30일 이내 그 내용을 시장·군수·구청장에게 통보하여야 한다.

**14** 공동주택관리법령상 위탁관리에 관한 설명으로 틀린 것은?

① 의무관리대상 공동주택의 입주자 등이 공동주택을 위탁관리할 것을 정한 경우에는 입주자대표회의는 전자입찰방식에 따라 주택관리업자를 선정하여야 한다.

② ①의 경우 선정방법 등이 전자입찰방식을 적용하기 곤란한 경우로서 국토교통부장관이 정하여 고시하는 경우에는 전자입찰방식으로 선정하지 아니할 수 있다.

③ 국토교통부장관이 정하여 고시하는 경우 외에는 입주자대표회의 과반수의 찬성으로 경쟁입찰의 방법으로 주택관리업자를 선정하여야 한다.

④ 입주자대표회의의 감사가 입찰과정 참관을 원하는 경우에는 참관할 수 있도록 하여야 한다.

⑤ 계약기간은 장기수선계획의 조정 주기를 고려하여 정하여야 한다.


**15** 공동주택관리법령상 의무관리대상인 공동주택의 관리에 관한 설명으로 틀린 것은?

① 새로운 관리주체는 기존 관리의 종료일까지 공동주택관리기구를 구성하여야 하며, 기존 관리주체는 해당 관리의 종료일까지 공동주택의 관리업무를 인계하여야 한다.

② 관리주체는 입주자 등을 대상으로 층간소음의 예방, 분쟁의 조정 등을 위한 교육을 연 1회 이상 실시해야 한다.

③ 관리주체의 조치에도 불구하고 층간소음 발생이 계속될 경우에는 층간소음 피해를 입은 입주자 등은 공동주택관리 분쟁조정위원회나 「환경분쟁 조정법」 제4조에 따른 환경분쟁조정위원회에 조정을 신청할 수 있다.

④ 관리주체는 회계감사를 받은 경우에는 감사보고서 등 회계감사의 결과를 제출받은 날부터 1개월 이내에 입주자대표회의에 보고하고 해당 공동주택단지의 인터넷 홈페이지 및 동별 게시판에 공개하여야 한다.

⑤ 입주자대표회의 또는 임대사업자는 혼합주택단지의 관리에 관한 공동결정사항에 관한 결정이 이뤄지지 않는 경우에는 공동주택관리 분쟁조정위원회에 분쟁의 조정을 신청할 수 있다.

**16** 공동주택관리법령상 혼합주택단지의 관리에 관하여 공동으로 결정하여야 하는 사항에 해당하는 경우가 아닌 것은?

① 관리방법의 결정 및 변경
② 주택관리업자의 선정
③ 장기수선계획의 조정
④ 장기수선충당금 및 특별수선충당금을 사용하는 주요시설의 교체 및 보수에 관한 사항
⑤ 관리규약으로 정한 사항의 집행

**17** 공동주택관리법령상 혼합주택단지의 관리에 관한 설명으로 틀린 것은?

① 민간임대주택 관리규약의 제정 및 개정에 관한 사항은 임차인대표회의가 구성된 혼합주택단지에서는 임대사업자는 「민간임대주택에 관한 특별법」의 임차인대표회의와 사전에 협의하여야 한다.
② 입주자대표회의와 임대사업자는 혼합주택단지의 관리에 관한 사항을 공동으로 결정하여야 한다.
③ 혼합주택단지의 입주자대표회의와 임대사업자가 혼합주택단지의 관리방법의 결정 및 변경은 공동으로 결정하여야 한다.
④ 입주자대표회의 또는 임대사업자는 혼합주택단지의 관리에 관한 공동결정사항에 관한 결정이 이뤄지지 않는 경우에는 공동주택관리 분쟁조정위원회에 분쟁의 조정을 신청할 수 있다.
⑤ 장기수선충당금을 사용하는 주요시설의 교체 및 보수에 관한 사항에 대해 입주자대표회의와 임대사업자 간의 합의가 이뤄지지 않는 경우 해당 혼합주택단지 공급면적의 2분의 1을 초과하는 면적을 관리하는 입주자대표회의 또는 임대사업자가 결정한다.

**18** 공동주택관리법령상 주택의 전문관리 등에 관한 설명으로 틀린 것은?

① 주택관리업을 하려는 자는 대통령령으로 정하는 바에 따라 시장·군수·구청장에게 등록하여야 한다.

② 주택관리업의 등록기준 중 "자본금"이란 법인인 경우에는 자산평가액을, 법인이 아닌 경우에는 주택관리업을 영위하기 위한 출자금을 말한다.

③ 등록은 주택관리사(임원 또는 사원의 3분의 1 이상이 주택관리사인 상사법인을 포함한다)가 신청할 수 있다.

④ 주택관리사 등은 관리사무소장의 업무를 집행하면서 고의 또는 과실로 입주자에게 재산상의 손해를 입힌 경우에는 그 손해를 배상할 책임이 있다.

⑤ 시장·군수·구청장은 주택관리업자가 과실로 공동주택을 잘못 관리하여 입주자 및 사용자에게 재산상의 손해를 입힌 경우에는 대통령령으로 정하는 바에 따라 영업정지를 갈음하여 2천만원 이하의 과징금을 부과할 수 있다.

> **단·원·열·기**

공동주택관리법은 총 8문제가 출제되고 3문제가 주관식이다. 이 단원은 입주자대표회의, 관리주체로 구분하고 주택관리사(보)자격과 관리사무소장으로서의 책임을 중심으로 학습한다.

---

**01** **공동주택관리법령상 입주자대표회의의 구성에 관한 설명으로 틀린 것은?**

상 중 하

① 하나의 공동주택단지를 여러 개의 공구로 구분하여 순차적으로 건설하는 경우, 먼저 입주하여 이미 입주자대표회의를 구성한 공구의 입주자들은 다음 공구의 입주예정자의 과반수가 입주한 때에는 다시 입주자대표회의를 구성하여야 한다.

② 입주자대표회의는 4명 이상으로 구성한다.

③ 동별 대표자 선출공고에서 정한 각종 서류 제출 마감일을 기준으로, 해당 동별 대표자에서 해임된 날부터 2년이 지나지 아니한 사람은 동별 대표자가 될 수 없으며 그 자격을 상실한다.

④ 동별 대표자는 선거구별로 1명씩 선출하되, 후보자가 1명인 경우 해당 선거구 전체 입주자 등의 과반수가 투표하고 투표자 과반수의 찬성으로 선출한다.

⑤ 최초의 입주자대표회의를 구성하기 위하여 동별 대표자를 선출하는 경우, 동별 대표자는 동별 대표자 선출공고에서 정한 각종 서류 제출 마감일을 기준으로 해당 공동주택단지 안에서 주민등록을 마친 후 계속하여 3개월 이상 거주하고 있어야 한다.

**02** 공동주택관리법령상 입주자대표회의의 구성에 관한 설명으로 틀린 것은?

① 선거구는 2개 동 이상으로 묶거나 통로나 층별로 구획하여 관리규약으로 정할 수 있다.

② 입주자대표회의는 3명 이상으로 구성하되, 동별 세대수에 비례하여 관리규약으로 정한 선거구에 따라 선출된 대표자로 구성한다.

③ 입주자대표회의의 구성원은 특별자치시장·특별자치도지사·시장·군수·자치구청장이 실시하는 입주자대표회의의 운영과 관련하여 필요한 교육 및 윤리교육을 성실히 이수하여야 한다.

④ 하나의 공동주택단지를 여러 개의 공구로 구분하여 순차적으로 건설하는 경우(임대주택은 분양전환된 경우를 말한다) 먼저 입주한 공구의 입주자 등은 입주자대표회의를 구성할 수 있으며, 다음 공구의 입주예정자의 과반수가 입주한 때에는 다시 입주자대표회의를 구성하여야 한다.

⑤ 동별 대표자 선출공고에서 정한 각종 서류 제출 마감일을 기준으로 공동주택관리법을 위반한 범죄로 금고 이상의 실형 선고를 받고 그 집행이 끝난 날(집행이 끝난 것으로 보는 경우를 포함한다)부터 2년이 지나지 아니한 사람은 동별 대표자가 될 수 없으며 그 자격을 상실한다.

**03** 공동주택관리법령상 입주자대표회의에 관한 설명으로 옳은 것은?

① 입주자대표회의에는 회장 1명, 감사 3명 이상, 이사 2명 이상의 임원을 두어야 한다.

② 서류제출마감일을 기준으로 「공동주택관리법」을 위반한 범죄로 금고 6월의 실형선고를 받고 그 집행이 끝난 날부터 12개월이 지난 사람은 동별 대표자로 선출될 수 있다.

③ 입주자대표회의는 그 회의를 개최한 때에는 회의록을 작성하여 입주자대표회의 회장에게 보관하게 하여야 한다.

④ 입주자대표회의 회장은 입주자 등의 10분의 1 이상이 요청하는 때에는 해당일부터 7일 이내에 입주자대표회의를 소집해야 한다.

⑤ 입주자대표회의의 회장 후보자가 2명 이상인 경우에는 전체 입주자 등의 10분의 1 이상이 투표하고 후보자 중 최다득표자를 선출한다.

**04** 공동주택관리법령상 입주자대표회의에 관한 설명으로 틀린 것은?

① 500세대 미만인 공동주택의 입주자대표회의 회장은 관리규약으로 정하는 경우에는 입주자대표회의 구성원 과반수의 찬성으로 선출하지만, 입주자대표회의 구성원 과반수의 찬성으로 선출할 수 없는 경우로서 최다득표자가 2인 이상인 경우에는 추첨으로 선출한다.

② 입주자대표회의는 공동주택 관리방법의 제안에 관하여 입주자대표회의 구성원 과반수의 찬성으로 의결한다.

③ 입주자대표회의에는 회장 1명, 감사 2명 이상, 이사 1명 이상의 임원을 두어야 한다.

④ 동별대표자는 관리규약으로 정한 해임사유가 발생하면 해당 선거구 전체 입주자 등의 과반수의 찬성으로 해임한다.

⑤ 공동주택을 임차하여 사용하는 사람의 동별 대표자 결격사유는 그를 대리하는 자에게 미친다.

**05** 공동주택관리법령상 입주자대표회의에 관한 내용으로 옳은 것은?

① 입주자 등의 5분의 1 이상이 요청하는 때 회장은 해당일부터 14일 이내에 입주자대표회의를 소집하여야 한다.

② 입주자대표회의 구성원 중 사용자인 동별 대표자가 과반수인 경우에는 입주자대표회의의 의결사항 중 공동주택 공용부분의 담보책임 종료 확인에 관한 사항과 장기수선계획의 수립 또는 조정에 관한 사항은 전체 입주자 과반수의 서면동의를 받아 그 동의 내용대로 의결한다.

③ 500세대 이상인 공동주택의 관리주체는 관리규약으로 정하는 범위·방법 및 절차 등에 따라 회의록을 입주자 등에게 공개하여야 하며, 500세대 미만인 공동주택의 관리주체는 관리규약으로 정하는 바에 따라 회의록을 공개할 수 있다.

④ 어린이집, 다함께돌봄센터, 공동육아나눔터 등 주민공동시설의 위탁운영을 제안할 수 있다.

⑤ 입주자대표회의는 장기수선계획 및 안전관리계획의 수립 또는 조정(비용지출을 수반하는 경우로 한정한다)을 의결한다.

**06** 공동주택관리법령상 입주자대표회의의 구성에 관한 설명으로 틀린 것은?

① 동별 대표자 선거관리위원회 위원을 사퇴한 사람으로서 동별 대표자 선출 공고에서 정한 서류제출 마감일을 기준으로 그 남은 임기 중에 있는 사람은 동별 대표자가 될 수 없다.

② 공동주택의 입주자대표회의 회장 및 감사는 입주자 등의 보통·평등·직접·비밀선거를 통하여 선출한다.

③ 관리규약에 동별 대표자가 임기 중에 관리비를 최근 2개월 이상 연속하여 체납한 경우에는 해임한다는 규정이 있는 경우 해당 선거구 전체 입주자 등의 과반수가 투표하고 투표자의 과반수 찬성으로 해임한다.

④ 동별 대표자의 임기는 2년으로 하며 한 번만 중임할 수 있다. 이 경우 보궐선거 또는 재선거로 선출된 동별 대표자의 임기가 6개월 미만인 경우에는 임기의 횟수에 포함하지 않는다.

⑤ 동별대표자 선거구는 2개 동 이상으로 묶거나, 통로나 층별로 구획하여 정할 수 있다.

**07** 공동주택관리법령상 입주자대표회의의 구성 등에 관한 설명으로 틀린 것을 모두 고른 항목은?

> ㉠ 입주자대표회의는 3명 이상으로 구성하되, 동별 세대수에 비례하여 관리규약으로 정한 선거구에 따라 선출된 대표자로 구성한다.
> ㉡ 동별 대표자의 입후보자가 1명인 경우에는 해당 선거구 전체 입주자 등의 10분의 1 이상 투표하고 투표자의 과반수 찬성으로 동별대표자를 선출한다.
> ㉢ 동별 대표자의 임기는 1년으로 하며, 한 번만 중임할 수 있다.
> ㉣ 사용자인 동별대표자도 입주자인 동별대표자 중에서 회장 후보자가 없는 경우로서 선출 전에 전체 사용자 과반수의 서면동의를 얻은 경우에는 입주자대표회의의 회장이 될 수 있다.

① ㉠, ㉢, ㉣  
② ㉡, ㉢  
③ ㉡, ㉢, ㉣  
④ ㉠, ㉡, ㉢  
⑤ ㉠, ㉡, ㉢, ㉣

**08** 공동주택관리법령상 입주자대표회의의 구성 및 운영에 관한 설명으로 틀린 것은?

① 입주자대표회의는 4명 이상으로 구성하되, 동별 세대수에 비례하여 관리규약으로 정한 선거구에 따라 선출된 대표자로 구성한다.

② 사용자는 입주자인 동별 대표자 후보자가 있는 선거구라도 해당 공동주택단지 안에서 주민등록을 마친 후 계속하여 3개월 이상 거주하고 있으면 동별 대표자로 선출될 수 있다.

③ 사용자인 동별 대표자는 입주자인 동별 대표자 중에서 회장 후보자가 없는 경우로서 선출 전에 전체 입주자 과반수의 서면동의를 얻은 경우에는 회장이 될 수 있다.

④ 공동체 생활의 활성화 및 질서유지에 관한 사항은 입주자대표회의 구성원 과반수의 찬성으로 의결한다.

⑤ 입주자대표회의는 주택관리업자가 공동주택을 관리하는 경우에는 주택관리업자의 직원인사·노무관리 등의 업무수행에 부당하게 간섭해서는 아니 된다.

**09** 공동주택관리법령상 입주자대표회의의 구성에 관한 내용으로 옳은 것은?

① 하나의 공동주택단지를 여러 개의 공구로 구분하여 순차적으로 건설하는 경우(임대주택은 분양전환된 경우를 말한다) 먼저 입주한 공구의 입주자 등은 입주자대표회의를 구성할 수 없다.

② 동별 대표자는 선출공고에서 정한 각종 서류 제출 마감일을 기준으로 해당 공동주택단지 안에서 주민등록을 마친 후 계속하여 6개월 이상 거주하고 있는 입주자 중선거구 입주자 등의 보통·평등·직접·비밀선거를 통하여 선출한다.

③ 공동주택 소유자 또는 공동주택을 임차하여 사용하는 사람의 동별 대표자의 결격사유는 그를 대리하는 자에게 미치지 않는다.

④ 사용자인 동별 대표자는 이사는 될 수 있으나 회장이 될 수 없다.

⑤ 동별 대표자는 한 번만 중임할 수 있다. 이 경우 보궐선거 또는 재선거로 선출된 동별 대표자의 임기가 6개월 미만인 경우에는 임기의 횟수에 포함하지 않는다.

**10** 공동주택관리법령상 입주자대표회의의 구성 및 운영에 관한 설명으로 틀린 것은?

① 입주자대표회의는 4명 이상으로 구성한다.

② 파산자로서 복권되지 아니한 사람은 동별 대표자가 될 수 없다.

③ 500세대 이상인 공동주택은 입주자대표회의에서 그 구성원 과반수의 찬성으로 회장을 선출한다.

④ 해당 공동주택의 동별 대표자를 사퇴한 날로부터 1년이 지나지 않은 사람은 동별 대표자가 될 수 없다.

⑤ 시장·군수 또는 구청장은 동별 대표자에게 매년 입주자대표회의의 운영과 관련하여 필요한 교육 및 윤리교육을 실시하여야 한다.

**11** 공동주택관리법령상 입주자대표회의에 관한 설명으로 틀린 것은?

① 감사는 입주자대표회의에서 의결한 안건이 관계 법령 및 관리규약에 위반된다고 판단되는 경우에는 입주자대표회의에 재심의를 요청할 수 있다.

② 동별 대표자를 선출할 때 후보자가 1명인 경우에는 해당 선거구 전체 입주자 등의 과반수가 투표하고 투표자 과반수의 찬성으로 선출한다.

③ 입주자대표회의 구성원인 동별 대표자의 선거구는 2개 동 이상으로 묶거나 통로나 층별로 구획하여 관리규약으로 정할 수 있다.

④ 입주자대표회의는 입주자대표회의 구성원 3분의 2의 찬성으로 의결한다.

⑤ 입주자대표회의는 입주자 등의 소통 및 화합의 증진을 위하여 그 이사 중 공동체 생활의 활성화에 관한 업무를 담당하는 이사를 선임할 수 있다.

**12** 공동주택관리법령상 입주자대표회의의 의결사항과 공동주택의 관리방법의 결정 등에 관한 설명으로 틀린 것은?

① 단지안의 전기·도로·상하수도·주차장·가스설비·냉난방설비 및 승강기 등의 유지 및 운영기준은 입주자대표회의의 의결사항이다.

② 공용시설물의 사용료 부과기준의 결정은 입주자대표회의 구성원 과반수 찬성으로 의결한다.

③ 공동주택관리방법 결정은 입주자대표회의 의결 또는 전체 입주자 등의 10분의 1 이상이 제안하고, 전체 입주자 등의 과반수가 찬성하는 방법에 따른다.

④ 입주자 등의 10분의 1 이상이 요청하는 때에는 입주자대표회의의 회장은 해당일로부터 30일 이내에 입주자대표회의를 소집하여야 한다.

⑤ 공동체 생활의 활성화 및 질서유지에 관한 사항은 입주자대표회의의 의결사항이다.

**13** 공동주택관리법령상 입주자대표회의의 의결사항이 아닌 것은?

① 공용시설물 이용료 부과기준의 결정
② 단지 안의 전기 · 도로 · 상하수도 · 주차장 · 가스설비 · 냉난방설비 및 승강기 등의 유지 · 운영 기준
③ 어린이집을 포함한 주민공동시설 위탁운영의 제안
④ 비용지출을 수반하는 안전관리계획의 수립 또는 조정
⑤ 관리규약에서 위임한 사항과 그 시행에 필요한 규정의 제정 · 개정 및 폐지

**14** 공동주택관리법령상 입주자대표회의 구성원 과반수의 찬성으로 의결하는 사항을 모두 고른 것은?

> ㉠ 공동주택 관리방법의 제안
> ㉡ 동별 대표자의 선출절차를 정한 관리규약 개정의 확정
> ㉢ 관리비 등의 집행을 위한 사업계획 및 예산의 승인
> ㉣ 공동주택 관리방법 변경의 확정
> ㉤ 장기수선계획에 따른 공동주택의 공용부분의 개량

① ㉠, ㉡, ㉢
② ㉠, ㉡, ㉣
③ ㉠, ㉢, ㉤
④ ㉡, ㉢, ㉣
⑤ ㉡, ㉢, ㉤

**15** 공동주택관리법령상 의무관리대상 공동주택의 동별 대표자에 관한 설명으로 틀린 것은?

① 동별 대표자 후보자가 1명인 경우 해당 선거구 전체 입주자 등의 과반수가 투표하고 투표자 과반수의 찬성으로 선출한다.
② 동별 대표자의 임기는 2년으로 하며 한 번만 중임할 수 있다. 이 경우 보궐선거 또는 재선거로 선출된 동별 대표자의 임기가 1년 미만인 경우에는 임기의 횟수에 포함하지 않는다.
③ 동별 대표자 후보자가 2명 이상인 경우 해당 선거구 전체 입주자 등의 과반수가 투표하고 후보자 중 최다득표자를 선출한다.
④ 동별 대표자는 동별 대표자 선출공고에서 정한 각종 서류 제출 마감일을 기준으로 일정한 요건을 갖춘 입주자 중에서 대통령령으로 정하는 바에 따라 선거구 입주자 등의 보통 · 평등 · 직접 · 비밀선거를 통하여 선출한다.
⑤ 동별 대표자 후보자가 없는 선거구에서는 공동주택관리법령으로 정하는 요건을 갖춘 사용자도 동별대표자로 선출될 수 있다.

**16**  공동주택관리법령상 동별 대표자가 될 수 있는 자는?

① 주택의 소유자가 서면으로 위임한 대리권이 없는 소유자의 배우자나 직계 존비속
② 해당 공동주택의 동별 대표자를 사퇴한 날로부터 5년이 지난 사람
③ 파산자로서 복권되지 아니한 사람
④ 관리비 등을 최근 3개월 이상 연속하여 체납한 사람
⑤ 피성년후견인 및 피한정후견인

**17** 공동주택관리법령상 동별대표자의 결격사유에 해당하는 사람에 대한 설명으로 틀린 것은?

① 공동주택의 소유자가 서면으로 위임한 대리권이 없는 소유자의 배우자나 형제자매
② 파산자로서 복권되지 아니한 사람
③ 관리비 등을 최근 3개월 이상 연속하여 체납한 사람
④ 「건축법」을 위반한 범죄로 벌금형을 선고받은 후 2년이 지나지 않은 사람
⑤ 「집합건물의 소유 및 관리에 관한 법률」을 위반한 범죄로 금고 이상의 실형 선고를 받고 그 집행이 끝나거나 집행이 면제된 날부터 2년이 지나지 아니한 사람

**18** 공동주택관리법령상 동별 대표자의 결격사유에 해당하는 것으로 묶인 항목은?

> ㉠ 미성년자, 피성년후견인, 피한정후견인
> ㉡ 주택의 소유자가 서면으로 위임한 대리권이 없는 소유자의 배우자나 직계 존비속
> ㉢ 관리비 등을 최근 2개월간 연속하여 체납한 사람
> ㉣ 선거관리위원회 위원(사퇴하거나 해임 또는 해촉된 사람으로서 그 남은 임기 중에 있는 사람을 포함한다)

① ㉠, ㉡, ㉢
② ㉠, ㉡, ㉣
③ ㉠, ㉢, ㉣
④ ㉡, ㉢, ㉣
⑤ ㉠, ㉡, ㉢, ㉣

**19** 공동주택관리법령상 동별 대표자 선출공고에서 정한 각종 서류제출 마감일을 기준으로 동별 대표자가 될 수 없는 자에 해당되지 않는 사람은?

① 관리비를 최근 3개월 이상 연속하여 체납한 사람
③ 공동주택의 소유자가 서면으로 위임한 대리권이 없는 소유자의 배우자
② 해당 공동주택 관리주체의 소속 임직원
④ 주택법을 위반한 범죄로 징역 6개월의 집행유예 1년의 선고를 받고 그 유예기간이 종료한 때로부터 2년이 지난 사람
⑤ 동별 대표자를 선출하기 위해 입주자 등에 의해 구성된 선거관리위원회 위원이었으나 1개월 전에 사퇴하였고 그 남은 임기 중에 있는 사람

**20** 공동주택관리법령상 관리주체 및 입주자대표회의에 관한 설명으로 틀린 것은?

① 동별 대표자의 임기는 3년 단임으로 한다.
② 입주자 등은 기존 주택관리업자의 관리 서비스가 만족스럽지 못한 경우에는 대통령령으로 정하는 바에 따라 새로운 주택관리업자 선정을 위한 입찰에서 기존 주택관리업자의 참가를 제한하도록 입주자대표회의에 요구할 수 있다.
③ 입주자대표회의와 관리주체는 장기수선계획을 3년마다 검토하고 필요한 경우 이를 국토교통부령으로 정하는 바에 따라 조정하여야 하며, 수립 또는 조정된 장기수선계획에 따라 주요시설을 교체하거나 보수하여야 한다.
④ 의무관리대상 공동주택의 입주자 등은 그 공동주택의 유지관리를 위하여 필요한 관리비를 관리주체에게 납부하여야 한다.
⑤ 공동주택의 관리주체는 입주자 등이 납부하는 대통령령으로 정하는 사용료 등을 입주자 등을 대행하여 그 사용료 등을 받을 자에게 납부할 수 있다.

**21** 공동주택관리법령상 공동주택 관리주체의 업무로 규정되지 않은 것을 모두 고른 것은?

> ㉠ 하자보수보증금의 예치
> ㉡ 장기수선충당금의 적립
> ㉢ 공과금의 납부대행
> ㉣ 간선시설의 설치

① ㉠, ㉡　　　　② ㉠, ㉢　　　　③ ㉠, ㉣
④ ㉡, ㉢　　　　⑤ ㉡, ㉣

**22** 공동주택관리법령상 관리사무소장에 관한 설명으로 틀린 것은?

① 주택관리사 등은 관리사무소장의 업무를 집행하면서 고의 또는 과실로 입주자에게 재산상의 손해를 입힌 경우에는 그 손해를 배상할 책임이 있다.

② 관리사무소장은 공동주택의 운영·관리·유지·보수·교체·개량 및 리모델링에 관한 업무와 관련하여 입주자대표회의를 대리하여 재판상 또는 재판 외의 행위를 할 수 없다.

③ 500세대 미만의 공동주택에는 주택관리사를 갈음하여 주택관리사보를 해당 공동주택의 관리사무소장으로 배치할 수 있다.

④ 관리사무소장은 선량한 관리자의 주의로 그 직무를 수행하여야 한다.

⑤ 손해배상 책임을 보장하기 위하여 공탁한 공탁금은 주택관리사 등이 해당 공동주택의 관리사무소장의 직책을 사임하거나 그 직에서 해임된 날 또는 사망한 날부터 3년 이내에는 회수할 수 없다.

**23** 공동주택관리법령상 관리사무소장의 보증에 관한 내용 중 옳은 것은?

① 관리사무소장으로 배치된 주택관리사 등은 손해배상책임을 보장하기 위하여 500세대 미만의 공동주택은 5천만원을 보장하는 보증보험 또는 공제에 가입하거나 공탁을 하여야 한다.

② 보증보험 또는 공제에 가입한 주택관리사 등으로서 보증기간이 만료되어 다시 보증설정을 하려는 자는 그 보증기간이 만료일로부터 7일 이내에 다시 보증설정을 하여야 한다.

③ 입주자대표회의는 손해배상금으로 보증보험금·공제금 또는 공탁금을 지급받으려는 경우에는 입주자대표회의와 주택관리사 등 간의 손해배상합의서 또는 화해조서 또는 확정된 법원의 판결문 사본 또는 이에 준하는 효력이 있는 서류를 첨부하여 보증보험회사, 공제회사 또는 공탁기관에 손해배상금의 지급을 청구하여야 한다.

④ 주택관리사 등은 보증보험금·공제금 또는 공탁금으로 손해배상을 한 때에는 지체없이 보증보험 또는 공제에 다시 가입하거나 공탁금 중 부족하게 된 금액을 보전하여야 한다.

⑤ 공탁한 공탁금은 주택관리사 등이 해당 공동주택의 관리사무소장의 직을 사임하거나 그 직에서 해임된 날 또는 사망한 날부터 5년 이내에는 회수할 수 없다.

**24** 공동주택관리법령상 관리사무소장의 손해배상책임 등에 관한 설명으로 틀린 것은?

① 주택관리사 등은 관리사무소장의 업무를 집행하면서 고의 또는 과실로 입주자에게 재산상의 손해를 입힌 경우에는 그 손해를 배상할 책임이 있다.

② 500세대 이상의 공동주택에 관리사무소장으로 배치된 주택관리사는 관리사무소장의 손해배상책임을 보장하기 위하여 5천만원을 보장하는 보증보험 또는 공제에 가입하거나 공탁을 하여야 한다.

③ 주택관리사 등은 관리사무소장의 손해배상책임을 보장하기 위하여 가입한 보증보험을 공탁으로 변경하려는 경우에는 보증설정의 효력이 소멸한 후에 할 수 있다.

④ 손해배상책임을 보장하기 위하여 공탁한 공탁금은 주택관리사 등이 해당 공동주택의 관리사무소장의 직책을 사임하거나 그 직에서 해임된 날 또는 사망한 날부터 3년 이내에는 회수할 수 없다.

⑤ 입주자대표회의에서 손해배상금으로 공탁금을 지급받으려는 경우에는 입주자대표회의와 주택관리사 등 간의 손해배상합의서, 화해조서 또는 확정된 법원의 판결문 사본, 그 밖에 이에 준하는 효력이 있는 서류를 첨부하여 공탁기관에 손해배상금의 지급을 청구하여야 한다.

**25** 공동주택관리법령상 관리사무소장의 손해배상책임에 관한 설명으로 옳은 것을 모두 고른 것은?

> ㉠ 주택관리사 등은 관리사무소장의 업무를 집행하면서 고의에 한하여 입주자 등에게 재산상의 손해를 입힌 경우에는 그 손해를 배상할 책임이 있다.
>
> ㉡ 임대주택의 경우 주택관리사 등은 손해배상책임을 보장하기 위한 보증보험 또는 공제에 가입하거나 공탁을 한 후 해당 공동주택의 관리사무소장으로 배치된 날에 임대사업자에게 보증보험 등에 가입한 사실을 입증하는 서류를 제출하여야 한다.
>
> ㉢ 주택관리사 등이 손해배상책임 보장을 위하여 공탁한 공탁금은 주택관리사 등이 해당 공동주택의 관리사무소장의 직을 사임하거나 그 직에서 해임된 날 또는 사망한 날부터 3년 이내에는 회수할 수 없다.
>
> ㉣ 주택관리사 등은 보증보험금·공제금 또는 공탁금으로 손해배상을 한때에는 15일 이내에 보증보험 또는 공제에 다시 가입하거나 공탁금 중 부족하게 된 금액을 보전하여야 한다.

① ㉠  　　　　② ㉠, ㉡  　　　　③ ㉠, ㉡, ㉢

④ ㉡, ㉢, ㉣  　　　　⑤ ㉠, ㉡, ㉢, ㉣

**26** 공동주택관리법령상 관리사무소장의 업무와 손해배상책임에 관한 설명으로 틀린 것은?

① 관리사무소장은 입주자대표회의에서 의결하는 공동주택의 운영ㆍ관리ㆍ유지ㆍ보수ㆍ교체ㆍ개량에 대한 업무를 집행한다.

② 관리사무소장은 안전관리계획의 조정을 3년마다 하되, 관리여건상 필요하여 입주자대표회의 구성원 과반수의 서면동의를 받은 경우에는 3년이 지나가기 전에 조정할 수 있다.

③ 주택관리사 등은 관리사무소장의 업무를 집행하면서 고의 또는 과실로 입주자 등에게 재산상의 손해를 입힌 경우에는 그 손해를 배상할 책임이 있다.

④ 관리사무소장은 관리비, 장기수선충당금의 관리업무에 관하여 입주자대표회의를 대리하여 재판상 또는 재판 외의 행위를 할 수 있다.

⑤ 관리사무소장은 하자의 발견 및 하자보수의 청구, 장기수선계획의 조정, 시설물 안전관리계획의 수립 및 안전점검 업무가 비용지출을 수반하는 경우 입주자대표회의의 의결 없이 이를 집행할 수 있다.


**27** 공동주택관리법령상 의무관리대상 공동주택의 관리사무소장의 업무 등에 관한 설명으로 틀린 것은?

① 관리사무소장은 비용지출을 수반하는 건축물의 안전점검에 관한 업무에 대하여는 입주자대표회의의 의결을 거쳐 집행하여야 한다.

② 관리사무소장은 업무의 집행에 사용하기 위해 신고한 직인을 변경한 경우 변경신고를 하여야 한다.

③ 관리사무소장은 입주자대표회의에서 의결하는 공동주택의 유지 업무와 관련하여 입주자대표회의를 대리하여 재판상의 행위를 할 수 없다.

④ 300세대의 공동주택에는 주택관리사를 갈음하여 주택관리사보를 해당 공동주택의 관리사무소장으로 배치할 수 있다.

⑤ 주택관리사는 관리사무소장의 업무를 집행하면서 고의 또는 과실로 입주자 등에게 재산상의 손해를 입힌 경우에는 그 손해를 배상할 책임이 있다.

**28** 공동주택관리법령상 공동주택의 관리주체 및 관리사무소장의 업무에 관한 설명으로 틀린 것은?

① 관리사무소장은 입주자대표회의에서 의결하는 공동주택의 운영·관리업무와 관련하여 입주자대표회의를 대리하여 재판상 행위를 할 수 있다.

② 관리주체는 장기수선충당금을 해당 주택의 소유자로부터 징수하여 적립하여야 한다.

③ 의무관리대상 공동주택의 관리주체는 관리비 등의 징수·보관·예치·집행 등 모든 거래 행위에 관하여 장부를 월별로 작성하여 그 증빙서류와 함께 해당 회계연도 종료일부터 5년간 보관하여야 한다.

④ 관리사무소장은 배치 내용과 업무의 집행에 사용할 직인을 시장·군수·구청장에게 신고하여야 하며, 배치된 날부터 30일 이내에 '관리사무소장 배치 및 직인 신고서'를 시장·군수·구청장에게 제출하여야 한다.

⑤ 의무관리대상 공동주택에 취업한 주택관리사 등이 다른 공동주택 및 상가·오피스텔 등 주택 외의 시설에 취업한 경우, 주택관리사 등의 자격취소 사유에 해당한다.

**29** 공동주택관리법령상 관리사무소장 및 경비원의 업무에 관한 설명으로 틀린 것은?

① 관리사무소장이 집행하는 업무에는 공동주택단지 안에서 발생한 도난사고에 대한 대응조치의 지휘·총괄이 포함된다.

② 관리사무소장의 업무에 대하여 입주자 등이 관계 법령에 위반되는 지시를 하는 등 부당하게 간섭하는 행위를 한 경우 관리사무소장은 시장·군수·구청장에게 이를 보고하고, 사실 조사를 의뢰할 수 있다.

③ 경비원은 입주자 등에게 수준 높은 근로 서비스를 제공하여야 한다.

④ 주택관리사 등이 관리사무소장의 업무를 집행하면서 입주자 등에게 재산상의 손해를 입힌 경우에 그 손해를 배상할 책임을 지는 것은 고의 또는 중대한 과실이 있는 경우에 한한다.

⑤ 공동주택에 경비원을 배치한 경비업자는 청소와 이에 준하는 미화의 보조업무에 경비원을 종사하게 할 수 있다.

**30** 공동주택관리법령상 공동주택의 관리주체에 관한 설명으로 옳은 것은?

상 중 하

① 임대사업자는 관리주체가 될 수 없다.

② 150세대 이상인 공동주택의 관리주체는 관리규약으로 정하는 바에 따라 입주자대표회의의 회의록을 입주자 등에게 공개하여야 한다.

③ 주택내부의 구조물을 교체하는 행위로서 입주자가 창틀을 교체하는 행위는 관리주체의 동의를 받아야 한다.

④ 의무관리대상 공동주택의 관리주체는 회계연도마다 사업실적서 및 결산서를 작성하여 회계연도 종료 후 1개월 이내에 입주자대표회의에 제출하여야 한다.

⑤ 관리주체는 전체 입주자 3분의 1 이상의 서면동의를 받은 경우에는 3년이 지나기 전에 장기수선계획을 조정할 수 있다.

**31** 공동주택관리법령상 입주자 등이 관리주체의 동의를 받아야 하는 행위에 해당하지 않는 것은?

상 중 하

① 장애인 보조견을 사육함으로써 공동주거생활에 피해를 미치는 행위

② 공동주택에 광고물을 부착하는 행위

③ 기계실에 출입하는 행위

④ 방송시설을 사용함으로써 공동주거생활에 피해를 미치는 행위

⑤ 「환경친화적 자동차의 개발 및 보급 촉진에 관한 법률」에 따른 전기자동차의 이동형 충전기를 이용하기 위한 차량무선인식장치[전자태그(RFID tag)를 말한다]를 콘센트 주위에 부착하는 행위

**32** 공동주택관리법령상 주택관리사보 또는 주택관리사의 결격사유에 해당하지 않는 것은?

상 중 하

① 피성년후견인 또는 피한정후견인

② 파산선고를 받은 후 복권되지 아니한 사람

③ 금고 이상의 실형의 선고를 받고 그 집행이 끝난 날로부터 2년이 지나지 아니한 사람

④ 금고 이상의 형의 집행유예선고를 받고 그 유예기간 중에 있는 사람

⑤ 주택관리사의 자격이 취소된 후 3년이 지난 사람

**33** 공동주택관리법령상 주택관리사 등의 자격을 반드시 취소해야 하는 사유에 해당하지 않는 것은?

① 거짓이나 그 밖의 부정한 방법으로 자격을 취득한 경우
② 의무관리대상 공동주택에 취업한 주택관리사 등이 다른 공동주택 및 상가·오피스텔 등 주택 외의 시설에 취업한 경우
③ 공동주택의 관리업무와 관련하여 금고 이상의 형을 선고받은 경우
④ 주택관리사 등이 업무와 관련하여 금품수수 등 부당이득을 취한 경우
⑤ 다른 사람에게 자기의 명의를 사용하여 업무를 수행하게 하거나 자격증을 대여한 경우

**34** 공동주택관리법령상 시·도지사가 주택관리사 등의 자격을 취소하여야 하는 경우가 아닌 것은?

① 감사를 거부·방해 또는 기피한 경우
② 의무관리대상 공동주택에 취업한 주택관리사 등이 다른 공동주택 및 상가·오피스텔 등 주택 외의 시설에 취업한 경우
③ 다른 사람에게 자기의 명의를 사용하여「공동주택관리법」에서 정한 업무를 수행하게 한 경우
④ 공동주택의 관리업무와 관련하여 금고 이상의 형을 선고받은 경우
⑤ 주택관리사 등이 자격정지기간에 공동주택관리업무를 수행한 경우

**35** 공동주택관리법령상 주택관리업에 관한 설명으로 옳은 것은?

① 주택관리업자의 지위에 관하여 공동주택관리법에 규정이 있는 것 외에는 민법 중 위임을 준용한다.
② 주택관리업을 하려는 자는 시·도지사에게 등록하여야 한다.
③ 주택관리업의 등록을 하려는 자는 자본금이 3억원 이상이어야 한다.
④ 관리비 등을 공동주택관리법에 따른 용도 외의 목적으로 사용한 경우 영업정지를 명할 수 있다.
⑤ 주택관리업자에 대하여 등록말소 또는 영업정지 처분을 하려는 때에는 처분일 10일 전까지 해당 주택관리업자가 관리하는 공동주택의 입주자대표회의에 그 사실을 통보하여야 한다.

**36** 공동주택관리법령상 주택관리사 등에 관한 설명으로 옳은 것은?

상 중 하

① 300세대의 의무관리대상 공동주택에는 주택관리사보를 해당 공동주택의 관리사무소장으로 배치할 수 없다.
② 주택관리사보가 공무원으로 주택관련 인·허가 업무에 4년 종사한 경력이 있다면 주택관리사 자격을 취득할 수 있다.
③ 금고 이상의 형의 집행유예를 선고받고 그 유예기간이 끝난 날부터 1년이 지난 사람은 주택관리사가 될 수 없다.
④ 주택관리사로서 공동주택의 관리사무소장으로 10년 근무한 사람은 하자분쟁조정위원회의 위원으로 위촉될 수 없다.
⑤ 임원 또는 사원의 3분의 1 이상이 주택관리사인 상사법인은 주택관리업의 등록을 신청할 수 있다.

**37** 공동주택관리법령상 의무관리대상 공동주택의 주택관리사 등의 교육에 관한 규정으로 옳은 것은?

상 중 하

① 주택관리업자와 관리사무소장으로 배치받은 주택관리사 등은 국토교통부령으로 정하는 바에 따라 시장·군수·구청장으로부터 공동주택관리에 관한 교육과 윤리교육을 받아야 한다.
② 관리사무소장은 관리사무소장으로 배치된 날로부터 1개월 이내 주택관리에 관한 교육과 윤리교육을 받아야 한다.
③ 주택관리업자(법인인 경우에는 그 대표자를 말한다)와 배치받은 관리사무소장의 공동주택관리에 관한 교육과 윤리교육기간은 3일 이상으로 한다.
④ 관리사무소장으로 배치받으려는 주택관리사 등이 배치예정일부터 직전 5년 이내에 관리사무소장·공동주택관리기구의 직원 또는 주택관리업자의 임직원으로서 종사한 경력이 없는 경우에는 시·도지사가 실시하는 공동주택관리에 관한 교육과 윤리교육을 이수하여야 관리사무소장으로 배치받을 수 있다.
⑤ 공동주택의 관리사무소장으로 배치받아 근무 중인 주택관리사 등은 교육을 받은 후 5년마다 국토교통부령으로 정하는 바에 따라 공동주택관리에 관한 교육과 윤리교육을 받아야 한다.

📖 **연계학습** 기본서 p.242~268

> **단·원·열·기**

공동주택관리법은 총 8문제가 출제되고 3문제가 주관식이다. 이 단원은 관리규약, 관리비, 장기수선계획, 장기수선충당금, 안전관리로 구분하여 학습한다.

**01** 공동주택관리법령상 관리규약에 관한 설명으로 틀린 것은?

상중하

① 공동체생활의 활성화에 필요한 경비의 일부를 공동주택을 관리하면서 부수적으로 발생하는 수입에서 지원하는 경우, 그 경비의 지원은 관리규약으로 정하거나 관리규약에 위배되지 아니하는 범위에서 입주자대표회의의 의결로 정한다.

② 공동생활의 질서를 문란하게 한 자에 대한 조치는 관리규약준칙에 포함되어야 한다.

③ 관리규약준칙에는 입주자 등이 아닌 자의 기본적인 권리를 침해하는 사항이 포함되어서는 아니 된다.

④ 관리규약의 개정은 전체 입주자 등의 10분의 1 이상이 제안하고 투표자의 과반수가 찬성하는 방법에 따른다.

⑤ 사업주체는 시장·군수·구청장에게 관리규약의 제정을 신고하는 경우 관리규약의 제정 제안서 및 그에 대한 입주자 등의 동의서를 첨부하여야 한다.

**02** 공동주택관리법령상 공동주택관리규약에 관한 설명으로 틀린 것은?

상중하

① 시·도지사는 공동주택의 공동주택의 관리 또는 사용에 관하여 준거가 되는 공동주택관리규약의 준칙을 정하여야 한다.

② 입주자대표회의는 공동주택관리규약의 준칙을 참조하여 관리규약을 정한다.

③ 공동주택관리규약은 입주자의 지위를 승계한 자에게도 그 효력이 있다.

④ 혼합주택단지의 관리에 관한 사항도 관리규약으로 정할 수 있다.

⑤ 입주자대표회의의 회장(관리규약 제정의 경우에는 사업주체를 말한다)은 관리규약이 제정·개정되거나 입주자대표회의가 구성·변경된 날부터 30일 이내에 신고서를 시장·군수·구청장에게 제출하여야 한다.

**03** 공동주택관리법령상 공동주택관리규약에 관한 설명으로 틀린 것은?

① 시장·군수·구청장은 공동주택의 관리 또는 사용에 관하여 준거가 되는 공동주택관리규약의 준칙을 정하여야 한다.

② 입주자 등은 공동주택관리규약의 준칙을 참조하여 관리규약을 정한다.

③ 관리규약은 입주자의 지위를 승계한 자에게도 그 효력이 있다.

④ 분양을 목적으로 건설한 공동주택과 임대주택이 함께 있는 주택단지의 경우 입주자와 사용자, 임대사업자는 해당 주택단지에 공통적으로 적용할 수 있는 관리규약을 정할 수 있다.

⑤ 공동주택의 관리주체는 관리규약을 보관하여 입주자 등이 열람을 청구하거나 자기의 비용으로 복사를 요구하는 때에는 이에 응하여야 한다.

**04** 공동주택관리법령상 관리규약 등에 관한 설명으로 틀린 것은?

① 공동주택의 관리주체는 관리규약을 보관하여 입주자 등이 열람을 청구하거나 자기의 비용으로 복사를 요구하면 응하여야 한다.

② 입주자 등은 시·도지사가 정한 관리규약의 준칙을 참조하여 관리규약을 정한다.

③ 입주자대표회의가 공동주택 관리규약을 위반한 경우 공동주택의 입주자 등은 전체 입주자 등의 10분의 2 이상의 동의를 받아 지방자치단체의 장에게 감사를 요청할 수 있다.

④ 입주자대표회의의 회장은 관리규약을 개정한 경우 시·도지사에게 30일 이내 신고해야 한다.

⑤ 관리규약은 입주자의 지위를 승계한 자에게도 그 효력이 있다.

**05** 공동주택관리법령상 공동주택관리규약에 관한 설명으로 틀린 것은?

① 시·도지사는 공동주택의 공동주택의 관리 또는 사용에 관하여 준거가 되는 공동주택관리규약의 준칙을 정하여야 한다.

② 입주자 등은 공동주택관리규약의 준칙을 참조하여 관리규약을 정한다.

③ 공동주택 분양 후 최초의 관리규약은 사업주체가 제안한 내용을 해당 입주예정자의 과반수가 서면으로 동의하는 방법으로 결정한다.

④ 의무관리대상 전환 공동주택의 관리규약 제정안은 의무관리대상전환 공동주택의 입주자 등이 제안하고, 그 내용을 전체 입주자 등 과반수의 서면동의로 결정한다.

⑤ 사업주체가 입주자대표회의가 구성되기 전에 공동주택의 어린이집 임대계약을 체결하려는 경우에는 입주개시일 3개월 전부터 관리규약 제정안을 제안할 수 있다.

**06** 

공동주택관리법령상 공동주택의 관리규약준칙에 포함되어야 할 공동주택의 어린이집 임대계약에 대한 임차인 선정기준에 해당하는 것을 모두 고르면? (단, 그 선정기준은 영유아보육법에 따른 국공립어린이집 위탁체 선정관리기준에 따라야 함)

> ㉠ 임차인의 신청자격
> ㉡ 임대기간
> ㉢ 임차인 선정을 위한 심사기준
> ㉣ 어린이집을 이용하는 입주자 등 중 어린이집 임대에 동의하여야 하는 비율

① ㉠　　　　　　　② ㉠, ㉡　　　　　　　③ ㉠, ㉡, ㉢
④ ㉡, ㉢, ㉣　　　　⑤ ㉠, ㉡, ㉢, ㉣



**07** 

공동주택관리법령상 의무관리대상 공동주택의 관리비 등에 관한 설명으로 틀린 것은?

① 관리주체는 장기수선충당금에 대하여 관리비와 구분하여 징수하여야 한다.

② 관리주체는 주민운동시설, 인양기 등 공용시설물의 사용료를 해당 시설의 사용자에게 따로 부과할 수 있다.

③ 의무관리대상이 아닌 공동주택으로서 50세대 이상인 공동주택의 관리인은 관리비 등의 내역을 해당 공동주택단지의 인터넷 홈페이지 및 동별 게시판과 공동주택관리정보시스템에 공개하여야 한다.

④ 관리주체는 입주자 및 사용자가 납부하는 가스사용료 등을 입주자 및 사용자를 대행하여 그 사용료 등을 받을 자에게 납부할 수 있다.

⑤ 관리주체는 모든 거래 행위에 관하여 장부를 월별로 작성하여 그 증빙서류와 함께 해당 회계연도 종료일부터 3년간 보관하여야 한다.

**08** 공동주택관리법령상 의무관리대상공동주택의 관리비등에 관한 설명으로 옳은 것은?

① 관리주체는 보수를 요하는 시설이 2세대 이상의 공동사용에 제공되는 것인 경우에는 이를 직접 보수하고, 당해 입주자 등에게 그 비용을 따로 부과할 수 있다.

② 공동주택의 내력구조부에 중대한 하자가 있다고 인정되는 경우에 안전진단 기관에 의뢰하여 실시하는 안전진단 실시비용은 관리비의 항목 중 수선유지비에 해당한다.

③ 장기수선충당금은 별도의 계좌로 예치·관리하여야 한다. 이 경우 계좌는 관리사무소장의 직인 외에 입주자대표회의의 회장 인감을 복수로 등록해야 한다.

④ 관리비 항목 중 난방비는 난방 및 급탕에 소요된 원가(유류대·난방비 및 급탕용수비)에서 급탕비를 더한 금액이다.

⑤ 잡수입의 경우에는 다음 달 말일까지 해당 공동주택단지의 동별게시판에만 공개하면 된다.

**09** 공동주택관리법상 관리주체가 관리비와 구분하여 징수하여야 하는 것을 모두 고른 것은?

> ㉠ 경비비  ㉡ 장기수선충당금
> ㉢ 위탁관리수수료  ㉣ 급탕비
> ㉤ 안전진단 실시비용(하자 원인이 사업주체 외의 자에게 있는 경우)

① ㉠, ㉡  ② ㉡, ㉢  ③ ㉡, ㉤
④ ㉠, ㉢, ㉣  ⑤ ㉡, ㉢, ㉤

**10** 공동주택관리법령상 의무관리대상 공동주택의 일반관리비 중 인건비에 해당하지 않는 것은?

① 고용보험료  ② 상여금
③ 국민연금  ④ 산재보험료
⑤ 교육훈련비

**11** 공동주택관리법령상 의무관리대상 공동주택에서 관리비와 구분하여 납부대행 사용료를 모두 고른 것은?

> ㉠ 위탁관리수수료  ㉡ 난방비
> ㉢ 입주자대표회의 운영경비  ㉣ 가스사용료

① ㉠  ② ㉠, ㉡  ③ ㉢, ㉣
④ ㉡, ㉢, ㉣  ⑤ ㉠, ㉡, ㉢, ㉣

**12** 공동주택관리법령상 공동주택의 관리비 및 회계운영 등에 관한 설명으로 틀린 것은?

① 의무관리대상이 아닌 공동주택으로서 50세대 이상인 공동주택의 관리인이 관리비 등의 내역을 공개하는 경우, 공동주택관리정보시스템 공개는 생략할 수 있다.
② 관리주체는 해당 공동주택의 공용부분의 관리 및 운영 등에 필요한 경비(관리비 예치금)를 공동주택의 사용자로부터 징수한다.
③ 관리주체는 보수가 필요한 시설이 2세대 이상의 공동사용에 제공되는 것인 경우, 직접 보수하고 해당 입주자 등에게 그 비용을 따로 부과할 수 있다.
④ 관리주체는 주민공동시설, 인양기 등 공용시설물의 이용료를 해당 시설의 이용자에게 따로 부과할 수 있다.
⑤ 지방자치단체인 관리주체가 관리하는 공동주택의 관리비가 체납된 경우 지방자치단체는 지방세 체납처분의 예에 따라 강제징수할 수 있다.

**13** 공동주택관리법령상 의무관리대상 공동주택의 관리주체에 대한 회계감사 등에 관한 설명으로 틀린 것은?

① 회계감사는 공동주택 회계의 특수성을 고려하여 제정된 회계감사기준에 따라 실시되어야 한다.

② 입주자대표회의는 입주자 등의 10분의 1 이상이 연서하여 감사인의 추천을 요구하는 경우 감사인의 추천을 의뢰한 후 추천을 받은 자 중에서 감사인을 선정하여야 한다.

③ 관리주체는 회계감사를 받은 경우에는 감사보고서 등 회계감사의 결과를 제출받은 날부터 1개월 이내에 입주자대표회의에 보고하고 해당 공동주택단지의 인터넷 홈페이지 및 동별 게시판에 공개하여야 한다.

④ 300세대 이상인 공동주택으로서 해당 연도에 회계감사를 받지 아니하기로 입주자 등의 과반수의 서면동의를 받은 경우, 그 연도에는 회계감사를 받지 않아도 된다.

⑤ 회계감사의 감사인은 회계감사 완료일부터 1개월 이내에 회계감사 결과를 해당 공동주택을 관할하는 시장·군수·구청장에게 제출하고 공동주택관리정보시스템에 공개하여야 한다.

**14** 공동주택관리법령상 의무관리대상 공동주택의 관리비 및 회계운영에 관한 설명으로 틀린 것은?

① 관리주체는 입주자 등이 납부하는 대통령령으로 정하는 사용료 등을 입주자 등을 대행하여 그 사용료 등을 받을 자에게 납부할 수 있다.

② 관리주체는 회계감사를 받은 경우에는 감사보고서의 결과를 제출받은 다음 날부터 2개월 이내에 입주자대표회의에 보고하고 해당 공동주택단지의 인터넷 홈페이지에 공개하여야 한다.

③ 공동주택의 소유자가 그 소유권을 상실한 경우 관리주체는 징수한 관리비예치금을 반환하여야 하되, 소유자가 관리비를 미납한 때에는 관리비예치금에서 정산한 후 그 잔액을 반환할 수 있다.

④ 관리주체는 보수가 필요한 시설이 2세대 이상의 공동사용에 제공되는 것인 경우에는 직접 보수하고 해당 입주자 등에게 그 비용을 따로 부과할 수 있다.

⑤ 관리주체는 다음 회계연도에 관한 관리비 등의 사업계획 및 예산안을 매 회계연도 개시 1개월 전까지 입주자대표회의에 제출하여 승인을 받아야 한다.

**15** 공동주택관리법령상 공동주택의 관리주체에 대한 회계감사 등에 관한 설명으로 옳지 않은 것을 모두 고른 것은?

> ㉠ 회계감사는 공동주택 회계의 특수성을 고려하여 제정된 회계감사기준에 따라 실시되어야 한다.
> ㉡ 관리주체는 회계감사를 받은 경우에는 감사보고서의 결과를 제출받은 다음 날부터 2개월 이내에 입주자대표회의에 보고하고 해당 공동주택단지의 인터넷 홈페이지에 공개하여야 한다.
> ㉢ 감사인은 관리주체가 회계감사를 받은 날부터 3개월 이내에 관리주체에게 감사보고서를 제출하여야 한다.
> ㉣ 회계감사를 받아야 하는 공동주택의 관리주체는 매 회계연도 종료 후 6개월 이내에 회계감사를 받아야 한다.

① ㉡
② ㉠, ㉡
③ ㉢, ㉣
④ ㉠, ㉡, ㉣
⑤ ㉠, ㉢, ㉣

**16** 공동주택관리법령상 공동주택의 관리주체가 안전관리계획을 수립하여야 할 시설이 아닌 것은?
① 옥상 및 계단 등의 난간
② 정화조
③ 우물 및 비상저수시설
④ 세대별로 설치된 연탄가스배출기
⑤ 어린이 놀이터에 설치된 시설

**17** 공동주택관리법령상 시설관리에 관한 내용으로 옳은 것은?

① 의무관리대상 공동주택의 관리주체는 비상저수시설 및 세대별로 설치된 연탄가스배출기 및 세대내 전기설비에 관한 안전관리계획을 수립하여야 한다.

② 300세대 이상의 공동주택을 건설·공급하는 사업주체(「건축법」에 따른 건축허가를 받아 주택 외의 시설과 주택을 동일 건축물로 건축하는 건축주를 포함한다) 또는 「주택법」에 따라 리모델링을 하는 자는 그 공동주택의 공용부분에 대한 장기수선계획을 수립하여야 한다.

③ 지능형 홈네트워크설비는 매분기 1회 이상 안전진단을 실시해야 한다.

④ 공동주택단지에 설치하는 영상정보처리기기의 촬영된 자료는 컴퓨터보안시스템을 설치하여 60일 이상 보관해야 한다.

⑤ 16층 이하의 공동주택으로서 「재난 및 안전관리 기본법 시행령」에 따른 안전등급이 C등급, D등급 또는 E등급에 해당하는 공동주택의 안전점검은 「시설물의 안전 및 유지관리에 관한 특별법」 제28조에 따라 등록한 안전진단전문기관 등이 실시한다.

**18** 공동주택관리법령상 의무관리대상 공동주택의 시설관리에 관한 설명으로 틀린 것은?

① 관리주체는 장기수선계획에 따라 공동주택의 주요 시설의 교체 및 보수에 필요한 장기수선충당금을 해당 주택의 소유자로부터 징수하여 적립하여야 한다.

② 입주자대표회의와 관리주체는 주요시설을 신설하는 등 관리여건상 필요하여 전체 입주자 3분의 1 이상의 서면동의를 받은 경우에는 장기수선계획을 조정할 수 있다.

③ 공동주택의 안전점검 방법, 안전점검의 실시 시기, 안전점검을 위한 보유 장비, 그 밖에 안전점검에 필요한 사항은 대통령령으로 정한다.

④ 공동주택의 소유자는 장기수선충당금을 사용자가 대신하여 납부한 경우에는 그 금액을 반환하여야 한다.

⑤ 관리주체는 공동주택의 사용자가 장기수선충당금의 납부 확인을 요구하는 경우에는 지체 없이 확인서를 발급해 주어야 한다.

**19** 공동주택관리법령상 공동주택시설물에 시설관리에 대한 설명으로 틀린 것은?

① 15층 이하의 공동주택으로서 「재난 및 안전관리 기본법 시행령」에 따른 안전등급이 C등급, D등급 또는 E등급에 해당하는 공동주택의 안전점검은 「시설물의 안전 및 유지관리에 관한 특별법」 제28조에 따라 등록한 안전진단전문기관 등이 실시한다.

② 장기수선계획을 수립하는 자는 국토교통부령으로 정하는 기준에 따라 장기수선계획을 수립하여야 한다. 이 경우 해당 공동주택의 건설비용을 고려하여야 한다.

③ 입주자대표회의와 관리주체는 장기수선계획을 3년마다 검토하고, 필요한 경우 이를 국토교통부령으로 정하는 바에 따라 조정하여야 하며, 수립 또는 조정된 장기수선계획에 따라 주요시설을 교체하거나 보수하여야 한다.

④ 관리주체는 장기수선계획에 따라 공동주택의 주요 시설의 교체 및 보수에 필요한 장기수선충당금을 해당 주택의 입주자 등으로부터 징수하여 적립하여야 한다.

⑤ 장기수선충당금의 적립금액은 장기수선계획으로 정한다. 이 경우 국토교통부장관이 주요시설의 계획적인 교체 및 보수를 위하여 최소 적립금액의 기준을 정하여 고시하는 경우에는 그에 맞아야 한다.

**20** 공동주택관리법령상 시설관리에 관한 설명으로 틀린 것은?

① 입주자대표회의와 관리주체는 주요시설을 신설하는 등 관리여건상 필요하여 전체 입주자 과반수의 서면동의를 받은 경우에는 3년이 경과하기 전에 장기수선계획을 조정할 수 있다.

② 장기수선계획 조정은 관리주체가 조정안을 작성하고, 입주자대표회의가 의결하는 방법으로 한다.

③ 입주자대표회의와 관리주체는 주요시설을 신설하는 등 관리여건상 필요하여 전체 입주자 과반수의 서면동의를 받은 경우에는 3년이 지나기 전에 장기수선계획을 조정할 수 있다.

④ 장기수선충당금은 다음의 계산식에 따라 산정한다.

> 월간 세대별 장기수선충당금 = [장기수선계획기간 중의 수선비총액 ÷ {총공급면적 × 12 × 계획기간(년)}] × 세대당 주택공급면적

⑤ 공동주택 중 분양되지 아니한 세대의 장기수선충당금은 입주자가 부담한다.

**21** 공동주택관리법령상 장기수선계획에 관한 설명으로 틀린 것은?

① 200세대의 지역난방방식의 공동주택을 건설·공급하는 사업주체 또는 리모 델링을 하는 자는 그 공동주택의 공용부분에 대한 장기수선계획을 수립하 여야 한다.

② 300세대 이상의 공동주택을 건설·공급하는 사업주체 또는 리모델링을 하 는 자는 그 공동주택의 공용부분에 대한 장기수선계획을 수립하여야 한다.

③ 400세대의 중앙집중식 난방방식의 공동주택을 건설·공급하는 사업주체 또 는 리모델링을 하는 자는 그 공동주택의 공용부분에 대한 장기수선계획을 수립하여야 한다.

④ 사업주체는 장기수선계획을 3년마다 조정하되, 주요시설을 신설하는 등 관 리여건상 필요하여 입주자대표회의의 의결을 얻은 경우에는 3년이 지나기 전에 조정할 수 있다.

⑤ 장기수선계획을 수립하는 자는 국토교통부령이 정하는 기준에 따라 장기수선 계획을 수립하되, 당해 공동주택의 건설에 소요된 비용을 감안하여야 한다.

**22** 공동주택관리법령상 공동주택의 장기수선충당금에 관한 설명으로 틀린 것은?

① 장기수선충당금은 입주자 과반수의 서면동의가 있는 경우에는 하자진단 및 감정에 드는 비용으로 사용할 수 있다.

② 장기수선충당금의 요율은 당해 공동주택의 공용부분의 내구연한 등을 감안 하여 공동주택관리규약으로 정하고, 적립금액은 장기수선계획에서 정한다.

③ 임대를 목적으로 하여 건설한 공동주택을 분양전환한 이후 관리업무를 인 계하기 전까지의 장기수선충당금 요율은 임대주택법령상 특별수선충당금 적립요율에 따라야 한다.

④ 장기수선충당금은 당해 공동주택의 사용검사일(단지 안의 공동주택의 전부 에 대하여 임시사용승인을 얻은 경우에는 임시사용승인일을 말한다)이 속 하는 달부터 매월 적립한다.

⑤ 관리주체는 장기수선계획에 따라 장기수선충당금 사용계획서를 작성하고, 입주자대표회의의 의결을 거쳐 장기수선충당금을 사용한다.

**23** 공동주택관리법령상 공동주택의 장기수선충당금에 관한 설명으로 옳은 것을 모두 고른 것은?

> ㉠ 관리주체는 장기수선계획에 따라 공동주택의 주요 시설의 교체 및 보수에 필요한 장기수선충당금을 해당 주택의 소유자로부터 징수하여 적립하여야 한다.
> ㉡ 해당 공동주택의 입주자 과반수의 서면동의가 있더라도 장기수선충당금을 하자진단 및 감정에 드는 비용으로 사용할 수 없다.
> ㉢ 공동주택 중 분양되지 아니한 세대의 장기수선충당금은 사업주체가 부담하여야 한다.
> ㉣ 장기수선충당금은 관리주체가 장기수선충당금 사용계획서를 장기수선계획에 따라 작성하고 입주자대표회의의 의결을 거쳐 사용한다.
> ㉤ 장기수선충당금은 건설임대주택에서 분양전환된 공동주택의 경우에는 임대사업자가 관리주체에게 공동주택의 관리업무를 인계한 날부터 1년이 경과한 날이 속하는 달부터 매달 적립한다.

① ㉠, ㉤  ② ㉡, ㉣  ③ ㉠, ㉢, ㉣
④ ㉡, ㉢, ㉤  ⑤ ㉡, ㉣, ㉤

**24** 공동주택관리법령상 장기수선계획 및 장기수선충당금에 관한 설명으로 틀린 것은?

① 입주자 과반수의 서면동의가 있더라도 장기수선충당금을 하자진단 및 감정에 드는 비용으로 사용할 수 없다.
② 입주자대표회의와 관리주체는 장기수선계획을 3년마다 검토하고 필요한 경우 이를 국토교통부령으로 정하는 바에 따라 조정하여야 한다.
③ 관리주체는 장기수선계획에 따라 공동주택의 주요 시설의 교체 및 보수에 필요한 장기수선충당금을 해당 주택의 소유자로부터 징수하여 적립하여야 한다.
④ 중앙집중식난방방식의 공동주택을 건설·공급하는 사업주체는 대통령령으로 정하는 바에 따라 그 공동주택의 공용부분에 대한 장기수선계획을 수립하여야 한다.
⑤ 장기수선충당금은 해당 공동주택의 사용검사일 또는 사용승인일부터 1년이 경과한 날이 속하는 달부터 매월 적립한다.

**25** 공동주택관리법령상 공동주택시설물에 안전관리에 대한 설명으로 틀린 것은?

① 의무관리대상 공동주택의 관리주체는 공용부분에 관한 시설의 교체, 유지보수 및 하자보수 등을 한 경우에는 그 실적을 시설별로 이력관리하여야 하며, 공동주택관리정보시스템에도 등록하여야 한다.

② 의무관리대상 공동주택의 관리주체는 해당 공동주택의 시설물로 인한 안전사고를 예방하기 위하여 대통령령으로 정하는 바에 따라 안전관리계획을 수립하고, 이에 따라 시설물별로 안전관리자 및 안전관리책임자를 지정하여 이를 시행하여야 한다.

③ 의무관리대상 공동주택의 관리주체는 그 공동주택의 기능유지와 안전성 확보로 입주자 등을 재해 및 재난 등으로부터 보호하기 위하여 「시설물의 안전 및 유지관리에 관한 특별법」에 따른 지침에서 정하는 안전점검의 실시방법 및 절차 등에 따라 공동주택의 안전점검을 실시하여야 한다.

④ 의무관리대상 공동주택의 안전점검은 분기마다 하여야 한다.

⑤ 15층 이하로서 사용검사일부터 30년이 경과한 공동주택은 안전검검을 실시해야 한다.

**연계학습** 기본서 p.269~293

**단·원·열·기**

공동주택관리법은 총 8문제가 출제되고 3문제가 주관식이다. 이 단원은 하자담보, 하자보수, 선거관리, 분쟁조정으로 구분하여 학습한다.

**01** 공동주택관리법령상 담보책임 및 하자보수 등에 관한 설명으로 틀린 것은?

① 사업주체에 대한 하자보수청구는 입주자 단독으로 할 수 없으며 입주자대표회의를 통하여야 한다.

② 하자보수에 대한 담보책임을 지는 사업주체에는 「건축법」에 따라 건축허가를 받아 분양을 목적으로 하는 공동주택을 건축한 건축주도 포함된다.

③ 한국토지주택공사가 사업주체인 경우에는 공동주택관리법령에 따른 하자보수보증금을 예치하지 않아도 된다.

④ 사업주체는 담보책임기간에 공동주택의 내력구조부에 중대한 하자가 발생한 경우에는 하자 발생으로 인한 손해를 배상할 책임이 있다.

⑤ 시장·군수·구청장은 담보책임기간에 공동주택의 구조안전에 중대한 하자가 있다고 인정하는 경우에는 안전진단기관에 의뢰하여 안전진단을 할 수 있다.

**02** 공동주택관리법령상 하자담보책임에 관한 설명으로 틀린 것은?

① 의무관리대상 공동주택의 경우에는 하자보수보증금의 사용 후 30일 이내에 그 사용내역을 국토교통부령으로 정하는 바에 따라 시장·군수·구청장에게 신고하여야 한다.

② 내력구조부별 하자에 대한 담보책임기간은 10년이다.

③ 지방공사인 사업주체는 대통령령으로 정하는 바에 따라 하자보수를 보장하기 위하여 하자보수보증금을 담보책임기간(보증기간은 공용부분을 기준으로 기산한다) 동안 예치하여야 한다.

④ 사용검사권자는 입주자대표회의가 구성된 때에는 지체 없이 예치명의 또는 가입명의를 해당 입주자대표회의로 변경하고 입주자대표회의에 현금 예치증서 또는 보증서를 인계하여야 한다.

⑤ 사업주체는 하자보수를 청구받은 날부터 15일 이내에 그 하자를 보수하거나 하자보수계획을 입주자대표회의 등에 서면으로 통보하고 그 계획에 따라 하자를 보수하여야 한다.

**03** 공동주택관리법령상 하자에 관한 설명으로 틀린 것은?

① 입주자는 전유부분의 하자에 대해 하자보수의 청구를 할 수 있다.

② 내력구조부별(「건축법」 제2조 제1항 제7호에 따른 건물의 주요구조부) 하자에 대한 담보책임기간은 10년이다.

③ 입주자 등은 공동주택에 광고물ㆍ표지물 또는 표지를 부착하는 행위를 하려는 경우에는 관리주체의 동의를 받아야 한다.

④ 전유부분에 대한 하자보수가 끝난 때에는 사업주체와 입주자는 담보책임기간이 만료되기 전에 공동으로 담보책임 종료확인서를 작성할 수 있다.

⑤ 하자보수를 실시한 사업주체는 하자보수가 완료되면 즉시 그 보수결과를 하자보수를 청구한 입주자대표회의 등 또는 임차인 등에 통보하여야 한다.

**04** 공동주택관리법령상 시설공사별 하자담보책임기간의 연결이 틀린 것은?

① 소방시설공사 중 자동화재탐지설비공사 : 2년

② 지능형 홈네트워크 설비 공사 중 홈네트워크망 공사 : 3년

③ 난방ㆍ환기, 공기조화 설비공사 중 자동제어설비공사 : 3년

④ 대지조성공사 중 포장공사 : 5년

⑤ 지붕공사 중 홈통 및 우수관공사 : 5년

**05** 공동주택관리법령상 공동주택의 하자담보책임기간이 가장 긴 시설공사는?

① 기초공사　　　　　　　　　② 철골공사

③ 조경공사　　　　　　　　　④ 정보통신공사

⑤ 도배공사

**06** 공동주택관리법령상 사업주체의 하자담보책임기간이 가장 긴 시설공사는?

① 내력벽공사　　　　　　　　② 식재공사

③ 급수설비공사　　　　　　　④ 블록공사

⑤ 옹벽공사

**07** 공동주택관리법령상 공동주택의 하자담보책임기간으로 옳은 것을 모두 고른 것은?

> ㉠ 지능형 홈네트워크 설비공사 : 3년
> ㉡ 우수관공사 : 3년
> ㉢ 저수조(물탱크)공사 : 3년
> ㉣ 지붕공사 : 5년

① ㉠, ㉡, ㉢　　　　　　　　　② ㉠, ㉡, ㉣
③ ㉠, ㉢, ㉣　　　　　　　　　④ ㉡, ㉢, ㉣
⑤ ㉠, ㉡, ㉢, ㉣

**08** 공동주택관리법령상 공동주택의 시설공사별 하자에 대한 담보책임기간으로 옳은 것을 모두 고른 것은?

> ㉠ 도배공사 : 2년
> ㉡ 타일공사 : 2년
> ㉢ 공동구공사 : 3년
> ㉣ 방수공사 : 3년

① ㉠, ㉡, ㉢　　　　　　　　　② ㉠, ㉡, ㉣
③ ㉠, ㉢, ㉣　　　　　　　　　④ ㉡, ㉢, ㉣
⑤ ㉠, ㉡, ㉢, ㉣

**09** 공동주택관리법령상 하자보수보증금에 관한 설명으로 틀린 것은?

① 지방공사인 사업주체는 대통령령으로 정하는 바에 따라 하자보수를 보장하기 위하여 하자보수보증금을 담보책임기간 동안 예치하여야 한다.

② 입주자대표회의 등은 하자보수보증금을 하자심사·분쟁조정위원회의 하자 여부 판정 등에 따른 하자보수비용 등 대통령령으로 정하는 용도로만 사용하여야 한다.

③ 사업주체는 하자보수보증금을 「은행법」에 따른 은행에 현금으로 예치할 수 있다.

④ 입주자대표회의는 하자보수보증서 발급기관으로부터 하자보수보증금을 지급받기 전에 미리 하자보수를 하는 사업자를 선정해서는 아니 된다.

⑤ 입주자대표회의는 하자보수보증금을 사용한 때에는 그 날부터 30일 이내에 그 사용명세를 사업주체에게 통보하여야 한다.

**10** 공동주택관리법령상 설명으로 옳은 것은?

① 의무관리대상 공동주택의 관리주체는 감사인의 회계감사를 매년 1회 이상 받아야 한다. 이 경우 회계감사를 받아야 하는 공동주택의 관리주체는 매 회계연도 종료 후 3개월 이내에 재무제표에 대하여 회계감사를 받아야 한다.

② 장기수선충당금은 다음의 계산식에 따라 산정한다.

> 월간 세대별 장기수선충당금 = [담보책임기간 중의 수선비총액 ÷ {총공급 면적 × 12 × 계획기간(년)}] × 세대당 주택공급면적

③ 지능형 홈네트워크설비의 안전진단은 매분기 1회 이상 실시한다.

④ 공동주택을 증축 · 개축 · 대수선하는 경우 또는 「주택법」에 따른 리모델링을 하는 경우에는 허가신청서 또는 신고서에 기재된 해당 공동주택 총사업비의 100분의 5를 하자보수보증금으로 예치하여야 한다.

⑤ 입주자대표회의는 사업주체가 예치한 하자보수보증금을 사용검시일로부터 3년이 경과한 때에는 하자보수보증금의 100분의 40을 사업주체에게 반환하여야 한다.

**11** 공동주택관리법령상 공동주택의 관리에 관한 설명으로 틀린 것은?

① 입주자대표회의는 사용검사일부터 10년이 경과하면 하자보수보증금을 일시에 반환하여야 한다.

② 입주자 등은 공동주택에 광고물 · 표지물 또는 표지를 부착하는 행위를 하려는 경우에는 관리주체의 동의를 받아야 한다.

③ 관리주체는 장기수선충당금을 해당 주택의 소유자로부터 징수하여 적립하여야 한다.

④ 승강기가 설치된 공동주택을 건설 · 공급하는 사업주체는 그 공동주택의 공용부분에 대한 장기수선계획을 수립하여야 한다.

⑤ 공동주택 중 분양되지 아니한 세대의 장기수선충당금은 사업주체가 이를 부담하여야 한다.

**12** 공동주택관리법령상 공동주택의 행위허가 및 신고에 관한 설명으로 틀린 것은?

① 창틀·문틀을 교체하는 경우 허가 또는 신고를 요하지 아니한다.
② 급·배수관 등 배관설비를 교체하는 경우 허가 또는 신고를 요하지 아니한다.
③ 축대 또는 보도블록의 교체는 허가 또는 신고를 요하지 아니한다.
④ 공동주택의 비내력벽을 철거하는 경우 허가를 요한다.
⑤ 공동주택의 입주자 등 또는 관리주체가 행위허가 또는 신고에 관하여 시장·군수·구청장의허가를 받거나 신고를 한 후 그 공사를 완료하였을 때에는 시장·군수·구청장의 사용검사를 받아야 하며, 사용검사에 관하여는 「주택법」 제49조를 준용한다.

**13** 공동주택관리법령상 동별 대표자를 선출하기 위한 선거관리위원회 위원이 될 수 있는 사람은?

① 사용자
② 동별 대표자
③ 피한정후견인
④ 동별 대표자 후보자의 직계존비속
⑤ 동별 대표자에서 해임된 사람으로서 그 남은 임기 중에 있는 사람

**14** 공동주택관리법령상 선거관리위원회의 위원의 결격사유에 해당하는 사항을 다음에서 옳게 고른 것은?

㉠ 미성년자
㉡ 동별대표자
㉢ 동별 대표자를 사퇴한 자
㉣ 선거관리위원회 위원을 사퇴한 자

① ㉠, ㉡, ㉢　　　　　　　　② ㉠, ㉡, ㉣
③ ㉡, ㉢, ㉣　　　　　　　　④ ㉢, ㉣
⑤ ㉠, ㉡, ㉢, ㉣

**15** 공동주택관리법령상 선거관리위원회의 위원이 될 수 없는 사람을 모두 고른 것은?

> ㉠ 피성년후견인 또는 피한정후견인
> ㉡ 동별 대표자 후보자의 직계존비속
> ㉢ 임기 중에 결격사유에 해당하여 동별 대표자에서 퇴임한 사람으로서 그 남은 임기 중에 있는 사람
> ㉣ 선거관리위원회 위원에서 해임된 사람으로서 그 남은 임기 중에 있는 사람

① ㉠  ② ㉠, ㉡  ③ ㉠, ㉡, ㉢
④ ㉡, ㉢, ㉣  ⑤ ㉠, ㉡, ㉢, ㉣

**16** 공동주택관리법령상 동별 대표자 등의 선거관리에 관한 설명으로 옳은 것은?

① 동별 대표자 및 선거관리위원회 위원 임기 중에 사퇴한 사람으로서 사퇴할 당시의 임기가 끝나지 아니한 사람은 선거관리위원회 위원이 될 수 있다.
② 300세대인 공동주택은 「선거관리위원회법」에 따른 선거관리위원회 소속 직원 1명을 위원으로 위촉하여야 한다.
③ 선거관리위원회의 구성·운영·업무·경비, 위원의 선임·해임 및 임기 등에 관한 사항은 국토교통부령으로 정한다.
④ 500세대 이상인 공동주택의 선거관리위원회는 그 구성원 과반수의 찬성으로 그 의사를 결정한다.
⑤ 동별 대표자 또는 그 후보자는 선거관리위원회 위원이 될 수 없으나, 그 배우자나 직계존비속은 선거관리위원회 위원이 될 수 있다.

**17** 공동주택관리법령상 선거관리위원회에 관한 설명으로 틀린 것은?

① 선거관리위원회는 관리규약으로 정한 구성원 과반수의 찬성으로 그 의사를 결정한다.
② 선거관리위원회는 입주자 등 중에서 위원장을 포함하여 500세대 이상인 공동주택은 5명 이상 9명 이하의 위원으로 구성하며, 500세대 미만인 공동주택은 3명 이상 9명 이하의 위원으로 구성한다.
③ 선거관리위원회의 구성·운영·업무·경비, 위원의 선임·해임 및 임기 등에 관한 사항은 시·도조례로 정한다.
④ 선거관리위원회 위원장은 동별 대표자 후보자 또는 동별 대표자에 대한 범죄경력의 확인을 경찰관서의 장에게 요청하여야 한다.
⑤ 500세대 이상인 공동주택은 선거관리위원회 소속 직원 1명을 관리규약으로 정하는 바에 따라 위원으로 위촉할 수 있다.

**18** 공동주택관리법령상 입주자대표회의 등의 하자보수 청구에 이의가 있는 경우 사업주체가 입주자대표회의 등과 협의하여 보수책임이 있는 하자범위에 해당하는지 여부 등 하자진단을 의뢰할 수 있는 안전진단기관을 다음에서 모두 고른 항목은?

> ㉠ 건축 분야 안전진단전문기관
> ㉡ 「건축사법」에 따라 설립한 건축사협회
> ㉢ 국립 또는 공립의 주택 관련 시험·검사기관
> ㉣ 「고등교육법」에 따른 대학 및 산업대학의 주택관련 부설연구기관(상설기관으로 한정한다)
> ㉤ 「엔지니어링산업 진흥법」에 따라 신고한 해당 분야의 엔지니어링사업자

① ㉠, ㉢  ② ㉠, ㉡  ③ ㉡, ㉢, ㉣
④ ㉠, ㉤  ⑤ ㉠, ㉡, ㉢, ㉣, ㉤

**19** 공동주택관리법령상 하자심사·분쟁조정위원회에 관한 설명으로 틀린 것은?

① 공동주택관리법에 따른 하자담보책임 및 하자보수 등과 관련한 심사·조정을 위하여 국토교통부에 하자심사·분쟁조정위원회를 둔다.
② 하자심사·분쟁조정위원 중에는 공동주택 하자에 관한 학식과 경험이 풍부한 자로서 공인된 대학이나 연구기관에서 부교수 이상 또는 이에 상당하는 직에 재직한 자가 9명 이상 포함되어야 한다.
③ 하자심사·분쟁조정위원회는 분쟁을 조정하기 위하여 시설공사별로 5명 이내의 위원으로 구성되는 소위원회를 둘 수 있다.
④ 하자심사·분쟁조정위원회는 위원회의 의사에 관한 규칙의 제정·개정 및 폐지에 관한 사항 등을 심사·조정한다.
⑤ 하자분쟁조정위원회는 분쟁의 조정 등의 절차에 관하여 이 법에서 규정하지 아니한 사항 및 소멸시효의 중단에 관하여는 「민사조정법」을 준용한다.

**20** 공동주택관리법령상 하자심사 · 분쟁조정위원회에 관한 설명으로 틀린 것은?

① 하자분쟁조정위원회는 그 신청을 받은 날부터 하자심사 및 분쟁조정은 60일(공용부분의 경우 90일) 이내에 그 절차를 완료하여야 한다.

② 하자분쟁조정위원회는 그 신청을 받은 날부터 분쟁재정은 150일(공용부분의 경우 180일) 이내에 그 절차를 완료하여야 한다.

③ 조정 등의 신청기간 이내에 조정 등을 완료할 수 없는 경우에는 해당 사건을 담당하는 분과위원회 또는 소위원회의 의결로 그 기간을 1회에 한하여 연장할 수 있으나, 그 기간은 60일 이내로 한다.

④ 위원장이 기명날인한 조정서 정본을 지체 없이 각 당사자 또는 그 대리인에게 송달하면 조정서의 내용은 재판상 화해와 동일한 효력이 있다.

⑤ 재정문서는 그 정본이 당사자에게 송달된 날부터 60일 이내에 당사자 양쪽 또는 어느 한쪽이 그 재정의 대상인 공동주택의 하자담보책임을 원인으로 하는 소송을 제기하지 아니하거나 그 소송을 취하한 경우에만 재판상 화해와 동일한 효력이 있다.

**21** 공동주택관리법령상 공동주택관리의 분쟁조정에 관한 설명을 옳지 않은 것은?

① 관리비 · 사용료 및 장기수선충당금 등의 징수 · 사용 등에 관한 사항은 공동주택관리분쟁조정위원회의 심의 · 조정사항에 해당된다.

② 분쟁당사자가 쌍방이 합의하여 중앙분쟁조정위원회에 조정을 신청하는 분쟁은 중앙분쟁조정위원회의 심의 · 조정사항에 해당된다.

③ 지방분쟁조정위원회는 해당 특별자치시 · 특별자치도 · 시 · 군 · 자치구의 관할 구역에서 발생한 분쟁 중 중앙분쟁조정위원회의 심의 · 조정 대상인 분쟁 외의 분쟁을 심의 · 조정한다.

④ 조정안을 제시받은 당사자는 그 제시를 받은 날부터 60일 이내에 그 수락 여부를 중앙분쟁조정위원회에 서면으로 통보하여야 하며, 60일 이내에 의사표시가 없는 때에는 수락한 것으로 본다.

⑤ 공동주택관리 분쟁(공동주택의 하자담보책임 및 하자보수 등과 관련한 분쟁을 제외한다)을 조정하기 위하여 국토교통부에 중앙분쟁조정위원회를 두고, 특별자치시 · 특별자치도 · 시 · 군 · 자치구에 지방분쟁조정위원회를 둔다. 다만, 공동주택 비율이 낮은 특별자치시 · 특별자치도 · 시 · 군 · 자치구로서 국토교통부장관이 인정하는 특별자치시 · 특별자치도 · 시 · 군 · 자치구의 경우에는 지방분쟁조정위원회를 두지 아니할 수 있다.

**22** 공동주택관리법령상 공동주택관리분쟁조정위원회에 관한 설명으로 옳은 것은?

① 중앙분쟁조정위원회를 구성할 때에는 성별을 고려하여야 한다.

② 공동주택의 층간소음에 관한 사항은 공동주택관리분쟁조정위원회의 심의 사항에 해당하지 않는다.

③ 국토교통부에 중앙분쟁조정위원회를 두고, 시·도에 지방분쟁조정위원회를 둔다.

④ 300세대인 공동주택단지에서 발생한 분쟁은 중앙분쟁조정위원회에서 관할 한다.

⑤ 중앙분쟁조정위원회는 위원장 1명을 제외한 15명 이내의 위원으로 구성한다.

**23** 공동주택관리법령상 공동주택관리분쟁조정위원회에 관한 설명으로 틀린 것은?

① 공동주택관리 분쟁(공동주택의 하자담보책임 및 하자보수 등과 관련한 분 쟁을 제외한다)을 조정하기 위하여 국토교통부에 중앙분쟁조정위원회를 두 고, 시·군·구(자치구를 말한다)에 지방분쟁조정위원회를 둔다.

② 공동주택관리 분쟁사항 중 둘 이상의 시·군·구의 관할 구역에 걸친 분쟁 은 중앙분쟁조정위원회가 심의·조정한다.

③ 심의·조정한 경우 당사자가 조정안을 수락하거나 수락한 것으로 보는 때 에는 그 조정서의 내용은 반드시 재판상 화해와 동일한 효력을 갖는다.

④ 중앙분쟁조정위원회의 위원은 공동주택관리에 관한 학식과 경험이 풍부한 사람으로서 국토교통부장관이 임명 또는 위촉하는 데 판사·검사 또는 변 호사의 직에 6년 이상 재직한 사람이 3명 이상 포함되어야 한다.

⑤ 주택관리사로서 공동주택의 관리사무소장으로 10년 이상 근무한 사람은 중 앙분쟁조정위원회의 위원으로 임명 또는 위촉대상이 된다.

**24** 공동주택관리법령상 공동주택관리 분쟁조정에 관한 설명으로 틀린 것은?

① 분쟁당사자가 지방분쟁조정위원회의 조정결과를 수락한 경우에는 당사자 간에 조정조서와 같은 내용의 합의가 성립된 것으로 본다.

② 중앙분쟁조정위원회는 조정을 효율적으로 하기 위하여 필요하다고 인정하면 해당 사건들을 분리하거나 병합할 수 있다.

③ 공동주택관리분쟁조정위원회는 공동주택의 리모델링에 관한 사항을 심의·조정한다.

④ 둘 이상의 시·군·구의 관할 구역에 걸친 분쟁으로서 300세대의 공동주택 단지에서 발생한 분쟁은 지방분쟁조정위원회에서 관할한다.

⑤ 중앙분쟁조정위원회로부터 분쟁조정 신청에 관한 통지를 받은 입주자대표회의와 관리주체는 분쟁조정에 응하여야 한다.

## 주관식 단답형 문제

**01** 공동주택관리법 제4조(다른 법률과의 관계)에 관한 내용이다. (      )에 들어간 용어를 쓰시오.

> ① 공동주택의 관리에 관하여 이 법에서 정하지 아니한 사항에 대하여는 「( ㉠ )」(을)를 적용한다.
> ② 임대주택의 관리에 관하여 「민간임대주택에 관한 특별법」 또는 「( ㉡ )」에서 정하지 아니한 사항에 대하여는 이 법을 적용한다.

**02** 공동주택관리법 제2조(정의) 규정의 일부이다. (      )에 들어갈 용어를 쓰시오.

> "(      )단지"란 분양을 목적으로 한 공동주택과 임대주택이 함께 있는 공동주택단지를 말한다.

**03** 공동주택관리법 제2조(정의)에서 정의하고 있는 공동주택관리법령상의 용어를 쓰시오.

> 분양을 목적으로 한 공동주택과 임대주택(「민간임대주택에 관한 특별법」에 따른 민간임대주택 및 「공공주택 특별법」에 따른 공공임대주택을 말한다)이 함께 있는 주택단지를 의미한다.

**04** 공동주택관리법 제2조(의무관리대상 공동주택)에 관한 설명이다. (      )에 들어갈 숫자를 쓰시오.

> 건축법 제11조에 따른 건축허가를 받아 주택 외의 시설과 주택을 동일건축물로 건축한 건축물로서 주택이 (      )세대 이상인 건축물은 공동주택관리법령에 따른 의무관리대상 공동주택에 해당된다.

**05** 공동주택관리법령상 다음 (    ) 안에 알맞은 용어를 쓰시오.

> 사업주체는 입주예정자의 과반수가 입주할 때까지 공동주택을 직접 관리하는 경우에는 입주예정자와 관리계약을 체결하여야 하며, 그 관리계약에 의하여 당해 공동주택의 공용부분의 관리 및 운영 등에 필요한 비용을 징수할 수 있다. 그 필요한 비용을 (    )이라 한다.

**06** 공동주택관리법 제6조(자치관리)에 관한 규정의 일부이다. (    )에 들어갈 용어를 쓰시오.

> 주택관리업자에게 위탁관리하다가 자치관리로 관리방법을 변경하는 경우 (    )는 그 위탁관리의 종료일까지 자치관리기구를 구성하여야 한다.

**07** 공동주택관리법 제7조(위탁관리)의 일부이다. (    )에 들어갈 용어를 쓰시오.

> ① 의무관리대상 공동주택의 입주자 등이 공동주택을 위탁관리할 것을 정한 경우에는 입주자대표회의는 다음 각 호의 기준에 따라 주택관리업자를 선정하여야 한다.
> 　1. 「전자문서 및 전자거래 기본법」 제2조 제2호에 따른 ( ㉠ )을 통하여 선정(이하 "전자입찰방식"이라 한다)할 것. 다만, 선정방법 등이 전자입찰방식을 적용하기 곤란한 경우로서 국토교통부장관이 정하여 고시하는 경우에는 전자입찰방식으로 선정하지 아니할 수 있다.
> 　1의2. 다음 각 목의 구분에 따른 사항에 대하여 전체 입주자 등의 과반수의 동의를 얻을 것
> 　　가. 경쟁입찰: 입찰의 종류 및 방법, 낙찰방법, 참가자격 제한 등 입찰과 관련한 중요사항
> 　　나. ( ㉡ ): 계약상대자 선정, 계약 조건 등 계약과 관련한 중요사항

**08** 공동주택관리법 시행령 제13조(동별 대표자의 임기 등)의 **일부규정이다. (      )에 들어갈 아라비아 숫자를 차례대로 쓰시오.**

> 동별 대표자의 임기는 ( ㉠ )년으로 한다. 동별 대표자는 한 번만 중임할 수 있다. 이 경우 보궐선거 또는 재선거로 선출된 동별 대표자의 임기가 ( ㉡ )개월 미만인 경우에는 임기의 횟수에 포함하지 않는다.

**09** 공동주택관리법 시행령 제13조(동별 대표자의 임기 등)의 **일부이다. (      ) 안에 들어갈 숫자를 쓰시오.**

> ① 법 제14조 제10항에 따라 동별 대표자의 임기는 ( ㉠ )년으로 한다. 다만, 보궐선거 또는 재선거로 선출된 동별 대표자의 임기는 다음 각 호의 구분에 따른다.
>   1. 모든 동별 대표자의 임기가 동시에 시작하는 경우: ( ㉡ )년
>   2. 그 밖의 경우: 전임자 임기(재선거의 경우 재선거 전에 실시한 선거에서 선출된 동별 대표자의 임기를 말한다)의 남은 기간
> ② 법 제14조 제10항에 따라 동별 대표자는 한 번만 중임할 수 있다. 이 경우 보궐선거 또는 재선거로 선출된 동별 대표자의 임기가 ( ㉢ )개월 미만인 경우에는 임기의 횟수에 포함하지 않는다.

**10** 공동주택관리법 시행령 제14조(입주자대표회의의 의결을 위한 소집)에 관한 **설명이다. (      )에 들어갈 아라비아 숫자와 용어를 쓰시오.**

> 입주자 등의 10분의 1 이상이 요청하는 때에는 입주자대표회의의 회장은 해당 일부터 ( ㉠ )일 이내에 입주자대표회의를 소집해야 하며, 회장이 회의를 소집하지 않는 경우에는 ( ㉡ )(으)로 정하는 이사가 그 회의를 소집하고 회장의 직무를 대행한다.

**11**
상 중 하

공동주택관리법령상 의무관리대상 공동주택의 관리사무소장에 관한 내용이다. ( )에 들어갈 아라비아 숫자를 쓰시오.

> - ( ㉠ )세대 미만의 공동주택에는 주택관리사를 갈음하여 주택관리사보를 해당 공동주택의 관리사무소장으로 배치할 수 있다.
> - 관리사무소장은 공동주택의 안전관리계획을 ( ㉡ )년마다 조정하되, 관리여건상 필요하여 관리사무소장이 입주자대표회의 구성원 과반수의 서면동의를 받은 경우에는 ( ㉡ )년이 지나기 전에 조정할 수 있다.
> - 입주자대표회의는 선임된 자치관리기구 관리사무소장이 해임되거나 그 밖의 사유로 결원이 되었을 때에는 그 사유가 발생한 날부터 ( ㉢ )일 이내에 새로운 관리사무소장을 선임하여야 한다.

**12**
상 중 하

공동주택관리법 제70조(관리사무소장으로 배치받은 주택관리사 등의 교육)에 관한 내용이다. ( )에 들어갈 용어를 쓰시오.

> 관리사무소장으로 배치받은 주택관리사 등은 국토교통부령으로 정하는 바에 따라 관리사무소장으로 배치된 날부터 3개월 이내에 공동주택관리에 관한 교육과 ( )교육을 받아야 한다.

**13**
상 중 하

공동주택관리법 시행령 제15조(선거관리위원회 구성)에 관한 내용이다. ( )에 들어갈 숫자를 순서대로 쓰시오.

> 500세대 미만인 의무관리대상 공동주택의 경우 선거관리위원회는 입주자 등 중에서 위원장을 포함하여 ( ㉠ )명 이상 ( ㉡ )명 이하의 위원으로 구성한다.

**14**
상 중 하

공동주택관리법 시행령 제15조(선거관리위원회 구성원 수)에 관한 내용이다. ( )에 들어갈 아라비아 숫자를 쓰시오.

> 500세대 이상인 공동주택의 동별 대표자 선출을 위한 선거관리위원회는 입주자 등(서면으로 위임된 대리권이 없는 공동주택 소유자의 배우자 및 직계존비속이 그 소유자를 대리하는 경우를 포함한다) 중에서 위원장을 포함하여 ( ㉠ )명 이상 ( ㉡ )명 이하의 위원으로 구성한다.

**15** 공동주택관리법 시행령 제20조(관리규약의 제정 등)의 일부이다. (    ) 안에 들어갈 숫자 및 용어 및 숫자를 쓰시오.

> ① ( ㉠ )는 입주예정자와 관리계약을 체결할 때 관리규약 제정안을 제안해야 한다. 다만, 제29조의3에 따라 사업주체가 입주자대표회의가 구성되기 전에 같은 조 제1항 각 호의 시설의 임대계약을 체결하려는 경우에는 입주개시일 ( ㉡ )개월 전부터 관리규약 제정안을 제안할 수 있다.

**16** 공동주택관리법 시행령 제20조(관리규약의 제정 등) 및 동법 시행령 제29조의3(사업주체의 어린이집 등의 임대계약 체결)의 일부이다. (    ) 안에 들어갈 용어 또는 숫자 및 분수를 차례대로 쓰시오.

> • 제20조 ① 사업주체는 입주예정자와 ( ㉠ )을 체결할 때 관리규약 제정안을 제안해야 한다. 다만, 제29조의 3에 따라 사업주체가 입주자대표회의가 구성되기 전에 같은 조 제1항 각 호의 시설의 임대계약을 체결하려는 경우에는 입주개시일 ( ㉡ )개월 전부터 관리규약 제정안을 제안할 수 있다.
> • 제29조의3 ① 시장·군수·구청장은 입주자대표회의가 구성되기 전에 다음 각 호의 주민공동시설의 임대계약 체결이 필요하다고 인정하는 경우에는 사업주체로 하여금 입주예정자 ( ㉢ )의 서면 동의를 받아 해당 시설의 임대계약을 체결하도록 할 수 있다.
> 1. 「영유아보육법」 제10조에 따른 어린이집
> 2. 「아동복지법」 제44조의2에 따른 다함께돌봄센터
> 3. 「아이돌봄 지원법」 제19조에 따른 공동육아나눔터

**17** 공동주택관리법 제20조(관리규약)에 관한 규정이다. (    )에 들어갈 용어 및 숫자를 차례대로 쓰시오.

> ( ㉠ )은 관리규약의 준칙을 참조하여 관리규약을 정한다. 사업주체는 입주예정자와 관리계약을 체결할 때 관리규약 제정안을 제안하여야 한다. 다만, 법 제29조의3에 따라 사업주체가 입주자대표회의가 구성되기 전에 공동주택의 어린이집·다함께돌봄센터·공동육아나눔터의 임대계약을 체결하려는 경우에는 입주개시일 ( ㉡ )개월 전부터 관리규약 제정안을 제안할 수 있다.

**18** 공동주택관리법 시행령 제21조의2(층간소음관리위원회 구성 의무대상 공동주택) 및 동법 시행령 제21조의3(층간소음관리위원회 구성원의 교육)의 일부이다. (     ) 안에 들어갈 숫자 및 용어를 쓰시오.

> • 법 제20조 제7항 각 호 외의 부분 단서에서 "대통령령으로 정하는 규모"란 ( ㉠ )세대를 말한다.
> • 층간소음관리위원회의 구성원에 대한 층간소음예방등교육의 수강비용은 제23조 제8항 후단에 따른 ( ㉡ )에서 부담한다.

**19** 공동주택관리법 시행령 제21조의3(층간소음관리위원회 구성원의 교육)의 일부이다. (     ) 안에 들어갈 숫자를 쓰시오.

> ① 법 제20조 제9항에 따라 국토교통부장관이 정하여 고시하는 기관 또는 단체(이하 이 조에서 "층간소음분쟁해결지원기관"이라 한다)는 같은 조 제7항에 따른 공동주택 층간소음관리위원회(이하 "층간소음관리위원회"라 한다)의 구성원에 대해 같은 조 제10항에 따라 층간소음 예방 및 분쟁 조정 교육(이하 이 조에서 "층간소음예방 등 교육"이라 한다)을 하려면 다음 각 호의 사항을 교육 ( ㉠ )일 전까지 공고하거나 교육대상자에게 알려야 한다.
> 1. 교육일시, 교육기간 및 교육장소
> 2. 교육내용
> 3. 교육대상자
> 4. 그 밖에 교육에 관하여 필요한 사항
> ② 층간소음관리위원회의 구성원은 매년 ( ㉡ )시간의 층간소음예방 등 교육을 이수해야 한다.

**20**
공동주택관리법 제20조(층간소음의 방지 등)의 일부이다. (    ) 안에 알맞은 용어를 각각 쓰시오.

> ② 제1항에 따른 층간소음으로 피해를 입은 입주자 등은 관리주체에게 층간소음 발생 사실을 알리고, 관리주체가 층간소음 피해를 끼친 해당 입주자 등에게 층간소음 발생을 중단하거나 소음차단 조치를 권고하도록 요청할 수 있다. 이 경우 관리주체는 사실관계 확인을 위하여 세대 내 확인 등 필요한 조사를 할 수 있다.
>
> <생략>
>
> ④ 제2항에 따른 관리주체의 조치에도 불구하고 층간소음 발생이 계속될 경우에는 층간소음 피해를 입은 입주자 등은 제7항에 따른 공동주택 ( ㉠ )에 조정을 신청할 수 있다.
>
> ⑤ 공동주택 층간소음의 범위와 기준은 국토교통부와 ( ㉡ )의 공동부령으로 정한다.

**21**
공동주택관리법 제23조(관리비 등의 납부 및 공개 등) 제4항의 규정이다. (    ) 안에 들어갈 용어를 쓰시오.

> 관리주체는 관리비 등의 내역을 대통령령으로 정하는 바에 따라 해당 공동주택단지의 인터넷 홈페이지(인터넷 홈페이지가 없는 경우에는 인터넷 포털을 통하여 관리주체가 운영·통제하는 유사한 기능의 웹사이트 또는 관리사무소의 게시판을 말한다) 및 동별 게시판(통로별 게시판이 설치된 경우에는 이를 포함한다)과 국토교통부장관이 구축·운영하는 (    )에 공개하여야 한다.

**22**
공동주택관리법 시행령 제23조(관리비 등)의 일부이다. (    )에 들어갈 용어를 쓰시오.

> ② 관리주체는 다음 각 호의 비용에 대해서는 제1항에 따른 관리비와 구분하여 징수하여야 한다.
> 1. ( ㉠ )
> 2. 제40조 제2항 단서에 따른 ( ㉡ ) 실시비용

**23**
상 중 하

공동주택관리법 시행령 제23조(관리비 등)의 일부이다. (      )에 들어갈 숫자 및 용어를 쓰시오.

> ⑩ 법 제23조 제5항 전단에 따른 공동주택의 관리인은 다음 각 호의 관리비 등을 제8항의 방법에 따라 다음 달 말일까지 공개해야 한다. 다만, ( ㉠ )세대(주택 외의 시설과 주택을 동일 건축물로 건축한 건축물의 경우 주택을 기준으로 한다) 미만인 공동주택의 관리인은 법 제23조 제5항 후단에 따라 공동주택관리정보시스템 공개를 생략할 수 있다.
> 1. 제1항 제1호부터 제10호까지의 비목별 월별 합계액
> 2. 장기수선충당금
> 3. 제3항 각 호에 따른 각각의 사용료 등(세대 수가 50세대 이상 100세대 미만인 공동주택의 경우에는 각각의 사용료 등의 합계액을 말한다)
> 4. ( ㉡ )

**24**
상 중 하

공동주택관리법 시행령 제26조(관리비 등의 사업계획 및 예산안 수립 등)의 규정의 일부이다. (      ) 안에 들어갈 아라비아 숫자를 쓰시오.

> ① 관리주체는 다음 회계연도에 관한 관리비 등의 사업계획 및 예산안을 매 회계 연도 개시 ( ㉠ )개월 전까지 입주자대표회의에 제출하여 승인을 받아야 한다.
> ② <생략>
> ③ 관리주체는 매 회계연도마다 사업실적서 및 결산서를 작성하여 회계연도 종료 후 ( ㉡ )개월 이내에 입주자대표회의에 제출하여야 한다.

**25**
상 중 하

공동주택관리법 제26조(관리비 등의 사업계획 및 예산안 수립 등)에 관한 내용이다. (      ) 안에 들어갈 숫자를 순서대로 각각 쓰시오.

> 관리주체는 다음 회계연도에 관한 관리비 등의 사업계획 및 예산안을 매 회계연도 개시 ( ㉠ ) 전까지 입주자대표회의에 제출하여 승인을 받아야 하며, 매 회계연도마다 사업실적서 및 결산서를 작성하여 회계연도 종료 후 ( ㉡ )개월 이내에 입주자대표회의에 제출하여야 한다.

**26** 공동주택관리법 제26조(회계감사) 제3항 규정이다. (    )에 들어갈 숫자 및 용어
를 순서대로 쓰시오.

> ( ㉠ )은(는) 회계감사를 받은 경우에는 감사보고서 등 회계감사의 결과를 제
> 출받은 날부터 ( ㉡ )개월 이내에 입주자대표회의에 보고하고 해당 공동주택
> 단지의 인터넷 홈페이지 및 동별게시판에 공개하여야 한다.

**27** 공동주택관리법 제27조(회계서류 등의 작성·보관)에 관한 설명이다. (    )에 들
어갈 아라비아 숫자를 쓰시오.

> 의무관리대상 공동주택의 관리주체는 관리비 등의 징수·보관·예치·집행
> 등 모든 거래 행위에 관하여 월별로 작성한 장부 및 그 증빙서류를 해당 회계
> 연도 종료일부터 (    )년간 보관하여야 한다. 이 경우 관리주체는 「전자문서
> 및 전 자거래 기본법」 제2조 제2호에 따른 정보처리시스템을 통하여 장부 및
> 증빙서류를 작성하거나 보관할 수 있다.

**28** 공동주택관리법 시행령 제27조(관리주체에 대한 회계감사 등) 제1항 규정의 일부
이다. (    )에 들어갈 숫자 또는 용어를 각각 쓰시오.

> 법 제26조 제1항 각 호 외의 부분 본문에 따라 회계감사를 받아야 하는 공동주
> 택의 관리주체는 매 회계연도 종료 후 ( ㉠ )개월 이내에 다음 각 호의 재무제
> 표에 대하여 회계감사를 받아야 한다.
> 1. 재무상태표
> 2. ( ㉡ )
> 3. ( ㉢ )(또는 결손금처리계산서)
> 4. 주석(註釋)

**29** 공동주택관리법 시행령 제27조(관리주체에 대한 회계감사 등)에 관한 내용이다.
( )에 들어갈 용어를 쓰시오.

> 공동주택관리법에 따라 회계감사를 받아야 하는 공동주택의 관리주체는 매 회계연도 종료 후 9개월 이내에 다음의 재무제표에 대하여 회계감사를 받아야 한다.
> • 재무상태표
> • 운영성과표
> • 이익잉여금처분계산서(또는 결손금처리계산서)
> • ( )

**30** 공동주택관리법 제29조(장기수선계획에 관한 규정)이다. ( )에 들어갈 용어와 숫자를 순서대로 쓰시오.

> ( ㉠ )와(과) 관리주체는 장기수선계획을 ( ㉡ )년마다 검토하고, 필요한 경우 이를 국토교통부령으로 정하는 바에 따라 조정하여야 하며, 수립 또는 조정된 장기수선계획에 따라 주요시설을 교체하거나 보수하여야 한다.

**31** 공동주택관리법 제32조(안전관리계획 및 교육 등) 제1항의 규정이다. 다음 ( )
안에 알맞은 용어를 쓰시오.

> 의무관리대상 공동주택의 ( )는 해당 공동주택의 시설물로 인한 안전사고를 예방하기 위하여 대통령령으로 정하는 바에 따라 안전관리계획을 수립하고 이에 따라 시설물별로 안전관리자 및 안전관리책임자를 지정하여 이를 시행하여야 한다.

**32**
상 중 하

공동주택관리법 시행령 제29조의 3(사업주체의 어린이집 등의 임대계약 체결)에 관한 내용이다. (    )에 들어갈 용어를 쓰시오.

① 시장·군수·구청장은 입주자대표회의가 구성되기 전에 다음 각 호의 주민공동시설의 임대계약체결이 필요하다고 인정하는 경우에는 사업주체로 하여금 입주예정자 과반수의 서면 동의를 받아 해당 시설의 임대계약을 체결하도록 할 수 있다.
1. 「영유아보육법」 제10조에 따른 어린이집
2. 「아동복지법」 제44조의2에 따른 다함께돌봄센터
3. 「아이돌봄 지원법」 제19조에 따른 (    )

**33**
상 중 하

공동주택관리법 제32조 제1항의 규정이다. 다음 (    ) 안에 알맞은 용어를 쓰시오.

관리주체는 해당 공동주택의 시설물로 인한 안전사고를 예방하기 위하여 대통령령으로 정하는 바에 따라 (    )을 수립하고 이에 따라 시설물별로 안전관리자 및 안전관리책임자를 선정하여 이를 시행하여야 한다.

**34**
상 중 하

공동주택관리법 시행령 제35조(행위허가 등의 기준 등)의 일부 내용이다. (    )에 들어갈 용어를 쓰시오.

공동주택의 지하층은 ( ㉠ )로 활용할 수 있다. 이 경우 관리주체는 ( ㉡ )로 사용하는 데 지장이 없도록 이를 유지·관리하여야 한다.

**35**
상중하
공동주택관리법 시행령 제39조(담보책임의 종료)이다. (    )에 들어갈 용어 및 분수를 쓰시오.

> ⑤ 사업주체와 다음 각 호의 구분에 따른 자는 하자보수가 끝난 때에는 공동으로 담보책임 종료확인서를 작성해야 한다. 이 경우 담보책임기간이 만료되기 전에 담보책임 종료확인서를 작성해서는 안 된다.
> 1. 전유부분: ( ㉠ )
> 2. 공용부분: 입주자대표회의의 회장(의무관리대상 공동주택이 아닌 경우에는 「집합건물의 소유 및 관리에 관한 법률」에 따른 관리인을 말한다) 또는 ( ㉡ ) 이상의 입주자(입주자대표회의의 구성원 중 사용자인 동별 대표자가 과반수인 경우만 해당한다)

**36**
상중하
공동주택관리법 시행령 제36조(담보책임기간)의 일부이다. (    ) 안에 들어갈 숫자 및 용어를 쓰시오.

> ② 사업주체(「건축법」 제11조에 따른 건축허가를 받아 분양을 목적으로 하는 공동주택을 건축한 건축주를 포함한다)는 해당 공동주택의 전유부분을 입주자에게 인도한 때에는 국토교통부령으로 정하는 바에 따라 주택인도증서를 작성하여 관리주체(의무관리대상 공동주택이 아닌 경우에는 「집합건물의 소유 및 관리에 관한 법률」에 따른 관리인을 말한다)에게 인계하여야 한다. 이 경우 관리주체는 ( ㉠ )일 이내에 ( ㉡ )에 전유부분의 인도일을 공개하여야 한다.

**37**
상중하
공동주택관리법 제38조(하자보수보증금의 예치 및 사용)의 일부이다. (    )에 들어갈 숫자를 쓰시오.

> ② 입주자대표회의 등은 하자보수보증금을 제39조에 따른 하자심사·분쟁조정위원회의 하자 여부 판정 등에 따른 하자보수비용 등 대통령령으로 정하는 용도로만 사용하여야 하며, 의무관리대상 공동주택의 경우에는 하자보수보증금의 사용 후 ( ㉠ )일 이내에 그 사용내역을 국토교통부령으로 정하는 바에 따라 시장·군수·구청장에게 신고하여야 한다.
> ③ 하자보수보증금을 예치받은 자(이하 "하자보수보증금의 보증서 발급기관"이라 한다)는 하자보수보증금을 의무관리대상 공동주택의 입주자대표회의에 지급한 날부터 ( ㉡ )일 이내에 지급 내역을 국토교통부령으로 정하는 바에 따라 관할 시장·군수·구청장에게 통보하여야 한다.

**38**
상 중 하

공동주택관리법 시행령 제45조(하자보수보증금의 반환)의 일부 규정이다. (      )
에 들어갈 아라비아 숫자를 차례대로 쓰시오.

> 입주자대표회의는 사업주체가 예치한 하자보수보증금을 다음 각 호의 구분에
> 따라 순차적으로 사업주체에게 반환하여야 한다.
> 1. 사용검사일부터 2년이 경과된 때: 하자보수보증금의 100분의 15
> 2. 사용검사일부터 3년이 경과된 때: 하자보수보증금의 100분의 ( ㉠ )
> 3. 사용검사일부터 5년이 경과된 때: 하자보수보증금의 100분의 25
> 4. 사용검사일부터 10년이 경과된 때: 하자보수보증금의 100분의 ( ㉡ )

**39**
상 중 하

공동주택관리법 시행령 제45조(하자보수보증금의 반환)에 관한 규정의 일부이다.
(      )에 들어 갈 숫자를 순서대로 쓰시오. (단, 하자보수보증금을 사용하지 않은
것으로 전제함)

> 입주자대표회의는 사업주체가 예치한 하자보수보증금을 다음 각 호의 구분에
> 따라 순차적으로 사업주체에게 반환하여야 한다.
> 1. <생략>
> 2. 사용검사일부터 3년이 경과된 때: 하자보수보증금의 100분의 ( ㉠ )
> 3. 사용검사일부터 5년이 경과된 때: 하자보수보증금의 100분의 ( ㉡ )
> 4. <생략>

**40**
상 중 하

공동주택관리법 제74조(분쟁조정의 신청 및 조정 등)의 일부이다. (      ) 안에 들
어갈 숫자를 쓰시오.

> ③ 중앙분쟁조정위원회는 제2항에 따른 조정절차를 개시한 날부터 ( ㉠ )일
> 이내에 그 절차를 완료한 후 조정안을 작성하여 지체 없이 이를 각 당사자
> 에게 제시하여야 한다. 다만, 부득이한 사정으로 ( ㉠ )일 이내에 조정 절차
> 를 완료할 수 없는 경우 중앙분쟁조정위원회는 그 기간을 연장할 수 있다.
> 이 경우 그 사유와 기한을 명시하여 당사자에게 서면으로 통지하여야 한다.
> ④ 조정안을 제시받은 당사자는 그 제시를 받은 날부터 ( ㉡ )일 이내에 그 수락
> 여부를 중앙분쟁조정위원회에 서면으로 통보하여야 한다. 이 경우 ( ㉡ )
> 일 이내에 의사표시가 없는 때에는 수락한 것으로 본다.

**41** 공동주택관리법 제93조(공동주택관리에 관한 감독)의 일부 내용이다. (      )에 들어갈 숫자 및 용어를 쓰시오.

공동주택의 입주자 등은 다음의 어느 하나에 해당하는 경우 전체 입주자 등의 10분의 ( ㉠ ) 이상의 동의를 받아 지방자치단체의 장에게 입주자대표회의나 그 구성원, 관리주체, 관리사무소장 또는 선거관리위원회나 그 위원 등의 업무에 대하여 ( ㉡ )를 요청할 수 있다.
1. 이 법 또는 이 법에 따른 명령이나 처분을 위반하여 조치가 필요한 경우
2. 공동주택단지 내 분쟁의 조정이 필요한 경우
3. 입주자대표회의 등이 공동주택 관리규약을 위반한 경우

Memo

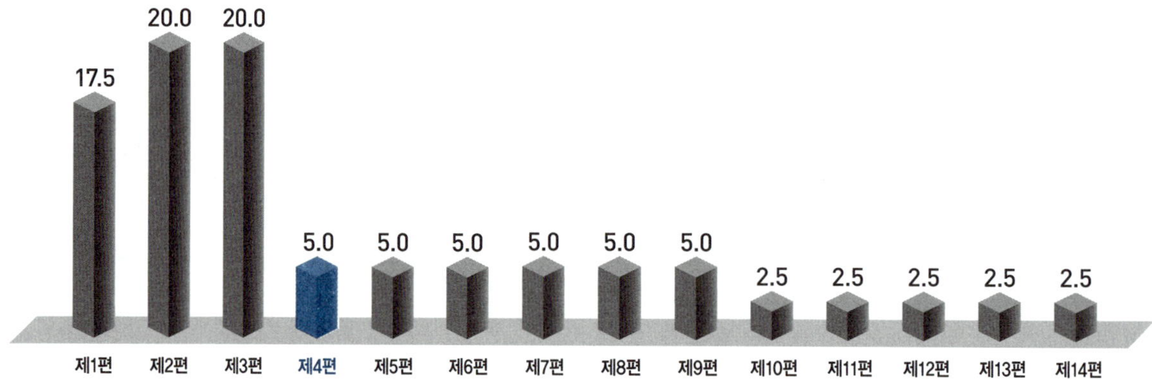


### 최근 5개년간 기출문제 분석

민간임대주택에 관한 특별법은 2문제가 출제되는데, 1문제는 주관식으로 출제되고 있다. 용어와 임대사업자, 주택임대관리업자, 촉진지구 등 개괄적인 정리가 필요하다.

# 민간임대주택에
# 관한 특별법

📖 **연계학습** 기본서 p.296~344

**단·원·열·기**

민간임대주택에 관한 특별법은 총 2문제가 출제되고 1문제가 주관식이다. 이 단원은 총칙, 임대사업자, 주택임대관리업자, 민간임대주택의 건설, 공급촉진지구, 민간임대주택의 공급, 민간임대주택의 관리로 구분하여 학습한다.

## 01 민간임대주택에 관한 특별법령상의 내용으로 옳은 것은?

상·중·하

① 임대사업자가 임대조건을 위반한 경우 등록말소사유에 해당한다.

② 국가는 그가 개발한 택지 중 5퍼센트 이상을 임대주택 건설용지로 사용하거나 건설임대업자에게 공급하여야 한다.

③ 임대사업자가 민간임대주택을 자체관리하려면 기술인력 및 장비를 갖추고 시장·군수·구청장에게 신고하여야 한다.

④ 토지 및 종전부동산(이하 "토지등"이라 한다)을 공급받은 자는 토지등을 공급받은 날부터 1년 이내에 민간임대주택을 건설하여야 한다.

⑤ 임대사업자는 임대의무기간 동안에도 국토교통부령으로 정하는 바에 따라 시장·군수·구청장에게 허가받은 후 민간임대주택을 다른 임대사업자에게 양도할 수 있다.

## 02 민간임대주택에 관한 특별법상 주택임대관리업에 관한 설명으로 틀린 것은?

상·중·하

① 주택임대관리업의 등록기관은 시장·군수·구청장이다.

② 주택임대관리업의 등록기관은 등록 사항의 변경 신고를 받은 때에는 신고를 받은 날부터 10일 이내에 신고수리 여부를 신고인에게 통지하여야 한다.

③ 주택임대관리업의 등록이 말소된 후 2년이 지나지 아니한 자는 주택임대관리업의 등록을 할 수 없다.

④ 거짓으로 주택임대관리업의 등록을 한 경우 주택임대관리업의 등록기관은 그 등록을 말소하여야 한다.

⑤ 임대 목적 주택에 대한 임대차계약의 갱신 및 갱신거절은 주택임대관리업자의 업무범위에 해당한다.

**03** 민간임대주택에 관한 특별법령상 민간임대주택의 관리 및 주택임대관리업 등에 관한 설명으로 옳은 것은?

① 임대사업자는 민간임대주택이 300세대 이상의 공동주택의 경우에는 공동주택관리법에 따른 주택관리업자에게 관리를 위탁하여야 하며, 자체관리할 수 없다.

② 주택임대관리업은 주택의 소유자로부터 주택을 임차하여 자기책임으로 전대하는 형태의 위탁관리형 주택임대관리업과 주택의 소유자로부터 수수료를 받고 임대료 부과·징수 및 시설물 유지·관리 등을 대행하는 형태의 자기관리형 주택임대관리업으로 구분한다.

③ 지방공기업법에 따라 설립된 지방공사가 주택임대관리업을 하려는 경우 신청서에 대통령령으로 정하는 서류를 첨부하여 시장·군수·구청장에게 제출하여야 한다.

④ 민간임대주택에 관한 특별법에 위반하여 주택임대관리업의 등록이 말소된 후 2년이 지나지 아니한 자는 주택임대관리업의 등록을 할 수 없다.

⑤ 주택임대관리업자는 주택임대관리업자의 현황 중 전문인력의 경우 1개월마다 시장·군수·구청장에게 신고하여야 한다.

**04** 민간임대주택에 관한 특별법령상 주택임대관리업에 관한 설명으로 틀린 것은?

① 주택임대관리업자는 임대를 목적으로 하는 주택에 대하여 부수적으로 시설물 유지·보수·개량 및 그 밖의 주택관리업무를 수행할 수 있다.

② 자기관리형 주택임대관리업 등록시 자본금은 2억원 이상이어야 한다.

③ 미성년자는 주택임대관리업의 결격사유에 해당한다.

④ 자기관리형 주택임대관리업을 하는 주택임대관리업자는 임대인 및 임차인의 권리보호를 위하여 보증상품에 가입하여야 한다.

⑤ 거짓이나 그 밖의 부정한 방법으로 등록을 한 경우는 주택임대관리업 등록을 말소하여야 한다.

**05** 민간임대주택에 관한 특별법령상 주택임대관리업자에 관한 설명으로 옳은 것은?

① 주택임대관리업을 하려는 자는 시장·군수·구청장에게 등록하여야 한다.
② 미성년자는 등록을 할 수 있다.
③ 위탁관리형 주택임대관리업을 하는 주택임대관리업자는 임대인 및 임차인의 권리보호를 위하여 보증상품에 가입하여야 한다.
④ 주택임대관리업자가 등록증을 대여한 경우 그 등록을 말소할 수 있다.
⑤ 주택임대관리업을 폐업하려면 폐업 후 30일 이내에 시장·군수·구청장에게 말소신고를 하여야 한다.

**06** 민간임대주택에 관한 특별법령상 주택임대관리업의 등록을 반드시 말소하여야 하는 경우는?

① 보고, 자료의 제출 또는 검사를 거부·방해 또는 기피하거나 거짓으로 보고한 경우
② 등록기준을 갖추지 못한 경우. 다만, 일시적으로 등록기준에 미달하는 등 대통령령으로 정하는 경우는 그러하지 아니하다.
③ 정당한 사유 없이 최종 위탁계약 종료일의 다음 날부터 1년 이상 위탁계약 실적이 없는 경우
④ 고의 또는 중대한 과실로 임대를 목적으로 하는 주택을 잘못 관리하여 임대인 및 임차인에게 재산상의 손해를 입힌 경우
⑤ 최근 3년간 2회 이상의 영업정지처분을 받은 자로서 그 정지처분을 받은 기간이 합산하여 12개월을 초과한 경우

**07** 민간임대주택에 관한 특별법령상 주택임대관리업자의 부수적업무를 모두 옳게 고른 항목은?

> ㉠ 임대차계약의 체결·해제·해지·갱신 및 갱신거절 등
> ㉡ 임대료의 부과·징수 등
> ㉢ 임차인의 입주 및 명도·퇴거 등(「공인중개사법」 제2조 제3호에 따른 중개업은 제외한다)
> ㉣ 시설물 유지·보수·개량 및 그 밖의 주택관리업무

① ㉠, ㉡, ㉢        ② ㉣        ③ ㉡, ㉢
④ ㉢, ㉣        ⑤ ㉣, ㉤

**08** 민간임대주택에 관한 특별법령상 주택임대관리업에 관한 설명으로 옳은 것은?

① 위탁관리형 주택임대관리업을 등록한 경우에는 자기관리형 주택임대관리업도 등록한 것으로 본다.

② 주택임대관리업 등록을 한 자가 등록한 사항 중 자본금이 증가한 경우 변경신고를 하여야 한다.

③ 주택임대관리업자는 반기마다 그 반기가 끝나는 달의 다음 달 말일까지 위탁받아 관리하는 주택의 호수·세대수 및 소재지를 시장·군수·구청장에게 신고하여야 한다.

④ 위탁관리형 주택임대관리업을 하는 주택임대관리업자는 임대인 및 임차인의 권리보호를 위하여 보증상품에 가입하여야 한다.

⑤ 주택임대관리업자는 임대를 목적으로 하는 주택에 대하여 부수적으로 시설물 유지·보수·개량 및 그 밖의 주택관리업무를 수행할 수 있다.

**09** 민간임대주택에 관한 특별법령상 내용으로 옳은 것은?

① 위탁관리형 주택임대관리업을 하는 주택임대관리업자는 임대인 및 임차인의 권리보호를 위하여 보증상품에 가입하여야 한다.

② 공공지원민간임대주택촉진지구(이하 "촉진지구"라 한다)에서 건설·공급되는 전체 주택 호수의 50% 이상이 공공지원민간임대주택으로 건설·공급되고, 촉진지구의 면적은 5천m² 이상의 범위에서이고, 유상공급 토지면적중 주택건설 용도로 공급하는 면적이 유상공급 토지면적의 50%를 초과하지 않아야 한다.

③ 공공주택사업자는 주택건설사업 중 공공지원민간임대주택 건설사업을 시행할 수 없다.

④ 단기민간임대주택의 임대의무기간은 5년이다.

⑤ 공공주택시행자는 촉진지구 토지 면적의 3분의 2 이상에 해당하는 토지를 소유하고 토지 소유자 총수의 2분의 1 이상에 해당하는 자의 동의를 받은 경우 나머지 토지 등을 수용 또는 사용할 수 있다.

**10** 민간임대주택에 관한 특별법상 내용으로 틀린 것은?

① 촉진지구가 지정고시된 날부터 2년 이내에 지구계획승인을 신청하지 아니하는 경우 지정권자는 촉진지구의 지정을 해제할 수 있다.

② 임차인이 월임대료를 2개월 이상 연속하여 연체한 경우 임대사업자는 임대차계약을 해제 또는 해지하거나 재계약을 거절을 할 수 있다.

③ 자기관리형 주택임대관리업을 하는 주택임대관리업자는 임대인 및 임차인의 권리보호를 위하여 보증상품에 가입하여야 한다.

④ 주택임대관리업을 등록하는 경우에는 자기관리형 주택임대관리업과 위탁관리형 주택임대관리업을 구분하여 등록하여야 한다.

⑤ 임대사업자가 20세대 이상의 민간임대주택을 공급하는 공동주택단지에 입주하는 임차인은 임차인대표회의를 구성할 수 있다.

**11** 민간임대주택에 관한 특별법령상 임대차계약신고에 관한 내용으로 틀린 것은?

① 임대사업자는 민간임대주택의 임대차기간, 임대료 및 임차인 현황(준주택에 한정한다) 등 임대차계약에 관한 사항을 시장·군수·구청장에게 신고하여야 한다.

② 신고하려는 임대사업자는 임대차계약 체결일부터 3개월 이내에 임대사업자의 주소지를 관할하는 시장·군수·구청장에게 제출하여야 한다.

③ 신고서를 받은 시장·군수·구청장은 신고 내용을 확인한 후 신고를 받은 날부터 10일 이내에 임대조건 신고증명서를 신고인에게 발급하여야 한다.

④ 시장·군수·구청장은 임대사업자가 신고한 임대 조건을 매 분기 종료 후 다음 달 말일까지 해당 지방자치단체의 공보에 공고하여야 한다.

⑤ 20세대 이상의 공동주택을 임대하는 임대사업자가 임대차계약에 관한 사항을 변경하여 신고하는 경우에는 변경예정일 1개월 전까지 신고하여야 한다.

**12** 민간임대주택에 관한 특별법령상 임대사업자가 임대차계약을 해제 또는 해지하거나 임대차계약의 갱신을 거절할 수 있는 사유가 아닌 것은?

① 월임대료를 3개월 이상 연속하여 연체한 경우

② 거짓이나 그 밖의 부정한 방법으로 민간임대주택을 임대받은 경우

③ 표준임대차계약서상의 의무를 위반한 경우

④ 민간임대주택 및 그 부대시설을 임대사업자의 동의를 받지 아니하고 개축·증축 또는 변경하거나 본래의 용도가 아닌 용도로 사용한 경우

⑤ 임대차계약기간이 시작된 날로부터 60일 이내에 입주하지 않는 경우

**13** 민간임대주택에 관한 특별법령상 임차인대표회의에 관한 내용으로 옳은 것은?

① 임대사업자가 20세대 이상의 민간임대주택을 공급하는 공동주택단지에 입주하는 임차인은 임차인대표회의를 구성하여야 한다.

② 임대사업자가 민간임대주택을 공급하는 150세대 이상의 승강기가 설치된 공동주택단지에 입주하는 임차인은 임차인대표회의를 구성하여야 한다.

③ 임대사업자는 입주예정자의 과반수가 입주한 때에는 과반수가 입주한 날부터 10일 이내에 입주현황과 임차인대표회의를 구성할 수 있다는 사실을 입주한 임차인에게 통지하여야 한다.

④ 임차인대표회의는 회장 1명, 부회장 1명 및 이사 1명을 동별대표자 중에서 선출하여야 한다.

⑤ 임차인대표회의를 소집하려는 경우에는 소집기일 7일 전까지 회의의 목적·일시 및 장소 등을 임차인에게 알리거나 공시하여야 한다.

**14** 민간임대주택에 관한 특별법령상 규정된 임차인대표회의의 구성에 관한 내용으로 ( ) 안에 들어갈 내용으로 옳게 나열한 것은?

> • 임대사업자가 ( ㉠ ) 이상의 민간임대주택을 공급하는 공동주택단지에 입주하는 임차인은 임차인대표회의를 구성할 수 있다.
> • 임대사업자는 입주예정자의 과반수가 입주한 때에는 과반수가 입주한 날로부터 ( ㉡ ) 이내에 입주현황과 임차인대표회의를 구성할 수 있다는 사실을 입주한 임차인에게 통지하여야 한다.
> • 동별 대표자가 될 수 있는 사람은 해당 민간임대주택단지에서 ( ㉢ ) 이상 계속 거주하고 있는 임차인으로 한다. 다만, 최초로 임차인대표회의를 구성하는 경우에는 그러하지 아니하다.

① ㉠: 20세대, ㉡: 30일, ㉢: 6개월

② ㉠: 30세대, ㉡: 30일, ㉢: 1년

③ ㉠: 30세대, ㉡: 6개월, ㉢: 2년

④ ㉠: 50세대, ㉡: 6개월, ㉢: 6개월

⑤ ㉠: 50세대, ㉡: 1년, ㉢: 2년

**15** 민간임대주택에 관한 특별법령상 임대주택의 관리에 관한 설명으로 옳은 것은?

① 임대사업자가 민간임대주택을 양도하는 경우에는 특별수선충당금을 「공동주택관리법」에 따라 최초로 구성되는 입주자대표회의에 넘겨주어야 한다.

② 임차인대표회의는 필수적으로 회장 1명, 부회장 1명, 이사 1명 및 감사 1명을 동별 대표자 중에서 선출하여야 한다.

③ 임대사업자가 임대주택을 자체관리하려면 대통령령으로 정하는 기술인력 및 장비를 갖추고 국토교통부장관에게 신고해야 한다.

④ 임차인대표회의를 소집하려는 경우에는 소집일 3일 전까지 회의의 목적·일시 및 장소 등을 임차인에게 알리거나 공시하여야 한다.

⑤ 임대사업자는 임차인으로부터 임대주택을 관리하는 데에 필요한 경비를 받을 수 없다.

**16** 민간임대주택에 관한 특별법령상 내용으로 옳은 것은?

① 임대사업자는 임차인이 임대사업자의 귀책사유 없이 입주지정기간개시일 또는 임대사업자 등록일 등으로부터 3개월 이내에 입주하지 아니한 경우에는 임대의무기간 동안에도 임대차계약을 해제 또는 해지하거나 재계약을 거절할 수 있다.

② 민간임대주택으로 등록할 주택을 매입하기 위하여 매매계약을 체결한 자는 임대사업자로 등록한 날로부터 6개월이내 민간임대주택을 취득하지 아니하는 경우 등록의 전부 또는 일부를 말소할 수 있다.

③ 민간임대주택에 대한 임대차계약을 체결하거나 월임대료를 임대보증금으로 전환하는 등 계약내용을 변경하는 경우에는 임대사업자는 임차인에게 설명하고 확인하는 사항을 생략할 수 있다.

④ 민간임대주택으로 등록한 준주택은 주거용이 아닌 용도로 사용할 수 있다.

⑤ 조정의 각 당사자가 임대주택분쟁조정위원회의 조정안을 받아들이면 당사자 간에 재판상 화해의 효력이 발생한다.

**17** 민간임대주택에 관한 특별법령상 임대주택분쟁조정위원회에 관한 설명으로 틀린 것은?

① 시·도지사는 임대사업자와 임차인대표회의 간의 분쟁을 조정하기 위하여 임대주택분쟁조정위원회를 구성한다.

② 임대주택분쟁조정위원회의 위원장은 해당 지방자치단체의 장이 된다.

③ 주택관리사가 된 후 관련 업무에 3년 이상 근무한 사람을 1명 이상을 임대주택분쟁조정위원회의 위원으로 임명하거나 위촉한다.

④ 공공주택사업자와 임차인대표회의는 공공임대주택의 분양전환가격의 분쟁에 관하여 임대주택분쟁조정위원회에 조정을 신청할 수 있다.

⑤ 임대주택분쟁조정위원회의 위원장은 회의 개최일 2일 전까지 회의와 관련한 사항을 위원에게 알려야 한다.

## 주관식 단답형 문제

**01**
상 중 하

민간임대주택에 관한 특별법 제3조(다른 법률과의 관계) 규정이다. (    )에 들어갈 법률명을 쓰시오.

> 민간임대주택의 건설·공급 및 관리 등에 관하여 이 법에서 정하지 아니한 사항에 대하여는 주택법, (    ), 공공주택관리법 및 주택임대차보호법을 적용한다.

**02**
상 중 하

민간임대주택에 관한 특별법 시행령 제4조의6(가입비 등의 지급 및 반환)의 일부이다. (    ) 안에 들어갈 숫자를 쓰시오.

> ② 모집주체는 민간임대협동조합 가입 계약 체결일부터 ( ㉠ )일이 지난 경우 예치기관의 장에게 가입비 등의 지급을 요청할 수 있다. 이 경우 모집주체는 국토교통부령으로 정하는 요청서를 예치기관의 장에게 제출해야 한다.
> ③ 예치기관의 장은 제2항에 따라 요청서를 받은 경우 요청일부터 ( ㉡ )일 이내에 가입비 등을 모집주체에게 지급해야 한다.

**03**
상 중 하

민간임대주택에 관한 특별법 제5조의5(청약 철회 및 가입비 등의 반환 등) 규정의 일부이다. (    )에 들어갈 아라비아 숫자를 각각 쓰시오.

> • 조합가입신청자는 민간임대협동조합 가입 계약체결일부터 ( ㉠ )일 이내에 민간임대협동조합 가입에 관한 청약을 철회할 수 있다.
> • 모집주체는 조합가입신청자가 청약 철회를 한 경우 청약 철회 의사가 도달한 날부터 ( ㉡ )일 이내에 예치기관의 장에게 가입비 등의 반환을 요청하여야 한다.

**04**
상 중 하

민간임대주택에 관한 특별법 시행령 제6조(주택임대관리업의 등록 및 변경신고 등) 제1항에 관한 규정이다. (    ) 안에 들어갈 용어를 순서대로 쓰시오.

> 대통령령으로 정하는 규모"란 다음의 구분에 따른 규모를 말한다.
> 1. ( ㉠ )형 주택임대관리업의 경우: 단독주택은 100호, 공동주택은 100세대
> 2. ( ㉡ )형 주택임대관리업의 경우: 단독주택은 300호, 공동주택은 300세대

**05** 민간임대주택에 관한 특별법 제8조(주택임대관리업의 등록기준)로 다음 (    )에 들어갈 숫자 및 용어를 쓰시오.

> 제7조에 따라 등록을 하려는 자는 다음 각 호의 요건을 갖추어야 한다.
> 1. 자본금(법인이 아닌 경우 자산평가액을 말한다)이 ( ㉠ )억원 이상으로서 대통령령으로 정하는 금액 이상일 것
> 2. ( ㉡ ) 등 대통령령으로 정하는 전문인력을 보유할 것
> 3. ( ㉢ ) 등 대통령령으로 정하는 시설을 보유할 것

**06** 민간임대주택에 관한 특별법 제22조(촉진지구의 지정) 제1항의 규정으로 다음 (    ) 에 들어갈 숫자를 쓰시오.

> ① 시·도지사는 공공지원민간임대주택이 원활하게 공급될 수 있도록 공공지원민간임대주택 공급촉진지구(이하 "촉진지구"라 한다)를 지정할 수 있다. 이 경우 촉진지구는 다음 각 호의 요건을 모두 갖추어야 한다.
> 1. 촉진지구에서 건설·공급되는 전체 주택 호수의 ( ㉠ )퍼센트 이상이 공공지원민간임대주택으로 건설·공급될 것
> 2. 촉진지구의 면적은 5천$m^2$ 이상의 범위에서 대통령령으로 정하는 면적 이상일 것. 다만, 역세권 등에서 촉진지구를 지정하는 경우 ( ㉡ )$m^2$ 이상의 범위에서 해당 지방자치단체가 조례로 정하는 면적 이상이어야 한다.
> 3. 유상공급 토지면적중 주택건설 용도가 아닌 토지로 공급하는 면적이 유상공급 토지면적의 ( ㉢ )퍼센트를 초과하지 아니할 것

**07** 민간임대주택에 관한 특별법 제43조(특별수선충당금의 요율 및 사용 절차 등)의 일부이다. (    ) 안에 들어갈 용어를 쓰시오.

> ① 법 제53조 제1항에 따른 민간임대주택의 임대사업자는 해당 민간임대주택(제41조 제3항 각 호의 공동주택으로 한정한다)의 공용부분, 부대시설 및 복리시설(분양된 시설은 제외한다)에 대한 장기수선계획을 수립하여 「주택법」 제49조에 따른 ( ㉠ )신청시 함께 제출하여야 하며, 임대기간 중 해당 민간임대주택단지에 있는 관리사무소에 장기수선계획을 갖춰 놓아야 한다.
> <생략>
> ③ 제1항에 따라 장기수선계획을 수립하여야 하는 민간임대주택의 임대사업자는 법 제53조 제1항에 따른 특별수선충당금을 사용검사일 또는 임시 사용승인일부터 1년이 지난 날이 속하는 달부터 「주택법」 제15조 제1항에 따른 사업계획 승인 당시 ( ㉡ )의 1만분의 1의 요율로 매달 적립하여야 한다.

**08** 민간임대주택에 관한 특별법 제44조(임대료)의 일부이다. (      ) 안에 들어갈 숫자를 쓰시오.

> 제44조 ① <생략>
> ② 임대사업자는 임대기간 동안 임대료의 증액을 청구하는 경우에는 임대료의 ( ㉠ )퍼센트의 범위에서 주거비 물가지수, 인근 지역의 임대료 변동률, 임대주택 세대 수 등을 고려하여 대통령령으로 정하는 증액 비율을 초과하여 청구해서는 아니 된다.
> ③ 제2항에 따른 임대료 증액 청구는 임대차계약 또는 약정한 임대료의 증액이 있은 후 ( ㉡ )년 이내에는 하지 못한다.

**09** 민간임대주택에 관한 특별법 제52조(협의)에 관한 설명이다. (      ) 안에 들어갈 내용을 순서대로 아라비아 숫자와 용어를 각각 쓰시오.

> 임대사업자가 ( ㉠ )세대 이상의 임대주택을 공급하는 공동주택단지에 입주하는 임차인은 임차인대표회의를 구성할 수 있으며, 임차인대표회의가 구성된 경우 임대사업자는 다음 각 호의 사항에 관하여 협의하여야 한다.
> • 임대주택 관리규약의 제정 및 개정
> • 관리비
> • 임대주택의 ( ㉡ ) · 부대시설 및 복리시설의 유지 · 보수
> • 그 밖에 임대주택의 관리에 관한 사항으로서 대통령령으로 정하는 사항

**10** 민간임대주택에 관한 특별법 제53조(특별수선충당금의 적립 등) 제2항의 일부 규정으로 (      ) 안에 들어갈 용어를 쓰시오.

> 임대사업자가 민간임대주택을 양도하는 경우에는 특별수선충당금을 「공동주택관리법」에 따라 최초로 구성되는 (      )에 넘겨주어야 한다.

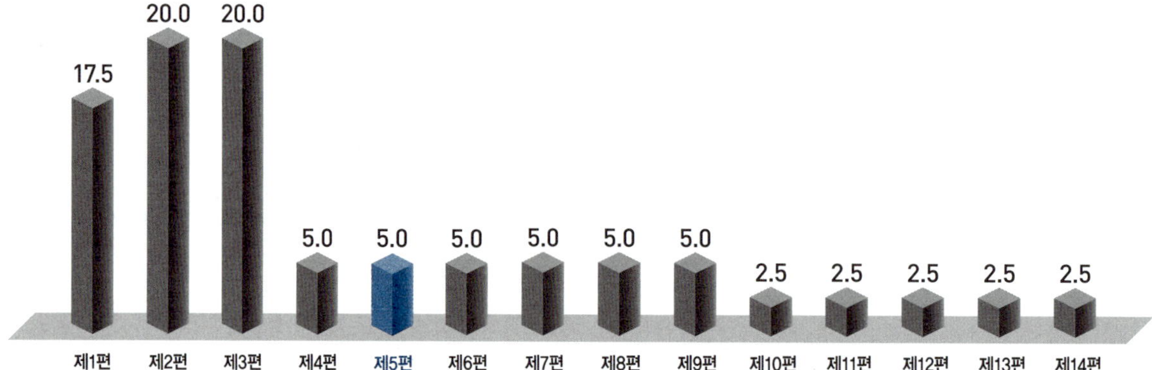



## 최근 5개년간 기출문제 분석

공공주택 특별법은 2문제가 출제되고 있다. 주로 용어 중심으로 정리하여 학습하고 공공주택지구, 도심공공주택복합사업, 공공주택의 관리 등 중요 부분을 학습하도록 한다.

# 공공주택 특별법

📑 연계학습 기본서 p.348~376

**단·원·열·기**

공공주택 특별법은 총 2문제가 출제되고 1문제가 주관식이다. 이 단원은 총칙, 공공주택의 지정, 공공주택의 건설, 공공주택의 관리로 구분하여 학습한다.


## 01 공공주택 특별법령상 공공임대주택의 임대의무기간으로 옳은 것을 모두 고른 것은?

> ㉠ 영구임대주택: 50년
> ㉡ 행복주택: 20년
> ㉢ 장기전세주택: 10년
> ㉣ 국민임대주택: 30년

① ㉠, ㉡  ② ㉠, ㉢  ③ ㉠, ㉣
④ ㉡, ㉢  ⑤ ㉡, ㉣


## 02 공공주택 특별법상 공공주택사업에 해당하는 것을 모두 고른 것은?

> ㉠ 공공주택지구조성사업
> ㉡ 공공주택건설사업
> ㉢ 공공주택매입사업
> ㉣ 공공주택관리사업

① ㉠, ㉢  ② ㉡, ㉣  ③ ㉠, ㉢, ㉣
④ ㉡, ㉢, ㉣  ⑤ ㉠, ㉡, ㉢, ㉣

**03** 공공주택 특별법령상 특별관리구역에 관한 설명으로 틀린 것은?

상 중 하

① 국토교통부장관은 주택지구를 해제할 때 면적 330만$m^2$ 이상으로서 체계적인 관리계획을 수립하여 관리하지 아니할 경우 난개발이 우려되는 지역에 대하여 10년의 범위에서 특별관리지역으로 지정할 수 있다.

② 특별관리지역 안에서는 건축물의 건축 및 용도변경, 공작물의 설치, 토지의 형질변경, 죽목의 벌채, 토지의 분할, 물건을 쌓아놓는 행위를 할 수 없다.

③ 특별관리지역의 지정기간이 만료되거나 특별관리지역 안에서 대통령령으로 정하는 개발사업을 위해 해당 기관장이 특별관리지역 중 전부 또는 일부에 대하여 지정 등을 하여 도시·군관리계획을 수립한 경우에는 해당 지역은 특별관리지역에서 해제된 것으로 본다.

④ 특별관리지역의 지정기간이 만료된 때에는 해당 특별시장·광역시장·특별자치시장·특별자치도지사·시장 또는 군수는 지체 없이 도시·군관리계획을 수립하여야 한다.

⑤ 시장·군수 또는 구청장은 특별관리지역 지정 이전부터 이 법에 따른 적법한 허가나 신고 등의 절차를 거치지 아니하고 설치한 건축물 등에 대하여 기간을 정하여 시정명령을 할 수 있다. 시정명령을 받은 후 그 시정기간 내에 해당 시정명령의 이행을 하지 아니한 자에 대하여 과징금을 부과한다.

**04** 공공주택 특별법령상 설명으로 틀린 것은?

상 중 하

① 국토교통부장관은 공공주택사업자로서 주택지구 지정을 제안한 자를 공공주택사업자로 우선 지정할 수 있다.

② 주택지구 안에 있는 국가 또는 지방자치단체 소유의 토지로서 지구조성사업에 필요한 토지는 지구조성사업 외의 목적으로 매각하거나 양도할 수 없다.

③ 국토교통부장관은 지구계획을 승인하려면 공공주택통합심의위원회의 심의를 거쳐야 한다.

④ 공공주택사업자가 주택지구가 지정·고시된 날부터 2년 이내에 지구계획을 수립하여 국토교통부장관에게 승인을 신청하지 아니한 때에는 다른 공공주택사업자로 하여금 지구계획을 수립·신청하게 할 수 있다.

⑤ 공공주택사업자는 지구조성사업을 완료한 때에는 지체 없이 대통령령으로 정하는 바에 따라 국토교통부장관의 준공검사를 받아야 한다.

**05** 공공주택 특별법령상 공공주택의 임대조건 등에 관한 설명으로 옳은 것을 모두 고른 것은?

> ㉠ 임대료 중 임대보증금이 증액되는 경우 임차인은 대통령령으로 정하는 바에 따라 그 증액분을 분할하여 납부할 수 있다.
> ㉡ 공공임대주택의 임대료(임대보증금 및 월임대료를 말한다) 등 임대조건에 관한 기준은 대통령령으로 정한다.
> ㉢ 공공임대주택의 임대료 등 임대조건을 정하는 경우에는 임차인의 소득수준 및 공공임대주택의 규모 등을 고려하여 차등적으로 정할 수 있다.
> ㉣ 공공주택사업자는 임대 후 분양전환을 할 목적으로 건설한 공공건설임대주택을 임대의무기간이 지난 후 분양전환하는 경우에는 분양전환 당시까지 거주한 무주택자, 국가기관 또는 법인으로서 대통령령으로 정한 임차인에게 우선 분양전환하여야 한다.

① ㉠, ㉢  ② ㉡, ㉣  ③ ㉠, ㉢, ㉣
④ ㉡, ㉢, ㉣  ⑤ ㉠, ㉡, ㉢, ㉣

**06** 공공주택 특별법령상 임차인이 공공주택사업자에 대해 임대차계약을 해제 또는 해지하거나 재계약을 거절할 수 있는 사항을 열거한 것으로 틀린 것은?

① 공공주택사업자의 귀책사유로 입주기간 종료일부터 6개월 이내에 입주할 수 없는 경우
② 시장·군수 또는 구청장이 공공임대주택에 거주하기 곤란할 정도의 중대한 하자가 있다고 인정한 경우
③ 공공주택사업자가 표준임대차계약서상의 의무를 위반한 경우
④ 공공주택사업자가 임차인의 의사에 반하여 공공임대주택의 부대시설·복리 시설을 파손하거나 철거시킨 경우
⑤ 공공주택사업자가 시장·군수 또는 구청장이 지정한 기간에 하자보수명령을 이행하지 아니한 경우

## 07 공공주택 특별법령상 설명으로 틀린 것은?

① 공공임대주택의 임대료 등 임대조건을 정하는 경우에는 임차인의 소득수준 및 공공임대주택의 규모 등을 고려하여 차등적으로 정할 수 있다.

② 공공임대주택의 공공주택사업자가 임대료 증액을 청구하는 경우(재계약을 하는 경우를 포함한다)에는 임대료의 100분의 5 이내의 범위에서 주거비 물가지수, 인근 지역의 주택 임대료 변동률 등을 고려하여 증액하여야 한다. 이 경우 증액이 있은 후 1년 이내에는 증액하지 못한다.

③ 공공주택사업자가 임대차계약을 체결할 때 임대차 계약기간이 끝난 후 임대주택을 그 임차인에게 분양전환할 예정이면 「주택임대차보호법」 제4조 제1항에도 불구하고 임대차 계약기간을 2년 이내로 할 수 있다.

④ 지분적립형 분양주택을 공급받은 자와 공공주택사업자가 해당 주택의 소유권을 공유하는 동안에는 「민법」 제268조에도 불구하고 그 주택에 대하여 공유물의 분할을 청구할 수 없다.

⑤ 국토교통부장관 또는 지방자치단체의 장은 제49조의4(공공임대주택의 전대 제한)를 위반하여 공공임대주택의 임차권을 양도하거나 공공임대주택을 전대하는 임차인에 대하여 5년의 범위에서 국토교통부령으로 정하는 바에 따라 공공임대주택의 입주자격을 제한할 수 있다.

## 08 공공주택 특별법령에 관한 설명으로 틀린 것은?

① 국토교통부장관은 공공주택의 원활한 건설, 매입, 관리 등을 위하여 「주거기본법」에 따른 10년 단위 주거종합계획과 연계하여 5년마다 공공주택 공급·관리계획을 수립하여야 한다.

② 공공주택사업자는 공공주택사업을 효율적으로 시행하기 위하여 필요한 경우에는 설계·공사 등 공공주택사업의 일부를 「주택법」 제4조에 따른 주택건설사업자로 하여금 대행하게 할 수 있다. 이 경우 공공주택사업자는 대행의 대가로 토지를 공급할 수 있다

③ 공공주택사업자는 국토교통부장관에게 사업시행자로 지정받으면 토지등을 수용 또는 사용할 수 있다.

④ 국토교통부장관 또는 지방자치단체의 장은 제49조의4(공공임대주택의 전대 제한)를 위반하여 공공임대주택의 임차권을 양도하거나 공공임대주택을 전대하는 임차인에 대하여 10년의 범위에서 국토교통부령으로 정하는 바에 따라 공공임대주택의 입주자격을 제한할 수 있다.

⑤ 국토교통부장관이 주택지구를 해제할 때 330만m² 이상으로서 체계적인 관리계획을 수립하여 관리하지 아니할 경우 난개발이 우려되는 지역에 대하여 10년의 범위에서 특별관리지역으로 지정할 수 있다.

**09** 공공주택 특별법령상 선수관리비에 관한 설명으로 틀린 것은?

① 공공주택사업자는 공공임대주택을 관리하는 데 필요한 경비를 임차인이 최초로 납부하기 전까지 해당 공공임대주택의 유지관리 및 운영에 필요한 경비(이하 "선수관리비"라 한다)를 대통령령으로 정하는 바에 따라 부담하여야 한다.

② 공공주택사업자는 공공임대주택의 유지관리 및 운영에 필요한 경비를 부담하는 경우에는 해당 임차인의 입주가능일 전까지 관리주체에게 선수관리비를 지급해야 한다.

③ 관리주체는 해당 임차인의 임대기간이 종료되는 경우 지급받은 선수관리비를 공공주택사업자에게 반환해야 한다.

④ ③의 경우 다른 임차인이 해당 주택에 입주할 예정인 경우 등 공공주택사업자와 관리주체가 협의하여 정하는 경우에는 선수관리비를 반환하지 않을 수 있다.

⑤ 관리주체에게 지급하는 선수관리비의 금액은 해당 공공임대주택의 유형 및 세대수 등을 고려하여 공공주택사업자와 관리주체가 협의하여 정한다.


**10** 공공주택 특별법령상 설명으로 틀린 것은?

① 공공주택사업자가 임대차계약을 체결할 때 임대차 계약기간이 끝난 후 임대주택을 그 임차인에게 분양전환할 예정이면 임대차 계약기간을 2년 이내로 할 수 있다.

② 이익공유형 분양주택을 공급받은 자(상속받은 자는 제외한다)는 해당 주택의 최초 입주가능일부터 최대 5년 동안 계속하여 해당 주택에 거주하여야 한다.

③ 공공임대주택의 공공주택사업자가 임대료 증액을 청구하는 경우에는 임대료의 100분의 5 이내의 범위에서 주거비 물가지수, 인근 지역의 주택 임대료 변동률 등을 고려하여 증액하여야 한다. 이 경우 증액이 있은 후 1년 이내에는 증액하지 못한다.

④ 공공주택사업자가 경제적 사정 등으로 공공임대주택에 대한 임대를 계속할 수 없는 경우로서 공공주택사업자가 시장·군수·구청장의 허가를 받아 임차인에게 분양전환하는 경우 임대의무기간이 지나기 전에도 분양전환할 수 있다.

⑤ 공공주택사업자는 특별수선충당금을 사용검사일(임시 사용승인을 받은 경우에는 임시 사용승인일을 말한다)부터 1년이 지난날이 속하는 달부터 매달 적립해야한다.

**11** 공공주택 특별법령상 공공주택사업자가 임대 후 분양전환할 목적으로 건설한 공공
건설임대주택을 임대의무기간이 지난 후 분양전환하는 경우에 우선 분양전환을 받
을 수 있는 임차인에 해당하는 자를 모두 고른 것은?

> ㉠ 입주일 이후부터 분양전환 당시까지 해당 임대주택에 거주한 무주택자인
>   임차인
> ㉡ 선착순의 방법으로 입주자로 선정된 경우에는 분양전환 당시까지 거주한
>   무주택자인 임차인
> ㉢ 분양전환 당시 해당 임대주택의 임차인인 국가기관
> ㉣ 분양전환 당시 해당 임대주택의 임차인인 법인
> ㉤ 공공건설임대주택에 입주한 후 경매로 다른 주택을 소유하게 된 경우 분양
>   전환 당시까지 거주한 자로서 그 주택을 처분하여 무주택자가 된 임차인

① ㉠, ㉡, ㉢
② ㉠, ㉡, ㉣
③ ㉠, ㉡, ㉢, ㉣
④ ㉡, ㉢, ㉤
⑤ ㉡, ㉢, ㉣, ㉤

## 주관식 단답형 문제

**01**
상중하

공공주택 특별법 시행령 제2조(공공임대주택)에 따른 공공임대주택의 종류에 관한 내용이다. (     )에 들어갈 용어를 쓰시오.

> (     )(이)란 국가나 지방자치단체의 재정을 지원받아 최저소득 계층의 주거 안정을 위하여 50년 이상 또는 영구적인 임대를 목적으로 공급하는 공공임대 주택이다.

**02**
상중하

공공주택 특별법 시행령 제2조(정의)의 일부이다. (     ) 안에 들어갈 용어를 쓰시오.

> 이익공유형분양주택이란 공공주택사업자가 직접 건설하거나 매매 등으로 취득하여 공급하는 공공분양주택으로서 주택을 공급받은 자가 해당 주택을 처분하려는 경우 공공주택사업자가 ( ㉠ )하되 공공주택사업자와 ( ㉡ )을 공유하는 것을 조건으로 분양하는 주택을 말한다.

**03**
상중하

공공주택 특별법 시행령 제2조(정의)의 일부이다. (     )에 들어갈 용어를 쓰시오.

> 3. "( ㉠ )"이란 다음 각 목에 해당하는 사업을 말한다.
>   가. 공공주택지구조성사업 : 공공주택지구를 조성하는 사업
>   나. 공공주택건설사업 : 공공주택을 건설하는 사업
>   다. 공공주택매입사업 : 공공주택을 공급할 목적으로 주택을 매입하거나 인수하는 사업
>   라. 공공주택관리사업 : 공공주택을 운영·관리하는 사업
>   마. 도심 공공주택 복합사업 : 도심 내 역세권, 준공업지역, 저층주거지에서 공공주택과 업무시설, 판매시설, 산업시설 등을 복합하여 건설하는 사업
> 4. "( ㉡ )"이란 공공임대주택을 제4조 제1항 각 호에 규정된 자가 아닌 자에게 매각하는 것을 말한다.
> 5. "( ㉢ )"이란 제4조에 따른 공공주택사업자가 「공익사업을 위한 토지 등의 취득 및 보상에 관한 법률」에 따른 협의에 응한 제27조의4 제1항에 따른 공공주택지구 또는 제40조의7 제1항에 따른 도심 공공주택 복합지구 내 토지 또는 건축물의 소유자에게 사업시행으로 조성되는 토지 또는 건설되는 건축물(건축물에 부속된 토지를 포함한다)로 보상하는 것을 말한다.

**04** 공공주택 특별법 시행령의 일부 규정이다. (    )에 들어갈 용어를 순서대로 쓰시오.

> 도심 공공주택 복합지구의 유형
> 1. ( ㉠ )지구는 역세권 등 접근성은 양호하나 개발이 이루어지지 않거나 저조한 지역일 것
> 2. ( ㉡ )지구는 준공업지역으로서 공장, 산업시설 등이 낙후되거나 주거지 인근에 위치하고 있어 정비가 필요한 지역일 것일 것
> 3. 주택공급활성화지구는 20년 이상 경과한 저층 노후주거지 비율이 높고, 기반시설이 열악하여 계획적인 개발이 필요한 지역일 것일 것

**05** 공공주택 특별법 제3조(공공주택의 건설 비율)의 일부이다. (    )에 들어갈 아라비아 숫자를 쓰시오.

> ② 법 제2조 제2호의2 후단에 따른 도심 공공주택 복합지구(이하 "복합지구"라 한다)에서의 공공주택 비율은 다음 각 호의 구분에 따른다.
> 1. 공공임대주택: 전체 주택 호수의 100분의 10 이상. 다만, 별표 4의2 제1호 가목에 따른 주거상업고밀지구의 경우에는 100분의 ( ㉠ ) 이상으로 한다.
> 2. 공공분양주택: 다음 각 목의 구분에 따른 비율
>   가. 지분적립형 분양주택 또는 이익공유형 분양주택: 전체 주택 호수의 100분의 ( ㉡ ) 이상
>   나. 가목 외의 공공분양주택: 전체 주택 호수의 100분의 ( ㉢ ) 이상

**06** 공공주택 특별법 제48조(전대)에 관한 설명이다. (    ) 안에 들어갈 아라비아 숫자를 순서대로 각각 쓰시오.

> 공공임대주택을 전대하는 경우, 전대하는 기관 또는 사람의 해당 기관의 이전이 완료된 경우에는 전대차 계약기간이 종료된 후 ( ㉠ )개월 이내에 입주자를 입주시키거나 입주하여야 하고, 이 경우 전대차 계약기간은 ( ㉡ )년을 넘을 수 없다.

**07** 공공주택 특별법 제49조(공공임대주택의 임대조건 등) **및 동법 시행령 제45조**(공공임대주택 임대보증금의 분할 납부)**의 일부이다. (     ) 안에 들어갈 아라비아 숫자를 쓰시오.**

> - 제2항에 따라 임대료 중 임대보증금이 증액되는 경우 임차인은 대통령령으로 정하는 바에 따라 그 증액분을 분할하여 납부할 수 있다.
> - 임차인은 법 제49조 제3항에 따라 증액된 임대보증금이 적용된 임대차계약을 체결한 날부터 ( ㉠ )년 이내에 ( ㉡ )회에 걸쳐 임대보증금의 증액분을 분할하여 납부할 수 있다. 이 경우 공공주택사업자는 남은 금액에 대하여 전년도 기준 「은행법」에 따른 은행의 1년 만기 정기예금의 평균이자율을 적용한 금액을 가산(加算)할 수 있다.

**08** 공공주택 특별법 제49조의8(공공임대주택의 입주자 자격제한 등) **및 제49조의9** (가정어린이집 운영에 관한 공급 특례) **제1항이다. (     )에 들어갈 아라비아 숫자를 쓰시오.**

> - 국토교통부장관 또는 지방자치단체의 장은 제49조의4를 위반하여 공공임대주택의 임차권을 양도하거나 공공임대주택을 전대하는 임차인에 대하여 ( ㉠ )년의 범위에서 국토교통부령으로 정하는 바에 따라 공공임대주택의 입주자격을 제한할 수 있다.
> - 공공주택사업자는 임차인의 보육수요 충족을 위하여 필요하다고 판단하는 경우 해당 공공임대주택의 일부 세대를 ( ㉡ )년 이내의 범위에서 「영유아보육법」 제10조 제5호에 따른 가정어린이집을 설치·운영하려는 자에게 임대할 수 있다. 이 경우 공공주택사업자는 국토교통부령으로 정하는 바에 따라 관할 시장·군수 또는 구청장과 협의하여야 한다.

**09** 공공주택 특별법 제49조의9(가정어린이집 운영에 관한 공급 특례) **규정의 일부이다. (     )에 들어갈 아라비아 숫자를 쓰시오.**

> 공공주택사업자는 임차인의 보육수요 충족을 위하여 필요하다고 판단하는 경우 해당 공공임대주택의 일부 세대를 (     )년 이내의 범위에서 「영유아보육법」 제10조 제5호에 따른 가정어린이집을 설치·운영하려는 자에게 임대할 수 있다. 이 경우 공공주택사업자는 국토교통부령으로 정하는 바에 따라 관할 시장·군수 또는 구청장과 협의하여야 한다.

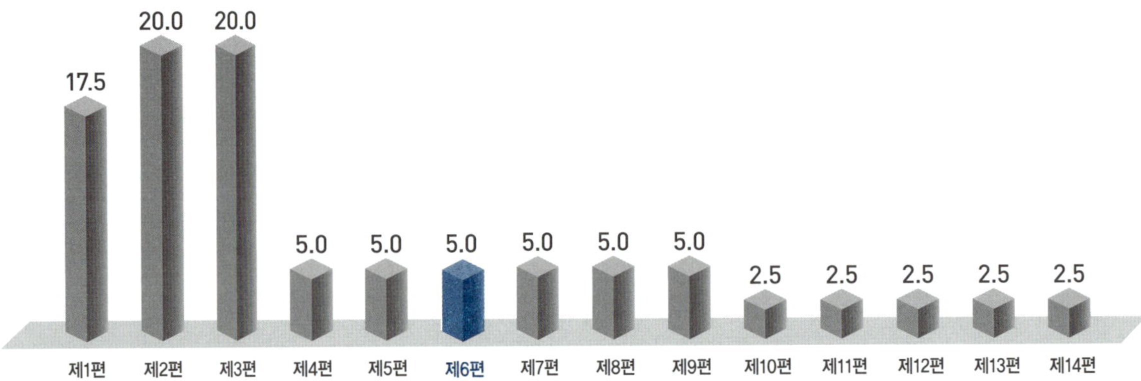


### 최근 5개년간 기출문제 분석

시설물의 안전 및 유지관리에 관한 특별법은 2문제가 출제되는데, 1문제는 주관식으로 출제된다. 용어 중심으로 내용을 정리하고, 안전점검, 정밀안전진단 등 핵심사항을 학습하도록 한다.

# 시설물의 안전 및 유지관리에 관한 특별법

🔖 **연계학습** 기본서 p.380~402

**단·원·열·기**

시설물의 안전 및 유지관리에 관한 특별법은 총 2문제가 출제되고 1문제가 주관식이다. 이 단원은 총칙, 시설물, 안전진단, 안전점검, 성능평가, 대행기관으로 구분하여 학습한다.

**01** 시설물의 안전 및 유지관리에 관한 특별법령의 내용으로 틀린 것은?

상중하

① 국토교통부장관이 소속 공무원으로 하여금 긴급안전점검을 하게 한 경우 그 긴급안전점검을 종료한 날부터 15일 이내에 그 결과를 해당 관리주체에게 서면으로 통보하여야 한다.

② 구조상 안전 및 유지관리에 고도의 기술이 필요한 대규모 시설물로서 21층 이상 또는 연면적 5만m² 이상의 건축물은 제1종 시설물에 해당한다.

③ 국토교통부장관은 시설물이 안전하게 유지 관리될 수 있도록 하기 위하여 5년마다 시설물의 안전 및 유지관리에 관한 기본계획을 수립·시행하여야 한다.

④ 공동주택 중 16층 이상 아파트는 제1종 시설물에 해당한다.

⑤ 관리주체는 시설물의 하자담보책임기간이 끝나기 전에 마지막으로 실시하는 정밀안전점검의 경우에는 안전진단전문기관이나 국토안전관리원에 의뢰하여 실시하여야 한다.

**02** 시설물의 안전 및 유지관리에 관한 특별법령의 내용으로 틀린 것은?

상중하

① 해당 시설물의 소유자와의 관리계약 등에 의하여 시설물의 관리책임을 진 자는 이를 관리주체로 본다.

② 관리주체는 공공관리주체와 민간관리주체로 구분한다.

③ 국토교통부장관은 시설물이 안전하게 유지관리될 수 있도록 하기 위하여 10년마다 시설물의 안전 및 유지관리에 관한 기본계획을 수립·시행하여야 한다.

④ 국토교통부장관은 기본계획을 수립할 때에는 미리 관계 중앙행정기관의 장과 협의하여야 한다.

⑤ 국토교통부장관은 기본계획을 수립하기 위하여 필요하다고 인정되면 관계 중앙행정기관의 장 및 지방자치단체의 장에게 관련자료의 제출을 요구할 수 있다.

**03** 시설물의 안전 및 유지관리에 관한 특별법령에 관한 설명으로 틀린 것은?

① 민간관리주체는 특별자치시장·특별자치도지사·시장·군수 또는 자치구 구청장(이하 "시장·군수·구청장"이라 한다)에게 시설물의 안전 및 유지관리계획을 매년 2월 10일까지 제출하여야 한다.

② 16층 이상의 공동주택은 제2종 시설물에 해당한다.

③ 관리주체는 하자담보책임기간 내에는 그 시설물을 시공한 자로 하여금 유지관리하게 할 수 있다.

④ 국토교통부장관은 안전점검 등의 대행에 필요한 비용의 산정기준을 정하여 고시하여야 한다.

⑤ 긴급안전점검결과에 따른 조치명령 등으로 시설물의 보수·보강 등 필요한 조치를 끝낸 관리주체는 그 결과를 국토교통부장관 및 관계 행정기관의 장에게 통보하여야 한다.

**04** 시설물의 안전 및 유지관리에 관한 특별법령상 시설물의 안전점검 및 정밀안전진단에 관한 설명으로 틀린 것은?

① 안전점검은 정기안전점검·정밀안전점검으로 구분한다.

② 관리주체는 시설물의 하자담보책임기간이 끝나기 전에 마지막으로 실시하는 정밀안전점검의 경우에는 국토안전관리원에 의뢰하여 실시하여야 한다.

③ 민간관리주체가 어음·수표의 지급불능으로 인한 부도 등 부득이한 사유로 인하여 안전점검을 실시하지 못하게 될 때에는 관할 시장·군수·구청장이 민간관리주체를 대신하여 안전점검을 실시할 수 있고, 이 경우 안전점검에 드는 비용은 그 민간관리주체에게 부담하게 하여야 한다.

④ 관리주체는 1종 시설물에 대하여 정기적으로 정밀안전진단을 실시하여야 한다.

⑤ 관리주체는 「지진·화산재해대책법」 내진설계 대상 시설물 중 내진성능평가를 받지 않은 시설물에 대하여 정밀안전진단을 실시하는 경우에는 해당 시설물에 대한 내진성능평가를 포함하여 실시하여야 한다.

**05** 시설물의 안전 및 유지관리에 관한 특별법령 상 시설물의 안전점검 및 정밀안전진단에 관한 설명으로 틀린 것은?

① 정기안전점검 결과 안전등급이 D등급(미흡) 또는 E등급(불량)으로 지정된 제3종 시설물의 최초 정밀안전점검은 해당 정기안전점검을 완료한 날부터 1년 이내에 실시한다. 다만, 이 기간 내 정밀안전점검을 실시한 경우에는 해당 정밀안전진단을 생략할 수 있다.

② 준공 또는 사용승인 후부터 최초 안전등급이 지정되기 전까지의 기간에 실시하는 정기안전점검은 반기에 1회 이상 실시한다.

③ 제1종 및 제2종 시설물의 정기안전점검은 A·B·C등급의 경우에는 반기에 1회 이상, D·E등급의 경우에는 해빙기·우기·동절기 전 각각 1회씩 1년에 3회 이상 실시한다.

④ 최초로 실시하는 정밀안전점검은 시설물의 준공일 또는 사용승인일을 기준으로 3년(건축물은 4년) 이내에 실시한다.

⑤ 관리주체는 정밀안전진단을 실시하려는 경우 이를 직접 수행할 수 없고 국토안전관리원 또는 안전진단전문기관에 대행하게 하여야 한다.


**06** 시설물의 안전 및 유지관리에 관한 특별법령상 시설물의 관리주체가 실시하는 안전점검 등의 실시시기에 관한 설명으로 틀린 것은?

① 최초로 실시하는 정밀안전점검은 시설물의 준공일을 기준으로 3년 이내(건축물은 4년 이내)에 실시한다.

② 제1종 및 제2종 시설물 중 D·E등급 시설물의 정기안전점검은 해빙기·우기·동절기 전 각각 1회씩 3회 이상 실시한다.

③ 정기안전점검 결과 안전등급이 D등급(미흡)으로 지정된 제3종 시설물의 최초 정밀안전점검은 해당 정기안전점검을 완료한 날부터 6개월 이내에 실시하여야 한다.

④ 정밀안전점검, 긴급안전점검 및 정밀안전진단의 실시 완료일이 속한 반기에 실시하여야 하는 정기안전점검은 생략할 수 있다.

⑤ 증축, 개축 및 리모델링 등을 위하여 공사 중인 시설물이거나 철거예정인 시설물로서 사용되지 않는 시설물에 대해서는 국토교통부장관과 협의하여 안전점검, 정밀안전진단 및 성능평가의 실시를 생략하거나 그 시기를 조정할 수 있다.

**07** 시설물의 안전 및 유지관리에 관한 특별법령상 내용으로 옳은 것은?

① 국토교통부장관은 시설물이 안전하게 유지관리될 수 있도록 하기 위하여 10년마다 시설물의 안전 및 유지관리에 관한 기본계획을 수립·시행하여야 한다.

② 관리주체는 시설물의 하자담보책임기간이 끝나기 전에 마지막으로 실시하는 정밀안전점검의 경우에는 안전진단전문기관이나 국토안전관리원에 의뢰하여 실시하여야 한다.

③ 층수가 21층 아파트는 제1종 시설물로 분류된다.

④ 국토교통부장관 또는 관계 행정기관의 장은 긴급안전점검을 종료한 날부터 30일 이내에 그 결과를 해당 관리주체에게 서면으로 통보하여야 한다.

⑤ 최초로 실시하는 정밀안전진단은 준공일 또는 사용승인일 후 10년이 지나기 전 1년 이내에 실시한다.

**08** 시설물의 안전 및 유지관리에 관한 특별법령에 규정된 설명으로 옳은 것은?

① 시·도지사는 시설물이 안전하게 유지관리될 수 있도록 하기 위하여 5년마다 시설물의 안전 및 유지관리에 관한 기본계획을 수립·시행하여야 한다.

② 관리주체는 정밀안전진단을 실시하려는 경우 이를 직접 수행할 수 없고 국토안전관리원 또는 안전진단전문기관에 대행하게 하여야 한다.

③ 연면적 5만m² 이상 건축물은 제2종 시설물에 해당한다.

④ 최초로 실시하는 성능평가는 성능평가대상시설물 중 제2종 시설물의 경우에는 최초로 정밀안전진단을 실시하는 때, 제1종 시설물의 경우에는 하자담보책임기간이 끝나기 전에 마지막으로 실시하는 정밀안전점검을 실시하는 때에 실시한다.

⑤ 국토교통부장관은 안전점검등 비용산정기준을 정하여 고시하려는 경우에는 행정안전부장관과 협의하여야 한다.

**09** 시설물의 안전 및 유지관리에 관한 특별법령상 시설물의 안전점검 및 정밀안전진단에 관한 설명으로 틀린 것은?

① 안전점검은 정기안전점검 · 정밀안전점검으로 구분한다.

② 관리주체는 시설물의 하자담보책임기간이 끝나기 전에 마지막으로 실시하는 정밀안전점검의 경우에는 안전진단전문기관이나 국토안전관리원에 의뢰하여 실시하여야 한다.

③ 관리주체는 「지진 · 화산재해대책법」 제14조 제1항에 따른 내진설계 대상 시설물 중 내진성능평가를 받지 않은 시설물에 대하여 정밀안전진단을 실시하는 경우에는 해당 시설물에 대한 내진성능평가를 포함하여 실시하여야 한다.

④ 대통령령으로 정하는 시설물에 대한 정밀안전진단은 안전진단전문기관이 대행한다.

⑤ 안전진단전문기관은 타인에게 안전진단전문기관 등록증을 대여하여서는 아니 된다.

**10** 시설물의 안전 및 유지관리에 관한 특별법령상 안전점검 및 정밀안전진단에 관한 기술 중 틀린 것은?

① 공동주택의 정기안전점검은 공동주택관리법령에 따른 안전점검으로 갈음한다.

② 시설물의 하자담보책임기간이 끝나기 전에 마지막으로 실시하는 정밀안전점검의 경우에는 관리주체가 직접 실시한다.

③ 안전점검 등을 하는 자는 안전점검 등에 관한 지침에서 정하는 안전점검 등의 실시 방법 및 절차 등에 따라 성실하게 업무를 수행하여야 한다.

④ 관리주체는 「지진 · 화산재해대책법」 제14조 제1항에 따른 내진설계대상시설물 중 내진성능평가를 받지 않은 시설물에 대하여 정밀안전진단을 실시하는 경우에는 해당 시설물에 대한 내진성능평가를 포함하여 실시하여야 한다.

⑤ 하자담보책임기간 내에 시공자가 책임져야 할 사유로 정밀안전진단을 실시하여야 하는 경우 그에 드는 비용은 시공자가 부담한다.

**11** 시설물의 안전 및 유지관리에 관한 특별법령상의 내용으로 틀린 것은?

① 안전진단전문기관, 안전점검전문기관 또는 국토안전관리원은 관리주체로부터 안전점검 등의 실시에 관한 도급을 받은 경우에는 이를 하도급할 수 없다. 다만, 총 도급금액의 100분의 50 이하의 범위에서 전문기술이 필요한 경우에는 분야별로 한 차례만 하도급할 수 있다.

② 안전진단전문기관은 등록된 기술인력이 변경된 때에는 그 날부터 30일 이내에 시·도지사에게 신고하여야 한다.

③ 안전진단전문기관이 소속 임직원인 기술자가 수행하여야 할 안전점검등 또는 성능평가 업무를 소속 임직원이 아닌 기술자에게 수행하게 한 경우 시·도지사는 그 등록을 취소하여야 한다.

④ 국토교통부장관은 사망자 또는 실종자가 3명 이상이거나 사상자가 10명 이상인 인명피해가 발생한 시설물의 사고조사 등을 위하여 필요하다고 인정되는 때에는 중앙시설물사고조사위원회를 구성·운영할 수 있다.

⑤ 위험표지의 글씨의 색상은 검정으로 하되, 붕괴위험지역은 빨강으로 한다.


**12** 시설물의 안전 및 유지관리에 관한 특별법령에 관한 시설물의 안전 및 유지관리에 관한 계획과 관련한 설명으로 틀린 것은?

① 관리주체는 시설물의 안전 및 유지관리에 관한 기본계획에 따라 소관 시설물에 대한 시설물관리계획을 수립·시행하여야 한다.

② 공공관리주체는 소속 중앙행정기관의 장, 시·도지사에게 시설물관리계획을 매년 2월 15일까지 제출하여야 한다.

③ 성능평가대상시설물의 관리주체는 해당 시설물의 생애주기를 고려하여 소관 시설물별로 5년마다 중기 시설물관리계획을 수립·시행하고, 중기관리계획에 따라 매년 시설물관리계획을 수립·시행하여야 한다

④ 민간관리주체는 시설물관리계획을 수립한 경우 관할 시장·군수·구청장에게 매년 2월 15일까지 제출하여야 한다.

⑤ 시설물관리계획을 보고받거나 제출받은 중앙행정기관의 장과 시·도지사는 그 현황을 확인한 후 시설물관리계획에 관한 자료를 30일 이내에 국토교통부장관에게 제출하여야 한다.

**13** 시설물의 안전 및 유지관리에 관한 특별법령에 규정된 설명으로 틀린 것은?

① 중앙행정기관의 장 또는 지방자치단체의 장은 다중이용시설 등 재난이 발생할 위험이 높거나 재난을 예방하기 위하여 계속적으로 관리할 필요가 있다고 인정되는 제1종 시설물 및 제2종 시설물 외의 시설물을 대통령령으로 정하는 바에 따라 제3종 시설물로 지정·고시하여야 한다.

② 최초로 실시하는 정밀안전진단은 준공일 또는 사용승인일 후 10년이 지난 때부터 6개월 이내에 실시한다.

③ 시설물의 안전점검등 또는 성능평가를 대행하려는 자는 기술인력 및 장비 등 대통령령으로 정하는 분야별 등록기준을 갖추어 시·도지사에게 안전진단전문기관으로 등록을 하여야 한다.

④ 성능평가의 실시시기는 5년에 1회 이상으로 한다.

⑤ 관리주체는 「지진·화산재해대책법」 제14조 제1항에 따른 내진설계 대상 시설물 중 내진성능평가를 받지 않은 시설물에 대하여 정밀안전진단을 실시하는 경우에는 해당 시설물에 대한 내진성능평가를 포함하여 실시하여야 한다.

## 주관식 단답형 문제

**01**

시설물의 안전 및 유지관리에 관한 특별법 제7조(시설물의 종류) 규정의 일부이다.
(     )에 들어갈 아라비아 숫자를 순서대로 쓰시오.

> 제2종 시설물이란 제1종 시설물 외에 사회기반시설 등 재난이 발생할 위험이
> 높거나 재난을 예방하기 위하여 계속적으로 관리할 필요가 있는 시설물로서
> 다음의 어느 하나에 해당하는 시설물 등 대통령령으로 정하는 시설물을 말한다.
> 가. ~ 라. <생략>
> 마. ( ㉠ )층 이상 또는 연면적 ( ㉡ )만m² 이상의 건축물
> 바. ~ 사. <생략>

**02**

시설물의 안전 및 유지관리에 관한 특별법 제2조(정의)의 일부규정이다. (     ) 안
에 알맞은 용어를 답안지에 쓰시오.

> • "정밀안전진단"이란 시설물의 ( ㉠ )·( ㉡ )결함을 발견하고 그에 대한 신
>   속하고 적절한 조치를 하기 위하여 구조적 안전성과 결함의 원인 등을 조사
>   ·측정·평가하여 보수·보강 등의 방법을 제시하는 행위를 말한다.
> • 긴급안전점검"이란 시설물의 붕괴·전도 등으로 인한 재난 또는 재해가 발
>   생할 우려가 있는 경우에 시설물의 ( ㉠ )·( ㉡ ) 결함을 신속하게 발견하
>   기 위하여 실시하는 점검을 말한다.

**03**

시설물의 안전 및 유지관리에 관한 특별법 제2조(정의)의 일부 규정으로 (     ) 안
에 들어갈 용어를 쓰시오.

> 8. "내진성능평가(耐震性能評價)"란 지진으로부터 시설물의 ( ㉠ )을 확보하
>    고 기능을 유지하기 위하여 「지진·화산재해대책법」 제14조 제1항에 따라
>    시설물별로 정하는 ( ㉡ )에 따라 시설물이 지진에 견딜 수 있는 능력을 평
>    가하는 것을 말한다.

**04**
상 **중** 하

시설물의 안전 및 유지관리에 관한 특별법의 제2조(정의) 일부 내용이다. (    ) 안에 들어갈 용어를 쓰시오.

> (    )란 시설물의 기능을 유지하기 위하여 요구되는 시설물의 구조적 안전성, 내구성, 사용성 등의 성능을 종합적으로 평가하는 것을 말한다.

**05**
상 **중** 하

시설물의 안전 및 유지관리에 관한 특별법 시행령 [별표3]의 일부이다. (    ) 안에 들어갈 용어를 쓰시오.

> 최초로 실시하는 성능평가는 성능평가대상시설물 중 제1종 시설물의 경우에는 최초로 ( ㉠ )을 실시하는 때, 제2종 시설물의 경우에는 법 제11조 제2항에 따른 하자담보책임기간이 끝나기 전에 마지막으로 실시하는 ( ㉡ )을 실시하는 때에 실시한다. 다만, 준공 및 사용승인 후 구조형태의 변경으로 인하여 성능평가대상시설물로 된 경우에는 제5호 및 제6호에 따라 정밀안전점검 또는 정밀안전진단을 실시하는 때에 실시한다.

**06**
상 **중** 하

시설물의 안전 및 유지관리에 관한 특별법 시행령 중 정기안전점검에 관한 일부 규정이다. (    )에 들어갈 용어를 쓰시오.

> 준공 또는 사용승인 후부터 최초 안전등급이 지정되기 전까지의 기간에 실시하는 정기안전점검은 (    )에 1회 이상 실시한다.

**07**
상 **중** 하

시설물의 안전 및 유지관리에 관한 특별법 시행령 별표3의 일부이다. (    ) 안에 들어갈 아라비아 숫자 및 용어를 쓰시오.

> 정기안전점검 결과 안전등급이 D등급(미흡) 또는 E등급(불량)으로 지정된 제3종 시설물의 최초 정밀안전점검은 해당 정기안전점검을 완료한 날부터 ( ㉠ )년 이내에 실시한다. 다만, 이 기간 내 ( ㉡ )을 실시한 경우에는 해당 정밀안전점검을 생략할 수 있다.

## 08

시설물의 안전 및 유지관리에 관한 특별법 시행령 제19조(중대한 결함 등에 대한 보수·보강조치의 이행)이다. (      ) 안에 들어갈 아라비아 숫자를 쓰시오.

> 관리주체는 법 제24조 제1항에 따라 법 제13조 제6항에 따른 조치명령 또는 법 제22조 제1항·제2항에 따른 통보를 받은 날부터 ( ㉠ )년 이내에 시설물의 보수·보강 등 필요한 조치에 착수해야 하며, 특별한 사유가 없으면 착수한 날부터 ( ㉡ )년 이내에 이를 완료해야 한다.

## 09

시설물의 안전 및 유지관리에 관한 특별법 제26조(안전점검등의 대행)의 일부규정이다. (      ) 안에 알맞은 용어를 각각 쓰시오.

> 제26조 ① <생략>
> ② 관리주체는 정밀안전진단을 실시하려는 경우 이를 직접 수행할 수 없고 ( ㉠ ) 또는 ( ㉡ )에 대행하게 하여야 한다. 다만, 대통령령으로 정하는 시설물의 경우에는 ( ㉠ )에만 대행하게 하여야 한다.

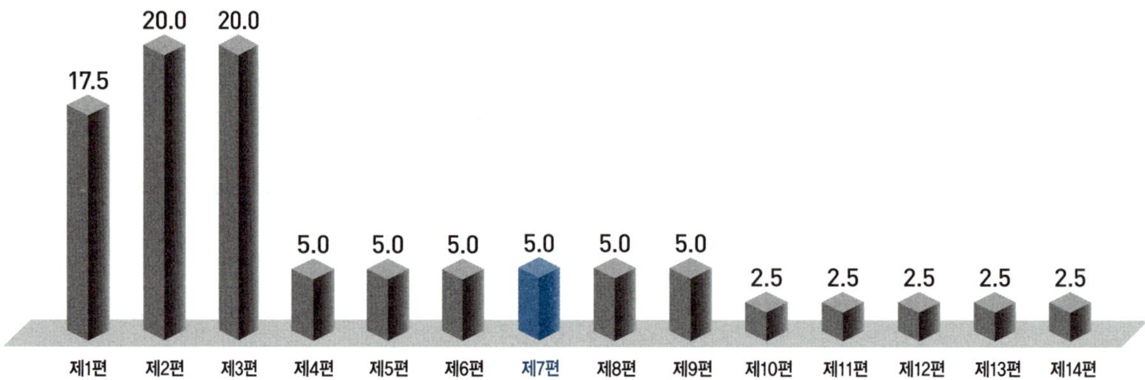


## 최근 5개년간 기출문제 분석

전기사업법은 2문제가 출제되는데, 1문제는 주관식으로 출제되고 있다. 출제되는 문제 수에 비해 학습 분량은 상당히 많다. 용어와 전기사업, 전기신사업, 전력시장, 전력거래 등을 중심으로 정리하고 나머지는 간략하게 요약해서 학습하도록 한다.

# 전기사업법

# 전기사업법

📖 **연계학습** 기본서 p.406~435

**단·원·열·기**

전기사업법은 총 2문제가 출제되고 1문제가 주관식이다. 이 단원은 총칙, 전력수급, 전력시장, 전력사업
기반조성, 안전관리, 한국전력거래소로 구분하여 학습한다.

## 01 전기사업법령의 내용으로 틀린 것은?

① 한국전력거래소는 주된 사무소의 소재지에서 설립등기를 함으로써 성립한다.
② 배전사업자는 전기판매사업을 겸업할 수 없다.
③ 전기판매사업자는 설비용량이 2만킬로와트 이하인 발전사업자가 생산한 전
   력을 전력시장운영규칙으로 정하는 바에 따라 우선적으로 구매할 수 있다.
④ 소규모전력중개사업자는 모집한 소규모전력자원에서 생산 또는 저장한 전력
   을 전력시장운영규칙으로 정하는 바에 따라 전력시장에서 거래하여야 한다.
⑤ 한국전력거래소의 회원이 아닌 자는 전력시장에서 전력거래를 하지 못한다.

## 02 전기사업법령상 전기사업허가를 반드시 취소해야 하는 경우는?

① 거짓이나 그 밖의 부정한 방법으로 제7조 제1항에 따른 허가 또는 변경허가
   를 받은 경우
② 제10조 제1항에 따른 인가를 받지 아니하고 전기사업의 전부 또는 일부를
   양수하거나 법인의 분할이나 합병을 한 경우
③ 제23조 제1항에 따른 허가권자의 명령을 위반한 경우
④ 제29조 제1항에 따른 기후에너지환경부장관의 명령을 위반한 경우
⑤ 제61조 제1항부터 제5항까지의 규정에 따라 인가를 받지 아니하거나 신고
   를 하지 아니한 경우

**03** 전기사업법령상 발전사업자 및 전기판매사업자가 전기공급을 거부할 수 있는 사유에 해당하지 않는 것은?

① 전기요금을 납기일까지 납부하지 아니한 전기사용자가 공급약관에서 정하는 기간까지 해당 요금을 내지 아니하는 경우
② 전기사용자가 법 제18조 제1항에 따른 전기의 품질에 적합하지 아니한 전기의 공급을 요청하는 경우
③ 전기의 공급을 요청하는 자가 불합리한 조건을 제시하거나 전기판매사업자 또는 전기충전사업자의 정당한 조건에 따르지 아니하고 다른 방법으로 전기의 공급을 요청하는 경우
④ 「전기안전관리법」 제12조 제9항 또는 다른 법률에 따라 시장·군수·자치구의 구청장 또는 그 밖의 행정기관의 장이 전기공급의 정지를 요청하는 경우
⑤ 전기를 대량으로 사용하려는 자가 사용예정일 4년 전에 용량 10만킬로와트 이상 30만킬로와트 미만의 전기를 사업자에게 요청하는 경우

**04** 전기사업법령상 설명으로 틀린 것은?

① 전력산업기반조성계획은 5년 단위로 수립·시행한다
② 한국전력거래소는 대통령령으로 정하는 바에 따라 전력거래에 대한 수수료를 정하여 기후에너지환경부장관에게 신고하여야 한다.
③ 전기사업자는 매년 12월 말까지 계획기간을 3년 이상으로 한 전기설비의 시설계획 및 전기공급계획을 작성하여 기후에너지환경부장관에게 신고하여야 한다.
④ 전기설비의 임시사용기간은 3개월 이내로 한다.
⑤ 전기자동차충전사업자는 대통령령으로 정하는 범위에서 재생에너지를 이용하여 생산한 전기를 전력시장을 거치지 아니하고 전기자동차에 공급할 수 있다.

**05** 전기사업법령상 기후에너지환경부장관은 전력산업기반조성사업을 실시하려는 경우에는 주관기관의 장과 체결하는 협약에 포함되어야 할 사항으로 명시된 것은?

① 전력산업전문인력의 양성에 관한 사항
② 필요한 자금 및 자금 조달계획
③ 전력수요의 관리에 관한 사항
④ 전력분야의 연구기관 및 단체의 육성·지원에 관한 사항
⑤ 전력수요 관리사업에 관한 사항

**06** 전기사업법령의 내용으로 옳지 않는 것은?

상 중 하

① 전기신사업이란 전기자동차충전사업, 소규모전력중개사업, 재생에너지전기공급사업, 재생에너지전기저장판매사업, 통합발전소사업 및 송전제약발생지역전기공급사업을 말한다.

② 전기자동차충전사업자는 대통령령으로 정하는 범위에서 재생에너지를 이용하여 생산한 전기를 전력시장을 거치지 아니하고 전기자동차에 공급할 수 있다.

③ 발전사업자 및 전기판매사업자는 「신에너지 및 재생에너지 개발·이용·보급 촉진법」의 규정에 따른 신·재생에너지발전사업자가 발전설비용량이 1천kW 이하인 발전설비를 이용하여 생산한 전력을 거래하는 경우 전력시장에서 거래하여야 한다.

④ 소규모전력중개사업자는 모집한 소규모전력자원에서 생산 또는 저장한 전력을 전력시장운영규칙으로 정하는 바에 따라 전력시장에서 거래하여야 한다.

⑤ 구역전기사업자는 대통령령으로 정하는 바에 따라 특정한 공급구역의 수요에 부족하거나 남는 전력을 전력시장에서 거래할 수 있다.

**07** 전기사업법령상 설명으로 옳은 것은?

상 중 하

① 구역전기사업자란 3만5천킬로와트 이하의 발전설비를 갖추고 특정한 공급구역의 수요에 응하여 전기를 생산하여 전력시장을 통해 당해 공급구역 안의 전기사용자에게 공급함을 주된 목적으로 하는 사업을 말한다.

② 재생에너지전기공급사업자는 재생에너지를 이용하여 생산한 전기를 전력시장을 거쳐서 전기사용자에게 공급할 수 있다.

③ 수전설비용량이 3만킬로와트 이상인 전기사용자는 전력시장에서 전력을 직접 구매할 수 있다.

④ 사업정지기간에 전기신사업을 한 경우 그 등록을 취소할 수 있다.

⑤ 분산형전원이란 전력수요 지역 인근에 설치하여 배전선로의 건설을 최소화할 수 있는 일정 규모 이하의 발전설비로서 기후에너지환경부령으로 정하는 것을 말한다.

**08** 전기사업법령상 전력거래에 관한 설명으로 틀린 것은?

① 태양광 설비를 설치한 자가 해당 설비를 통하여 생산한 전력 중 자기가 사용하고 남은 전력을 거래하는 경우에는 전력시장에서 거래할 수 있다.
② 전기사용자는 전력시장에서 전력을 직접 구매할 수 있다.
③ 전기판매사업자는 설비용량이 2만킬로와트 이하인 발전사업자가 생산한 전력을 전력시장운영규칙으로 정하는 바에 따라 우선적으로 구매할 수 있다.
④ 구역전기사업자는 발전기의 고장, 정기점검 및 보수 등으로 인하여 해당 특정한 공급구역의 수요에 부족한 전력을 전력시장에서 거래할 수 있다.
⑤ 소규모전력중개사업자는 모집한 소규모전력자원에서 생산 또는 저장한 전력을 전력시장에서 거래해야 한다.

**09** 전기사업법령의 내용으로 옳지 않은 것은?

① 구역전기사업자는 대통령령으로 정하는 바에 따라 특정한 공급구역의 수요에 부족하거나 남는 전력을 전력시장에서 거래할 수 있다.
② 소규모전력중개사업자는 모집한 소규모전력자원에서 생산 또는 저장한 전력을 전력시장운영규칙으로 정하는 바에 따라 전력시장에서 거래하여야 한다.
③ 수요관리사업자는 전력시장운영규칙으로 정하는 바에 따라 전력시장에서 전력거래를 할 수 있다.
④ 전기사용자는 전력시장에서 전력을 직접 구매할 수 없다. 다만, 수전설비용량이 3만kVA(킬로볼트암페어) 이상인 전기사용자는 그러하지 아니하다.
⑤ 전기판매사업자는 설비용량이 3만kW 이하의 발전사업자가 생산한 전력을 전력시장운영규칙으로 정하는 바에 따라 우선적으로 구매할 수 있다.

**10** 전기사업법령상 다른 자의 토지 등의 사용에 관한 설명으로 틀린 것은?

① 전기사업자는 전기사업용 전기설비의 설치나 이를 위한 실지조사·측량 및 시공 또는 전기사업용 전기설비의 유지·보수를 위하여 필요한 경우에는 「공익사업을 위한 토지 등의 취득 및 보상에 관한 법률」에서 정하는 바에 따라 다른 자의 토지 또는 이에 정착된 건물 그 밖의 공작물을 사용하거나 다른 자의 식물, 그 밖의 장애물을 변경 또는 제거할 수 있다.

② 전기사업자는 전기설비의 설치·유지 및 안전관리를 위하여 필요한 경우에는 다른 자의 토지 등에 출입할 수 있다. 이 경우 전기사업자는 출입방법 및 출입기간 등에 대하여 미리 토지 등의 소유자 또는 점유자와 협의하여야 하며 협의가 성립되지 아니 하거나 협의를 할 수 없는 경우에는 시장·군수 또는 구청장의 허가를 받아 토지 등에 출입할 수 있다.

③ 전기사업자는 국가·지방자치단체, 그 밖의 공공기관이 관리하는 공공용 토지에 전기사업용 전선로를 설치할 필요가 있는 경우에는 그 토지 관리자의 허가 없이 사용할 수 있다.

④ 전기사업자는 토지 등의 일시사용이 끝난 경우에는 토지 등을 원상으로 회복하거나 이에 필요한 비용을 토지 등의 소유자 또는 점유자에게 지급하여야 한다.

⑤ 전기사업자는 천재지변·전시·사변, 기타 긴급한 사태로 인하여 전기사업용 전기설비 등이 파손되거나 파손될 우려가 있는 경우 15일 이내에서의 다른 자의 토지 등의 일시사용할 수 있다.

**11** 전기사업법령상 한국전력거래소의 업무가 아닌 것은?

① 전력시장의 개설·운영에 관한 업무
② 전력거래량의 계량에 관한 업무
③ 회원의 자격심사에 관한 업무
④ 전력거래대금 및 전력거래에 따른 비용의 청구·정산 및 지불에 관한 업무
⑤ 전력시장운영규칙의 제정·변경·또는 폐지의 승인에 관한 업무

## 12 전기사업법령의 내용으로 틀린 것은?

① 전력수급기본계획은 2년 단위로 이를 수립·시행한다.
② 전력수급 및 전력산업기반조성에 관한 중요사항을 심의하기 위하여 기후에너지환경부에 전력정책심의회를 둔다.
③ 전기사업 등의 공정한 경쟁환경 조성 및 전기사용자의 권익보호에 관한 사항의 심의 등을 위하여 기후에너지환경부에 전기위원회를 둔다.
④ 전기사업자는 물밑에 설치한 전선로를 보호하기 위하여 필요한 경우에는 물밑선로보호구역의 지정을 시·도지사에게 신청할 수 있다.
⑤ 기후에너지환경부장관은 전력산업기반조성계획은 3년 단위로 수립·시행한다.

## 13 전기사업법령의 전기신사업에 관한 설명으로 틀린 것은?

① 전기신사업이란 전기자동차충전사업, 소규모전력중개사업, 재생에너지전기공급사업, 통합발전소사업, 재생에너지전기저장판매사업 및 송전제약발생지역전기공급사업을 말한다.
② 전기자동차충전사업자는 법 제96조의5 제1항에 따라 충전요금을 표시하는 경우에는 충전요금 정보를 소비자가 쉽게 알아볼 수 있도록 표시판을 설치하거나 인터넷 홈페이지 또는 이동통신단말장치에서 사용되는 애플리케이션(Application)에 게시하는 방법 등으로 충전요금을 표시하여야 한다.
③ 송전제약발생지역전기공급사업이란 발전용량과 송전용량의 불일치로 인하여 전력시장을 통하여 전기판매사업자에게 공급하지 못하게 된 전기를 발전설비의 인접한 지역에 위치한 전기사용자의 신규 시설에 공급하는 것을 주된 목적으로 하는 사업을 말한다.
④ 전기신사업을 하려는 자는 전기신사업의 종류별로 기후에너지환경부장관에게 인가를 받아야 한다.
⑤ 기후에너지환경부장관은 전기신사업의 공정한 거래질서를 확립하기 위하여 공정거래위원회 위원장과 협의를 거쳐 표준약관을 제정 또는 개정할 수 있다.

## 주관식 단답형 문제

**01** 전기사업법 제2조(정의)의 일부이다. (    ) 안에 들어갈 용어를 쓰시오.

> 12의2. "전기신사업"이란 전기자동차충전사업, ( ㉠ ), 재생에너지전기공급사업, 통합발전소사업, 재생에너지전기저장판매사업 및 ( ㉡ )을 말한다.

**02** 전기사업법 제2조(정의)의 일부규정이다. (    ) 안에 알맞은 용어를 쓰시오.

> 송전제약발생지역전기공급사업이란 발전용량과 송전용량의 불일치로 인하여 ( ㉠ )을 통하여 전기판매사업자에게 공급하지 못하게 된 전기를 발전설비의 인접한 지역에 위치한 ( ㉡ )의 신규 시설에 공급하는 것을 주된 목적으로 하는 사업을 말한다.

**03** 전기사업법 시행규칙 제2조(정의) 규정의 일부이다. (    ) 안에 들어갈 아라비아 숫자를 쓰시오.

> 특고압이란 (    )천볼트를 초과하는 전압을 말한다.

**04** 전기사업법 제2조(정의)의 일부이다. (    ) 안에 들어갈 용어를 쓰시오.

> 전기수용설비란 ( ㉠ )설비와 ( ㉡ )설비를 말한다.

**05** 전기사업법 제2조(정의)의 일부이다. (    ) 안에 알맞은 용어를 쓰시오.

> <생략>
> 14. ( ㉠ )이란 전기의 원활한 흐름과 품질유지를 위하여 전기의 흐름을 통제·관리하는 체제를 말한다.
> 15. ( ㉡ )이란 전기사용자가 언제 어디서나 적정한 요금으로 전기를 사용할 수 있도록 전기를 공급하는 것을 말한다.

**06**  전기사업법 시행규칙 제3조(일반용전기설비의 범위)의 일부이다. (    ) 안에 들어갈 아라비아 숫자를 쓰시오.

> 「전기사업법」 제2조 제18호에 따른 일반용전기설비는 다음 각 호의 어느 하나에 해당하는 전기설비로 한다.
> 1. 저압에 해당하는 용량 ( ㉠ )킬로와트(제조업 또는 심야전력을 이용하는 전기설비는 용량 100킬로와트) 미만의 전력을 타인으로부터 수전하여 그 수전장소(담·울타리 또는 그 밖의 시설물로 타인의 출입을 제한하는 구역을 포함한다)에서 그 전기를 사용하기 위한 전기설비
> 2. 저압에 해당하는 용량 ( ㉡ )킬로와트 이하인 발전설비

**07** 전기사업법 시행규칙 제31조의2(전기설비의 임시사용 허용기준 등) 제2항의 규정이다. (    ) 안에 들어갈 아라비아 숫자를 차례대로 쓰시오.

> 전기설비의 임시사용기간은 ( ㉠ )개월 이내로 한다. 다만, 임시사용기간에 임시사용의 사유를 해소할 수 없는 특별한 사유가 있다고 인정되는 경우에는 전체 임시사용기간이 ( ㉡ )년을 초과하지 아니하는 범위에서 임시사용기간을 연장할 수 있다.

**08**  전기사업법 제51조(부담금) 및 동법 시행령 제36조(부담금의 부과기준)의 일부이다. (    ) 안에 알맞은 아라비아 숫자를 쓰시오.

> - 기후에너지환경부장관은 제49조 각 호의 사업을 수행하기 위하여 전기사용자에 대하여 전기요금(제32조 단서에 따라 전력을 직접 구매하는 전기사용자의 경우에는 구매가격에 제15조에 따른 송전용 또는 배전용 전기설비의 이용요금을 포함한 금액을 말한다)의 1천분의 ( ㉠ ) 이내에서 대통령령으로 정하는 바에 따라 부담금을 부과·징수할 수 있다.
> - 법 제51조 제1항에 따른 부담금은 전기요금의 1천분의 ( ㉡ )에 해당하는 금액으로 한다.

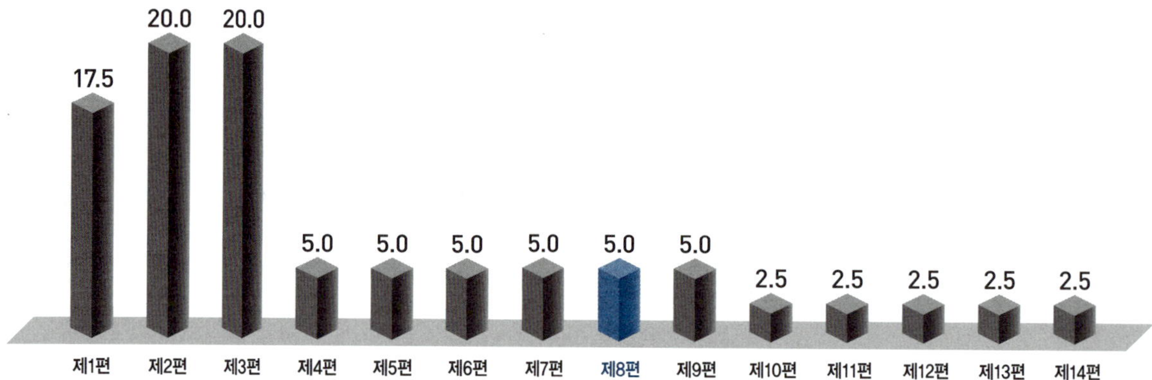



### 최근 5개년간 기출문제 분석

승강기 안전관리법은 2문제가 출제되는데, 1문제는 주관식으로 출제되고 있다. 승강기 종류, 승강기 안전인증, 승강기 설치검사 및 안전검사, 자체점검 등을 중심으로 학습하도록 한다.

# 승강기 안전관리법

📘 **연계학습** 기본서 p.438~461

**단 · 원 · 열 · 기**

승강기 안전관리법은 총 2문제가 출제되고 1문제가 주관식이다. 이 단원은 총칙, 안전인증, 자체점검, 안전검사로 구분하여 학습한다.

**01**
상 **중** 하

**승강기 안전관리법령상 승강기의 안전인증에 관한 내용으로 옳은 것을 모두 고른 것은?**

> ㉠ 승강기의 제조 · 수입업자는 승강기에 대하여 행정안전부령으로 정하는 바에 따라 모델별로 행정안전부장관이 실시하는 안전인증을 받아야 한다.
>
> ㉡ 승강기안전인증을 받은 승강기는 5년마다 행정안전부장관이 실시하는 승강기에 대한 심사를 정기적으로 받아야 한다.
>
> ㉢ 승강기안전인증을 받은 승강기의 제조 · 수입업자는 행정안전부령으로 정하는 바에 따라 승강기안전인증을 받은 후 제조하거나 수입하는 같은 모델의 승강기에 대하여 안전성에 대한 자체심사를 하고, 그 기록을 작성하고 3년간 보관해야 한다.
>
> ㉣ 국토교통부장관은 수출을 목적으로 승강기를 제조하는 경우에는 승강기안전인증의 전부를 면제할 수 있다.

① ㉠      ② ㉡      ③ ㉠, ㉡

④ ㉢, ㉣      ⑤ ㉡, ㉢, ㉣

**02** 승강기 안전관리법령상 안전인증에 관한 설명으로 틀린 것은?

① 승강기안전인증을 받은 승강기의 제조·수입업자는 승강기안전인증을 받은 후 제조하거나 수입하는 같은 모델의 승강기에 대하여 안전성에 대한 자체심사를 하고, 그 기록을 작성하고 2년간 보관해야 한다.

② 승강기안전부품의 색상 변경의 경우는 승강기안전부품의 안전성과 관련이 없는 사항이므로 부품안전인증이 생략된다

③ 승강기안전인증이 취소된 승강기의 제조·수입업자는 취소된 날부터 1년 이내에는 같은 모델의 승강기에 대한 승강기안전인증을 신청할 수 없다.

④ 행정안전부장관은 수출을 목적으로 승강기를 제조하는 경우에는 승강기안전인증의 전부를 면제할 수 있다.

⑤ 승강기의 제조·수입업자는 승강기에 대하여 모델별로 행정안전부장관이 실시하는 안전인증을 받아야 한다.


**03** 승강기 안전관리법령상 승강기의 관리와 승강기 유지관리업의 등록에 관한 설명으로 틀린 것은?

① 승강기수입을 업으로 하는 자는 승강기 관리주체로부터 승강기 유지관리용 부품의 제공을 요청받은 경우 특별한 이유가 없으면 2일 이내에 요청에 따라야 한다.

② 대통령령으로 정하는 비율 이하의 유지관리업무를 다른 유지관리업자에게 하도급하는 경우로서 관리주체가 서면으로 동의한 경우에는 승강기 유지관리업자는 유지관리업무를 다른 유지관리업자 등에게 하도급을 할 수 있다.

③ 승강기 유지관리를 업으로 하려는 자는 행정안전부장관에게 등록하여야 한다.

④ 승강기 제조·수입업자는 승강기 유지관리용 부품 및 장비등의 원활한 제공을 위해 동일한 형식의 유지관리용 부품 및 장비등을 최종 판매하거나 양도한 날부터 10년 이상 제공할 수 있도록 해야 한다.

⑤ 승강기의 품질보증기간은 3년으로 한다.

**04** 승강기 안전관리법령상 설명으로 옳은 것은?

① 승강기나 대통령령으로 정하는 승강기부품의 제조업 또는 수입업을 하려는 자는 행정안전부령으로 정하는 바에 따라 시·도지사에게 등록하여야 한다.

② 설치공사업자는 승강기의 설치를 끝낸 날부터 15일 이내에 한국승강기안전 공단에 승강기의 설치신고를 해야 한다.

③ 승강기 안전관리자(관리주체가 직접 승강기를 관리하는 경우에는 그 관리 주체를 말한다)를 선임하였을 때에는 행정안전부령으로 정하는 바에 따라 3개월 이내에 행정안전부장관에게 그 사실을 통보하여야 한다.

④ 승강기안전공단에 관하여 이 법 및 「공공기관의 운영에 관한 법률」에서 규 정한 사항을 제외하고는 「민법」 중 사단법인에 관한 규정을 준용한다.

⑤ 승강기 품질보증기간은 10년 이상으로 하며, 그 기간에 구매인 또는 양수인 이 사용설명서에 따라 정상적으로 사용·관리했음에도 불구하고 고장이나 결함이 발생한 경우에는 제조·수입업자가 무상으로 유지관리용 부품 및 장비 등을 제공해야 한다.

**05** 승강기 안전관리법령상 승강기 책임보험에 관한 내용으로 옳은 것을 모두 고른 항 목은?

> ㉠ 책임보험의 종류는 승강기 사고배상책임보험 또는 승강기 사고배상책임보 험과 같은 내용이 포함된 보험으로 한다.
> ㉡ 사망의 경우에는 1인당 8천만원 이상. 다만, 사망에 따른 실손해액이 2천만 원 미만인 경우에는 2천만원 이상으로 한다.
> ㉢ 재산피해의 경우에는 사고당 2천만원 이상으로 한다.
> ㉣ 책임보험에 가입한 관리주체는 책임보험 판매자로 하여금 책임보험의 가입 사실을 가입한 날부터 10일 이내에 승강기안전종합정보망에 입력하게 해야 한다.

① ㉡, ㉢      ② ㉢, ㉣      ③ ㉠, ㉡

④ ㉠, ㉢      ⑤ ㉠, ㉡, ㉢, ㉣

**06**  **승강기 안전관리법령상 내용으로 옳은 것은?**

① 설치공사업자는 승강기의 설치를 끝낸 날부터 15일 이내에 한국승강기안전공단에 승강기의 설치신고를 해야 한다.

② 승강기의 자체점검을 담당하는 사람은 자체점검을 마치면 지체 없이 자체점검 결과를 양호, 주의관찰 또는 긴급수리로 구분하여 관리주체에 통보해야 하며, 관리주체는 자체점검 결과를 자체점검실시일부터 15일 이내에 승강기안전종합정보망에 입력해야 한다.

③ 중대한사고나 중대한고장의 발생여부확인은 정밀안전검사 대상이다.

④ 승강기 안전검사에 불합격된 승강기에 대하여는 자체점검의 전부 또는 일부를 면제할 수 있다.

⑤ 승강기안전인증이 취소된 승강기의 제조·수입업자는 취소된 날부터 2년 이내에는 같은 모델의 승강기에 대한 승강기안전인증을 신청할 수 없다.


**07** **승강기 안전관리법령상 자체점검에 관한 설명으로 틀린 것은?**

① 승강기 관리주체는 자체점검을 스스로 할 수 없다고 판단하는 경우에는 유지관리업자에게 대행하도록 할 수 있다.

② 승강기의 자체점검을 담당하는 사람은 자체점검을 마치면 지체 없이 자체점검 결과를 양호, 주의관찰 또는 긴급수리로 구분하여 관리주체에 통보해야 하며, 관리주체는 자체점검 결과를 자체점검 후 10일 이내에 승강기안전종합정보망에 입력해야 한다.

③ 안전검사가 연기된 승강기에 대하여는 자체점검의 전부 또는 일부를 면제할 수 있다.

④ 검사에 불합격된 승강기에 대하여는 자체점검의 전부 또는 일부를 면제할 수 있다.

⑤ 승강기 관리주체는 자체점검의 결과 해당 승강기에 결함이 있다는 사실을 알았을 경우에는 3일 이내 보수하여야 하며, 보수가 끝날 때까지 운행을 중지하여야 한다.

**08** 승강기 안전관리법령상 자체점검 및 안전검사에 관한 설명으로 옳은 것은?

① 정기검사는 설치검사 후 정기적으로 하는 검사이다. 이 경우 검사주기는 1년 이하로 하되, 조례로 정하는 바에 따라 승강기별로 검사주기를 다르게 할 수 있다.

② 정기검사의 검사기간은 정기검사의 검사주기 도래일 전후 각각 15일 이내로 한다.

③ 설치검사를 받은 날부터 15년이 지난 경우 정밀안전검사를 받고, 그 후 매년마다 정기적으로 정밀안전검사를 받아야 한다.

④ 관리주체는 안전검사에 불합격한 승강기에 대하여 안전검사에 불합격한 날부터 3개월 이내에 안전검사를 다시 받아야 한다.

⑤ 자동차용 엘리베이터의 검사주기는 직전 정기검사를 받은 날부터 2년이다.

**09** 승강기 안전관리법령상 승강기의 자체점검 및 안전검사에 관한 내용으로 틀린 것은?

① 관리주체는 승강기의 안전에 관한 자체점검을 월 1회 이상 하고, 그 결과를 대통령령으로 정하는 기간 이내에 승강기안전종합정보망에 입력하여야 한다.

② 승강기의 결함으로 중대한 사고 또는 중대한 고장이 발생한 경우 정밀안전검사를 받아야 한다.

③ 관리주체는 승강기의 제어반 또는 구동기를 교체한 경우에 행정안전부장관이 실시하는 수시검사를 받아야 한다.

④ 관리주체는 설치검사를 받은 날부터 25년이 지난 경우에 해당할 때에는 행정안전부장관이 실시하는 정밀안전검사를 받고, 그 후 3년마다 정기적으로 정밀안전검사를 받아야 한다.

⑤ 관리주체는 안전검사에 불합격한 승강기에 대하여 안전검사에 불합격한 날부터 4개월 이내에 안전검사를 다시 받아야 한다.

**10** 승강기 안전관리법령상 내용으로 틀린 것은?

① 관리주체는 안전검사에 불합격한 승강기에 대하여 안전검사에 불합격한 날부터 3개월 이내에 안전검사를 다시 받아야 한다.

② 승강기의 제조·수입업자는 설치를 끝낸 승강기에 대하여 행정안전부장관이 실시하는 설치검사를 받아야 한다.

③ 승강기 관리주체는 해당 승강기가 설치검사를 받은 날부터 15년이 지난 경우에는 행정안전부장관이 실시하는 정밀안전검사를 받아야 한다.

④ 승강기 유지관리업의 등록을 한 자는 그 사업을 폐업한 경우에는 그 날부터 30일 이내에 시·도지사에게 신고하여야 한다.

⑤ 행정안전부장관은 행정안전부령으로 정하는 바에 따라 안전검사를 받을 수 없다고 인정하면 그 사유가 없어질 때까지 안전검사를 연기할 수 있다.

**11** 승강기 안전관리법령에 관한 내용으로 옳은 것은?

① 관리주체는 승강기의 사고로 승강기 이용자 등 다른 사람의 생명·신체 또는 재산상의 손해를 발생하게 하는 경우 그 손해에 대한 배상을 보장하기 위한 보험에 가입할 수 있다.

② 시·도지사는 유지관리업자가 거짓이나 그 밖의 부정한 방법으로 유지관리업의 등록을 한 경우 6개월 이내의 기간을 정하여 그 사업의 전부 또는 일부의 정지를 명할 수 있다.

③ 정밀안전검사에 불합격한 승강기인 경우 임시적으로 3개월까지 운행할 수 있다.

④ 행정안전부장관은 행정안전부령으로 정하는 바에 따라 안전검사를 받을 수 없다고 인정하면 그 사유가 없어질 때까지 안전검사를 연기할 수 있다.

⑤ 승강기 관리주체가 직접 승강기를 관리하더라도 승강기 운행에 대한 지식이 풍부한 자를 승강기 안전관리자로 선임하여 해당 승강기를 관리하도록 하여야 한다.

## 주관식 단답형 문제

**01** 승강기 안전관리법 시행령 제11조(승강기 유지관리용 부품 등의 제공기간 등)의 일부이다. (    ) 안에 알맞은 숫자를 쓰시오.

> ① 법 제6조 제1항 전단에 따라 승강기 제조·수입업자)는 법 제8조 제1항 제1호에 따른 승강기 유지관리용 부품 및 같은 항 제2호에 따른 장비 또는 소프트웨어(이하 "장비 등"이라 한다)의 원활한 제공을 위해 동일한 형식의 유지관리용 부품 및 장비 등을 최종 판매하거나 양도한 날부터 ( ㉠ )년 이상 제공할 수 있도록 해야 한다.
>
> <생략>
>
> ③ 제2항 제2호 나목에 따른 품질보증기간은 ( ㉡ )년 이상으로 하며, 그 기간에 구매인 또는 양수인이 사용설명서에 따라 정상적으로 사용·관리했음에도 불구하고 고장이나 결함이 발생한 경우에는 제조·수입업자가 무상으로 승강기 유지관리용 부품 및 장비 등을 제공(정비를 포함한다)해야 한다.

**02** 승강기 안전관리법 시행령 제27조(보험의 종류 등)의 일부이다. (    ) 안에 알맞은 아라비아 숫자 및 용어를 쓰시오.

> ③ 책임보험의 보상한도액은 다음 각 호의 기준에 해당하는 금액 이상으로 한다. 다만, 지급보험금액은 제1호 단서의 경우를 제외하고는 실손해액을 초과할 수 없다.
>
> 1. 사망의 경우에는 1인당 ( ㉠ )천만원. 다만, 사망에 따른 실손해액이 2천만원 미만인 경우에는 2천만원으로 한다.
>
> <생략>
>
> ④ 책임보험에 가입한 관리주체는 책임보험 판매자로 하여금 책임보험의 가입 사실을 가입한 날부터 ( ㉡ )일 이내에 ( ㉢ )에 입력하게 해야 한다.

**03** 승강기 안전관리법 제29조(승강기 안전관리자)의 일부이다. (      ) 안에 들어갈 아라비아 숫자 및 용어를 쓰시오.

> ① 관리주체는 승강기 운행에 대한 지식이 풍부한 사람을 승강기 안전관리자로 선임하여 승강기를 관리하게 하여야 한다. 다만, 관리주체가 직접 승강기를 관리하는 경우에는 그러하지 아니하다.
>
> <생략>
>
> ③ 관리주체는 제1항에 따라 승강기 안전관리자(관리주체가 직접 승강기를 관리하는 경우에는 그 관리주체를 말한다)를 선임하였을 때에는 행정안전부령으로 정하는 바에 따라 ( ㉠ )일 이내에 ( ㉡ )에게 그 사실을 통보하여야 한다. 승강기 안전관리자나 관리주체가 변경되었을 때에도 또한 같다.

**04** 승강기 안전관리법 제32조(승강기의 안전검사)의 일부이다. (      ) 안에 알맞은 아라비아 숫자 또는 용어를 쓰시오.

> 3. 정밀안전검사: 다음 각 목의 어느 하나에 해당하는 경우에 하는 검사. 이 경우 다목에 해당할 때에는 정밀안전검사를 받고, 그 후 ( ㉠ )년마다 정기적으로 정밀안전검사를 받아야 한다.
>
> 　가. 제1호에 따른 정기검사 또는 제2호에 따른 수시검사 결과 결함의 원인이 불명확하여 사고 예방과 안전성 확보를 위하여 행정안전부장관이 정밀안전검사가 필요하다고 인정하는 경우
>
> 　나. 승강기의 결함으로 제48조 제1항에 따른 중대한 사고 또는 중대한 고장이 발생한 경우
>
> 　다. ( ㉡ )검사를 받은 날부터 ( ㉢ )년이 지난 경우
>
> 　라. 그 밖에 승강기 성능의 저하로 승강기 이용자의 안전을 위협할 우려가 있어 행정안전부장관이 정밀안전검사가 필요하다고 인정한 경우

**05** 승강기 안전관리법 제32조(승강기의 안전검사)의 일부이다. (　　) 안에 알맞은 아라비아 숫자를 쓰시오.

> 3. 정밀안전검사: 다음 각 목의 어느 하나에 해당하는 경우에 하는 검사. 이 경우 다목에 해당할 때에는 정밀안전검사를 받고, 그 후 ( ㉠ )년마다 정기적으로 정밀안전검사를 받아야 한다.
>  가. 제1호에 따른 정기검사 또는 제2호에 따른 수시검사 결과 결함의 원인이 불명확하여 사고 예방과 안전성 확보를 위하여 행정안전부장관이 정밀안전검사가 필요하다고 인정하는 경우
>  나. 승강기의 결함으로 제48조 제1항에 따른 중대한 사고 또는 중대한 고장이 발생한 경우
>  다. 설치검사를 받은 날부터 ( ㉡ )년이 지난 경우
>  라. 그 밖에 승강기 성능의 저하로 승강기 이용자의 안전을 위협할 우려가 있어 행정안전부장관이 정밀안전검사가 필요하다고 인정한 경우

**06** 승강기 안전관리법 제32조(승강기의 안전검사) 제1항 규정의 일부이다. (　　)에 들어갈 아라비아 숫자 및 용어를 각각 쓰시오.

> 관리주체는 승강기에 대하여 행정안전부장관이 실시하는 다음 각 호의 안전검사를 받아야 한다.
> 1. 정기검사: 설치검사 후 정기적으로 하는 검사. 이 경우 검사주기는 ( ㉠ )년 이하로 하되, 행정안전부령으로 정하는 바에 따라 승강기별로 검사주기를 다르게 할 수 있다.
> 2. <생략>
> 3. ( ㉡ ) 안전검사: 다음 각 목의 어느 하나에 해당하는 경우에 하는 검사.
>  나. 승강기의 결함으로 제48조 제1항에 따른 중대한 사고 또는 중대한 고장이 발생한 경우

**07** 승강기 안전관리법 규칙 제50조 제2항(승강기의 운행정지명령 등) 규정이다. (　　) 안에 들어갈 용어를 쓰시오.

> 특별자치시장·특별자치도지사 또는 시장·군수·구청장은 승강기가 다음에 해당하는 경우에는 그 사유가 없어질 때까지 해당 승강기의 운행정지를 명할 수 있다.
> 1. ( ㉠ )을(를) 받지 아니한 경우
> 2. ( ㉡ )을(를) 하지 아니한 경우
> 3. <이하 생략>

**08**

승강기 안전관리법 시행규칙 제54조(정기검사의 검사주기 등) 제2항의 규정이다. ( )에 들어갈 아라비아 숫자를 순서대로 쓰시오.

> 1. <생략>
> 2. <생략>
> 3. 다음의 엘리베이터: ( ㉠ )년
>    가. 화물용 엘리베이터
>    나. 자동차용 엘리베이터
>    다. 소형화물용 엘리베이터(Dumbwaiter)
> 4. 「건축법 시행령」에 따른 단독주택에 설치된 승강기: ( ㉡ )년

**09**

승강기 안전관리법 시행규칙 제54조(정기검사의 검사주기 등)의 일부규정이다. ( )에 들어갈 아라비아 숫자를 각각 쓰시오.

> 제54조 ① <생략>
> ② 제1항에도 불구하고 다음 각 호의 어느 하나에 해당하는 승강기의 경우에
>    는 정기검사의 검사주기를 직전 정기 검사를 받은 날부터 다음 각 호의 구
>    분에 따른 기간으로 한다.
>    1. 설치검사를 받은 날부터 ( ㉠ )년이 지난 승강기: 6개월 <생략>
>    2. 법 제32조 제1항 제3호 나목에 따른 승강기의 결함으로 중대한 사고 또
>       는 중대한 고장이 발생한 후 2년이 지나지 않은 승강기: 6개월
>    3. 다음 각 목의 엘리베이터: ( ㉡ )년
>       가. 별표 1 제2호 가목9)에 따른 화물용 엘리베이터
>       나. 별표 1 제2호 가목10)에 따른 자동차용 엘리베이터
>       다. 별표 1 제2호 가목11)에 따른 소형화물용 엘리베이터(Dumbwaiter)
>    4. 「건축법 시행령」 별표 1 제1호 가목에 따른 단독주택에 설치된 승강기
>       : ( ㉢ )년

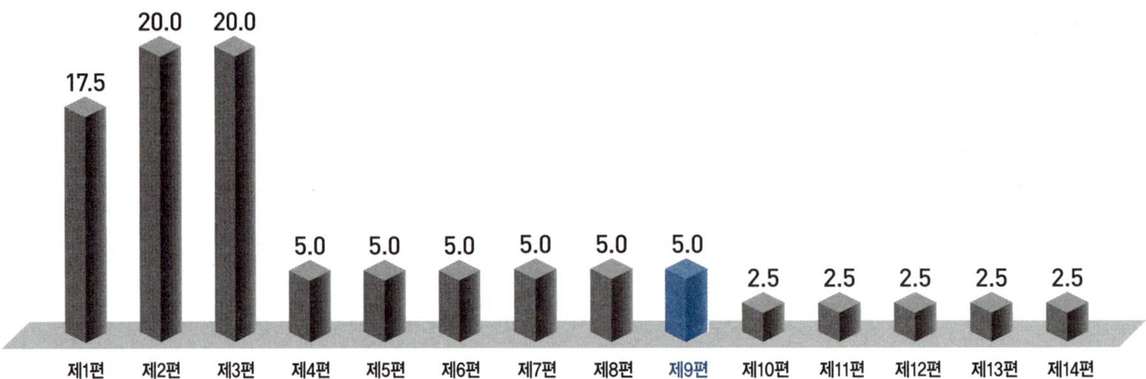


## 최근 5개년간 기출문제 분석

도시 및 주거환경정비법은 2문제가 출제되는데, 1문제는 주관식으로 출제되고 있다. 용어와 정비사업의 개략적인 절차와 사업시행자, 시행방식, 정비사업조합, 사업시행계획인가, 관리처분계획을 중심으로 정리하는 것이 효율적이다.

박문각
주택관리사

**단·원·열·기**

도시 및 주거환경정비법은 총 2문제가 출제되고 1문제가 주관식이다. 이 단원은 총칙, 기본계획, 정비구역, 행위제한, 조합으로 구분하여 학습한다.

## 01

**도시 및 주거환경정비법령상 다음 설명에 해당하는 사업은?**

> 도시 저소득 주민이 집단거주하는 지역으로서 정비기반시설이 극히 열악하고 노후·불량 건축물이 과도하게 밀집한 지역의 주거환경을 개선하거나 단독주택 및 다세대 주택이 밀집한 지역에서 정비기반시설과 공동이용시설 확충을 통하여 주거환경을 보전·정비·개량하기 위한 사업

① 도시개발사업
② 재건축사업
③ 가로주택정비사업
④ 주거환경개선사업
⑤ 도시재생사업

## 02

**도시 및 주거환경정비법령상 정비기반시설이 열악하고 노후·불량건축물이 밀집한 지역에서 주거환경을 개선하거나 상업지역·공업지역 등에서 도시기능의 회복 및 상권활성화 등을 위하여 도시환경을 개선하기 위한 사업은?**

① 주거환경개선사업
② 재개발사업
③ 재건축사업
④ 도시개발사업
⑤ 가로주택정비사업

## 03

**도시 및 주거환경정비법령상 정비기반시설이 아닌 것은?**

① 경찰서
② 공용주차장
③ 상수도
④ 하천
⑤ 지역난방시설

**04** 도시 및 주거환경정비법령상 정비기반시설이 아닌 것을 모두 고른 것은? (단, 주거
환경개선사업을 위하여 지정·고시된 정비구역이 아님)

| | | |
|---|---|---|
| ㉠ 광장 | ㉡ 구거 | ㉢ 놀이터 |
| ㉣ 녹지 | ㉤ 공동구 | ㉥ 마을회관 |

① ㉠, ㉡  ② ㉡, ㉢  ③ ㉢, ㉥
④ ㉣, ㉤  ⑤ ㉤, ㉥

**05** 도시 및 주거환경정비법령상 도시·주거환경정비기본계획(이하 '기본계획')에 관
한 설명으로 틀린 것은?

① 도지사가 대도시가 아닌 시로서 기본계획을 수립할 필요가 없다고 인정하
   는 시에 대하여는 기본계획을 수립하지 아니할 수 있다.
② 정비사업의 계획기간을 단축하는 경우 기본계획의 수립권자는 주민공람과
   지방의회의 의견청취 절차를 거쳐야 한다.
③ 기본계획에는 세입자에 대한 주거안정대책도 포함되어야 한다.
④ 대도시의 시장이 아닌 시장은 기본계획을 수립하려면 도지사의 승인을 받
   아야 한다.
⑤ 기본계획의 수립권자는 기본계획을 수립하는 경우에 14일 이상 주민에게
   공람하여 의견을 들어야 한다.

**06** 도시 및 주거환경정비법령상 도시·주거환경정비기본계획(이하 '기본계획'이라 한
다)에 관한 설명으로 틀린 것은?

① 특별시장·광역시장·특별자치시장·특별자치도지사 또는 시장은 5년마다
   그 타당성 여부를 검토하여야 한다.
② 대도시가 아닌 경우 도지사가 기본계획을 수립할 필요가 없다고 인정하는
   시에 대하여는 기본계획을 수립하지 아니할 수 있다.
③ 특별시장·광역시장·특별자치시장·특별자치도지사 또는 시장은 기본계
   획을 수립시 중앙도시계획위원회의 심의를 거쳐야 한다.
④ 특별시장·광역시장·특별자치시장·특별자치도지사 또는 시장이 수립하
   는 기본계획에는 역사적 유물 및 전통건축물의 보존계획이 포함된다.
⑤ 대도시의 시장이 아닌 시장은 기본계획을 수립 또는 변경한 때에는 도지사
   의 승인을 받아야 한다.

**07** 도시 및 주거환경정비법령상 도시·주거환경정비기본계획에 포함되어야 할 사항을 모두 고른 것은?

> ㉠ 녹지·조정·에너지공급·폐기물처리 등에 관한 환경계획
> ㉡ 사회복지시설 및 주민문화시설 등의 설치계획
> ㉢ 건폐율·용적률 등에 관한 건축물의 밀도계획
> ㉣ 주거지 관리계획

① ㉠
② ㉠, ㉡
③ ㉢, ㉣
④ ㉡, ㉢, ㉣
⑤ ㉠, ㉡, ㉢, ㉣

**08** 도시 및 주거환경정비법령상 도시·주거환경정비기본계획에 포함되어야 하는 사항에 해당하지 않는 것은?

① 도시 및 주거환경 정비를 위한 국가 정책방향
② 정비사업의 기본방향
③ 녹지·조경 등에 관한 환경계획
④ 도시의 광역적 재정비를 위한 기본방향
⑤ 건폐율·용적률 등에 관한 건축물의 밀도계획

**09** 도시 및 주거환경정비법령상 정비계획입안을 위하여 주민의견 청취절차를 거쳐야 하는 경우는?

① 공동이용시설 설치계획을 변경하는 경우
② 재난방지에 관한 계획을 변경하는 경우
③ 정비사업시행 예정시기를 3년 범위에서 조정하는 경우
④ 건축물의 최고높이를 변경하는 경우
⑤ 건축물의 용적률을 20% 미만의 범위에서 확대하는 경우

**10** 도시 및 주거환경정비법령상 정비구역에 관한 설명으로 틀린 것은? (단, 조례는 고려하지 않음)

① 정비구역의 지정권자는 정비구역에서의 건축물의 최고 높이를 변경하는 경우에는 지방도시계획위원회의 심의를 거치지 아니할 수 있다.

② 정비구역의 지정권자는 정비사업의 효율적인 추진을 위하여 필요하다고 인정하는 경우에는 하나의 정비구역을 둘 이상의 정비구역으로 분할하는 방법으로 정비구역을 지정할 수 있다.

③ 정비사업의 시행으로 토지등소유자에게 과도한 부담이 발생할 것으로 예상되는 경우 정비구역의 지정권자는 지방도시계획위원회의 심의를 거치지 아니하고 정비구역 등을 해제할 수 있다.

④ 주거환경개선사업은 사업시행자가 정비구역에서 정비기반시설 및 공동이용시설을 새로 설치하거나 확대하고 토지등소유자가 스스로 주택을 보전ㆍ정비하거나 개량하는 방법으로 할 수 있다.

⑤ 정비구역등의 추진 상황으로 보아 지정 목적을 달성할 수 없다고 인정되어 정비구역 등이 해제된 경우 정비계획으로 변경된 용도지역은 정비구역 지정 이전의 상태로 환원된 것으로 본다.

**11** 도시 및 주거환경정비법령상 정비구역에 관한 설명으로 옳은 것은?

① 광역시의 군수가 정비계획을 입안한 경우에는 직접 정비구역을 지정할 수 있다.

② 정비구역에서 건축물의 용도만을 변경하는 경우에는 따로 시장ㆍ군수 등의 허가를 받지 않아도 된다.

③ 재개발사업을 시행하는 지정개발자가 사업시행자 지정일부터 3년이 되는 날까지 사업 시행계획인가를 신청하지 않은 경우 해당 정비구역을 해제하여야 한다.

④ 토지등소유자는 공공재개발사업을 추진하려는 경우 정비계획의 입안권자에게 정비계획의 입안을 제안할 수 있다.

⑤ 정비구역이 해제된 경우에도 정비계획으로 변경된 용도지역, 정비기반시설 등은 정비구역 지정 이후의 상태로 존속한다.

**12** 도시 및 주거환경정비법령상 정비구역 안에서 시장·군수의 허가를 받아야 하는 행위로 옳은 것만을 모두 고른 것은? (단, 재해복구 또는 재난수습에 필요한 응급조치를 위하여 하는 행위는 고려하지 않으며, 정비구역의 지정 및 고시 당시 이미 행위허가를 받았거나 받을 필요가 없는 행위는 제외함)

> ㉠ 가설공연장의 용도변경
> ㉡ 죽목의 벌채
> ㉢ 토지분할
> ㉣ 이동이 용이하지 아니한 물건을 3주일 동안 쌓아놓는 행위

① ㉠, ㉣　　　　② ㉢, ㉣　　　　③ ㉠, ㉡, ㉢
④ ㉠, ㉢, ㉣　　　⑤ ㉠, ㉡, ㉢, ㉣

**13** 도시 및 주거환경정비법령상 정비구역에서 허가를 받아야 하는 행위와 그 구체적 내용을 옳게 연결한 것은? (단, 「국토의 계획 및 이용에 관한 법률」에 따른 개발행위허가의 대상이 아닌 것을 전제로 함)

① 건축물의 건축 등: 「건축법」 제2조 제1항 제2호에 따른 건축물(가설건축물을 포함한다)의 건축, 용도변경
② 공작물의 설치: 농림수산물의 생산에 직접 이용되는 것으로서 국토교통부령으로 정하는 간이공작물의 설치
③ 토석의 채취: 정비구역의 개발에 지장을 주지 아니하고 자연경관을 손상하지 아니하는 범위에서의 토석의 채취
④ 물건을 쌓아놓는 행위: 정비구역에 존치하기로 결정된 대지에 물건을 쌓아놓는 행위
⑤ 죽목의 벌채 및 식재: 관상용 죽목의 임시식재(경작지에서의 임시식재는 제외한다)

**14** 도시 및 주거환경정비법령상 정비구역의 해제사유에 해당하는 것은?

① 조합의 재건축사업의 경우, 토지등소유자가 정비구역으로 지정·고시된 날부터 1년이 되는 날까지 조합설립추진위원회의 승인을 신청하지 않은 경우

② 조합의 재건축사업의 경우, 토지등소유자가 정비구역으로 지정·고시된 날부터 2년이 되는 날까지 조합설립인가를 신청하지 않은 경우

③ 조합의 재건축사업의 경우, 조합설립추진위원회가 추진위원회 승인일부터 1년이 되는 날까지 조합설립인가를 신청하지 않은 경우

④ 토지등소유자가 재개발사업을 시행하는 경우로서 토지등소유자가 정비구역으로 지정·고시된 날부터 5년이 되는 날까지 사업시행계획인가를 신청하지 않은 경우

⑤ 조합설립추진위원회가 구성된 구역에서 토지등소유자의 100분의 20 이상이 정비구역의 해제를 요청한 경우

**15** 도시 및 주거환경정비법령상 정비사업의 시행에 관한 설명으로 틀린 것은?

① 재건축사업은 조합이 조합원의 과반수의 동의를 받아 시장·군수 등과 공동으로 시행할 수 있다.

② 토지등소유자가 20인 미만인 경우에는 토지등소유자가 직접 재개발사업을 시행할 수 없다.

③ 조합설립추진위원회도 개략적인 정비사업 시행계획서를 작성할 수 있다.

④ 재개발사업은 정비구역에서 인가받은 관리처분계획에 따라 건축물을 건설하여 공급하거나 환지로 공급하는 방법으로 한다.

⑤ 조합이 사업시행자인 경우 시장·군수 등은 특별한 사유가 없으면 사업시행계획서의 제출이 있는 날부터 60일 이내에 인가 여부를 결정하여 사업시행자에게 통보하여야 한다.

**16** 도시 및 주거환경정비법령상 정비사업의 시공자의 선정 등에 관한 설명으로 틀린
것은?

① 사업시행자는 선정된 시공자와 공사에 관한 계약을 체결할 때에는 기존 건축물의 철거공사에 관한 사항을 포함시켜야 한다.

② 사업시행자는 공공지원민간임대주택을 원활히 공급하기 위하여 국토교통부장관이 정하는 경쟁입찰의 방법 또는 수의계약(2회 이상 경쟁입찰이 유찰된 경우로 한정한다)의 방법으로 「민간임대주택에 관한 특별법」에 따른 임대사업자를 선정할 수 있다.

③ 주민대표회의 또는 토지등소유자 전체회의가 시공자를 추천한 경우 사업시행자는 추천받은 자를 시공자로 선정하여야 한다.

④ 시장·군수 등이 직접 정비사업을 시행하거나 토지주택공사 등 또는 지정개발자를 사업시행자로 지정한 경우 사업시행자는 사업시행계획인가를 받은 후 경쟁입찰 또는 수의계약의 방법으로 건설업자 또는 등록사업자를 시공자로 선정하여야 한다.

⑤ 재개발사업을 토지등소유자가 시행하는 경우에는 사업시행계획인가를 받은 후 규약에 따라 건설업자 또는 등록사업자를 시공자로 선정하여야 한다.

**17** 도시 및 주거환경정비법령상 시장·군수 등이 직접 정비사업을 시행하거나 토지주택공사 등을 사업시행자로 지정하여 정비사업을 시행하게 할 수 있는 경우에 해당하지 않는 것은?

① 천재지변으로 긴급하게 정비사업을 시행할 필요가 있다고 인정하는 때

② 재건축조합이 사업시행 예정일로부터 2년 이내에 사업시행계획인가를 신청하지 아니한 때

③ 조합설립추진위원회가 시장·군수 등의 구성승인을 받은 날로부터 3년 이내에 조합설립인가를 신청하지 아니한 때

④ 지방자치단체의 장이 시행하는 「국토의 계획 및 이용에 관한 법률」에 따른 도시·군계획사업과 병행하여 정비사업을 시행할 필요가 있다고 인정하는 때

⑤ 해당 정비구역의 국·공유지 면적 또는 국·공유지와 토지주택공사 등이 소유하는 토지를 합한 면적이 전체 토지면적의 2분의 1 이상으로서 토지등소유자의 과반수가 시장·군수 등 또는 토지주택공사 등을 사업시행자로 지정하는 것에 동의하는 때

**18** 도시 및 주거환경정비법령상 조합설립추진위원회가 수행할 수 있는 업무에 해당하지 않는 것은? (단, 조합설립추진위원회 운영규정은 고려하지 않음)
① 정비사업전문관리업자의 선정
② 조합정관의 변경
③ 설계자의 변경
④ 개략적인 정비사업 시행계획서의 작성
⑤ 토지등소유자의 동의서 접수

**19** 도시 및 주거환경정비법령상 조합설립추진위원회(이하 추진위원회)에 관한 설명으로 틀린 것은?
① 국토교통부장관은 추친위원회의 공정한 운영을 위하여 추진위원회 운영규정을 정하여 고시하여야 한다.
② 추진위원회는 운영규정에 따라 운영하여야 하며, 토지 등 소유자는 운영에 필요한 경비를 운영규정에 따라 납부하여야 한다.
③ 추진위원회는 사용경비를 기재한 회계장부 및 관계 서류를 조합설립인가일부터 30일 이내에 조합에 인계하여야 한다.
④ 추진위원회는 조합설립에 필요한 동의를 받기 전에 추정분담금 등 대통령령으로 정하는 정보를 토지 등 소유자에게 제공하여야 한다.
⑤ 조합이 시행하는 재건축 사업에서 추진위원회가 추진위원회 승인일부터 1년이 되는 날까지 조합설립인가를 신청하지 아니하는 경우에는 정비구역의 지정권자는 정비구역 등을 해제하여야 한다.

**20** 도시 및 주거환경정비법령상 조합설립추진위원회와 조합에 관한 설명으로 틀린 것은?
① 조합설립추진위원회는 설계자의 선정 및 변경의 업무를 수행할 수 있다.
② 조합설립추진위원회는 추진위원회를 대표하는 추진위원장 1명과 감사를 두어야 한다.
③ 조합장이 자기를 위하여 조합과 계약이나 소송을 할 때에는 이사가 조합을 대표한다.
④ 정비사업전문관리업자의 선정 및 변경의 사항은 조합 총회의 의결을 거쳐야 한다.
⑤ 조합장이 아닌 조합임원은 조합의 대의원이 될 수 없다.

**21** 도시 및 주거환경정비법령상 조합에 관한 설명으로 옳은 것은?

① 조합이 정관의 기재사항인 조합임원의 수를 변경하려는 때에는 시장·군수 등의 인가를 받아야 한다.

② 조합임원의 임기만료 후 6개월 이상 조합임원이 선임되지 아니한 경우에는 시장·군수 등이 조합전문관리인을 선정하여 조합임원의 직무를 대행하게 할 수 있다.

③ 토지등소유자의 수가 100인을 초과하는 경우 조합에 두는 이사의 수는 7명 이상으로 한다.

④ 조합임원의 임기는 5년 이하의 범위에서 정관으로 정하되, 연임할 수 없다.

⑤ 조합의 대의원회는 조합원의 10분의 1 이상으로 구성하며, 조합장이 아닌 조합임원도 대의원이 될 수 있다.


**22** 도시 및 주거환경정비법령상 정비사업을 위하여 설립하는 조합에 관한 설명으로 옳은 것은?

① 조합의 이사는 당해 조합의 대의원이 될 수 있다.

② 조합의 비용부담 및 조합의 회계를 하고자 하는 때에는 총회에서 조합원의 2분의 1 이상의 찬성으로 의결하고, 시장·군수 등의 인가를 받아야 한다.

③ 조합은 명칭에 "정비사업조합"이라는 문자를 사용하여야 한다.

④ 조합원의 수가 100인 이상인 조합은 대의원회를 둘 수 있다.

⑤ 관리처분계획의 수립 및 변경을 의결하는 총회의 경우에는 조합원의 100분의 30 이상이 직접 출석하여야 한다.


**23** 도시 및 주거환경정비법령상 조합임원에 관한 설명으로 옳은 것은?

① 조합임원이 금고 이상의 형의 집행유예를 받고 그 유예기간 중에 있는 경우에는 총회의 의결을 거쳐 해임된다.

② 조합임원은 조합원 10분의 1 이상의 요구로 소집된 총회에서 조합원 과반수의 출석과 출석 조합원 과반수의 동의를 받아 해임할 수 있다.

③ 조합장 또는 이사가 자기를 위하여 조합과 계약이나 소송을 할 때에는 대의원회의 의장이 조합을 대표한다.

④ 조합임원의 임기는 정관으로 정하되, 연임할 수 없다.

⑤ 조합의 정관에는 조합임원 업무의 분담 및 대행 등에 관한 사항은 포함되지 아니한다.

**24** 도시 및 주거환경정비법령상 조합의 이사에 관한 설명으로 틀린 것은?

① 이사의 수는 3명 이상으로 한다. 다만, 토지등소유자의 수가 100명을 초과하는 경우에는 이사의 수를 5명 이상으로 한다.

② 도시 및 주거환경정비법을 위반하여 벌금 100만원 이상의 형을 선고받고 10년이 지나지 아니한 자는 이사가 될 수 없다.

③ 조합은 총회 의결을 거쳐 추진위원회 위원 또는 조합임원의 선출에 관한 선거관리를 「선거관리위원회법」에 따른 선거관리위원회에 위탁할 수 있다.

④ 조합장 또는 이사의 자기를 위한 조합과의 계약이나 소송에 관하여는 감사가 조합을 대표한다.

⑤ 조합원의 발의로 이사 해임을 위한 총회가 소집된 경우 그 소집 및 진행에 있어 감사는 조합장의 권한을 대행하여야 한다.

**25** 도시 및 주거환경정비법령상 조합임원의 결격사유에 해당하지 않은 것은?

① 미성년자

② 파산선고를 받고 복권되지 아니한 자

③ 금고 이상의 실형을 선고받고 그 집행이 종료되거나 집행이 면제된 날부터 2년이 경과되지 아니한 자

④ 금고 이상의 형의 집행유예를 받고 그 유예기간 중에 있는 자

⑤ 음주로 인하여 벌금 100만원 이상의 형을 선고받고 10년이 지나지 아니한 자

**26** 도시 및 주거환경정비법령상 조합이 정관의 기재사항을 변경하려고 할 때, 조합원 3분의 2 이상의 찬성을 받아야 하는 것을 모두 고른 것은? (단, 조례는 고려하지 않음)

> ㉠ 조합의 명칭 및 사무소의 소재지
> ㉡ 조합원의 자격
> ㉢ 조합원의 제명·탈퇴 및 교체
> ㉣ 정비사업비의 부담 시기 및 절차
> ㉤ 조합의 비용부담 및 조합의 회계

① ㉠, ㉡, ㉢  
② ㉠, ㉣, ㉤  
③ ㉡, ㉢, ㉣  
④ ㉠, ㉡, ㉢, ㉤  
⑤ ㉡, ㉢, ㉣, ㉤  

**27** 도시 및 주거환경정비법령상 주택재개발조합이 조합설립인가를 받은 사항 중 시장·군수 등에게 신고하고 변경할 수 있는 사항을 모두 고른 것은? (단, 정관 및 조례는 고려하지 않음)

> ㉠ 착오임이 명백한 사항
> ㉡ 토지의 매매로 조합원의 권리가 이전된 경우의 조합원의 교체
> ㉢ 정비구역의 면적이 15퍼센트 변경됨에 따라 변경되어야 하는 사항
> ㉣ 조합의 명칭

① ㉠　　　　　　　② ㉡, ㉢　　　　　　　③ ㉢, ㉣
④ ㉠, ㉡, ㉣　　　　⑤ ㉠, ㉢, ㉣

**28** 도시 및 주거환경정비법령상 설명으로 틀린 것은?

① 재건축사업은 정비구역에서 인가받은 관리처분계획에 따라 건축물을 건설하여 공급하는 방법으로 한다.
② 정비사업조합 임원의 임기는 3년 이하의 범위에서 정관으로 정하되, 연임할 수 있다.
③ 토지등소유자가 재개발사업을 시행하는 경우에는 사업시행계획인가를 받은 후 규약에 따라 건설업자 또는 등록사업자를 시공자로 선정하여야 한다.
④ 정비사업조합 추진위원회가 정비사업전문관리업자를 선정하려는 경우에는 추진위원회 승인을 받은 후 경쟁입찰 또는 수의계약(2회 이상 경쟁입찰이 유찰된 경우로 한정한다)의 방법으로 선정하여야 한다.
⑤ 정비계획의 작성기준 및 작성방법은 시장·군수 등이 정한다.

연계학습 기본서 p.504~522

**단 · 원 · 열 · 기**

도시 및 주거환경정비법은 총 2문제가 출제되고 1문제가 주관식이다. 이 단원은 사업시행계획인가, 관리처분계획, 비용부담, 토지 등의 귀속으로 구분하여 학습한다.

**01** 도시 및 주거환경정비법령상 사업시행계획의 변경시 신고대상인 경미한 사항의 변경에 해당하지 않는 것은? (단, 조례는 고려하지 않음)

① 대지면적을 10퍼센트의 범위에서 변경하는 때

② 사업시행자의 명칭을 변경하는 때

③ 건축물이 아닌 부대시설의 설치규모를 확대하는 때(위치가 변경되는 경우 포함)

④ 정비계획의 변경에 따라 사업시행계획서를 변경하는 때

⑤ 내장재료를 변경하는 때

**02** 도시 및 주거환경정비법령상 정비사업에 관한 설명으로 옳은 것은?

① 재개발사업이란 정비기반시설은 양호하나 노후 · 불량건축물에 해당하는 공동주택이 밀집한 지역에서 주거환경을 개선하기 위한 사업을 말한다.

② 재건축사업의 경우 정비구역의 지정권자는 하나의 정비구역을 둘 이상의 정비구역으로 분할하여 지정할 수 없다.

③ 재건축사업은 관리처분계획에 따라 건축물을 공급하거나 환지로 공급하는 방법으로 한다.

④ 재개발사업의 시행자가 작성하는 사업시행계획서에는 임시거주시설을 포함한 주민이주대책이 포함되어야 한다.

⑤ 토지등소유자가 20인 미만인 경우에는 토지등소유자가 직접 재개발사업을 시행할 수 없다.

**03** 도시 및 주거환경정비법령상 설명으로 옳은 것은?

① 시장·군수 등은 법 제5조 제1항 제10호에 따른 정비예정구역별 정비계획의 수립시기가 도래한 때부터 사업시행계획인가 전까지 재건축진단을 실시하여야 한다.

② 정비사업의 시행으로 토지등소유자에게 과도한 부담이 발생할 것으로 예상되는 경우 정비구역의 지정권자는 지방도시계획위원회의 심의를 거쳐 정비구역 등을 해제해야 한다.

③ 재개발사업은 정비구역에서 인가받은 관리처분계획에 따라 건축물을 건설하여 공급하거나, 수용방법으로 한다.

④ 재개발사업 및 재건축사업의 추진위원회가 시장·군수 등의 구성승인을 받은 날부터 2년 이내에 조합설립인가를 신청하지 아니하거나 조합이 조합설립인가를 받은 날부터 2년 이내에 사업시행계획인가를 신청하지 아니한 때 시장·군수 등은 직접 정비사업을 시행하거나 토지주택공사 등을 사업시행자로 지정하여 정비사업을 시행하게 할 수 있다.

⑤ 사업시행자는 정비사업의 공사를 완료한 때에는 완료한 날부터 60일 이내에 임시거주시설을 철거하고, 사용한 건축물이나 토지를 원상회복하여야 한다.

**04** 도시 및 주거환경정비법령상 내용으로 틀린 것은?

① 사업시행자는 정비구역에서 정비사업(재건축사업의 경우에는 천재지변 등의 사유로 긴급히 정비사업시행이 필요한 경우로서 시행하는 공공시행자 및 지정개발자가 시행하는 정비사업에 한정한다)을 시행하기 위하여 「공익사업을 위한 토지 등의 취득 및 보상에 관한 법률」 제3조에 따른 토지·물건 또는 그 밖의 권리를 취득하거나 사용할 수 있다.

② 시장·군수 등은 재개발사업의 사업시행계획인가를 하는 경우 해당 정비사업의 사업시행자가 지정개발자(지정개발자가 토지등소유자인 경우로 한정한다)인 때에는 정비사업비의 100분의 20의 범위에서 시·도조례로 정하는 금액을 예치하게 할 수 있다.

③ 「주택법」에 따른 투기과열지구로 지정된 지역에서 재건축사업을 시행하는 경우 조합설립인가 후, 재개발사업을 시행하는 경우에는 관리처분계획인가 후 해당 정비사업의 건축물 또는 토지를 양수한 자는 조합원이 될 수 없다.

④ 재건축사업의 사업시행자가 사업시행계획서를 작성할 때 임대주택의 건설계획을 포함해야 한다.

⑤ 사업시행자는 정비사업의 공사를 완료한 때에는 완료한 날부터 30일 이내에 임시거주시설을 철거하고, 사용한 건축물이나 토지를 원상회복하여야 한다.

**05** 도시 및 주거환경정비법령상 재건축사업의 사업시행자가 관리처분계획을 수립할 때 그 기준으로 틀린 것은?

① 정비구역 지정 후 분할된 토지를 취득한 자에 대하여는 현금으로 청산할 수 없다.

② 분양설계에 관한 계획은 분양신청기간이 만료되는 날을 기준으로 하여 수립한다.

③ 2인 이상이 1토지를 공유한 경우로서 시·도조례로 주택 공급에 관하여 따로 정하고 있는 경우에는 시·도조례로 정하는 바에 따라 주택을 공급할 수 있다.

④ 지나치게 좁거나 넓은 토지 또는 건축물은 넓히거나 좁혀 대지 또는 건축물이 적정규모가 되도록 한다.

⑤ 과밀억제권역에 위치하지 아니한 재건축사업의 토지등소유자에게는 소유한 주택 수만큼 공급할 수 있다.

**06** 도시 및 주거환경정비법령상 관리처분계획에 따른 주택의 공급기준에 관한 설명으로 틀린 것은?

① 같은 세대에 속하지 아니하는 2인 이상이 1주택 또는 1토지를 공유한 경우에는 1주택을 공급한다.

② 2인 이상이 1토지를 공유한 경우로서 시·도조례로 주택 공급에 관하여 따로 정하고 있는 경우에는 시·도조례가 정하는 바에 따라 주택을 공급할 수 있다.

③ 재개발사업은 사업시행계획인가의 고시가 있는 날을 기준으로 한 가격 또는 종전 주택의 주거전용면적의 범위에서 2주택을 공급할 수 있고, 이 중 1주택은 주거전용면적을 $60m^2$ 이하로 한다.

④ 투기과열지구 또는 조정대상지역이 아닌 수도권정비계획법의 과밀억제권역에 위치하지 아니하는 재건축사업의 경우에는 1세대가 수개의 주택을 소유한 경우에는 소유한 주택의 수만큼 공급할 수 있다.

⑤ 투기과열지구 또는 조정대상지역이 아닌 수도권정비계획법의 과밀억제권역에 위치하는 재건축사업의 경우에는 1세대가 수개의 주택을 소유한 경우에는 2주택까지 공급할 수 있다.

**07** 도시 및 주거환경정비법령상 관리처분계획에 포함되어야 할 사항에 해당하지 않는 것은? (단, 조례는 고려하지 않음)

① 분양대상자별 분양예정인 대지 또는 건축물의 추산액(임대관리 위탁주택에 관한 내용을 포함한다)
② 정비사업비의 추산액(재건축사업의 경우에는 「재건축초과이익 환수에 관한 법률」에 따른 재건축부담금에 관한 사항을 포함하지 아니한다) 및 그에 따른 조합원분담규모 및 분담시기
③ 분양대상자의 종전 토지 또는 건축물에 관한 소유권 외의 권리명세
④ 세입자별 손실보상을 위한 권리명세 및 그 평가액
⑤ 정비사업의 시행으로 인하여 새롭게 설치되는 정비기반시설의 명세와 용도가 폐지되는 정비기반시설의 명세

**08** 도시 및 주거환경정비법령상 재건축사업의 시행자가 기존의 건축물을 철거할 수 있는 원칙적인 시기는?

① 분양신청 공고일 후
② 관리처분계획의 인가를 받은 후
③ 사업시행의 인가를 받은 후
④ 조합설립의 인가를 받은 후
⑤ 정비구역 지정·고시를 받은 후

**09** 도시 및 주거환경정비법령상 설명으로 틀린 것은?

① 국토교통부장관 또는 시·도지사는 정비사업의 효율적이고 투명한 관리를 위하여 정비사업관리 시스템을 구축하여 운영할 수 있다.
② 주거환경개선사업을 정비구역에서 인가받은 관리처분계획에 따라 시행하려는 경우에는 정비계획의 공람공고일 현재 해당 정비예정구역의 토지 또는 건축물의 소유자 또는 지상권자의 3분의 2 이상의 동의와 세입자(정비계획의 공람공고일 3개월 전부터 해당 정비예정구역에 3개월 이상 거주하고 있는 자를 말한다) 세대수의 과반수의 동의를 각각 받아야 한다.
③ 재개발사업은 정비구역에서 인가받은 관리처분계획에 따라 건축물을 건설하여 공급하거나, 수용방법으로 공급하는 방법으로 한다.
④ 재건축사업은 조합이 시행하거나 조합이 조합원의 과반수의 동의를 받아 시장·군수 등, 토지주택공사 등, 건설업자 또는 등록사업자와 공동으로 시행할 수 있다.
⑤ 정비사업조합의 조합장은 정비구역에 위치한 건축물 또는 토지를 5년 이상 소유하고 정비구역에서 거주하고 있는 자로서 선임일 직전 3년 동안 정비구역에서 1년 이상 거주해야 하며, 선임일부터 관리처분계획인가를 받을 때까지는 해당 정비구역에서 거주(영업을 하는 자의 경우 영업을 말한다)하여야 한다.

**10** 도시 및 주거환경정비법령상 설명으로 틀린 것은?

① 재개발사업은 정비구역에서 인가받은 관리처분계획에 따라 건축물을 건설하여 공급하거나 환지로 공급하는 방법으로 한다.

② 사업시행자는 사업시행계획인가를 받은 후 기존의 건축물을 철거하여야 한다.

③ 토지등소유자가 시행하는 재개발사업으로서 토지등소유자가 정비구역으로 지정·고시된 날부터 5년이 되는 날까지 사업시행계획인가를 신청하지 아니하는 경우 정비구역을 해제하여야 한다.

④ 정비구역의 지정은 준공인가의 고시가 있은 날(관리처분계획을 수립하는 경우에는 이전고시가 있은 때를 말한다)의 다음 날에 해제된 것으로 본다.

⑤ 정비계획의 지정권자는 공공재개발사업을 위한 정비구역을 지정·고시한 날부터 1년이 되는 날까지 공공재개발사업 시행자가 지정되지 아니하면 그 1년이 되는 날의 다음 날에 공공재개발사업을 위한 정비구역의 지정을 해제하여야 한다.

**11** 도시 및 주거환경정비법령상 관리처분계획에 포함되어야 하는 사항으로 명시되지 않은 것은?

① 분양설계

② 분양대상자의 주소 및 성명

③ 세입자의 주거 및 이주대책

④ 기존 건축물의 철거 예정시기

⑤ 세입자별 손실보상을 위한 권리명세 및 그 평가액

**12** 도시 및 주거환경정비법령상 관리처분계획의 내용을 모두 고른 항목은?

> ㉠ 분양대상자별 분양예정인 대지 또는 건축물의 추산액
> ㉡ 사업시행기간 동안 정비구역 내 가로등 설치, 폐쇄회로 텔레비전 설치 등 범죄예방대책
> ㉢ 임시거주시설을 포함한 주민이주대책
> ㉣ 분양대상자별 종전의 토지 또는 건축물 명세 및 사업시행계획인가 고시가 있은 날을 기준으로 한 가격

① ㉡, ㉢  ② ㉠, ㉣  ③ ㉢, ㉣

④ ㉠, ㉢  ⑤ ㉠, ㉢, ㉣

**13** 도시 및 주거환경정비법령상 정비사업에 관한 설명이다. (     )에 들어갈 내용으로 옳은 것은?

> • 시장·군수 등이 아닌 사업시행자가 정비사업을 시행하려는 경우에는 사업시행계획서에 정관 등과 그 밖에 국토교통부령으로 정하는 서류를 첨부하여 시장·군수 등에게 제출하고 사업시행계획( ㉠ )을(를) 받아야 한다.
> • 시장·군수 등이 아닌 사업시행자가 정비사업 공사를 완료한 때에는 대통령령으로 정하는 방법 및 절차에 따라 시장·군수 등의 준공( ㉡ )을(를) 받아야 한다.

① ㉠: 승인,　㉡: 인가　　　② ㉠: 승인,　㉡: 허가

③ ㉠: 인가,　㉡: 승인　　　④ ㉠: 인가,　㉡: 인가

⑤ ㉠: 인가,　㉡: 허가

**14** 도시 및 주거환경정비법령상 재건축사업의 관리처분계획에 관한 설명으로 옳은 것은?

① 관리처분계획에 포함될 분양대상자별 분양예정인 건축물의 추산액을 평가하기 위하여 시장·군수 등이 선정·계약한 감정평가법인등을 변경하는 경우에는 조합총회의 의결을 거치지 않아도 된다.

② 토지등소유자에 대한 사업시행자의 매도청구에 대한 판결에 따라 관리처분계획을 변경하는 경우에는 시장·군수 등의 변경인가를 받아야 한다.

③ 사업시행자는 관리처분계획이 인가·고시된 날부터 90일 이내에 분양신청을 하지 않은 자와 손실보상에 관한 협의를 하여야 한다.

④ 관리처분계획에 포함되는 세입자별 손실보상을 위한 권리명세 및 그 평가액은 시장·군수 등이 선정한 2인 이상의 감정평가법인등이 평가한 금액을 산술평균하여 산정한다.

⑤ 시장·군수 등이 직접 관리처분계획을 수립하는 경우에는 토지등소유자의 공람 및 의견청취절차를 생략할 수 있다.

**15** 도시 및 주거환경정비법령상 비용부담 등에 관한 설명으로 틀린 것은?

① 시장·군수는 시장·군수가 아닌 사업시행자가 시행하는 정비사업의 정비계획에 따라 설치되는 도시·군계획시설 중 녹지에 대하여는 그 건설에 소요되는 비용의 전부 또는 일부를 부담할 수 있다.

② 시장·군수는 그가 시행하는 정비사업으로 인하여 현저한 이익을 받는 정비기반 시설의 관리자가 있는 경우에는 그 정비기반시설의 관리자와 협의하여 당해 정비사업비의 3분의 2까지를 그 관리자에게 부담시킬 수 있다.

③ 시장·군수가 아닌 사업시행자는 부과금 또는 연체료를 체납하는 자가 있는 때에는 시장·군수에게 그 부과·징수를 위탁할 수 있다.

④ 시장·군수 등은 부과·징수를 위탁받은 경우에는 지방세 체납처분의 예에 따라 부과·징수할 수 있다. 이 경우 사업시행자는 징수한 금액의 100분의 4에 해당하는 금액을 해당 시장·군수 등에게 교부하여야 한다.

⑤ 공동구에 수용될 전기·가스·수도의 공급시설과 전기통신시설 등의 관리자가 부담할 공동구의 설치에 소요되는 비용의 부담비율은 공동구의 점용예정면적비율에 의한다.

**16** 도시 및 주거환경정비법령상 비용부담 등에 관한 설명으로 틀린 것은?

① 정비사업비는 「도시 및 주거환경정비법」 또는 다른 법령에 특별한 규정이 있는 경우를 제외하고는 사업시행자가 부담한다.

② 사업시행자는 토지등소유자로부터 정비사업비용과 정비사업의 시행과정에서 발생한 수입의 차액을 부과금으로 부과·징수할 수 있다.

③ 시장·군수가 아닌 사업시행자는 부과금 또는 연체료를 체납하는 자가 있는 때에는 시장·군수에게 그 부과·징수를 위탁할 수 있다.

④ 국가는 시장·군수가 아닌 사업시행자가 시행하는 정비사업에 소요되는 비용의 일부에 대해 융자를 알선할 수 없다.

⑤ 정비구역안의 국·공유재산은 정비사업 외의 목적으로 매각하거나 양도할 수 없다.

**17** 도시 및 주거환경정비법령상 비용의 부담 등에 관한 설명으로 틀린 것은?

① 사업시행자는 토지등소유자로부터 정비사업비용과 정비사업의 시행과정에서 발생한 수입의 차액을 부과금으로 부과·징수할 수 있다.

② 체납된 부과금 또는 연체료의 부과·징수를 위탁받은 시장·군수 등은 지방세 체납처분의 예에 따라 부과·징수할 수 있다.

③ 공동구점용예정자가 부담할 공동구의 설치에 드는 비용의 부담비율은 공동구의 점용예정면적비율에 따른다.

④ 부담금의 납부통지를 받은 공동구점용예정자는 공동구의 설치공사가 착수되기 전에 부담금액의 3분의 1 이상을 납부하여야 한다.

⑤ 시장·군수 등은 시장·군수 등이 아닌 사업시행자가 시행하는 정비사업의 정비계획에 따라 설치되는 임시거주시설에 대해서는 그 건설비용의 전부를 부담하여야 한다.

**18** 도시 및 주거환경정비법령상 정비기반시설 및 토지 등의 귀속에 관한 내용으로 틀린 것은?

① 정비사업의 시행자는 관리청에 귀속될 정비기반시설과 사업시행자에게 귀속 또는 양도될 재산의 종류와 세목을 정비사업의 준공 전에 관리청에 통지하여야 한다.

② 시장·군수 등 또는 토지주택공사 등이 정비사업의 시행으로 새로 설치된 정비기반시설은 그 시설을 관리할 국가 또는 지방자치단체에 무상으로 귀속된다.

③ 시장·군수 등 또는 토지주택공사 등이 아닌 사업시행자가 정비사업의 시행으로 새로 설치한 정비기반시설은 그 시설을 관리할 국가 또는 지방자치단체에 무상으로 귀속된다.

④ 정비사업의 시행으로 인하여 용도가 폐지되는 국가 또는 지방자치단체 소유의 정비기반시설은 시장·군수 등 또는 토지주택공사 등이 아닌 사업시행자가 새로 설치한 정비기반시설의 설치면적에 상당하는 범위 안에서 사업시행사에게 무상으로 양도된다.

⑤ 시장·군수 등 또는 토지주택공사 등이 정비사업의 시행으로 기존의 정비기반시설에 대체되는 정비기반시설을 설치한 경우에는 「국유재산법」 또는 「공유재산 및 물품관리법」에도 불구하고 종래의 정비기반시설은 사업시행자에게 무상으로 귀속된다.

## 주관식 단답형 문제

**01** 도시 및 주거환경정비법 제10조(임대주택 및 주택규모별 건설비율)의 일부이다. ( ) 안에 들어갈 아라비아 숫자를 쓰시오.

> ① 정비계획의 입안권자는 주택수급의 안정과 저소득 주민의 입주기회 확대를 위하여 정비사업으로 건설하는 주택에 대하여 다음 각 호의 구분에 따른 범위에서 국토교통부장관이 정하여 고시하는 임대주택 및 주택규모별 건설비율 등을 정비계획에 반영하여야 한다.
> 1. 「주택법」 제2조 제6호에 따른 국민주택규모의 주택이 전체 세대수의 100분의 ( ㉠ ) 이하에서 대통령령으로 정하는 범위
> 2. 임대주택(공공임대주택 및 「민간임대주택에 관한 특별법」에 따른 민간임대주택을 말한다)이 전체 세대수 또는 전체 연면적의 100분의 ( ㉡ ) 이하에서 대통령령으로 정하는 범위

**02** 도시 및 주거환경정비법 제20조(정비구역등의 해제) 일부이다. ( ) 안에 들어갈 아라비아 숫자를 쓰시오.

> ① 정비구역의 지정권자는 다음 각 호의 어느 하나에 해당하는 경우에는 정비구역등을 해제하여야 한다.
> 1. 정비예정구역에 대하여 기본계획에서 정한 정비구역 지정 예정일부터 ( ㉠ )년이 되는 날까지 특별자치시장, 특별자치도지사, 시장 또는 군수가 정비구역을 지정하지 아니하거나 구청장 등이 정비구역의 지정을 신청하지 아니하는 경우
> 2. 재개발사업·재건축사업(제35조에 따른 조합이 시행하는 경우로 한정한다)이 다음 각 목의 어느 하나에 해당하는 경우
> <생략>
> 다. 추진위원회가 추진위원회 승인일부터 ( ㉡ )년이 되는 날까지 조합설립인가를 신청하지 아니하는 경우
> 라. 조합이 조합설립인가를 받은 날부터 ( ㉢ )년이 되는 날까지 제50조에 따른 사업시행계획인가를 신청하지 아니하는 경우

**03** 도시 및 주거환경정비법 제21조(정비구역등의 직권해제)의 일부이다. (      ) 안에 들어갈 아라비아 숫자를 쓰시오.

---

① 정비구역의 지정권자는 다음 각 호의 어느 하나에 해당하는 경우 지방도시계획위원회의 심의를 거쳐 정비구역등을 해제할 수 있다.

<생략>

3. 토지등소유자의 100분의 ( ㉠ ) 이상이 정비구역등(추진위원회가 구성되지 아니한 구역으로 한정한다)의 해제를 요청하는 경우

4. 제23조 제1항 제1호에 따른 방법으로 시행 중인 주거환경개선사업의 정비구역이 지정·고시된 날부터 ( ㉡ )년 이상 지나고, 추진 상황으로 보아 지정 목적을 달성할 수 없다고 인정되는 경우로서 토지등소유자의 과반수가 정비구역의 해제에 동의하는 경우

<생략>

---

**04** 도시 및 주거환경정비법 제35조(조합설립인가 등) 제3항의 규정이다. (      ) 안에 들어갈 아라비아 숫자를 각각 쓰시오.

---

재건축사업의 추진위원회(제31조 제7항에 따라 추진위원회를 구성하지 아니하는 경우에는 토지등소유자를 말한다)가 조합을 설립하려는 때에는 주택단지의 공동주택의 각 동(복리시설의 경우에는 주택단지의 복리시설 전체를 하나의 동으로 본다)별 구분소유자의 과반수(복리시설로서 대통령령으로 정하는 경우에는 3분의 1 이상으로 한다) 동의(공동주택의 각 동별 구분소유자가 5 이하인 경우는 제외한다)와 주택단지의 전체 구분소유자의 100분의 ( ㉠ ) 이상 및 토지면적의 100분의 ( ㉡ ) 이상의 토지소유자의 동의를 받아 제2항 각 호의 사항을 첨부하여 제16조에 따른 정비구역 지정·고시 후 시장·군수 등의 인가를 받아야 한다.

---

**05** 도시 및 주거환경정비법 제39조(조합원의 자격 등) 제2항 규정이다. (      ) 안에 들어갈 용어를 쓰시오.

---

주택법에 따른 투기과열지구로 지정된 지역에서 재건축사업을 시행하는 경우에는 ( ㉠ ) 후, 재개발사업을 시행하는 경우에는 ( ㉡ ) 후 해당 정비사업의 건축물 또는 토지를 양수(매매·증여, 그 밖의 권리의 변동을 수반하는 일체의 행위를 포함하되, 상속·이혼으로 인한 양도·양수의 경우를 제외한다)한 자는 조합원이 될 수 없다.

**06** 도시 및 주거환경정비법 시행령 제71조(소규모 토지 등의 소유자에 대한 토지임대부 분양주택 공급) 제1항 규정의 일부이다. (　　) 안에 들어갈 용어를 쓰시오.

> 1. 면적이 (　㉠　)m² 미만의 토지를 소유한 자로서 건축물을 소유하지 아니한 자
> 2. 바닥면적이 (　㉡　)m² 미만의 사실상 주거를 위하여 사용하는 건축물을 소유한 자로서 토지를 소유하지 아니한 자

**07** 도시 및 주거환경정비법상 시공자의 선정 등에 관한 내용이다. 다음 (　　)에 알맞은 용어를 쓰시오.

> 조합은 조합(　　)를 받은 후 조합총회에서 경쟁입찰 또는 수의계약의 방법으로 건설업자 또는 등록사업자를 시공자로 선정하여야 한다.

**08** 도시 및 주거환경정비법 제72조(분양공고 및 분양신청)의 일부이다. (　　) 안에 들어갈 숫자를 쓰시오.

> ① 사업시행자는 제50조 제9항에 따른 사업시행계획인가의 고시가 있은 날(사업시행계획인가 이후 시공자를 선정한 경우에는 시공자와 계약을 체결한 날)부터 (　㉠　)일(대통령령으로 정하는 경우에는 1회에 한정하여 30일의 범위에서 연장할 수 있다) 이내에 다음 각 호의 사항을 토지등소유자에게 통지하고, 분양의 대상이 되는 대지 또는 건축물의 내역 등 대통령령으로 정하는 사항을 해당 지역에서 발간되는 일간신문에 공고하여야 한다. 다만, 토지등소유자 (　㉡　)인이 시행하는 재개발사업의 경우에는 그러하지 아니하다.

**09** 도시 및 주거환경정비법령상 제73조(분양신청을 하지 아니한 자 등에 대한 조치)에 관한 설명이다. (　　)에 들어갈 아라비아 숫자를 쓰시오.

> 1. 분양신청을 하지 아니한 토지등소유자가 있는 경우 사업시행자는 관리처분계획이 인가·고시된 다음 날부터 (　㉠　)일 이내에 그 자와 토지, 건축물 또는 그 밖의 권리의 손실보상에 관한 협의를 하여야 한다.
> 2. 위 협의가 성립되지 아니하면 사업시행자는 그 기간의 만료일 다음 날부터 (　㉡　)일 이내에 수용재결을 신청하거나 매도청구소송을 제기하여야 한다.

**10** 도시 및 주거환경정비법 제76조(관리처분계획의 수립기준) 일부이다. (      ) 안에 들어갈 아라비아 숫자를 쓰시오.

<생략>

7. 제6호에도 불구하고 다음 각 목의 경우에는 각 목의 방법에 따라 주택을 공급할 수 있다.

　가. 2명 이상이 1토지를 공유한 경우로서 시·도조례로 주택공급을 따로 정하고 있는 경우에는 시·도조례로 정하는 바에 따라 주택을 공급할 수 있다.

<생략>

　라. 제74조 제1항 제5호에 따른 가격의 범위 또는 종전 주택의 주거전용면적의 범위에서 ( ㉠ )주택을 공급할 수 있고, 이 중 1주택은 주거전용면적을 ( ㉡ )m² 이하로 한다. 다만, ( ㉡ )m² 이하로 공급받은 1주택은 제86조 제2항에 따른 이전고시일 다음 날부터 ( ㉢ )년이 지나기 전에는 주택을 전매(매매·증여나 그 밖에 권리의 변동을 수반하는 모든 행위를 포함하되 상속의 경우는 제외한다)하거나 전매를 알선할 수 없다.

Memo

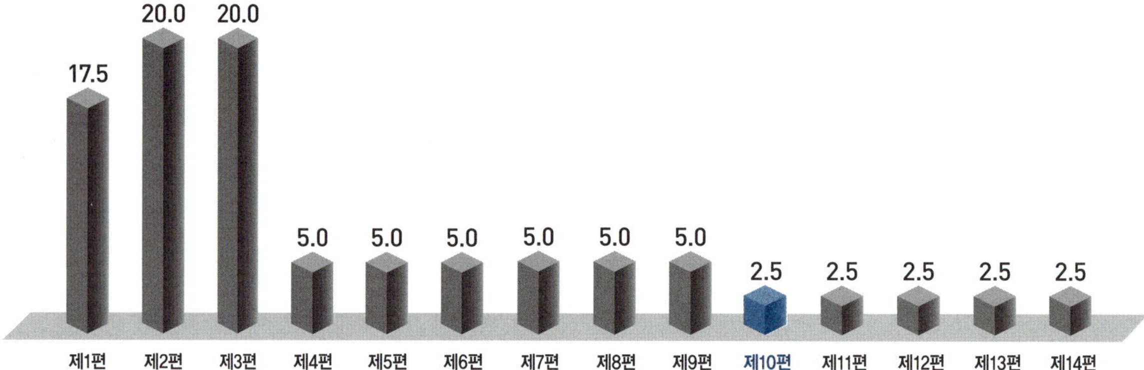


### 최근 5개년간 기출문제 분석

도시재정비 촉진을 위한 특별법은 1문제가 출제되는데, 용어와 재정비촉진지구, 총괄계획가, 총괄사업관리자등을 중심으로 학습하는 것이 효율적이다.

박문각
주택관리사

# 도시재정비 촉진을 위한 특별법

# 도시재정비 촉진을 위한 특별법

📖 **연계학습** 기본서 p.526~546

## 단·원·열·기

도시재정비 촉진을 위한 특별법은 총 1문제가 출제되는데 객관식 또는 주관식이다. 이 단원은 총칙, 재정비
촉진지구, 총괄계획가, 총괄사업관리자, 사업협의회로 구분하여 학습한다.

**01** 도시재정비 촉진을 위한 특별법령상 재정비촉진지구 등에 관한 설명으로 틀린 것은?

① 재정비촉진사업에는 재정비촉진지구 안에서 시행되는 국토의 계획 및 이용
  에 관한 법률에 의한 도시·군계획시설사업도 포함된다.

② 재정비촉진지구의 유형은 주거지형, 중심지형, 뉴타운형으로 구분한다.

③ 재정비촉진계획이란 재정비촉진지구의 재정비촉진사업을 계획적이고 체계
  적으로 추진하기 위한 토지이용, 기반시설의 설치 등에 관한 계획을 말한다.

④ 재정비촉진지구의 지정권자는 특별시장·광역시장·특별자치시장·도지사
  또는 특별자치도지사 또는 대도시 시장이다.

⑤ 재정비촉진지구를 지정하는 때에는 이를 지체없이 해당 지방자치단체의 공
  보에 고시하여야 한다.

**02** 도시재정비 촉진을 위한 특별법령상 재정비촉진구역 중 재정비촉진사업의 활성화,
소형주택 공급 확대, 주민 이주대책 지원 등을 위하여 다른 구역에 우선하여 개발
하는 구역으로서 재정비촉진계획으로 결정되는 구역의 명칭은?

① 이주택지                       ② 고밀복합지구

③ 우선사업구역                   ④ 주상복합지구

⑤ 주거환경개선구역

**03** 도시재정비 촉진을 위한 특별법령상 용어에 관한 설명으로 틀린 것은?

① 존치지역이란 재정비촉진지구에서 재정비촉진사업을 할 필요성이 적어 재정비촉진계획에 따라 존치하는 지역을 말한다.

② 재정비촉진지구의 유형은 주거지형, 상업지형, 고밀복합형으로 구분한다.

③ 재정비촉진계획이란 재정비촉진지구의 재정비촉진사업을 계획적이고 체계적으로 추진하기 위한 재정비촉진지구의 토지이용, 기반시설의 설치 등에 관한 계획을 말한다.

④ 우선사업구역이란 재정비촉진구역 중 재정비촉진사업의 활성화, 소형주택 공급확대, 주민 이주대책 지원 등을 위하여 다른 구역에 우선하여 개발하는 구역으로서 재정비촉진계획으로 결정되는 구역을 말한다.

⑤ 재정비촉진지구란 도시의 낙후된 지역에 대한 주거환경의 개선, 기반시설의 확충 및 도시기능의 회복을 광역적으로 계획하고 체계적·효율적으로 추진하기 위하여 지정하는 지구를 말한다.

**04** 도시재정비 촉진을 위한 특별법상 재정비촉진사업의 재정비촉진구역에 있는 토지 등소유자의 범위가 옳은 것을 모두 고른 것은?

> ㉠ 「도시재생 활성화 및 지원에 관한 특별법」에 따른 주거재생혁신지구의 혁신지구재생사업의 경우: 토지 또는 건축물 및 그 지상권자
> ㉡ 「도시개발법」에 따른 도시개발사업의 경우: 토지의 소유자와 그 지상권자
> ㉢ 「공공주택특별법」에 따른 도심 공공주택 복합 사업의 경우: 토지·물건 또는 권리의 소유자
> ㉣ 「도시 및 주거환경정비법」에 따른 재건축사업의 경우: 토지 또는 건축물 및 그 지상권자

① ㉠, ㉡  　　　② ㉡, ㉢  　　　③ ㉢, ㉣
④ ㉡  　　　⑤ ㉠, ㉡, ㉣

**05** 도시재정비 촉진을 위한 특별법령상 재정비촉진사업의 토지등소유자의 범위가 틀린 것을 모두 고른 것은?

> ㉠ 「도시 및 주거환경정비법」에 따른 재개발사업의 경우: 재정비촉진구역에 있는 토지 또는 건축물의 소유자와 그 지상권자
> ㉡ 「도시재생 활성화 및 지원에 관한 특별법」에 따른 주거재생혁신지구의 혁신지구재생사업의 경우: 재정비촉진구역에 있는 건축물 및 부속토지소유자
> ㉢ 「공공주택특별법」에 따른 도심 공공주택 복합 사업의 경우: 재정비촉진구역에 있는 토지 또는 건축물의 소유자와 그 지상권자
> ㉣ 「도시개발법」에 따른 도시개발사업의 경우: 재정비촉진구역에 있는 토지의 소유자와 그 지상권자

① ㉠, ㉡  　　② ㉡, ㉢, ㉣  　　③ ㉠, ㉡, ㉢, ㉣
④ ㉡, ㉢  　　⑤ ㉡, ㉢, ㉣

**06** 도시재정비 촉진을 위한 특별법령상 재정비촉진지구를 지정할 수 있는 경우로 규정하고 있지 않는 것은?

① 투기과열지구에서 조성되는 공공택지 중에서 주택에 대한 투기가 성행할 우려가 있거나 공공택지의 주택공급의 공공성을 강화하기 위하여 필요한 경우
② 상업지역, 공업지역 등으로서 토지의 효율적 이용과 도심 또는 부도심 등의 도시기능의 회복이 필요한 경우
③ 주요 역세권, 간선도로의 교차지 등 양호한 기반시설을 갖추고 있어 대중교통 이용이 용이한 지역으로서 도심 내 소형주택의 공급 확대, 토지의 고도이용과 건축물의 복합개발이 필요한 경우
④ 노후·불량 주택과 건축물이 밀집한 지역으로서 주로 주거환경의 개선과 기반시설의 정비가 필요한 경우
⑤ 국가 또는 지방자치단체의 계획에 따라 이전되는 대규모 시설의 기존 부지를 포함한 지역으로서 도시기능의 재정비가 필요한 경우

**07** 도시재정비 촉진을 위한 특별법령상 재정비촉진계획의 수립 및 결정에 관한 설명으로 틀린 것은?

① 재정비촉진사업 관계 법률에 따라 재정비촉진구역 지정의 효력이 상실된 경우에는 해당 재정비촉진구역에 대한 재정비촉진계획 결정의 효력도 상실된 것으로 본다.

② 존치정비구역이란 재정비촉진구역의 지정 요건에 해당하지 아니하거나 기존의 시가지로 유지·관리할 필요가 있는 구역을 말한다.

③ 재정비촉진계획에 따른 기반시설의 설치계획은 재정비촉진사업을 서로 연계하여 광역적으로 수립하여야 하고, 재정비촉진지구 안의 존치지역과 재정비촉진사업의 추진가능시기 등을 종합적으로 고려하여 수립하여야 한다.

④ 재정비촉진계획에는 기반시설의 비용분담계획, 상가의 분포 및 수용계획 등이 포함된다.

⑤ 시장·군수·구청장은 재정비촉진계획을 수립하여 특별시장·광역시장 또는 도지사에게 결정을 신청하여야 한다.

**08** 도시재정비 촉진을 위한 특별법령에 관한 내용으로 틀린 것은?

① 특별시장·광역시장 또는 도지사는 재정비촉진지구의 지정을 신청받은 경우에는 관계 행정기관의 장과 협의를 거쳐 지방도시계획위원회의 심의를 거쳐 재정비촉진지구를 지정한다.

② 총괄사업관리자는 지방자치단체의 장을 대행하여 도로 등 기반시설의 설치 업무를 수행한다.

③ 재정비촉진계획에 따라 설치되는 기반시설의 설치비용은 도시재정비 촉진을 위한 특별법에 특별한 규정이 있는 경우를 제외하고는 사업시행자가 부담하는 것을 원칙으로 한다.

④ 재정비촉진계획 수립권자는 사업협의회 위원의 3분의 1 이상이 요청하는 경우에 사업협의회를 개최하여야 한다.

⑤ 국토교통부장관은 총괄계획가의 업무수행에 관하여 필요한 사항을 정할 수 있다.

**09** 도시재정비 촉진을 위한 특별법령에 관한 내용으로 옳은 것은?

상 중 하

① 우선사업구역의 재정비촉진사업은 관계 법령에도 불구하고 토지등소유자의 3분의 1 이상의 동의를 받아 특별자치시장, 특별자치도지사, 시장·군수·구청장이 직접 시행하여야 한다.
② 재정비촉진구역이 10곳 이상인 경우 사업협의회는 20인 이내의 위원으로 구성한다.
③ 한국토지주택공사가 사업시행자로 지정된 경우 시공자는 주민대표회의가 선정한다.
④ 재정비촉진계획 수립권자는 사업을 효율적으로 추진하기 위하여 재정비촉진계획 수립단계에서부터 한국토지주택공사 또는 지방공사를 총괄사업관리자로 지정할 수 있다.
⑤ 주민대표회의가 시공자를 선정할 경우 경쟁입찰의 방법으로 하여야 하나 1회 유찰되면 수의계약의 방법으로 한다.

**10** 도시재정비 촉진을 위한 특별법령에 관한 규정으로 옳은 것은?

상 중 하

① 재정비촉진사업 관계 법률에 따라 재정비촉진구역 지정의 효력이 상실된 경우에는 해당 재정비촉진구역에 대한 재정비촉진계획 결정의 효력도 상실된 것으로 본다. 이 경우 시·도지사 또는 대도시 시장은 재정비촉진계획을 변경하여야 한다.
② 시·군·구 간의 협의가 어려운 경우나 특별시장·광역시장 또는 도지사가 직접 재정비촉진지구를 지정한 경우에는 국토교통부장관이 직접 재정비촉진계획을 수립할 수 있다.
③ 존치정비구역이란 재정비촉진구역의 지정 요건에 해당하지 아니하거나 기존의 시가지로 유지·관리할 필요가 있는 구역을 말한다.
④ 우선사업구역의 재정비촉진사업은 관계법령에도 불구하고 토지등소유자의 3분의 2 이상의 동의를 받아 특별자치시장, 특별자치도지사, 시장·군수·구청장이 직접 시행하거나 총괄사업관리자를 사업시행자로 지정하여 시행하도록 하여야 한다.
⑤ 지방자치단체장은 재정비촉진지구의 총괄계획가로 하여금 민간투자사업을 대행하게 할 수 있다.

**11** 도시재정비 촉진을 위한 특별법령에 대한 내용으로 틀린 것은?

① 시·도지사 또는 대도시의 시장은 대통령령으로 정하는 바에 따라 재정비촉진계획수립의 모든 과정을 총괄 진행·조정하게 하기 위하여 도시계획·도시설계·건축 등 분야의 전문가인 자를 총괄계획가로 위촉할 수 있다.

② 시장·군수·자치구의 구청장은 특별시장·광역시장 또는 도지사에게 재정비촉진지구의 지정을 신청할 수 있다.

③ 재정비촉진계획 수립권자는 사업을 효율적으로 추진하기 위하여 재정비촉진계획 수립단계에서부터 한국토지주택공사 또는 지방공사를 총괄사업관리자로 지정할 수 있다.

④ 재정비촉진계획의 결정·고시일부터 2년 이내에 해당 사업에 관하여 규정하고 있는 관계 법률에 따른 사업시행인가를 신청하지 아니한 경우에는 특별자치시장, 특별자치도지사, 시장·군수·구청장이 그 사업을 직접 시행하거나 총괄사업관리자를 사업시행자로 우선하여 지정할 수 있다.

⑤ 사업협의회는 20인 이내(재정비촉진구역이 10곳 이상인 경우에는 30인 이내)의 위원으로 구성한다.

**12** 도시재정비 촉진을 위한 특별법령에 관한 내용으로 옳은 것은?

① 시·도지사 또는 대도시 시장은 재정비촉진계획 결정의 효력이 상실된 구역을 존치지역으로 전환할 수 없다.

② 재정비촉진지구의 지정을 고시한 날부터 재정비촉진계획의 결정을 고시한 날까지 재정비촉진지구에서 「국토의 계획 및 이용에 관한 법률」에 따른 개발행위의 허가를 받아야 한다.

③ 재정비촉진지구 지정을 고시한 날부터 2년이 되는 날까지 재정비촉진계획이 결정되지 아니하면 그 2년이 되는 날에 재정비촉진지구 지정의 효력이 상실된다.

④ 사업시행자는 세입자의 주거안정과 개발이익의 조정을 위하여 해당 재정비촉진사업으로 증가되는 용적률의 50% 범위에서 대통령령으로 정하는 비율을 임대주택등으로 공급해야 한다.

⑤ 총괄사업관리자는 지방자치단체의 장을 대행하여 기반시설의 비용 분담금과 지원금의 관리업무를 수행한다.

**13** 도시재정비 촉진을 위한 특별법령에 대한 내용으로 옳은 것은?

① 「도시 및 주거환경정비법」에 따른 재건축사업의 토지등소유자는 토지 또는 건축물소유자 및 그 지상권자이다.

② 시장·군수·구청장은 그 밖에 재정비촉진사업의 추진 상황으로 보아 재정비촉진지구의 지정 목적을 달성하였거나 달성할 수 없다고 인정되는 경우에는 지방도시계획위원회 또는 도시재정비위원회의 심의를 거쳐 재정비촉진지구의 지정을 해제할 수 있다.

③ 재정비촉진지구의 지정권자는 사업을 효율적으로 추진하기 위하여 한국토지주택공사 또는 지방공사를 총괄사업관리자로 지정할 수 있다.

④ 사업시행자는 세입자의 주거안정 등을 위해 해당 재정비촉진사업으로 증가되는 용적률의 75% 범위 안에서 대통령령으로 정하는 비율을 임대주택등으로 공급해야 한다.

⑤ 재정비촉진지구 지정을 고시한 날부터 2년이 되는 날까지 재정비촉진계획이 결정되지 아니하면 그 2년이 되는 날에 재정비촉진지구 지정을 해제할 수 있다.

## 주관식 단답형 문제

**01** 도시재정비 촉진을 위한 특별법 제9조(재정비촉진계획의 수립 등) 제1항 재정비촉진계획 내용의 일부이다. (    )에 들어갈 용어를 차례대로 쓰시오.

> 존치지역에 관한 사항. 세분하여 관리할 필요가 있는 경우 아래의 유형으로 구분할 수 있다.
> 1. ( ㉠ )구역: 재정비촉진구역의 지정 요건에는 해당하지 아니하나 시간의 경과 등 여건의 변화에 따라 재정비촉진사업 요건에 해당할 수 있거나 재정비 촉진사업의 필요성이 높아질 수 있는 구역
> 2. ( ㉡ )구역: 재정비촉진구역의 지정 요건에 해당하지 아니하거나 기존의 시가지로 유지·관리할 필요가 있는 구역

**02** 도시재정비 촉진을 위한 특별법 제7조(재정비촉진지구 지정의 효력 상실 등) 규정의 일부이다. (    )에 공통으로 들어갈 아라비아 숫자를 쓰시오.

> 제5조에 따라 재정비촉진지구 지정을 고시한 날부터 (    )년이 되는 날까지 제12조에 따른 재정비촉진계획이 결정되지 아니하면 그 (    )년이 되는 날의 다음 날에 재정비촉진지구 지정의 효력이 상실된다.

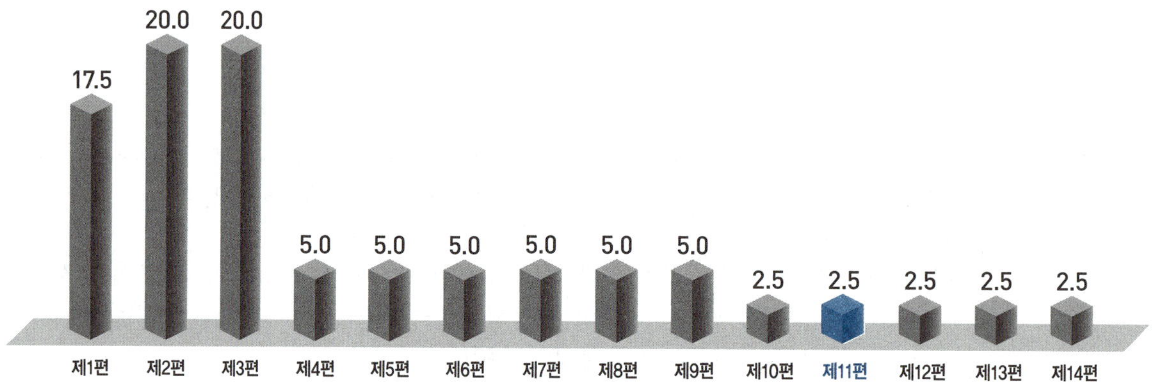


## 최근 5개년간 기출문제 분석

집합건물의 소유 및 관리에 관한 법률은 현재 객관식으로만 1문제가 출제되는데, 용어와 공용부분, 관리인, 관리위원회, 관리단집회, 규약 등을 중심으로 정리하는 것이 효율적이다.

박문각
주택관리사

# 집합건물의 소유 및 관리에 관한 법률

📕 **연계학습** 기본서 p.550~574

┌─ 단 · 원 · 열 · 기 ─┐

집합건물의 소유 및 관리에 관한 법률은 총 1문제가 출제되는데 객관식이다. 이 단원은 총칙, 구분소유, 관리단집회, 관리인, 집합건물분쟁조정위원회, 재건축결의로 구분하여 학습한다.


## 01 집합건물 소유 및 관리에 관한 법령상 공용부분에 관한 설명으로 틀린 것은?

① 각 공유자는 공용부분을 그 용도에 따라 사용할 수 있다.

② 공용부분의 변경이 다른 구분소유자의 권리에 특별한 영향을 미칠 때에는 그 구분소유자의 승낙을 받아야 한다.

③ 공용부분의 변경에 관한 사항은 관리단집회에서 구분소유자 전원의 동의로써 결정한다.

④ 관리에 관한 사항 중 보존행위는 각 공유자가 단독으로 할 수 있다.

⑤ 건물의 노후화 억제 또는 기능 향상 등을 위한 것으로 구분소유권 및 대지사용권의 범위나 내용에 변동을 일으키는 공용부분의 변경에 관한 사항은 관리단집회에서 구분소유자의 5분의 4 이상 및 의결권의 5분의 4 이상의 결의로써 결정한다.


## 02 집합건물의 소유 및 관리에 관한 법령상 구분소유 등에 관한 설명으로 틀린 것은?

① 대지사용권이란 구분소유자가 전유부분을 소유하기 위하여 건물의 대지에 대하여 가지는 권리를 말한다.

② 구분소유자는 그가 가지는 전유부분과 분리하여 대지사용권을 처분할 수 없다. 다만, 규약으로써 달리 정한 경우에는 그러하지 아니하다.

③ 공유자가 공용부분에 관하여 다른 공유자에 대하여 가지는 채권은 그 특별승계인에 대하여는 행사할 수 없다.

④ 전유부분이 속하는 1동의 건물의 설치 또는 보존의 흠으로 인하여 다른 자에게 손해를 입힌 경우에는 그 흠은 공용부분에 존재하는 것으로 추정한다.

⑤ 공용부분에 대한 공유자의 지분은 그가 가지는 전유부분의 처분에 따른다.

**03** 집합건물의 소유 및 관리에 관한 법률과 내용으로 옳은 것을 모두 고른 것은?

> ㉠ 통로, 주차장, 정원, 부속건물의 대지, 그 밖에 전유부분이 속하는 1동의 건물 및 그 건물이 있는 토지와 하나로 관리되거나 사용되는 토지는 규약으로써 건물의 대지로 할 수 있다.
> ㉡ 각 공유자는 규약에 달리 정한 바가 없으면 균등한 비율로 공용부분의 관리비용과 그 밖의 의무를 부담하며 공용부분에서 생기는 이익을 취득한다.
> ㉢ 공용부분에 대한 공유자의 지분은 그가 가지는 전유부분의 처분에 따르며, 공유자는 그가 가지는 전유부분과 분리하여 공용부분에 대한 지분을 처분할 수 없다.
> ㉣ 공유자가 공용부분에 관하여 다른 공유자에 대하여 가지는 채권은 그 특별승계인에 대하여는 행사할 수 없다.

① ㉠, ㉡   ② ㉠, ㉢   ③ ㉡, ㉢
④ ㉡, ㉣   ⑤ ㉢, ㉣

**04** 집합건물의 소유 및 관리에 관한 법령상 관리단에 관한 다음 설명으로 옳은 것은?

① 관리인은 구분소유자이어야 하며, 그 임기는 2년의 범위에서 규약으로 정한다.
② 관리위원회의 결의로 관리인이 선임되거나 해임되도록 규약으로 정한 경우에는 그에 따른다.
③ 관리인은 관리단의 사업시행에 관련하여 관리단을 대표하여 행하는 재판상 또는 재판 외의 행위를 할 권한이 없다.
④ 관리인의 대표권은 제한할 수 없다.
⑤ 구분소유자의 특별승계인은 승계 전에 발생한 관리단의 채무에 관하여 책임을 지지 않는다.

**05** 집합건물의 소유 및 관리에 관한 법령상 공용부분에 관한 설명으로 틀린 것은?

상 중 하

① 공용부분의 변경이 다른 구분소유자의 권리에 특별한 영향을 미칠 때에는 그 구분소유자의 승낙과 관리단집회의 결의를 받아야 한다.

② 공용부분의 물권의 득실변경은 등기를 필요로 한다.

③ 각 공유자는 규약에 달리 정한 바가 없으면 그 지분의 비율에 따라 공용부분의 관리비용과 그 밖의 의무를 부담하며 공용부분에서 생기는 이익을 취득한다.

④ 각 공유자는 공용부분을 그 용도에 따라 사용할 수 있다.

⑤ 구분 소유자의 공용부분의 변경에 관한 사항은 관리단집회에서 구분소유자의 3분의 2 이상 및 의결권의 3분의 2 이상의 결의로써 결정한다.


**06** 집합건물의 소유 및 관리에 관한 법률상 내용으로 틀린 것은?

상 중 하

① 「집합건물의 소유 및 관리에 관한 법률」을 적용받는 건물과 관련된 분쟁을 심의·조정하기 위하여 시·도에 집합건물분쟁조정위원회를 둔다.

② 집합건물분쟁조정위원회는 「공동주택관리법」 제36조 및 제37조에 따른 공동주택의 담보책임 및 하자보수 등과 관련된 분쟁은 포함한다.

③ 규약의 설정·변경 및 폐지는 관리단집회에서 구분소유자의 4분의 3 이상 및 의결권 4분의 3 이상의 찬성을 얻어서 한다.

④ 관리위원회의 위원은 구분소유자 중에서 관리단집회의 결의에 의하여 선출한다. 다만, 규약으로 관리단집회의 결의에 관하여 달리 정한 경우에는 그에 따른다.

⑤ 전유부분이 50개 이상 150개 미만으로서 대통령령으로 정하는 건물의 관리인은 구분소유자의 5분의 1 이상이 연서하여 요구하는 경우에는 감사인의 회계감사를 받아야 한다.

**07** 집합건물의 소유 및 관리에 관한 법률상 관리단집회에 관한 규정으로 옳은 것은?

① 관리인은 매년 회계연도 종료 후 1개월 이내에 정기관리단집회를 소집하여야 한다.

② 관리인이 없는 경우에는 구분소유자의 10분의 1 이상은 관리단집회를 소집할 수 있다. 이 정수는 규약으로 감경할 수 있다.

③ 전유부분을 여럿이 공유하는 경우에는 공유자는 관리단집회에서 의결권을 행사할 1인을 정한다.

④ 권리변동 있는 공용부분의 변경에 관한 사항, 재건축의 결의 및 건물가격 2분의 1을 초과하는 건물의 일부가 멸실된 경우 멸실한 공용부분을 복구하는 경우는 구분소유자의 4분의 3 이상 및 의결권의 4분의 3 이상 결의가 있어야 한다.

⑤ 집회의 소집 절차나 결의 방법이 법령 또는 규약에 위반되거나 현저하게 불공정한 경우 집회 결의 사실을 안 날부터 1년 이내에, 결의한 날부터 6개월 이내에 결의취소의 소를 제기할 수 있다.

**08** 집합건물의 소유 및 관리에 관한 법령상 설명으로 틀린 것은?

① 각 공유자는 규약에 달리 정한 바가 없으면 그 지분의 비율에 따라 공용부분의 관리비용과 그 밖의 의무를 부담하며 공용부분에서 생기는 이익을 취득한다.

② 전유부분이 속하는 1동의 건물의 설치 또는 보존의 흠으로 인하여 다른 자에게 손해를 입힌 경우에는 그 흠은 공용부분에 존재하는 것으로 간주한다.

③ 관리단은 규약에 달리 정한 바가 없으면 관리단집회의 결의에 따라 수선적립금을 징수하여 적립할 수 있다.

④ 공용부분에 대한 공유자의 지분은 그가 가지는 전유부분의 처분에 따른다.

⑤ 건물의 노후화 억제 또는 기능 향상 등을 위한 것으로 구분소유권 및 대지사용권의 범위나 내용에 변동을 일으키는 공용부분의 변경에 관한 사항은 관리단집회에서 구분소유자의 5분의 4 이상 및 의결권의 5분의 4 이상의 결의로써 결정한다.

**09** 집합건물의 소유 및 관리에 관한 법령상 관리인의 권한과 의무에 관한 설명으로 틀린 것은?

① 구분소유자가 10인 이상일 때에는 관리인을 선임하여야 한다.

② 관리인은 구분소유자일 필요가 없으며, 그 임기는 2년의 범위에서 규약으로 정한다.

③ 관리인은 관리단집회의 결의로 선임되거나 해임된다. 다만, 규약으로 제26조 의3에 따른 관리위원회의 결의로 선임되거나 해임되도록 정한 경우에는 그에 따른다.

④ 구분소유자, 그의 승낙을 받아 전유부분을 점유하는 자, 분양자 등 이해관계 인은 ③에 따라 선임된 관리인이 없는 경우에는 법원에 임시관리인의 선임 을 청구할 수 있다.

⑤ 임시관리인은 선임된 날부터 3개월 이내에 ③에 따른 관리인 선임을 위하여 관리단집회 또는 관리위원회를 소집하여야 한다.

**10** 집합건물의 소유 및 관리에 관한 법령상 설명으로 틀린 것은?

① 건물에 대하여 구분소유관계가 성립되면 구분소유자 전원을 구성원으로 하 여 건물과 그 대지 및 부속시설의 관리에 관한 사업의 시행을 목적으로 하 는 관리단이 설립된다.

② 관리인이 없는 경우에는 구분소유자의 5분의 1 이상은 관리단집회를 소집 할 수 있다. 이 정수는 규약으로 감경할 수 있다.

③ 관리인은 구분소유자가 아니고, 그 임기는 3년의 범위에서 규약으로 정한다.

④ 관리인의 대표권은 규약이나 관리단집회의 결의에 의하여 제한할 수 있다. 다만, 그 제한을 가지고 선의의 제3자에게 대항할 수 없다.

⑤ 구분소유자는 결의 내용이 법령 또는 규약에 위배되는 경우 집회 결의 사실 을 안 날부터 6개월 이내에, 결의한 날부터 1년 이내에 결의취소의 소를 제 기할 수 있다.

**11** 집합건물의 소유 및 관리에 관한 법령상 관리인에 관한 설명으로 틀린 것은?

① 구분소유자가 10인 이상일 때에는 관리단을 대표하고 관리단의 사무를 집행할 관리인을 선임하여야 한다.

② 임시관리인은 선임된 날부터 6개월 이내에 관리인 선임을 위하여 관리단집회 또는 관리위원회를 소집하여야 한다.

③ 관리인은 관리단집회의 결의로 선임되거나 해임된다. 다만, 규약으로 관리위원회의 결의로 선임되거나 해임되도록 정한 경우에는 그에 따른다.

④ 관리인은 매년 1회 이상 구분소유자 및 그의 승낙을 받아 전유부분을 점유하는 자에게 그 사무에 관한 보고를 하여야 한다.

⑤ 전유부분이 50개 이상인 건물의 관리인은 관리단의 사무 집행을 위한 비용과 분담금 등 금원의 징수·보관·사용·관리 등 모든 거래행위에 관하여 장부를 월별로 작성하여 그 증빙서류와 함께 해당 회계연도 종료일부터 2년간 보관하여야 한다.

**12** 집합건물의 소유 및 관리에 관한 법률상 건물의 재건축 결의에 관한 설명으로 틀린 것은?

① 재건축 결의는 구분소유자의 5분의 4 이상 및 의결권의 5분의 4 이상의 결의에 따른다.

② 재건축 결의를 위한 관리단집회의 의사록에는 결의에 대한 각 구분소유자의 찬반 의사를 적어야 한다.

③ 재건축의 내용이 단지 내 다른 건물의 구분소유자에게 특별한 영향을 미칠 때에는 그 구분소유자의 승낙을 받아야 한다.

④ 재건축을 결의할 때에는 새 건물의 구분소유권의 귀속에 관한 사항은 각 구분소유자 사이에 형평이 유지되도록 정하여야 한다.

⑤ 재건축에 참가할 것인지 여부를 회답할 것을 촉구받은 구분소유자가 촉구를 받은 날부터 2개월 이내에 회답하지 아니한 경우 재건축에 참가하겠다는 뜻을 회답한 것으로 본다.

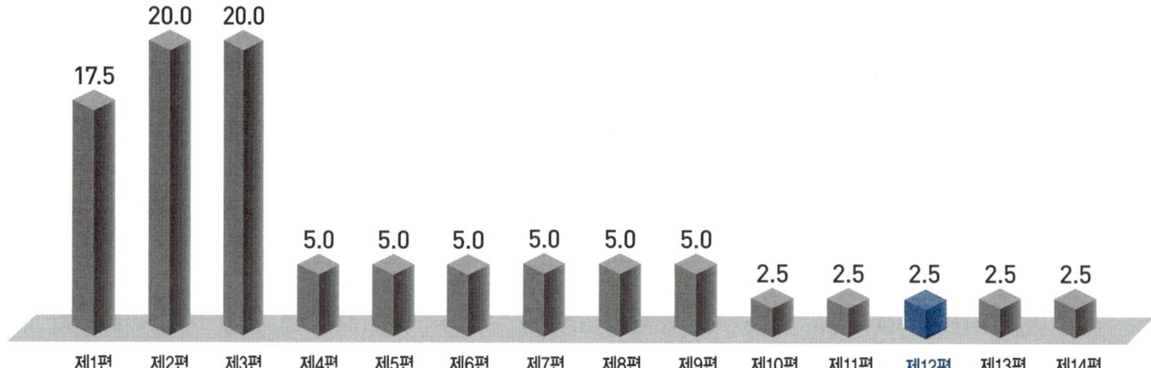



### 최근 5개년간 기출문제 분석

소방기본법은 1문제가 출제되는데, 용어와 소방활동 등을 중심으로 정리하되, 법조문의 분량이 얼마 되지 않기 때문에 벌칙 부분도 정리해둘 필요가 있다.

# 소방기본법

📘 **연계학습** 기본서 p.578~592

> **단·원·열·기**
>
> 소방기본법은 총 1문제가 출제되는데 객관식 또는 주관식이다. 이 단원은 총칙, 소방활동, 소방기관, 소방장비, 벌칙으로 구분하여 학습한다.

**01** 소방기본법상 용어의 정의로 틀린 것은?

① 소방대상물이란 건축물, 차량, 항해 중인 선박, 선박건조구조물, 산림, 그 밖의 공작물 또는 물건을 말한다.

② 관계지역이란 소방대상물이 있는 장소 및 그 이웃지역으로서 화재의 예방·경계·진압, 구조·구급 등의 활동에 필요한 지구를 말한다.

③ 관계인이란 소방대상물의 소유자·점유자 또는 관리자를 말한다.

④ 소방본부장이란 특별시·광역시·특별자치시·도 또는 특별자치도에서 화재의 예방·경계·진압·조사 및 구조·구급 등의 업무를 담당하는 부서의 장을 말한다.

⑤ 소방대장이란 소방본부장 또는 소방서장 등 화재, 재난·재해, 그 밖의 위급한 상황이 발생한 현장에서 소방대를 지휘하는 자를 말한다.

**02** 소방기본법령상 특별시·광역시 또는 도의 소방본부에 설치된 종합상황실의 실장이 소방청의 종합상황실에 서면·모사전송 또는 컴퓨터통신 등으로 지체 없이 보고하여야 하는 상황에 해당하는 것을 모두 고른 것은?

> ㉠ 사상자가 10인 이상 발생한 화재
> ㉡ 재산피해액이 50억원 이상 발생한 화재
> ㉢ 이재민이 100인 이상 발생한 화재
> ㉣ 건축법령상 층수가 10층 이상인 건축물

① ㉠, ㉡, ㉢  
② ㉠, ㉡, ㉣  
③ ㉠, ㉢, ㉣  
④ ㉡, ㉢, ㉣  
⑤ ㉠, ㉡, ㉢, ㉣

**03** 소방기본법령상 주거지역에 소방용수시설을 설치하는 경우, 소방대상물과의 수평거리는 최대 얼마까지 될 수 있는가?

① 60m
② 80m
③ 100m
④ 120m
⑤ 140m

**04** 소방기본법령상 소방대의 생활안전활동이 아닌 것은?

① 붕괴, 낙하 등이 우려되는 고드름, 나무, 위험 구조물 등의 제거활동
② 위해동물, 벌 등의 포획 및 퇴치활동
③ 끼임, 고립 등에 따른 위험제거 및 구출활동
④ 단전사고시 비상전원 또는 조명의 공급
⑤ 소방시설 오작동 신고에 따른 조치활동

**05** 소방기본법령상 화재활동, 소방활동 또는 소방훈련을 위하여 사용되는 소방신호의 종류로 명시되지 않은 것은?

① 예비신호
② 훈련신호
③ 발화신호
④ 경계신호
⑤ 해제신호

**06** 소방기본법상 일정한 지역에서 화재로 오인할 만한 우려가 있는 불을 피우려는 자는 관할 소방본부장 또는 소방서장에게 신고하여야 한다. 이에 해당하지 않은 지역은? (단, 시·도 조례로 정하는 지역 또는 장소는 고려하지 않음)

① 건물이 밀집한 지역
② 위험물의 저장 및 처리시설이 밀집한 지역
③ 시장지역
④ 공장·창고가 밀집한 지역
⑤ 석유화학제품을 생산하는 공장이 있는 지역

**07** 소방기본법령상 소방활동 등에 관한 설명으로 옳은 것은?

① 소방대가 방송제작 또는 촬영 관련 지원활동을 하는 것은 소방지원활동에 속하지 아니한다.

② 유관기관·단체 등의 요청에 따른 소방지원활동에 드는 비용은 지원요청을 한 유관기관·단체 등에게 부담하게 할 수 없다.

③ 소방대상물에 화재가 발생한 경우 소방활동 종사명령에 따라 소방활동에 종사한 그 소방대상물의 관계인은 시·도지사로부터 소방활동의 비용을 지급받을 수 있다.

④ 소방대장은 폭발 등으로 화재가 확대되는 것을 막기 위하여 가스·전기 또는 유류 등의 시설에 대하여 위험물질의 공급을 차단하는 등 필요한 조치를 할 수 있으며, 이로 인해 손실을 입은 자가 있더라도 손실보상을 받지 못한다.

⑤ 소방자동차의 우선 통행에 관하여는 이 법에서 규정한 것 외에는 「도로교통법」에서 정하는 바에 따른다.


**08** 소방기본법령에 관한 설명으로 옳은 것은?

① 단전사고시 비상전원 또는 조명의 공급은 소방지원활동에 속한다.

② 시·도지사는 소방자동차의 공무상 운행 중 교통사고가 발생한 경우 그 운전자의 법률상 분쟁에 소요되는 비용을 지원할 수 있는 보험에 가입하여야 한다.

③ 소방대상물에 화재, 재난, 재해, 그 밖의 위급한 상황이 발생한 경우 그 관계인이 소방활동에 종사한 사람은 시·도지사로부터 소방활동의 비용을 지급받을 수 있다.

④ 한국소방안전원은 소방청장의 인가를 받아 설립한다. 이에 따라 설립되는 한국소방안전원에 관하여 이 법에 규정된 것을 제외하고는 「민법」 중 사단법인에 관한 규정을 준용한다.

⑤ 소방활동 종사로 인하여 사망하거나 부상을 입은 자가 손실보상을 청구할 수 있는 권리는 손실이 있음을 안 날부터 5년, 손실이 발생한 날부터 3년간 행사하지 아니하면 시효의 완성으로 소멸한다.

**09** 소방기본법령상 벌칙에 관한 내용으로 틀린 것은?

① 법 제19조 제1항을 위반하여 화재 또는 구조·구급이 필요한 상황을 거짓으로 알린 사람에게는 1년 이하의 징역 또는 1천만원 이하의 벌금에 처한다.

② 소방자동차전용구역에 차를 주차하거나 소방자동차전용구역에의 진입을 가로막는 등의 방해행위를 한 자에게는 100만원 이하의 과태료를 부과한다.

③ 위력(威力)을 사용하여 출동한 소방대의 화재진압·인명구조 또는 구급활동을 방해하는 행위는 5년 이하의 징역 또는 5천만원 이하의 벌금에 처한다.

④ 법 제16조의3 제2항을 위반하여 정당한 사유 없이 소방대의 생활안전활동을 방해한 자에게는 100만원 이하의 벌금에 처한다.

⑤ 화재오인지역에서 신고를 하지 아니하여 소방자동차를 출동하게 한 자에게는 20만원 이하의 과태료를 부과한다.

## 주관식 단답형 문제

**01** 소방기본법 제2조(정의) 규정의 일부이다. (     ) 안에 들어갈 용어를 쓰시오.

> (     )이란 소방대상물이 있는 장소 및 그 이웃 지역으로서 화재의 예방·경계·진압, 구조·구급 등의 활동에 필요한 지역을 말한다.

**02** 소방기본법 시행령 제7조의12(소방자동차 전용구역 설치 대상)의 일부이다. 다음 (     ) 안에 들어갈 아라비아 숫자를 쓰시오.

> 법 제21조의2 제1항에서 "대통령령으로 정하는 공동주택"이란 다음 각 호의 주택을 말한다. 다만, 하나의 대지에 하나의 동(棟)으로 구성되고 「도로교통법」 제32조 또는 제33조에 따라 정차 또는 주차가 금지된 편도 ( ㉠ )차선 이상의 도로에 직접 접하여 소방자동차가 도로에서 직접 소방활동이 가능한 공동주택은 제외한다.
> 1. 「건축법 시행령」 별표 1 제2호 가목의 아파트 중 세대수가 ( ㉡ )세대 이상인 아파트
> 2. 「건축법 시행령」 별표 1 제2호 라목의 기숙사 중 ( ㉢ )층 이상의 기숙사

**03** 소방기본법 시행규칙 제10조(소방신호의 종류 및 방법)의 일부이다. (     ) 안에 들어갈 용어를 쓰시오.

> ① 법 제18조의 규정에 의한 소방신호의 종류는 다음 각호와 같다.
> 　1. ( ㉠ )신호 : 화재예방상 필요하다고 인정되거나 「화재의 예방 및 안전관리에 관한 법률」 제20조의 규정에 의한 화재위험경보시 발령
> 　2. 발화신호 : 화재가 발생한 때 발령
> 　3. ( ㉡ )신호 : 소화활동이 필요없다고 인정되는 때 발령
> 　4. 훈련신호 : 훈련상 필요하다고 인정되는 때 발령

**04** 소방기본법 제40조(한국소방안전원의 설립 등) 일부이다. (      ) 안에 들어갈 용어를 쓰시오.

> ① 소방기술과 안전관리기술의 향상 및 홍보, 그 밖의 교육·훈련 등 행정기관이 위탁하는 업무의 수행과 소방관계 종사자의 기술 향상을 위하여 한국소방안전원을 ( ㉠ )의 ( ㉡ )를 받아 설립한다.
> ③ 한국소방안전원에 관하여 이 법에 규정된 것을 제외하고는 「민법」 중 ( ㉢ )에 관한 규정을 준용한다.

**05** 소방기본법 제49조의2(손실보상) 일부이다. (      ) 안에 들어갈 용어 또는 아라비아 숫자를 쓰시오.

> ① 소방청장 또는 시·도지사는 다음 각 호의 어느 하나에 해당하는 자에게 제3항의 ( ㉠ )의 심사·의결에 따라 정당한 보상을 하여야 한다.
> 1. 제16조의3 제1항에 따른 조치로 인하여 손실을 입은 자
> 2. 제24조 제1항 전단에 따른 소방활동종사로 인하여 사망하거나 부상을 입은 자
> <생략>
> ② 제1항에 따라 손실보상을 청구할 수 있는 권리는 손실이 있음을 안 날부터 ( ㉡ )년, 손실이 발생한 날부터 ( ㉢ )년간 행사하지 아니하면 시효의 완성으로 소멸한다.

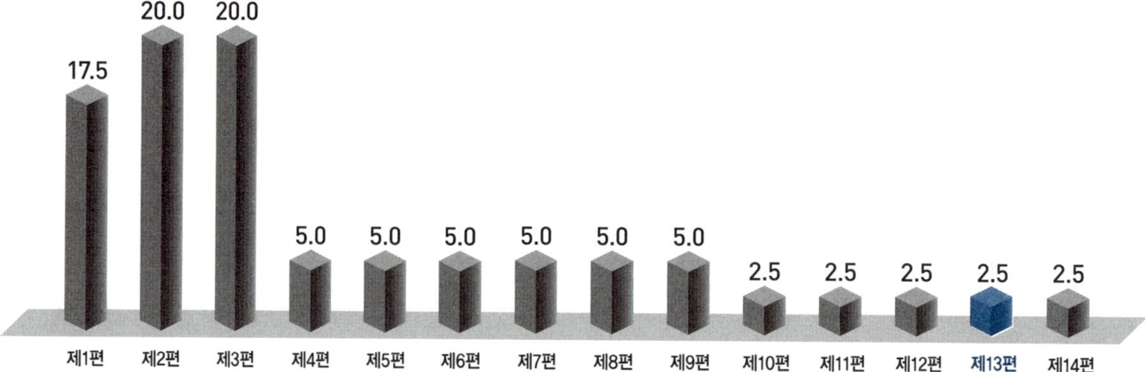


### 최근 5개년간 기출문제 분석

소방시설 설치 및 관리에 관한 법률은 1문제가 출제되는데, 용어와 건축허가 등의 동의, 성능위주설계, 방염, 자체점검 등 중요한 부분을 중심으로 전반적인 학습을 해야 한다.

# 소방시설 설치 및 관리에 관한 법률

**단·원·열·기**

소방시설 설치 및 관리에 관한 법률은 총 1문제가 출제되는데 객관식 또는 주관식이다. 이 단원은 총칙, 소방시설의 설치, 소방시설의 관리, 자체점검으로 구분하여 학습한다.

**01** 소방시설 설치 및 관리에 관한 법률상 소방시설을 옳게 연결되지 않은 것은?

상 중 하

① 소화설비 : 자동소화장치, 옥내소화전설비
② 경보설비 : 자동화재탐지설비, 가스누설경보기
③ 피난구조설비 : 완강기, 스프링클러
④ 소화용수설비 : 상수도소화용수설비, 저수조
⑤ 소화활동설비 : 제연설비, 연소방지설비

**02** 소방시설 설치 및 관리에 관한 법률상 소방시설 중 각 소방설시설과 그에 속하는 기계·기구설비를 잘못 연결한 것은?

상 중 하

① 소화설비 : 물분무등소화설비, 스프링클러설비
② 경보설비 : 통합감시시설, 무선통신보조설비
③ 피난구조설비 : 완강기, 공기호흡기
④ 소화용수설비 : 상수도소화용수설비, 저수조
⑤ 소화활동설비 : 제연설비, 연소방지설비

**03** 소방시설 설치 및 관리에 관한 법률상 무창층의 내용으로 틀린 것을 모두 고른 것은?

상 중 하

> ㉠ 무창층이란 개구부의 면적의 합계가 해당 층의 건축면적의 30분의 1 이하
>   가 되는 층이다.
> ㉡ 크기는 지름 50cm 이상의 원이 통과할 수 있을 것
> ㉢ 해당 층의 천정으로부터 개구부 밑부분까지의 높이가 1.2m 이내일 것
> ㉣ 내부 또는 외부에서 쉽게 부수거나 열 수 없을 것

① ㉡, ㉢          ② ㉠, ㉡          ③ ㉡
④ ㉠, ㉢, ㉣      ⑤ ㉠, ㉡, ㉢, ㉣

**04** 소방시설 설치 및 관리에 관한 법령상 성능위주 설계대상 특정소방대상물이 아닌 것을 모두 고른다면?

> ㉠ 연면적 20만m²인 아파트 등
> ㉡ 연면적 3만m²인 공항시설
> ㉢ 창고시설 중 연면적 5만m² 이상인 것
> ㉣ 지하층의 층수가 2개 층 이상이고 지하층의 바닥면적의 합계가 3만m² 이상인 것

① ㉠, ㉡  　　② ㉡, ㉢  　　③ ㉠, ㉢
④ ㉢, ㉣  　　⑤ ㉡, ㉣

**05** 소방시설 설치 및 관리에 관한 법령상 성능위주설계대상 특정소방대상물에 해당되지 않는 것은?

① 50층 이상(지하층은 제외한다)이거나 지상으로부터 높이가 200m 이상인 아파트 등
② 연면적 20만m² 이상인 아파트 등
③ 연면적 3만m² 이상인 철도시설, 도시철도시설, 공항시설
④ 창고시설 중 연면적 10만m² 이상인 것 또는 지하층의 층수가 2개 층 이상이고 지하층의 바닥면적의 합계가 3만m² 이상인 것
⑤ 수저(水底)터널 또는 길이가 5천m 이상인 것

**06** 소방시설 설치 및 관리에 관한 법률상 특정소방대상물에 소방시설을 설치하려는 경우 성능위주설계를 하여야 하는 것이 아닌 것은? (단, 신축하는 경우를 전제로 함)

① 「건축법」상 초고층 아파트 등
② 연면적 20만m²인 아파트 등
③ 연면적 3만m²인 공항시설
④ 지하층을 포함한 층수가 30층인 종합병원
⑤ 길이가 5천m 이상인 터널

**07** 소방시설 설치 및 관리에 관한 법령상 방염대상물품이 아닌 것은?

① 제조 또는 가공공정에서 방염처리를 한 카페트
② 제조 또는 가공공정에서 방염처리를 한 무대용 합판
③ 제조 또는 가공공정에서 방염처리를 한 전시용 섬유판
④ 제조 또는 가공공정에서 방염처리를 한 벽지류로서 두께가 2mm 미만인 종이벽지
⑤ 제조 또는 가공공정에서 방염처리를 한 암막·무대막

**08** 소방시설 설치 및 관리에 관한 법령상 자체점검 중 종합점검대상에 해당되지 않는 것은?

① 스프링클러설비가 설치된 특정소방대상물
② 호스릴(Hose Reel) 방식의 물분무등소화설비만을 설치된 연면적 5천m² 이상인 위험물 제조소 등
③ 「다중이용업소의 안전관리에 관한 특별법 시행령」의 다중이용업의 영업장이 설치된 특정소방대상물로서 연면적이 2천m² 이상인 것
④ 제연설비가 설치된 터널
⑤ 「공공기관의 소방안전관리에 관한 규정」에 따른 공공기관 중 연면적이 1천m² 이상인 것으로서 옥내소화전설비 또는 자동화재탐지설비가 설치된 것. 다만, 소방대가 근무하는 공공기관은 제외한다.

**09** 소방시설 설치 및 관리에 관한 법령상 아파트등 세대별 점검방법에 관한 설명으로 틀린 것은?

① 관리자(관리소장, 입주자대표회의 및 소방안전관리자를 포함한다) 및 입주민(세대 거주자를 말한다)은 2년 이내 모든 세대에 대하여 점검을 해야 한다.
② 아날로그감지기 등 특수감지기가 설치되어 있는 경우에는 수신기에서 원격점검할 수 있으며, 점검할 때마다 모든 세대를 점검해야 한다.
③ 자동화재탐지설비의 선로 단선이 확인되는 때에는 단선이 난 세대 또는 그 경계구역에 대하여 현장점검을 해야 한다.
④ 관리자는 수신기에서 원격 점검이 불가능한 경우 매년 작동점검만 실시하는 아파트등은 1회 점검시마다 전체 세대수의 30% 이상, 종합점검을 실시하는 아파트등은 1회 점검시마다 전체 세대수의 50% 이상 점검하도록 자체점검 계획을 수립·시행해야 한다.
⑤ 관리자는 세대별 점검현황을 작성하여 자체점검이 끝난 날부터 2년간 자체 보관해야 한다.

**10** 소방시설 설치 및 관리에 관한 법률상 특정소방대상물에 관한 설명으로 틀린 것은?

① 특정소방대상물은 소방시설을 설치하여야 하는 소방대상물로서 대통령령으로 정하는 것을 말한다.

② 아파트와 기숙사는 특정소방대상물이다.

③ 특정소방대상물의 관계인은 그 대상물에 설치되어 있는 소방시설 등이 이 법이나 이 법에 따른 명령 등에 적합하게 설치·관리되고 있는지에 대하여 자체점검하게 하여야 한다.

④ 자체점검 실시결과 보고서를 제출받거나 스스로 자체점검을 실시한 관계인은 자체점검이 끝난 날부터 15일 이내에 소방시설 등 자체점검 실시결과 보고서에 소방본부장 또는 소방서장에게 서면이나 소방청장이 지정하는 전산망을 통하여 보고해야 한다.

⑤ 특정소방대상물에 소화시설을 설치하려는 자는 지진이 발생할 경우 소방시설이 정상적으로 작동될 수 있도록 시·도지사가 정하는 내진설계기준에 맞게 소방시설을 설치하여야 한다.

## 주관식 단답형 문제

**01** 소방시설 설치 및 관리에 관한 법률 제2조(정의) 규정의 일부이다. (　　)에 들어갈 용어를 쓰시오.

> (　　)란 건축물 등의 재료, 공간, 이용자, 화재 특성 등을 종합적으로 고려하여 공학적 방법으로 화재 위험성을 평가하고 그 결과에 따라 화재안전성능이 확보될 수 있도록 특정소방대상물을 설계하는 것을 말한다.

**02** 소방시설 설치 및 관리에 관한 법률 시행령 제2조 및 법률 제14조의 일부 내용이다. (　　) 안에 들어갈 용어와 숫자를 각각 쓰시오.

> • ( ㉠ )(이)란 곧바로 지상으로 갈 수 있는 출입구가 있는 층을 말한다.
> • 소방청장은 건축 환경 및 화재위험특성 변화사항을 효과적으로 반영할 수 있도록 제1항에 따른 소방시설 규정을 ( ㉡ )년에 1회 이상 정비하여야 한다.

**03** 소방시설 설치 및 관리에 관한 법령상 (　　) 안에 들어갈 용어를 쓰시오.

> 「건축법」에 따른 단독주택 및 공동주택(아파트 및 기숙사는 제외한다)의 소유자는 소화기 및 (　　)을(를) 설치하여야 한다.

Memo

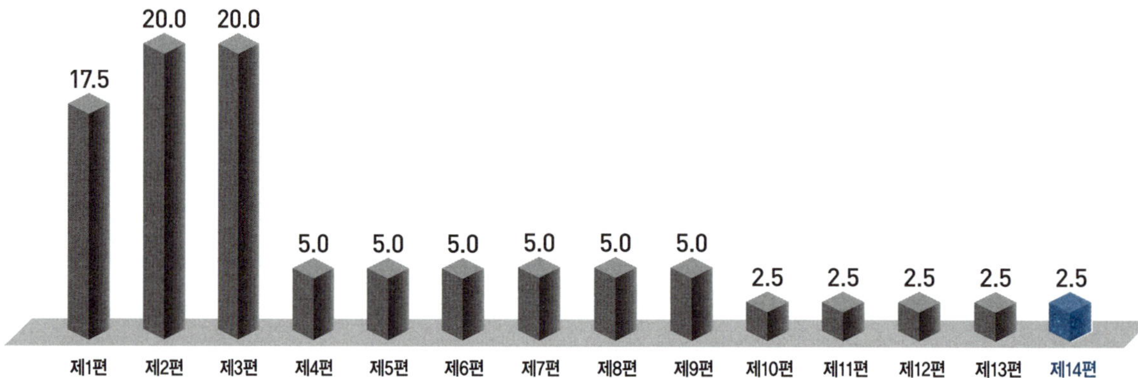


### 최근 5개년간 기출문제 분석

화재의 예방 및 안전관리에 관한 법률은 1문제가 출제되는데, 용어와 화재안전조사, 화재예방강화지구, 소방안전관리대상물, 특별관리시설물 등 핵심적인 부분을 학습하도록 한다.

# 화재의 예방 및 안전관리에 관한 법률

📘 **연계학습** 기본서 p.624~651

**단·원·열·기**

화재의 예방 및 안전관리에 관한 법률은 총 1문제가 출제되는데 객관식 또는 주관식이다. 이 단원은 총칙, 화재예방지구, 소방물의 안전관리, 소방안전관리대상물로 구분하여 학습한다.

## 01

화재의 예방 및 안전관리에 관한 법령상 화재예방강화지구에 관한 설명으로 옳은 것은?

① 화재예방강화지구 안의 소방대상물에 대한 화재안전조사 결과에 따른 소방시설 등의 설치명령을 위반한 자는 200만원 이하의 벌금에 처한다.

② 소방본부장 또는 소방서장은 목조건물이 밀집한 지역으로 화재가 발생할 우려가 높은 지역을 화재예방강화지구로 지정할 수 있다.

③ 소방관서장은 화재예방강화지구 안의 관계인에 대하여 소방상 필요한 훈련 및 교육을 연 1회 이상 실시할 수 있다.

④ 소방관서장은 화재예방강화지구 안의 소방대상물의 위치·구조 및 설비 등에 대한 화재안전조사를 연 2회 이상 실시하여야 한다.

⑤ 소방관서장은 소방상 필요한 훈련을 실시하려면 화재예방강화지구 안의 관계인에게 훈련 2주일 전까지 그 사실을 통보하여야 한다.

## 02

화재의 예방 및 안전관리에 관한 법령상 화재예방강화지구에 관한 설명으로 옳은 것은?

① 시·도지사는 해당 소방청장에게 해당 지역의 화재예방강화지구 지정을 요청할 수 있다.

② 소방관서장은 화재예방강화지구 안의 소방대상물의 위치·구조 및 설비 등에 대한 화재안전조사를 연 1회 이상 실시할 수 있다.

③ 소방시설·소방용수시설 또는 소방출동로가 없는 지역은 화재예방강화지구로 지정해서는 안된다.

④ 소방관서장은 법 제18조 제5항에 따라 화재예방강화지구 안의 관계인에 대하여 소방에 필요한 훈련 및 교육을 연 1회 이상 실시해야 한다.

⑤ 소방관서장은 소방에 필요한 훈련 및 교육을 실시하려는 경우에는 화재예방강화지구 안의 관계인에게 훈련 또는 교육 10일 전까지 그 사실을 통보해야 한다.

**03** 화재의 예방 및 안전관리에 관한 법령에 규정된 것으로 틀린 것은?

① 300세대 이상의 아파트는 소방안전보조관리자를 선임해야 하는 소방안전관리대상물에 해당한다.

② 개인의 실제 주거용도로 사용되는 주택에 대한 화재안전조사는 관계인의 승낙이 있거나 화재발생의 우려가 뚜렷하여 긴급한 필요가 있는 때에 한정한다.

③ 소방관서장은 노후·불량건축물이 밀집한 지역을 화재예방강화지구로 지정할 수 있다.

④ 소방청장 또는 시·도지사는 화재안전조사결과에 따른 명령으로 인하여 손실을 입은 자가 있는 경우에는 대통령령으로 정하는 바에 따라 보상하여야 한다.

⑤ 소방안전관리대상물의 관계인이 소방안전관리자 또는 소방안전관리보조자를 선임한 경우에는 행정안전부령으로 정하는 바에 따라 선임한 날부터 14일 이내에 소방본부장 또는 소방서장에게 신고해야 한다.

**04** 화재의 예방 및 안전관리에 관한 법령상 내용으로 옳은 것은?

① 화재예방강화지구란 소방청장이 화재발생 우려가 크거나 화재가 발생할 경우 피해가 클 것으로 예상되는 지역에 대하여 화재의 예방 및 안전관리를 강화하기 위해 지정·관리하는 지역을 말한다.

② 소방청장은 화재예방정책을 체계적·효율적으로 추진하고 이에 필요한 기반 확충을 위하여 화재의 예방 및 안전관리에 관한 기본계획을 10년마다 수립·시행하여야 한다.

③ 50층 이상(지하층은 포함)이거나 지상으로부터 높이가 200m 이상인 아파트는 특급 소방안전관리대상물이다.

④ 옥내소화전설비·스프링클러설비가 설치된 의무관리대상 공동주택은 2급 소방안전관리대상물이다.

⑤ 법 제36조에 따른 피난계획에 관한 사항과 대통령령으로 정하는 사항이 포함된 소방계획서의 작성 및 시행은 특정소방대상물의 관계인의 업무이다.

**05** 화재의 예방 및 안전관리에 관한 법령상 소방대상물의 안전관리에 관한 내용으로 틀린 것은?

① 30층 이상(지하층은 제외)이거나 지상으로부터 높이가 120m 이상인 아파트는 1급 소방안전관리대상물에 해당한다.

② 자동화재탐지설비를 설치해야 하는 특정소방대상물은 3급 소방안전관리대상물에 해당한다.

③ 의무관리대상공동주택에 물분무등 소화설비가 설치되어 있는 경우는 2급 소방안전관리대상물에 해당한다.

④ 300세대 이상의 아파트는 소방안전관리보조자를 선임해야 하는 소방안전관리대상물이다.

⑤ 층수가 11층(지하층 제외) 이상 또는 연면적 3만m² 이상인 복합건축물은 그 관리의 권원)이 분리되어 있는 특정소방대상물의 경우 그 관리의 권원별 관계인은 대통령령으로 정하는 바에 따라 소방안전관리자를 선임하여야 한다.

**06** 화재의 예방 및 안전관리에 관한 법령상 2급 소방안전관리대상물 대상에 해당하지 않은 것은?

① 가스 제조설비를 갖추고 도시가스사업의 허가를 받아야 하는 시설 또는 가연성 가스를 100톤 이상 1천톤 미만 저장·취급하는 시설

② 지하구

③ 30층 이상(지하층은 제외한다)이거나 지상으로부터 높이가 120m 이상인 아파트

④ 의무적관리대상 공동주택(옥내소화전설비 또는 스프링클러설비가 설치된 공동주택으로 한정)

⑤ 보물 또는 국보로 지정된 목조건축물

## 주관식 단답형 문제

**01**
상중하

화재의 예방 및 안전관리에 관한 법률 제2조(정의) 규정의 일부이다. (    )에 들어갈 용어를 쓰시오.

> (     )란 특별시장·광역시장·특별자치시장·도지사 또는 특별자치도지사가 화재발생 우려가 크거나 화재가 발생할 경우 피해가 클 것으로 예상되는 지역에 대하여 화재의 예방 및 안전관리를 강화하기 위해 지정·관리하는 지역을 말한다.

**02**
상중하

화재의 예방 및 안전관리에 관한 법률 시행령 제8조(화재안전조사의 방법·절차 등) 제1항 규정이다. (    ) 안에 들어갈 용어를 각각 쓰시오.

> 소방관서장은 화재안전조사의 목적에 따라 다음 각 호의 어느 하나에 해당하는 방법으로 화재안전조사를 실시할 수 있다.
> 1. ( ㉠ )조사: 제7조의 화재안전조사 항목 전부를 확인하는 조사
> 2. ( ㉡ )조사: 제7조의 화재안전조사 항목 중 일부를 확인하는 조사

**03**
상중하

화재의 예방 및 안전관리에 관한 법률 제21조 일부 내용이다. (    ) 안에 들어갈 용어를 쓰시오.

> 소방청장은 화재발생 원인 및 연소과정을 조사·분석하는 등의 과정에서 법령이나 정책의 개선이 필요하다고 인정되는 경우 그 법령이나 정책에 대한 화재위험성의 유발요인 및 완화 방안에 대한 평가인 (     )를 실시할 수 있다.

**04**
상 중 하

화재의 예방 및 안전관리에 관한 법률 시행령 [별표4]의 내용의 일부이다. (　　) 안에 들어갈 아라비아 숫자를 쓰시오.

> 특급 소방안전관리대상물의 관계인은 소방공무원으로 최소 (　　)년 이상 근무한 경력이 있는 사람을 소방안전관리자로 선임할 수 있다.

**05**
상 중 하

화재의 예방 및 안전관리에 관한 법률 시행령 [별표 4] 소방안전관리자를 선임해야 하는 소방안전관리대상물의 범위와 소방안전관리자의 선임 대상별 자격 및 인원 기준(제25조 제1항 관련)내용의 일부이다. (　　) 안에 들어갈 아라비아 숫자를 쓰시오.

> 1. 특급 소방안전관리대상물
>    가. 특급 소방안전관리대상물의 범위
>    「소방시설 설치 및 관리에 관한 법률 시행령」 별표 2의 특정소방대상물 중 다음의 어느 하나에 해당하는 것
>    1) ( ㉠ )층 이상(지하층은 제외한다)이거나 지상으로부터 높이가 ( ㉡ )m 이상인 아파트
>    <생략>
>    나. 특급 소방안전관리대상물에 선임해야 하는 소방안전관리자의 자격 다음의 어느 하나에 해당하는 사람으로서 특급 소방안전관리자 자격증을 발급받은 사람
>    <생략>
>    4) 소방공무원으로 ( ㉢ )년 이상 근무한 경력이 있는 사람

박문각
주택관리사
합격예상문제

# 박문각그룹

박문각은 공무원, 공인중개사, 주택관리사, 임용, 경찰, 전문자격 등 취업과 관련된 직업교육은 물론 출판, 기업체교육 등 다양한 분야에서 수준 높은 교육 서비스를 제공하는 교육전문 그룹입니다.

## 공무원

9급·7급 공무원 / 임용
소방 / 경찰 / 경찰승진

## 미디어·출판

출판 / 고시신문
온·오프라인 서점

## 전문자격

공인중개사 / 주택관리사
법무사 / 노무사 / 감평사 / 행정사
손해평가사 / 전기기사

## 취업자격

NCS / 사회복지사 / 기술사
문화재기술사 / 한국사능력검정

## 교육 서비스

기업교육 서비스
대학제휴 서비스

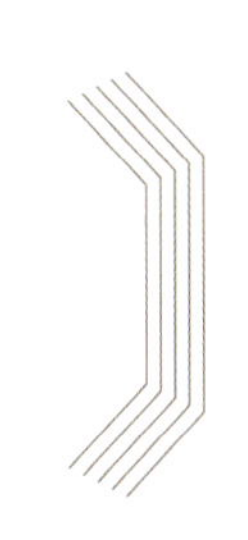

박문각은 1972년부터 54년간
수험생들의 합격을 이끌어온
대한민국 유일의 교육기업입니다.

# 박문각 주택관리사

## 합격예상문제 2차

주택관리관계법규

**박문각 주택관리사**
온라인강의 www.pmg.co.kr

**박문각 북스파**
박문각 공식 온라인 서점

2025 고객선호브랜드지수 1위
교육(교육서비스)부문

2024 고객선호브랜드지수 1위
교육(교육서비스)부문

2023 고객선호브랜드지수 1위
교육(교육서비스)부문

2022 한국 브랜드 만족지수 1위
교육(교육서비스)부문 1위

2021 조선일보 국가브랜드 대상
에듀테크 부문 수상

2021 대한민국 소비자 선호도 1위
교육부문 1위

2020 한국 산업의 1등
브랜드 대상 수상

2019 한국 우수브랜드
평가대상 수상

---

박문각 www.pmg.co.kr

교재문의 02-6466-7202
동영상강의 문의 02-6466-7201

정가 34,000원

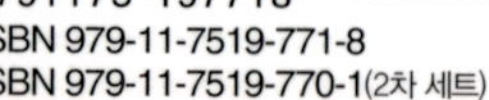

ISBN 979-11-7519-771-8
ISBN 979-11-7519-770-1(2차 세트)
9 791175 197718
14320

2026
제29회 시험대비 전면개정

# 박문각 주택관리사

## 합격예상문제 2차
## 주택관리관계법규

### 정답 및 해설

이경철 외 박문각 주택관리연구소 편저

합격까지 박문각
## 합격 노하우가 다르다!

# 합격예상문제 시리즈

**1차** 회계원리 / 공동주택시설개론 / 민법
**2차** 주택관리관계법규 / 공동주택관리실무

2026
제29회 시험대비 전면개정

# 박문각 주택관리사

## 합격예상문제 2차
## 주택관리관계법규

### 정답 및 해설

이경철 외 박문각 주택관리연구소 편저

합격까지 박문각
## 합격 노하우가 다르다!

## 01 용어정의 · 건축행위

**Answer** 객관식

| | | | | | | | | | |
|---|---|---|---|---|---|---|---|---|---|
| 01 ① | 02 ⑤ | 03 ⑤ | 04 ③ | 05 ② | 06 ① | 07 ① | 08 ③ | 09 ⑤ | 10 ③ |
| 11 ① | 12 ③ | 13 ③ | 14 ④ | 15 ④ | 16 ④ | 17 ② | 18 ② | 19 ④ | 20 ① |
| 21 ② | 22 ② | 23 ③ | 24 ① | 25 ① | | | | | |

**01** ① "고층건축물"이란 층수가 30층 이상이거나 높이가 120m 이상인 건축물을 말한다.

**02** ⑤ "설계자"에 대한 설명이며, "공사감리자"란 자기의 책임(보조자의 도움을 받는 경우를 포함한다)으로 이 법으로 정하는 바에 따라 건축물, 건축설비 또는 공작물이 설계도서의 내용대로 시공되는지를 확인하고, 품질관리 · 공사관리 · 안전관리 등에 대하여 지도 · 감독하는 자를 말한다.

**03** ① '이전'은 건축물의 주요구조부를 해체하지 않고 같은 대지의 다른 위치로 옮기는 것을 말한다.
② 건축물의 피난계단을 증설하는 것은 '대수선'에 해당한다.
③ '재축'은 건축물이 천재지변으로 멸실된 경우 그 대지에 종전과 같은 규모의 범위에서 다시 축조하는 것을 말한다.
④ 건축물의 바닥이 지표면 아래에 있는 층으로서 바닥에서 지표면까지 평균높이가 해당 층 높이의 2분의 1인 것은 '지하층'에 해당한다.

**04** ③ "발코니"에 대한 설명이다. "부속건축물"이란 같은 대지에서 주된 건축물과 분리된 부속용도의 건축물로서 주된 건축물을 이용 또는 관리하는 데에 필요한 건축물을 말한다.

**05** ② 건축물을 이전하는 것은 '건축'에 해당한다.

**06** ① 지하층인란 건축물의 바닥이 지표면 아래에 있는 층으로서 바닥에서 지표면까지 평균높이가 해당 층 높이의 2분의 1 이상인 것을 말한다.

**07** ② 지하층은 건축물의 바닥이 지표면 아래에 있는 층으로서 바닥에서 지표면까지 평균높이가 해당 층 높이의 2분의 1 이상인 것을 말한다.

③ 층수가 50층 이상이거나 높이가 200m인 이상인 건축물을 초고층건축물이라 말한다.
④ 주요구조부는 내력벽ㆍ기둥ㆍ바닥ㆍ보ㆍ지붕틀 및 주계단을 말한다.
⑤ 문화 및 집회시설 중 동ㆍ식물원은 제외된다.

**08** ③ ㉠: 2, ㉡: 30, ㉢: 120

> • "지하층"이란 건축물의 바닥이 지표면 아래에 있는 층으로서 바닥에서 지표면까지 평균높이가 해당 층 높이의 2분의 1 이상인 것을 말한다.
> • "고층건축물"이란 층수가 30층 이상이거나 높이가 120m 이상인 건축물을 말한다.

**09** ⑤ 기둥과 기둥 사이의 거리가 20m 이상인 건축물은 "특수구조 건축물"이다.

**10** ① 주요구조부란 내력벽ㆍ기둥ㆍ바닥ㆍ보ㆍ주계단 및 지붕틀을 말한다.
② 이전이란 건축물을 그 주요구조부를 해체하지 아니하고 같은 대지의 다른 위치로 옮기는 것을 말한다.
④ 바닥면적의 합계가 5천m² 이상인 동ㆍ식물원은 다중이용건축물에 제외된다.
⑤ 어느 하나의 층에 수직으로 배치된 주요구조부의 전체 단면적에서 보가 없이 배치된 기둥의 전체 단면적이 차지하는 비율이 4분의 1 이상인 건축물은 특수구조건축물이다.

**11** ① 주요구조부의 해체없이 내력벽의 면적을 30m² 이상 수선하는 것이 신고대상이다.

**12** ③ 기둥을 2개 증설하여 연면적을 늘리는 것은 증축에 해당한다.

**13** ③ 건축물에는 「건축법」을 적용하지 아니한다.
  1. 「문화유산의 보존 및 활용에 관한 법률」에 따른 지정문화유산이나 임시지정문화유산 또는 「자연유산의 보존 및 활용에 관한 법률」에 따라 지정된 천연기념물등이나 임시지정천연기념물, 임시지정명승, 임시지정시ㆍ도자연유산
  2. 철도나 궤도의 선로 부지에 있는 시설[운전보안시설, 철도 선로의 위나 아래를 가로지르는 보행시설, 플랫폼, 해당 철도 또는 궤도사업용 급수(給水)ㆍ급탄(給炭) 및 급유(給油) 시설]
  3. 고속도로 통행료 징수시설
  4. 컨테이너를 이용한 간이창고(「산업집적활성화 및 공장설립에 관한 법률」에 따른 공장의 대지에 설치하는 것으로서 이동이 쉬운 것만 해당)
  5. 「하천법」에 따른 하천구역 내의 수문조작실

**14** ④ 전통한옥건축물은 건축법상 건축물에 해당한다.

**15** ▎**공작물신고대상**(건축물과 분리)

| 신고규모 | 신고대상 공작물 |
|---|---|
| **높이 2m를 넘는 것** | 옹벽 또는 담장 |
| **높이 4m를 넘는 것** | 기념탑, 장식탑, 광고탑, 광고판, 첨탑 |
| **높이 5m를 넘는 것** | 「신에너지 및 재생에너지 개발·이용·보급 촉진법」에 따른 태양에너지를 이용하는 발전설비 |
| **높이 6m를 넘는 것** | 굴뚝, 골프연습장 등의 운동시설을 위한 철탑, 주거지역·상업지역에 설치하는 통신용 철탑 |
| **높이 8m를 넘는 것** | 고가수조 |
| **높이 8m 이하인 것** | 기계식 주차장 및 철골 조립식 주차장으로서 외벽이 없는 것 |
| **바닥면적 30m²를 넘는 것** | 지하대피호 |

**16**　④ 일반음식점은 제2종 근린생활시설에 해당한다.

**17**　①③④⑤는 제1종 근린생활시설이다.

**18**　① 카지노 − 위락시설
　③ 오피스텔 − 업무시설
　④ 야외극장 − 관광휴게시설
　⑤ 자동차운전학원 − 자동차관련시설

**19**　① 단독주택이나 공동주택에 노인복지시설은 포함한다. 다만, 노인복지주택은 제외한다.
　② 휴게음식점으로서 같은 건축물에 해당 용도로 쓰는 바닥면적의 합계가 300m² 이상은 제2종 근린생활시설에 해당된다.
　③ 자동차학원은 자동차 관련 시설에 속하고, 무도학원은 위락시설에 속한다.
　⑤ 치과의원과 한의원은 제1종 근린생활시설에 속한다.

**20**　① 묘지 관련 시설 − 산업등시설군

**21**　① 산업 등 시설군 − 운수시설
　③ 산업 등 시설군 − 공장
　④ 교육 및 복지시설군 − 수련시설
　⑤ 문화집회시설군 − 종교시설

**22**　㉠ 숙박시설(영업시설군) ⇨ 위락시설(문화 및 집회시설군) : 허가
　㉢ 판매시설(영업시설군) ⇨ 관광휴게시설(문화 및 집회시설군) : 허가
　㉣ 의료시설(교육 및 복지시설군) ⇨ 장례시설(산업등시설군) : 허가

ⓒ 문화 및 집회시설(문화 및 집회시설군) ⇨ 교육연구시설(교육 및 복지시설군) : 신고
ⓜ 운동시설(영업시설군) ⇨ 수련시설(교육 및 복지시설군) : 신고

**23** ③ 산업 등 시설군 – 장례시설

**24** ① 아파트를 문화 및 집회시설로 용도변경하려는 경우 하위시설군에서 상위시설군으로의 이동이므로 허가사항이며, ②③④⑤는 신고사항이다.

**25** ① 완화되는 규정은 ②③④⑤ 외에도 공개공지 등의 확보, 대지 안의 공지, 건축물의 높이제한, 일조 등의 확보를 위한 건축물의 높이제한 규정이 있다.

## 02 건축절차

**Answer** 객관식

| | | | | | | | | | |
|---|---|---|---|---|---|---|---|---|---|
| 01 ③ | 02 ② | 03 ④ | 04 ⑤ | 05 ① | 06 ② | 07 ① | 08 ③ | 09 ② | 10 ③ |
| 11 ④ | 12 ① | 13 ② | 14 ⑤ | 15 ② | 16 ⑤ | 17 ② | 18 ② | 19 ② | 20 ② |
| 21 ③ | | | | | | | | | |

**01** ③ 「도로법」에 따른 도로점용허가는 의제대상이 아니다.

**02** 1. 「국토의 계획 및 이용에 관한 법률」에 따른 개발행위허가
2. 「산지관리법」에 따른 산지전용허가와 산지전용신고, 산지일시사용허가·신고. 다만, 보전산지인 경우에는 도시지역만 해당된다.
3. 「농지법」에 따른 농지전용허가·신고 및 협의
4. 「하천법」에 따른 하천점용허가

**03** ④ 「국토의 계획 및 이용에 관한 법률」에 따른 개발행위허가는 사전결정통지를 받은 경우 의제대상이다.

**04** ⑤ 사전결정신청자는 사전결정을 통지받은 날부터 2년 이내에 건축허가를 신청을 하여야 하며, 이 기간에 건축허가를 신청하지 아니하면 사전결정의 효력은 상실된다.

**05** ② 공장과 창고는 제외한다.
③ 고속도로 통행료 징수시설은 건축법 적용을 받지 않는다.
④ 허가권자는 건축허가를 받은 자가 허가를 받은 날부터 2년 이내에 공사에 착수하지 아니한 경우 허가를 취소하여야 한다.
⑤ 건축위원회의 심의를 받은 자가 심의 결과를 통지 받은 날부터 2년 이내에 건축허가를 신청하지 아니하면 건축위원회 심의의 효력이 상실된다.

**06** ② 3층 이상 또는 연면적의 합계가 1천m² 이상인 경우에만 도지사 승인이 필요하다.

**07** ① 층수가 21층 이상이거나 연면적의 합계가 10만m² 이상인 건축물(연면적의 10분의 3 이상을 증축하여 층수가 21층 이상으로 되거나 연면적의 합계가 10만m² 이상으로 되는 경우 포함). 다만, 공장·창고 등은 제외한다.

**08** 도지사승인대상
1. 층수가 21층 이상이거나 연면적의 합계가 10만m² 이상인 건축물(연면적의 10분의 3 이상을 증축하여 층수가 21층 이상으로 되거나 연면적의 합계가 10만m² 이상으로 되는 경우 포함). 다만, 공장·창고 등은 제외한다.
2. 교육환경이나 주거환경 등 주변 환경을 보호하기 위하여 필요하다고 인정하여 도지사가 지정·공고한 구역에 건축하는 위락시설 및 숙박시설에 해당하는 건축물
3. 자연환경이나 수질을 보호하기 위하여 도지사가 지정·공고한 구역에 건축하는 3층 이상 또는 연면적의 합계가 1천m² 이상인 다음에 해당하는 건축물: 공동주택, 제2종 근린생활시설(일반음식점만 해당), 업무시설(일반업무시설만 해당), 위락시설 및 숙박시설

**09** ① 21층 이상의 건축물을 특별시나 광역시에 건축하려면 특별시장이나 광역시장의 허가를 받아야 한다.
③ 허가권자는 숙박시설에 해당하는 건축물의 건축을 허가하는 경우 해당 대지에 건축하려는 건축물의 용도·규모가 주거환경 등 주변환경을 고려할 때 부적합하다고 인정되는 경우에는 건축위원회의 심의를 거쳐 건축허가를 하지 아니할 수 있다.
④ 허가권자는 허가를 받은 자가 허가를 받은 날부터 2년 이내에 공사에 착수하지 아니한 경우라도 정당한 사유가 있다고 인정되면 1년의 범위에서 공사기간을 연장할 수 있다.
⑤ 분양을 목적으로 하는 공동주택의 건축허가를 받으려는 자는 대지의 소유권을 확보하여야 한다.

**10** ① 자연환경이나 수질을 보호하기 위하여 도지사가 지정·공고한 구역에 건축하는 3층 이상 또는 연면적의 합계가 1천m² 이상인 위락시설에 해당하는 건축물은 도지사의 승인을 받아야 한다.
② 공장·창고는 제외한다.

④ 건축허가를 받은 건축주는 동의하지 아니한 공유자에게 그 공유지분을 시가로 매도할 것을 청구할 수 있다. 이 경우 매도청구를 하기 전에 매도청구 대상이 되는 공유자와 3개월 이상 협의를 하여야 한다.

⑤ 국토관리에 의한 제한은 국토교통부장관이 한다.

**11** ① 도지사는 허가권자가 아니다.

② 중앙행정기관의 장의 요청이 필요하다.

③ 특별시장·광역시장·도지사는 지역계획 또는 국토관리상 특히 필요하다고 인정하는 경우에는 국토교통부장관의 건축허가를 제한할 수 있다.

⑤ 국토교통부장관은 특별시장·광역시장의 제한의 내용이 지나치다고 인정하는 경우에는 해제를 명할 수 있다.

**12** ① ㉠, ㉡, ㉢

㉣ 소규모 건축물로서 연면적의 합계가 100m² 이하인 건축물의 신축

㉤ 소규모 건축물로서 건축물의 높이를 3m 이하 증축하는 건축물의 증축

**13** ① 관리지역에서 연면적이 190m²이고 3층 미만인 건축물의 건축

③ 연면적이 200m² 미만이고 2층인 건축물의 대수선

④ 산업입지 및 개발에 관한 법률에 따른 산업단지에서 건축하는 2층인 건축물로서 연면적 합계 400m²인 공장

⑤ 농업이나 수산업을 경영하기 위하여 읍·면지역에서 건축하는 연면적 200m²의 창고

**14** ⑤ 연면적 200m² 미만인 3층 미만인 대수선(증설·해체·수선·변경). 단, 주요구조부수선은 제외한다.

**15** 주요구조부의 해체가 없는 등 대통령령으로 정하는 대수선

1. 내력벽의 면적을 30m² 이상 수선하는 것
2. 기둥, 보 또는 지붕틀을 각각 세 개 이상 수선하는 것
3. 방화벽 또는 방화구획을 위한 바닥 또는 벽을 수선하는 것
4. 주계단·피난계단 또는 특별피난계단을 수선하는 것

**16** ⑤ 「국토의 계획 및 이용에 관한 법률」에 따른 관리지역·농림지역 또는 자연환경보전지역 안에서 연면적 200m² 미만이고 3층 미만인 건축물의 건축은 신고대상이나, 다음의 어느 하나에 해당하는 구역에서의 건축은 제외한다.

1. 지구단위계획구역
2. 「국토의 계획 및 이용에 관한 법률」에 따라 지정된 방재지구
3. 「급경사지 재해예방에 관한 법률」에 따라 지정된 붕괴위험지역

**17** ② 허가권자는 공사에 착수하였으나 공사의 완료가 불가능하다고 인정되는 경우 건축허가를 취소하여야 한다.

**18** ① 층수 21층, 연면적 합계 10만m²인 건축물(공장, 창고, 지방건축위원회 심의를 거친 건축물은 제외)은 도지사의 사전승인대상이다.
③ 특별시장·광역시장·도지사는 지역계획이나 도시·군계획에 특히 필요하다고 인정하면 시장·군수·구청장의 건축허가나 허가 받은 건축물의 착공을 제한할 수 있으며, 제한 기간은 2년으로 한다.
④ 주요구조부의 해체가 없는 대수선 중 신고대상은 내력벽의 면적 30m² 이상 수선이다.
⑤ 가설건축물을 축조하려는 자는 신고한 후 착공하여야 한다.

**19** ② 사전결정신청자는 사전결정을 통지받은 날부터 2년 이내에 건축허가를 신청하여야 하며, 이 기간에 건축허가를 신청하지 아니하면 사전결정의 효력이 상실된다.

**20** ② 도시·군계획시설 및 도시·군계획시설예정지에서 가설건축물을 건축하려는 자는 특별자치시장·특별자치도지사 또는 시장·군수·구청장의 허가를 받아야 한다.

**21** ③ ㉠, ㉢ 이외에도 다중주택, 연립주택, 다세대주택이 있다.

## 03 건축설비·대지·도로

**Answer** 객관식

| 01 ⑤ | 02 ④ | 03 ③ | 04 ⑤ | 05 ③ | 06 ⑤ | 07 ⑤ | 08 ① | 09 ② | 10 ① |
|---|---|---|---|---|---|---|---|---|---|
| 11 ② | 12 ② | 13 ⑤ | 14 ⑤ | 15 ⑤ | 16 ③ | 17 ④ | 18 ⑤ | 19 ④ | 20 ③ |
| 21 ④ | 22 ② | 23 ② | 24 ④ | 25 ④ | 26 ① | 27 ⑤ | 28 ③ | 29 ⑤ | 30 ③ |
| 31 ① | 32 ③ | | | | | | | | |

**01** ⑤ 연면적이 500m² 이상 또는 3층 이상의 목구조 건축물은 구조 안전의 확인서류를 제출하여야 하는 건축물에 해당한다.

**02** ④ 면적이 500m² 이상인 목구조 건축물을 건축하고자 하는 자는 사용승인을 받는 즉시 내진능력을 공개하여야 한다.

**03** ③ 도서관의 열람실 간은 경계벽은 설치대상이 아니다.

**04** ⑤ 단독주택은 다가구주택에 한하여 범죄예방 기준에 따라 건축하여야 한다.

**05** 소음 방지용 바닥의 설치
 1. 단독주택 중 다가구주택
 2. 공동주택(「주택법」에 따른 주택건설사업계획승인 대상은 제외)
 3. 업무시설 중 오피스텔
 4. 제2종 근린생활시설 중 다중생활시설
 5. 숙박시설 중 다중생활시설

**06** ① 하나의 건축물이 방화지구와 그 밖의 구역에 걸치는 경우에는 그 전부에 대하여 방화지구 안의 건축물에 관한 이 법의 규정을 적용한다.
 ② 공동주택으로서 지상층에 설치한 기계실, 전기실, 어린이놀이터, 조경시설 및 생활폐기물 보관시설의 면적은 바닥면적에 산입하지 아니한다.
 ③ 전용주거지역 및 일반주거지역 안에서 건축하는 건축물의 높이는 일조 등의 확보를 위하여 건축물의 각 부분을 정북방향으로의 인접대지경계선으로부터 거리에 따라 대통령령으로 정하는 높이 이하로 하여야 한다.
 ④ 높이 31m를 초과하는 건축물에는 대통령령으로 정하는 바에 따라 승용승강기뿐만 아니라 비상용승강기를 추가로 설치하여야 한다.

**07** ⑤ 단독주택(다가구주택)을 포함한 다세대주택, 연립주택, 아파트에 해당하는 건축물은 국토교통부장관이 정하여 고시하는 범죄예방기준에 따라 건축하여야 한다.

**08** ① 연면적이 $500m^2$ 이상인 건축물의 대지에는 국토교통부령으로 정하는 바에 따라 「전기사업법」에 따른 전기사업자가 전기를 배전하는 데 필요한 전기설비를 설치할 수 있는 공간을 확보하여야 한다.

**09** ② 인접 대지경계선으로부터 직선거리 2m 이내에 이웃주택의 내부가 보이는 창문을 설치하려면 차면시설을 설치하여야 한다.

**10** ① 아파트로서 4층 이상의 각 세대가 2개 이상의 직통계단을 사용할 수 없는 경우로서 아파트 발코니에 설치하는 대피공간을 각 세대별로 설치하는 경우, 대피공간의 바닥면적은 $2m^2$ 이상이어야 한다.

**11** ② 제2종 근린생활시설 중 공연장·종교집회장·인터넷컴퓨터게임시설제공업소(해당 용도로 쓰는 바닥면적의 합계가 각각 $300m^2$ 이상인 경우만 해당한다), 문화 및 집회시설(전시장 및 동·식물원은 제외한다), 종교시설, 판매시설, 위락시설 중 주점영업 또는 장례시설의 용도로 쓰는 경우에는 피난 용도로 쓸 수 있는 광장을 옥상에 설치하여야 한다.

**12** ① 허가권자는 지능형건축물로 인증을 받은 건축물에 대하여 조경설치면적을 100분의 85까지 완화하여 적용할 수 있으며, 용적률 및 건축물의 높이를 100분의 115의 범위에서 완화하여 적용할 수 있다.

③ 지하주차장의 경사로는 건축면적에 산입하지 않는다.

④ 2층 이하로서 높이가 8m 이하인 건축물에는 지방자치단체의 조례가 정하는 바에 따라 일조 등의 확보를 위한 건축물의 높이제한의 규정을 적용하지 아니할 수 있다.

⑤ 갓복도식 공동주택은 제외한다.

**13** 안전영향평가를 실시하여야 할 건축물

1. 초고층 건축물

2. 연면적(하나의 대지에 둘 이상의 건축물을 건축하는 경우에는 각각의 건축물의 연면적을 말한다)이 10만㎡ 이상이고 16층 이상인 건축물

**14** 안전영향평가를 실시하여야 할 건축물

1. 초고층 건축물

2. 연면적(하나의 대지에 둘 이상의 건축물을 건축하는 경우에는 각각의 건축물의 연면적을 말한다)이 10만㎡ 이상이고 16층 이상인 건축물

**15** ⑤ 안전영향평가를 실시하여야 하는 건축물이 다른 법률에 따라 구조안전과 인접 대지의 안전에 미치는 영향 등을 평가 받은 경우에는 안전영향평가의 해당 항목을 평가 받은 것으로 본다.

**16** ① 16층 이상으로서 10만㎡ 이상인 건축물에 대하여 건축허가를 하기 전에 건축물 안전영향평가를 실시하여야 한다.

② 안전영향평가기관은 국토교통부장관이 「공공기관의 운영에 관한 법률」 제4조에 따른 공공기관으로서 건축 관련 업무를 수행하는 기관 중에서 지정하여 고시한다.

④ 안전영향평가기관은 안전영향평가를 의뢰받은 날부터 30일 이내에 안전영향평가 결과를 허가권자에게 제출하여야 한다.

⑤ ④의 경우 부득이한 경우에는 20일의 범위에서 그 기간을 한 차례만 연장할 수 있다.

**17** ④ 건축허가시 실시하는 건축물 안전영향평가는 건축물이 연면적 10만㎡ 이상이고 16층 이상일 것을 요건으로 한다.

**18** ⑤ 대지에 도시·군계획시설인 도로·공원 등이 있는 경우 그 도시·군계획시설에 포함되는 대지면적은 산입하지 않는다.

**19** 조경 등의 조치를 필요로 하지 않는 건축물

1. 이미 나무가 존재하는 곳 : 녹지지역에 건축하는 건축물, 자연환경보전지역·농림지역 또는 관리지역(지구단위계획구역지정지역 제외)의 건축물

2. 볼 사람 없음 : 면적 5천m² 미만인 대지에 건축하는 공장, 연면적의 합계가 1,500m² 미만인 공장, 산업단지의 공장, 연면적의 합계가 1,500m² 미만인 물류시설(주거지역 또는 상업지역 제외), 축사

3. 나무 죽음 : 대지에 염분이 함유되어 있는 경우 또는 건축물 용도의 특성상 조경 등의 조치를 하기가 곤란하거나 불합리한 경우로서 건축조례로 정하는 건축물

4. 건축물 금방 사라짐 : 허가대상 가설건축물

**20** ③ 주거지역 또는 상업지역 물류시설은 제외한다.

**21**

> 2. 면적 (5,000)m² 미만인 대지에 건축하는 공장
> 3. 연면적의 합계가 (1,500)m² 미만인 공장

**22** ㉠ 연면적의 합계가 1천5백m² 미만인 물류시설(주거지역 또는 상업지역에 건축하는 것은 제외한다)로서 국토교통부령으로 정하는 것

㉡ 「국토의 계획 및 이용에 관한 법률」에 따라 지정된 자연환경보전지역·농림지역 또는 관리지역(지구단위계획구역으로 지정된 지역은 제외한다)의 건축물

㉢ 연면적의 합계가 1천5백m² 미만인 공장

**23** ② 문화 및 집회시설, 종교시설, 판매시설(농수산물유통시설은 제외), 운수시설(여객용시설만 해당), 업무시설 및 숙박시설로서 해당 용도로 쓰는 바닥면적의 합계가 5천m² 이상인 건축물인 경우 공개공지를 확보하여야 한다.

**24** ④ 공개공지의 면적은 대지면적의 100분의 10 이하의 범위에서 건축조례로 정한다.

**25** ④ 바닥면적의 합계가 5천m² 이상인 건축물의 대지에는 공개공지 또는 공개 공간을 설치하여야 한다.

**26** ① 공개공지의무 확보 용도지역은 일반주거지역, 준주거지역, 상업지역, 준공업지역이며 공개공지의무 확보 대상건축물은 바닥면적의 합계가 5천m² 이상인 문화 및 집회시설, 종교시설, 판매시설(「농수산물 유통 및 가격안정에 관한 법률」에 따른 농수산물유통시설을 제외한다), 운수시설(여객용 시설만 해당한다), 업무시설 및 숙박시설, 그 밖에 다중이 이용하는 시설로서 건축조례로 정하는 건축물이다.

**27** ⑤ 근린상업지역에 건축하는 바닥면적의 합계가 6천m²인 여객용 운수시설은 공개공지를 설치대상에 해당한다.

**28** ③ 연면적 합계가 3천m² 이상 공장의 대지는 너비 6m 이상의 도로에 4m 이상 접하여야 한다.

**29** ⑤ 건축물과 담장은 건축선의 수직면을 넘어서는 아니 된다. 다만, 지표 아래 부분은 그러하지 아니하다.

**30** ③ 주민이 오랫동안 통행로로 이용하고 있는 사실상의 통로로서 해당 지방자치단체의 조례로 정하는 것인 경우의 「건축법」상 도로는 이해관계인의 동의를 받고 건축위원회의 심의를 거쳐 그 도로를 폐지할 수 있다.

**31** ② 대지가 소요너비에 미달되는 도로에 접하는 경우로서 그 도로의 반대쪽에 경사지 등이 있는 경우 그 경사지 등이 있는 쪽 도로경계선에서 소요너비에 해당하는 수평거리의 선을 건축선으로 한다.
③ 대지가 소요너비에 못 미치는 도로에 접하는 경우 그 중심선에서 그 소요너비의 2분의 1의 수평거리만큼 물러난 선을 건축선으로 한다.
④ 지표 아래 부분은 건축선의 수직면을 넘어도 된다.
⑤ 도로면으로부터 높이 4.5m 이하의 창문은 열고 닫을 때 건축선의 수직면을 넘지 아니하는 구조로 하여야 한다.

**32** ① 소요너비에 못 미치는 너비의 도로인 경우에는 그 중심선으로부터 그 소요너비의 2분의 1의 수평거리만큼 물러난 선을 건축선으로 한다.
② 공장의 연면적의 합계가 3천m²인 건축물의 대지는 너비 6m 이상의 도로에 4m 이상 접하여야 한다.
④ 특별자치시장 · 특별자치도지사 또는 시장 · 군수 · 구청장은 시가지 안에서 건축물의 위치나 환경을 정비하기 위하여 필요하다고 인정하면 도시지역에서 4m의 범위에서 건축선을 따로 지정할 수 있다.
⑤ 도로면으로부터 높이 4.5m에 있는 출입구, 창문, 그 밖에 이와 유사한 구조물은 열고 닫을 때 건축선의 수직면을 넘지 아니하는 구조로 하여야 한다. 다만, 지표 아래 부분도 그러하다.

## 04 면적 · 보칙

**Answer** 객관식

| | | | | | | | | | |
|---|---|---|---|---|---|---|---|---|---|
| 01 ① | 02 ③ | 03 ⑤ | 04 ⑤ | 05 ③ | 06 ② | 07 ② | 08 ④ | 09 ① | 10 ① |
| 11 ④ | 12 ① | 13 ① | 14 ③ | 15 ⑤ | 16 ⑤ | 17 ④ | 18 ② | 19 ③ | 20 ① |
| 21 ③ | 22 ⑤ | 23 ③ | | | | | | | |

**01** ① 전통사찰은 4m 이하의 범위에서 외벽의 중심선까지의 거리수평거리를 후퇴한 선으로 둘러싸인 부분의 수평투영면적을 건축면적으로 본다.

**02** ① 벽 · 기둥의 구획이 없는 건축물은 그 지붕 끝부분으로부터 수평거리 1m를 후퇴한 선으로 둘러싸인 수평투영면적을 바닥면적으로 한다.
② 건축면적은 원칙적으로 건축물의 외벽의 중심선으로 둘러싸인 부분의 수평 투영면적으로 한다.
④ 연면적은 하나의 건축물 각 층(지하층을 포함한다)의 바닥면적의 합계로 한다.
⑤ 공동주택으로서 지상층에 설치한 기계실, 전기실, 어린이놀이터, 조경시설, 생활폐기물보관시설의 면적은 바닥면적에 산입하지 아니한다.

**03** ① 학교시설(교육연구시설)로서 바닥면적의 합계가 1천m² 이상은 준다중이용건축물에 해당한다.
② 군사기지 및 군사시설 보호구역은 국방부장관과 사전협의가 있으면 특별건축구역으로 지정할 수 있다.
③ 면적이 500m² 이상인 건축물의 대지에는 국토교통부령으로 정하는 바에 따라 「전기사업법」에 따른 전기사업자가 전기를 배전하는 데 필요한 전기설비를 설치할 수 있는 공간을 확보하여야 한다.
④ 바닥면적에 산입하지 아니한다.

**04** ① 전용주거지역 또는 일반주거지역에서 건축물의 높이 10m 초과하는 부분은 정북방향으로의 인접대지경계선으로부터 해당 건축물의 각 부분의 높이의 2분의 1 이상의 거리를 띄어 건축하여야 한다.
② 지구단위계획구역, 중점경관관리구역, 경관지구, 특별가로구역, 도시미관을 위하여 허가권자가 지정 · 공고한 구역 안의 대지 상호 간에 건축하는 건축물로서 해당 대지가 너비 20m 이상의 도로에 접한 경우에는 일조 등의 확보를 위한 건축물의 높이제한 규정을 적용하지 아니한다.
③ 공동주택과 부대시설 또는 복리시설이 서로 마주보고 있는 경우에는 부대시설 또는 복리시설 각 부분 높이의 1배 이상 거리를 띄어 건축하여야 한다.
④ 준주거지역 또는 근린상업지역에서 건축할 경우 공동주택(기숙사 제외)의 각 부분의 높이는 그 부분으로부터 채광을 위한 창문 등이 있는 벽면으로부터 직각방향으로 인접대지경계선까지의 수평거리의 4배 이하로 한다.

**05** ①②④⑤ 이외에도 「택지개발촉진법」에 따른 택지개발지구, 「주택법」에 따른 대지조성사업지구, 정북방향으로 도로, 공원, 하천 등 건축이 금지된 공지에 접하는 대지인 경우, 정북방향으로 접하고 있는 대지의 소유자와 합의한 경우나 그 밖의 대통령령으로 정하는 경우가 있다.

**06** ① 허가를 취소하여야 한다.
③ 사전결정신청자는 사전결정을 통지 받은 날부터 2년 이내에 건축허가를 신청하여야 하며, 이 기간에 건축허가를 신청하지 아니하면 사전결정의 효력이 상실된다.
④ 연면적 합계가 3천㎡ 이상인 공장의 대지는 너비 6m 이상 도로에 4m 이상 접하여야 한다.
⑤ 전용주거지역 및 일반주거지역 안에서 건축하는 건축물의 높이는 일조 등의 확보를 위하여 건축물의 각 부분을 정북방향으로의 인접 대지경계선으로부터 거리에 따라 대통령령으로 정하는 높이 이하로 하여야 한다.

**07** ② 건축법상 일조권의 확보를 위한 건축물의 높이를 제한하는 지역은 전용주거지역이나 일반주거지역으로 건축물을 건축하는 경우에는 건축물의 각 부분을 정북방향으로의 인접 대지경계선으로부터 건축조례로 정하는 거리 이상을 띄어 건축하여야 한다.

**08** ① 허가권자는 같은 가로구역에서 건축물의 용도 및 형태에 따라 건축물의 높이를 다르게 정할 수 있다.
② 가로구역별 건축물의 높이를 지정하는 경우에는 지방건축위원회의 심의를 거쳐야 한다.
③ 허가권자는 가로구역(도로로 둘러싸인 일단의 지역)을 단위로 건축물의 높이를 지정·공고할 수 있다.
⑤ 중심상업지역과 일반상업지역에 건축하는 것은 제외한다.

**09** ② 바닥면적은 건축물의 각 층 또는 그 일부로서 벽·기둥, 그 밖에 이와 비슷한 구획의 중심선으로 둘러싸인 부분의 수평투영면적으로 한다.
③ 벽·기둥의 구획이 없는 건축물(캔틸레버)에 있어서 바닥면적은 그 지붕 끝부분으로부터 수평거리 1m를 후퇴한 선으로 둘러싸인 수평투영면적으로 한다.
④ 건축물 지상층에 일반인이나 차량이 통행할 수 있도록 설치한 보행통로나 차량통로는 건축면적에 산입하지 않는다.
⑤ 그 부분의 높이가 12m를 넘는 경우에는 그 넘는 부분만 해당 건축물의 높이에 산입한다.

**10** 1. 전체 1,000㎡ : 지하와 지상 주차장 제외 3개 층 면적만 계산
2. $400 \times 3 = 1,200㎡ = 120$퍼센트

**11** 건축면적이 560㎡이고 높이 28m, 옥상은 좌측(63㎡ : 9m) + 우측(42㎡ : 14m) = 총(105㎡ : 14m)이므로 건축면적 8분의 1(70㎡) 초과이므로 옥상부분 높이 모두 포함되어 지상(28m) + 옥상(14m) = 42m

**12** 특별건축구역으로 지정대상 아닌 경우
  1. 「도로법」에 따른 접도구역
  2. 「개발제한구역의 지정 및 관리에 관한 특별조치법」에 따른 개발제한구역
  3. 「산지관리법」에 따른 보전산지
  4. 「자연공원법」에 따른 자연공원

**13** ①과 개발제한구역, 자연공원, 보전산지는 지정할 수 없는 지역이다.

**14** ① 시장·군수·구청장은 특별건축구역의 지정을 신청할 수 있다.
  ② 「군사기지 및 군사시설 보호법」에 따른 군사기지 및 군사시설 보호구역은 특례 적용이 필요하다고 인정하는 경우에는 사전의 협의를 하여야 한다.
  ④ 특별건축구역을 지정하거나 변경한 경우에는 「국토의 계획 및 이용에 관한 법률」에 따른 도시·군관리계획의 결정(용도지역·지구·구역의 지정 및 변경은 제외)이 있는 것으로 본다 (도시·군관리계획결정 의제).
  ⑤ 지정신청기관은 특별건축구역 지정 이후 특별건축구역의 도시·군관리계획에 관한 사항이 변경되는 경우에는 변경지정을 받아야 한다.

**15** ⑤ 단독주택(한옥 또는 한옥건축양식의 단독주택) - 10동 이상

**16** ⑤ 결합건축대상지역은 ㉠㉢㉣㉤ 이외에도 건축협정구역특별건축구역리모델링 활성화 구역, 「도시 및 주거환경정비법」에 따른 정비구역 중 주거환경개선사업의 시행을 위한 구역이 있다.

**17** ④ 허가권자는 시정명령을 받은 자가 이를 이행하면 새로운 이행강제금의 부과를 즉시 중지하되, 이미 부과된 이행강제금은 징수하여야 한다.

**18** ② 건축물이 용적률을 초과하여 건축된 경우에는 해당 건축물에 적용되는 $1m^2$당 시가표준액의 100분의 50에 해당하는 금액에 100분의 90을 곱하는 비율로 이행강제금이 부과된다.

**19** ① 이행강제금은 건축신고 대상 건축물에 대하여 부과할 수 있다.
  ② 허가권자는 이행강제금 부과처분을 받은 자가 이행강제금을 납부기한까지 내지 아니하면 「지방행정제재·부과금의 징수 등에 관한 법률」에 따라 징수한다.
  ④ 허가권자는 시정명령을 받은 자가 이를 이행하면 새로운 이행강제금의 부과를 즉시 중지하되, 이미 부과된 이행강제금은 징수하여야 한다.
  ⑤ 허가권자는 최초의 시정명령이 있었던 날을 기준으로 하여 1년에 2회 이내의 범위에서 해당 지방자치단체의 조례로 정하는 횟수만큼 그 시정명령이 이행될 때까지 반복하여 이행강제금을 부과·징수할 수 있다.

**20** ㉡ 허가권자는 영리목적을 위한 위반이나 상습적 위반 등 대통령령으로 정하는 경우에 부과금액을 100분의 100의 범위에서 해당 지방자치단체의 조례로 정하는 바에 따라 가중하여야 한다.

  1. 임대 등 영리를 목적으로 위반하여 용도변경을 한 경우(위반면적이 50m²를 초과하는 경우로 한정)

  2. 임대 등 영리를 목적으로 허가나 신고 없이 신축 또는 증축한 경우(위반면적이 50m²를 초과하는 경우로 한정)

  3. 임대 등 영리를 목적으로 허가나 신고 없이 다세대주택의 세대수 또는 다가구주택의 가구수를 증가시킨 경우(5세대 또는 5가구 이상 증가시킨 경우로 한정)

  4. 동일인이 최근 3년 내에 2회 이상 법 또는 법에 따른 명령이나 처분을 위반한 경우

㉢ 허가권자는 최초의 시정명령이 있었던 날을 기준으로 하여 1년에 2회 이내의 범위에서 해당 지방자치단체의 조례로 정하는 횟수만큼 그 시정명령이 이행될 때까지 반복하여 이행강제금을 부과·징수할 수 있다.

**21** ③ 자치구의 경우에는 해당 특별시나 광역시의 조례로 건축위원회의 조직·운영, 그 밖에 필요한 사항을 정한다.

**22** ⑤ 재정위원회의 회의는 구성원 전원의 출석으로 열고 출석한 위원 과반수의 찬성으로 의결한다.

**23** ③ 조정안을 제시받은 당사자는 제시를 받은 날부터 15일 이내에 수락 여부를 조정위원회에 알려야 한다.

---

**Answer** 주관식

| | |
|---|---|
| 01 ㉠: 안전, ㉡: 환경 | 02 재축 |
| 03 ㉠: 용적률, ㉡: 통합 | 04 관계전문기술자 |
| 05 ㉠: 3, ㉡: 20, ㉢: 기둥 | 06 ㉠: 용적률, ㉡: 120 |
| 07 건축허가 | 08 ㉠: 21, ㉡: 10 |
| 09 ㉠: 안전영향평가기관, ㉡: 10, ㉢: 16 | 10 ㉠: 1, ㉡: 1 |
| 11 ㉠: 2, ㉡: 50 | 12 ㉠: 10, ㉡: 1.2 |
| 13 건축선 | 14 ㉠: 피난안전구역, ㉡: 5 |
| 15 ㉠: 주요구조부, ㉡: 50, ㉢: 16 | 16 수선구 |
| 17 160% | 18 200 |
| 19 ㉠: 준주거, ㉡: 상업, ㉢: 도시화 | 20 ㉠: 4, ㉡: 발코니, ㉢: 60분+ |
| 21 ㉠: 사용승인, ㉡: 2, ㉢: 500 | 22 ㉠: 내진능력, ㉡: 200 |
| 23 ㉠: 침수위험지구, ㉡: 1 | 24 ㉠: 내화구조, ㉡: 3 |
| 25 방화벽 | 26 ㉠: 85, ㉡: 용적률, ㉢: 115 |
| 27 특별건축구역 | 28 2 |
| 29 ㉠: 경관지구, ㉡: 지구단위계획구역 | 30 ㉠: 주거환경개선사업, ㉡: 존치지역 |
| 31 ㉠: 2, ㉡: 50, ㉢: 10 | 32 ㉠: 1, ㉡: 1.5 |

## 01 용어정의

**Answer** 객관식

| | | | | | | | | | |
|---|---|---|---|---|---|---|---|---|---|
| 01 ④ | 02 ③ | 03 ② | 04 ② | 05 ① | 06 ② | 07 ④ | 08 ② | 09 ④ | 10 ⑤ |
| 11 ④ | 12 ④ | 13 ② | 14 ① | 15 ③ | 16 ③ | 17 ⑤ | 18 ④ | 19 ③ | 20 ④ |
| 21 ④ | 22 ④ | 23 ① | | | | | | | |

**01** ④ ㉦, ㉣, ㉤
- ㉦ 2층의 공관 ⇨ 건축법상 단독주택(주택법상 주택 ×)
- ㉣ 3층의 기숙사 ⇨ 주택법상 준주택
- ㉤ 7층의 오피스텔 ⇨ 주택법상 준주택

**02** ③ ㉠, ㉣
- ㉡ 「건축법 시행령」 별표 1 제4호 거목 및 제15호 다목에 따른 다중생활시설
- ㉢ 「건축법 시행령」 별표 1 제11호 나목에 따른 노인복지시설 중 「노인복지법」 제32조 제1항 제3호의 노인복지주택

**03** ① 민영주택이란 국민주택을 제외한 주택
- ③ 국가·지방자치단체의 재정 또는 「주택도시기금법」에 따른 주택도시기금으로부터 자금을 지원받아 건설되거나 개량되는 주택(지원범위 제한 없음)
- ④ 다세대주택의 경우 주거전용면적은 외벽의 내부선을 기준으로 산정한다.
- ⑤ 아파트의 경우 복도, 계단 등 아파트의 지상층에 있는 공용면적은 주거전용면적에 제외한다.

**04** ① 민영주택은 국민주택을 제외한 주택을 말한다.
- ③ 공구별 세대수는 300세대 이상으로 한다.
- ④ 단지형 다세대주택은 건축법에 따른 건축위원회의 심의를 받은 경우에는 주택으로 쓰는 층수를 5개 층까지 건축할 수 있다.
- ⑤ 세대구분형 공동주택은 주택 내부 공간의 일부를 세대별로 구분하여 생활이 가능한 구조로 하되, 구분된 공간 일부에 대하여 구분소유를 할 수 없는 주택을 말한다.

**05** ② "단독주택"에는 「건축법 시행령」에 따른 다가구주택이 포함한다.
③ 기숙사는 준주택에 해당한다.
④ "주택"이란 세대의 구성원이 장기간 독립된 주거생활을 할 수 있는 구조로 된 건축물의 전부 또는 일부를 말하며, 그 부속토지는 포함한다.
⑤ 어린이놀이터 · 근린생활시설 · 유치원 · 주민운동시설(복리시설), 지역난방공급시설(부대시설×, 기간시설)

**06** ① 준주택이란 주택 외의 건축물과 그 부속토지로서 주거시설로 이용 가능한 시설 등으로서 기숙사, 다중생활시설, 노인복지주택, 오피스텔을 말한다.
③ 기간시설에 해당(간선시설: 기간시설을 둘 이상 연결하는 것)한다.
④ 방범설비는 부대시설에 해당한다.
⑤ 주민공동시설은 복리시설에 해당한다.

**07** ① 세대구분형 공동주택 중 사업계획의 승인을 받아 건설하는 공동주택의 경우 세대별로 구분된 각각의 공간마다 별도의 욕실, 부엌과 현관을 설치해야 한다.
② 하나의 건축물에는 단지형 연립주택 또는 단지형 다세대주택과 아파트형 주택을 함께 건축할 수 없다.
③ 6m 이상의 너비로 공구 간 경계를 설정한다.
⑤ 사업주체가 위탁관리부동산투자회사인 경우에는 감리자 지정대상에서 제외된다.

**08** ② 구분된 공간의 세대수는 기존 세대를 포함하여 2세대 이하일 것

**09** ④ ㉡, ㉢, ㉣
㉠ 하나의 세대가 통합하여 사용할 수 있도록 세대 간에 연결문 또는 경량구조의 경계벽 등을 설치할 것(승인대상)

**10** ⑤ 준주거지역 또는 상업지역에서 아파트형주택과 도시형생활주택이 아닌 주택을 하나의 건축물에 함께 건축할 수 있다.

**11** ④ 세대별 주거전용면적이 85m² 이하인 경우 도시형생활주택(아파트형, 단지형 연립, 단지형 다세대)에 해당한다.

**12** ④ ㉡, ㉢
✿ 아파트형 주택이란 다음의 요건을 모두 갖춘 공동주택을 말한다.
　1. 세대별로 독립된 주거가 가능하도록 욕실 및 부엌을 설치할 것
　2. 지하층에는 세대를 설치하지 아니할 것

**13** ② ㉢

㉠ 주택에 딸린 「건축법」에 따른 건축설비는 부대시설에 해당한다.

㉡ 300세대 미만인 국민주택규모의 단지형 다세대주택은 도시형생활주택에 해당한다.


**14** 별개의 주택단지

1. 철도 · 고속도로 · 자동차전용도로

2. 폭 20m 이상인 일반도로

3. 폭 8m 이상인 도시계획예정도로

4. 보행자 및 자동차의 통행이 가능한 도로


**15** 별개의 주택단지

1. 철도 · 고속도로 · 자동차전용도로

2. 폭 20m 이상인 일반도로

3. 폭 8m 이상인 도시계획예정도로

4. 보행자 및 자동차의 통행이 가능한 도로


**16** ① 사업계획승인을 받은 세대구분형 공동주택의 해당주택단지 안의 공동주택 전체 세대수의 3분의 1을 넘지 않아야 한다.

② 도시형생활주택인 하나의 건축물에는 단지형 연립주택 또는 단지형 다세대주택과 아파트형 주택을 함께 건축할 수 없다.

④ 도로 · 상하수도 · 전기시설 · 가스시설 · 통신시설 및 지역난방시설 등 주택단지 안의 시설을 그 주택단지밖에 있는 같은 종류의 시설에 연결시키는 시설을 간선시설이라 한다.

⑤ 자전거보관소는 부대시설에 해당한다.


**17** ① 폭 20m 이상인 일반도로로 분리된 토지는 각각 별개의 주택단지이다.

② 공구란 하나의 주택단지에서 둘 이상으로 구분되는 일단의 구역으로서 공구별 세대수는 300세대 이상으로 해야 한다.

③ 세대구분형 공동주택이란 공동주택의 주택내부 공간의 일부를 세대별로 구분하여 생활이 가능한 구조로 하되 그 구분된 공간의 일부를 구분소유할 수 없는 주택이다.

④ 도시형생활주택(아파트형, 단지형연립, 단지형다세대)이란 300세대 미만의 국민주택규모에 해당하는 주택을 도시지역에 건설하는 경우를 말한다.


**18** ④ 주택에 딸린 자전거보관소는 부대시설에 해당한다.


**19** ③ ㉠, ㉢은 복리시설에 해당하고, ㉡, ㉣은 부대시설에 해당한다.

 ⊕ 제2종 근린생활시설인 장의사, 총포판매소, 안마시술소, 단란주점, 다중생활시설은 복리시설에서 제외된다.

**20** ④ 어린이놀이터는 복리시설에 해당한다.

**21** ① 국민주택규모인 85m² 이하이다.
② 기간시설이란 도로·상하수도·전기시설·가스시설·통신시설·지역난방시설 등을 말한다.
③ 에너지절약형 친환경주택이란 저에너지 건물 조성기술 등 대통령령으로 정하는 기술을 이용하여 에너지 사용량을 절감하거나 이산화탄소 배출량을 저감할 수 있도록 건설된 주택을 말한다.
⑤ 토지임대부 분양주택이란 토지의 소유권은 사업계획의 승인을 받아 토지임대부 분양주택 건설사업을 시행하는 자가 가지고, 건축물 및 복리시설 등에 대한 소유권은 주택을 분양받은 자가 가지는 주택을 말한다.

**22** ① 허가받은 세대구분형 공동주택의 구분된 공간의 세대수는 기존 세대를 포함하고 2세대 이하이어야 한다.
② 건강친화형 주택이란 건강하고 쾌적한 실내환경의 조성을 위하여 실내공기의 오염물질 등을 최소화할 수 있도록 대통령령으로 정하는 기준에 따라 건설된 주택을 말한다.
③ 수도권정비계획법에 따른 수도권의 경우 도시형생활주택은 1호(戶) 또는 1세대당 주거전용면적이 85m² 이하이어야 한다.
⑤ 장수명 주택이란 구조적으로 오랫동안 유지·관리될 수 있는 내구성을 갖추고, 입주자의 필요에 따라 내부 구조를 쉽게 변경할 수 있는 가변성과 수리용이성 등이 우수한 주택을 말한다.

**23** ② 기간시설이란 도로·상하수도·전기시설·가스시설·통신시설·지역난방시설 등을 말한다.
③ 등록사업자와 공동으로 사업을 시행하여야 한다.
④ 공동주택의 3층 이상인 층의 발코니
⑤ 이 경우 연장되는 유효기간은 연장될 때마다 3년을 초과할 수 없다.

## 02 　사업주체 · 주택조합 · 주택상환사채

**Answer**　객관식

| 01 ② | 02 ⑤ | 03 ① | 04 ③ | 05 ② | 06 ① | 07 ② | 08 ⑤ | 09 ③ | 10 ① |
|------|------|------|------|------|------|------|------|------|------|
| 11 ⑤ | 12 ③ | 13 ⑤ | 14 ① | 15 ② | 16 ⑤ | 17 ② | 18 ④ | 19 ④ | 20 ④ |
| 21 ③ | 22 ③ | 23 ③ | 24 ③ | 25 ① | 26 ① | 27 ② | 28 ④ | 29 ③ | |

**01**　② ㉠: 20, ㉡: 1만

연간 ( 20 )호 이상의 단독주택 건설사업을 시행하려는 자 또는 연간 ( 1만 )m² 이상의 대지조성 사업을 시행하려는 자는 국토교통부장관에게 등록하여야 한다.

**02**　① 지방자치단체: 등록 안함

② 지방공사: 등록 안함

③ 등록사업자는 등록사항에 변경이 있으면 변경 사유가 발생한 날부터 30일 이내에 국토교통부 장관에게 신고하여야 한다.

④ 주택조합(세대수를 증가하지 아니하는 리모델링주택조합은 제외)이 그 구성원의 주택을 건설 하는 경우에는 등록사업자(지방자치단체 · 한국토지주택공사 및 지방공사 포함)와 공동으로 사업을 시행할 수 있다.

**03**　② 30일 이내에 국토교통부장관에게 신고하여야 한다.

③ 주택건설공사를 시공하려는 등록사업자는 자본금이 5억원(개인인 경우에는 자산평가액 10억원) 이상되어야 한다.

④ 도시형 생활주택의 경우 연간 30세대이상의 주택건설사업을 시행하려는 자는 국토교통부장 관에게 등록하여야 한다.

⑤ 주택건설공사를 시공하는 건설사업자로 간주되는 등록사업자는 건설공사비가 자본금과 자본 준비금 · 이익준비금을 합한 금액의 10배(개인인 경우에는 자산평가액의 5배)를 초과하는 건 설공사를 시공할 수 없다.

**04**　① 공익법인은 국토교통부장관 등록대상이 아니다.

② 세대수를 증가하는 리모델링주택조합이 그 구성원의 주택을 건설하는 경우에는 등록사업자 와 공동으로 사업을 시행할 수 있다.

④ 거짓이나 그 밖의 부정한 방법으로 등록, 등록증의 대여에 해당하는 경우에는 그 등록을 말소 하여야 한다.

⑤ 등록말소 또는 영업정지 처분을 받은 등록사업자는 그 처분 전에 사업계획승인을 받은 사업은 계속 수행할 수 있다.

**05**  ② ㉢
  ㉠ 연간 1만㎡ 이상의 대지조성사업을 시행하려는 경우에는 대지조성사업의 등록을 하여야 한다(한국토지주택공사 제외).
  ㉡ 세대수를 증가하지 아니하는 리모델링주택조합이 그 구성원의 주택을 건설하는 경우에는 등록사업자와 공동으로 사업을 시행할 수 없다.

**06**  ① 주택건설사업의 등록은 국토교통부장관의 권한이다.

**07**  ② 리모델링주택조합은 그 리모델링 결의에 찬성하지 아니하는 자의 토지에 대하여 매도청구를 할 수 있다.

**08**  ① 국민주택을 공급받기 위하여 직장주택조합을 설립하려는 자
  ② 관할 특별자치시장, 특별자치도지사, 시장·군수·구청장의 인가를 받아야 한다.
  ③ 조합원 자격 요건을 충족여부의 판단은 조합설립인가 신청일을 기준으로 한다.
  ④ 미달된 조합원을 재모집하는 경우에는 신고하지 아니하고 선착순의 방법으로 조합원을 모집할 수 있다.

**09**  ① 무주택자에 한하여 국민주택을 공급받기 위한 직장주택조합의 조합원이 될 수 있다.
  ② 주택조합의 설립인가를 받기 위하여는 해당 주택건설대지의 80퍼센트 이상에 해당하는 토지의 사용권원 및 15퍼센트 이상에 해당하는 토지소유권을 확보하여 시장·군수 또는 구청장에게 제출하여야 한다.
  ④ 조합원 추가모집에 따른 주택조합의 변경인가신청은 사업계획승인신청일까지 하여야 한다.
  ⑤ 시장·군수·구청장은 주택조합 또는 주택조합의 구성원이 거짓이나 그 밖의 부정한 방법으로 설립인가를 받은 경우에는 주택조합의 설립인가를 취소할 수 있다.

**10**  ② 주택건설대지의 50퍼센트 이상에 해당하는 토지의 사용권원을 확보하여 관할 시장·군수·구청장에게 신고하고, 공개모집의 방법으로 조합원을 모집하여야 한다.
  ③ 주택조합은 설립인가를 받은 날부터 2년 이내에 사업계획승인(30세대 이상 세대수가 증가하지 않는 리모델링의 경우에는 시장·군수·구청장의 허가)을 신청하여야 한다.
  ④ 리모델링주택조합의 설립에 동의한 자로부터 건축물을 취득한 자는 리모델링주택조합의 설립에 동의한 것으로 본다.
  ⑤ 그 감사결과를 관할 시장·군수·구청장과 해당 주택조합에 각각 통보하여야 한다.

**11**  ① 국민주택을 공급받기 위하여 직장주택조합을 설립하려는 자는 관할 시장·군수·구청장에게 신고를 하여야 한다.
  ② 지역주택조합은 임대주택으로 건설·공급하여야 하는 세대수를 포함하여 주택건설예정세대수의 2분의 1 이상의 조합원으로 구성하여야 한다.

③ 리모델링주택조합의 경우 공동주택의 소유권이 수인의 공유에 속하는 경우에는 그 수인을 대표하는 1인을 조합원으로 본다.

④ 지역주택조합의 설립 인가 후 조합원이 사망으로 결원 발생시 조합원을 충원할 수 있다(조합원 예정세대수 비율 적용×).

**12** ③ 조합원의 공개모집 이후 조합원의 사망·자격상실·탈퇴 등으로 인한 결원을 충원하거나 미달된 조합원을 재모집하는 경우에는 신고하지 아니하고 선착순의 방법으로 조합원을 모집할 수 있다.

**13** ⑤ 업무대행을 수임한 A는 업무의 실적보고서를 해당 분기의 말일부터 20일 이내에 주택조합 또는 주택조합발기인에게 제출해야 한다.

**14** ① 주택을 마련하기 위하여 지역·직장주택조합의 설립인가를 받으려는 자는 해당 주택건설대지의 80% 이상에 해당하는 토지의 사용권원 및 주택건설대지의 15% 이상에 해당하는 토지의 소유권을 확보하여야 한다.

**15** ② ㉠, ㉣
모집광고 내용
1. "지역주택조합 또는 직장주택조합의 조합원 모집을 위한 광고"라는 문구
2. 조합원의 자격기준에 관한 내용
3. 주택건설대지의 사용권원 및 소유권을 확보한 비율
4. 조합의 명칭 및 사무소의 소재지
5. 조합원 모집 신고 수리일

**16** ⑤ 회계감사를 한 자는 회계감사 종료일부터 15일 이내에 회계감사결과를 관할 시장·군수·구청장과 해당 주택조합에 각각 통보하여야 한다.

**17** 설립인가신청을 위하여 제출하여야 하는 서류(지역주택조합 또는 직장주택조합)
1. 창립총회 회의록, 조합장선출동의서, 조합원 전원이 자필로 연명(連名)한 조합규약, 조합원 명부, 사업계획서(조합원의 동의를 받은 정산서×)
2. 해당 주택건설대지의 80% 이상에 해당하는 토지의 사용권원과 주택건설대지의 15% 이상에 해당하는 토지의 소유권을 확보하였음을 증명하는 서류

**18** ① 지역주택조합의 설립인가를 받기 위하여 조합원을 모집하려는 자는 해당 주택건설대지의 50퍼센트 이상에 해당하는 토지의 사용권원을 확보하여 관할 시장·군수·구청장에게 신고하고 조합원을 공개모집하여야 한다.

② 건축법에 따른 사용승인일부터 10년 이상이 경과하여야 한다.

③ 주택조합의 발기인 또는 임원은 15일 이내에 그 요청에 따라야 한다.

⑤ 15일 이내에 이를 조합원이 알 수 있도록 인터넷과 그 밖의 방법을 병행하여 공개하여야 한다.

**19**  ④ 조합원의 탈퇴 등으로 조합원 수가 주택건설 예정 세대 수의 50퍼센트 미만(60퍼센트×)가 된 경우 결원의 범위에서 충원할 수 있다.

**20**  ④ 조합설립 인가 후에 조합원으로 추가모집되거나 충원되는 자가 조합원 자격 요건을 갖추었는지를 판단할 때에는 해당 조합설립인가 신청일을 기준으로 한다.

**21**  ① 주택조합설립인가를 받으려는 자는 해당 주택건설대지의 80% 이상에 해당하는 토지의 사용권원과 해당 주택건설대지의 15% 이상에 해당하는 토지의 소유권을 확보하여야 한다.
② 조합원은 조합규약으로 정하는 바에 따라 조합에 탈퇴 의사를 알리고 탈퇴할 수 있다.
④ 주택조합의 가입을 신청한 자는 가입비 등을 예치한 날부터 30일 이내에 주택조합 가입에 관한 청약을 철회할 수 있다.
⑤ 회계감사를 한 자는 회계감사 종료일부터 15일 이내에 회계감사 결과를 관할 시장·군수·구청장과 해당 주택조합에 각각 통보하여야 한다.

**22**  ① 조합설립에 동의한 조합원은 조합설립인가가 있은 이후에는 자신의 의사에 의해 조합을 탈퇴할 수 있다.
② 총회의 의결로 제명된 조합원은 조합에 자신이 부담한 비용의 환급을 청구할 수 있다.
④ 조합원을 공개모집 이후 조합원의 사망·자격상실·탈퇴 등으로 인한 결원을 충원하거나 미달된 조합원을 재모집하는 경우에는 신고하지 아니하고 선착순의 방법으로 조합원을 모집할 수 있다.
⑤ 조합의 임원이 금고 이상의 실형을 받아 당연퇴직을 하면 그가 퇴직 전에 관여한 행위는 그 효력을 상실하지 아니한다.

**23**  ① 국민주택을 공급받기 위해 설립한 직장주택조합의 경우는 설립신고하여야 한다.
② 주택단지 전체를 리모델링하고자 하는 경우에는 주택단지 전체의 구분소유자와 의결권의 각 3분의 2 이상의 결의 및 각 동의 구분소유자와 의결권의 각 과반수의 결의가 있어야 한다.
④ 조합원으로 추가모집되거나 충원되는 자가 조합원 자격 요건을 갖추었는지를 판단할 때에는 해당 조합설립인가 신청일을 기준으로 한다.
⑤ 주택조합은 주택조합의 설립인가를 받은 날부터 3년이 되는 날까지 사업계획승인을 받지 못하는 경우 대통령령으로 정하는 바에 따라 총회의 의결을 거쳐 해산 여부를 결정하여야 한다.

**24**  ③ 등록사업자의 등록이 말소된 경우에도 등록사업자가 발행한 주택상환사채의 효력에는 영향을 미치지 아니한다.

**25**  ① 주택상환사채의 납입금이 사용될 수 있는 용도로 명시된 것은 주택건설자재의 구입, 택지의 구입 및 조성, 건설공사비충당이다.

**26** ② 주택상환사채는 기명증권으로 한다.

③ 등록사업자의 등록이 말소된 경우에도 등록사업자가 발행한 주택상환사채의 효력은 소멸하지 않는다.

④ 등록사업자가 발행할 수 있는 주택상환사채의 규모는 최근 3년간의 연평균 주택건설 호수 이내로 한다.

⑤ 주택상환사채의 상환기간은 3년 이내로 한다.

**27** ① 법인으로서 자본금이 5억원 이상일 것

③ 주택상환사채를 발행하려는 자는 주택상환사채발행계획을 수립하여 국토교통부장관의 승인을 받아야 한다.

④ 주택상환사채는 액면 또는 할인의 방법으로 발행한다.

⑤ 기명증권(記名證券)으로 한다.

**28** ④ 주택상환사채는 양도하거나 중도에 해약할 수 없다. 다만, 해외이주 등 국토교통부령으로 정하는 부득이한 사유가 있는 경우는 예외로 한다.

**29** ③ 한국토지주택공사와 등록사업자는 대통령령으로 정하는 바에 따라 주택상환사채를 발행할 수 있다.

## 03 사업계획절차

**Answer** 객관식

| | | | | | | | | | |
|---|---|---|---|---|---|---|---|---|---|
| 01 ① | 02 ③ | 03 ⑤ | 04 ① | 05 ④ | 06 ③ | 07 ① | 08 ⑤ | 09 ① | 10 ④ |
| 11 ③ | 12 ② | 13 ④ | 14 ⑤ | 15 ④ | 16 ③ | 17 ⑤ | 18 ① | 19 ③ | 20 ③ |
| 21 ⑤ | 22 ② | 23 ④ | 24 ⑤ | 25 ⑤ | 26 ④ | 27 ① | 28 ② | 29 ② | 30 ② |
| 31 ② | 32 ⑤ | 33 ④ | 34 ② | 35 ④ | 36 ⑤ | 37 ② | 38 ① | | |

**01** ② 위탁관리 부동산투자회사가 공공주택건설사업을 시행하는 경우에는 국토교통부장관에게 사업계획승인을 받아야 한다.

③ 해당 건축물의 연면적에 대해 주택의 연면적이 차지하는 비율이 90% 미만인 경우 사업계획승인 대상에서 제외된다.

④ 그 대지를 시가로 매도할 것을 청구할 수 있다.

⑤ 사업주체가 주택건설사업의 사업계획승인을 받은 날부터 정당한 사유없이 5년 이내 공사를 시작하지 아니하면 사업계획승인권자는 그 사업계획의 승인을 취소할 수 있다.

**02** ① 주택건설사업을 시행하려는 자는 해당 주택단지를 공구별로 분할하여 주택을 건설·공급할 수 있다.

② 승인받은 사업계획의 내용 중 건축물이 아닌 부대시설 및 복리시설의 설치기준 변경하고자 할 때, 해당 부대시설 및 복리시설 설치기준 이상으로의 변경이며, 위치변경이 없는 경우에는 경미한 변경이므로 변경승인을 받지 아니한다.

④ 주택건설사업 또는 대지조성사업으로서 해당 대지면적이 10만㎡ 미만인 경우에는 특별시장·광역시장·특별자치시장·특별자치도지사·시장 또는 군수에게 사업계획승인을 받아야 한다.

⑤ 국가·지방자치단체·한국토지주택공사 또는 지방공사가 주택건설사업계획의 승인을 받으려는 경우 해당 주택건설대지의 소유권을 확보하지 않아도 된다.

**03** ⑤ 사업계획승인권자는 사업주체가 승인받은 날부터 5년 이내 공사를 시작하지 아니한 경우 그 사업계획의 승인을 취소할 수 있다.

**04** ① 지역주택조합은 설립인가를 받은 날부터 2년 이내에 사업계획승인을 신청하여야 한다.

**05** ④ 면적 330만㎡ 이상의 규모로 「택지개발촉진법」에 따른 택지개발사업 또는 「도시개발법」에 따른 도시개발사업을 추진하는 지역 중 국토교통부장관이 지정·고시하는 지역에서 주택건설사업을 시행하는 경우 국토교통부장관에게 사업계획승인을 받아야 한다.

**06** ⓛ 등록사업자는 동일한 규모의 주택을 대량으로 건설하려는 경우에는 국토교통부장관에게 주택의 형별로 표본설계도서를 작성·제출하여 승인을 받을 수 있다.

**07** ① 승인받은 사업계획 중 공공시설 설치계획의 변경이 필요한 경우에는 사업계획승인권자로부터 변경승인을 받아야 한다.

**08** ① 사업계획승인권자는 「국토의 계획 및 이용에 관한 법률」에 따른 용적률(건폐율×)을 완화하여 적용할 수 있다.

② 사업계획승인권자가 임대주택의 건설을 이유로 용적률을 완화하는 경우 사업주체는 완화된 용적률의 60퍼센트에 해당하는 면적을 임대주택으로 공급하여야 한다.

③ 사업주체는 용적률의 완화로 건설되는 임대주택을 인수자에게 공급하여야 하며, 이 경우 시·도지사가 우선 인수할 수 있다.

④ 사업주체가 임대주택을 인수자에게 공급하는 경우 임대주택의 부속토지는 인수자에게 기부 체납한 것으로 본다.

**09** • 한국토지주택공사가 서울특별시 A구에서 대지 면적 10만㎡에 50호의 한옥 건설사업을 시행하려는 경우 (국토교통부장관)으로부터 사업계획승인을 받아야 한다.

• B광역시 C구에서 지역균형개발이 필요하여 국토교통부장관이 지정·고시하는 지역 안에 50호의 한옥 건설사업을 시행하는 경우 (국토교통부장관)으로부터 사업계획승인을 받아야 한다.

**10** 공사의 착수기간을 연장사유

1. 「매장문화재 보호 및 조사에 관한 법률」에 따라 국가유산청장의 매장유산 발굴허가를 받은 경우
2. 해당 사업시행지에 대한 소유권 분쟁(소송절차가 진행 중인 경우만 해당한다)으로 인하여 공사 착수가 지연되는 경우
3. 사업계획승인의 조건으로 부과된 사항을 이행함에 따라 공사 착수가 지연되는 경우
4. 천재지변 또는 사업주체에게 책임이 없는 불가항력적인 사유로 인하여 공사 착수가 지연되는 경우
5. 공공택지의 개발·조성을 위한 계획에 포함된 기반시설의 설치 지연으로 공사 착수가 지연되는 경우
6. 해당 지역의 미분양주택 증가 등으로 사업성이 악화될 우려가 있거나 주택건설경기가 침체되는 등 공사에 착수하지 못할 부득이한 사유가 있다고 사업계획승인권자가 인정하는 경우

**11** ③ 甲이 소송 진행으로 인하여 공사착수가 지연되어 연장 신청을 한 경우, 乙은 그 분쟁이 종료된 날부터 1년의 범위에서 공사 착수기간을 연장할 수 있다.

**12** ② 사업계획승인권자는 신고를 받은 날부터 20일 이내에 신고수리 여부를 신고인에게 통지하여야 한다.

**13** ④ 사업주체는 사업계획승인을 받은 날부터 5년 이내에 공사를 착수하여야 한다.

**14** ⑤ 주택건설대지에 사용권원을 확보하지 못한 대지(건축물 포함)는 소유자에게 시가로 매도할 것을 청구할 수 있다.

**15** ① 주택건설대지에 사용권원을 확보하지 못한 대지(건축물 포함)는 소유자에게 시가(공시지가×)로 매도할 것을 청구할 수 있다.
② 사업주체는 매도청구일 전 3개월 이상 매도청구 대상이 되는 대지의 소유자와 협의를 진행하여야 한다.
③ 사업주체가 주택건설대지면적 중 100분의 95에 대하여 사용권원을 확보한 경우, 사용권원을 확보하지 못한 대지의 모든 소유자에게 매도청구를 할 수 있다.
⑤ 사업주체가 리모델링주택조합인 경우 리모델링 결의에 찬성하지 아니하는 자의 주택에 대하여는 매도청구를 할 수 있다.

**16** ① 사업계획승인을 받은 사업주체가 주택건설대지면적 중 95% 이상의 사용권원을 확보한 경우에는 사용권원을 확보하지 못한 대지의 모든 소유자에게 매도청구가 가능하다.
② 사업주체가 매도청구권을 행사하는 경우 시가로 매도할 것을 청구할 수 있다.

④ 사업계획승인을 받은 사업주체는 해당 주택건설대지 중 사용할 수 있는 권원을 확보하지 못한 대지의 소유자가 있는 곳을 확인하기가 현저히 곤란한 경우에는 전국적으로 배포되는 둘 이상의 일간신문에 두 차례 이상 공고하고, 공고한 날부터 30일 이상이 지났을 때에는 매도 청구 대상의 대지로 본다.

⑤ 매도청구 대상이 되는 대지의 소유자와 매도청구를 하기 전에 3개월 이상 협의를 하여야 한다.

**17** ① 시행자가 수용 또는 사용의 방식으로 시행하는 사업만 해당한다.

② 등록사업자와 공동으로 사업을 시행하여야 한다.

③ 등록사업자는 등록사항에 변경이 있으면 국토교통부령으로 정하는 바에 따라 변경 사유가 발생한 날부터 30일 이내에 국토교통부장관에게 신고하여야 한다.

④ 사업주체가 국가 및 한국토지주택공사인 경우 사업계획승인을 국토교통부장관에게 받아야 한다.

**18** ② 국토교통부장관은 적정한 주택수급을 위하여 필요하다고 인정하는 경우에는 사업주체가 건설하는 주택의 75퍼센트(주택조합이나 고용자가 건설하는 주택은 100퍼센트) 이하의 범위에서 일정 비율 이상을 국민주택규모로 건설하게 할 수 있다.

③ 「주택법」에 따라 건설사업자로 간주하는 등록사업자는 주택건설사업계획승인을 받은 주택의 건설공사를 시공할 수 있다.

④ 장수명 주택의 인증기준·인증절차 및 수수료 등은 「국토교통부령」으로 정한다.

⑤ 국토교통부장관은 바닥충격음 성능등급을 인정받은 제품이 인정받은 내용과 다르게 판매·시공한 경우에 해당하면 그 인정을 취소할 수 있다.

**19** ③ 한국토지주택공사는 매입신청서를 제출받은 날부터 14일 이내에 해당 주택의 매입 여부를 신청인에게 통보해야 한다.

**20** ③ 국가 또는 지방자치단체는 국가 또는 지방자치단체로부터 토지를 매수하거나 임차한 자가 그 매수일 또는 임차일부터 (2년) 이내에 국민주택규모의 주택 또는 조합주택을 건설하지 아니하거나 그 주택의 건설을 위한 대지조성사업을 시행하지 아니한 경우에는 (환매)하거나 임대계약을 취소할 수 있다.

**21** ㉠ 사업계획승인권자는 감리자가 업무수행 중 위반 사항이 있음을 알고도 묵인한 경우 그 감리자에 대하여 1년의 범위에서 감리업무의 지정을 제한할 수 있다.

**22** ② 사업계획승인권자는 사업주체로부터 예치받은 공사감리비를 감리자에게 국토교통부령으로 정하는 절차 등에 따라 지급하여야 한다.

**23** ④ 사업주체(리모델링 허가만 받은 자도 포함한다)와 감리자 간의 책임내용 및 범위는 「주택법」에서 규정된 것 외에는 당사자 간의 계약으로 정한다.

**24** ① 「도시 및 주거환경정비법」에 따른 정비구역에서 주거환경개선사업(토지등소유자가 스스로 주택을 보전·정비·개량하는 방법으로 시행하는 경우만 해당한다)을 시행하기 위하여 건설하는 공동주택을 건설(리모델링의 경우에는 제외한다)하는 경우에는 50세대 이상인 경우 사업계획승인대상이다.

② 등록사업자의 등록이 말소된 경우에도 그가 발행한 주택상환사채의 효력에는 영향을 미치지 않는다.

③ 국가 또는 지방자치단체는 국가 또는 지방자치단체로부터 토지를 매수하거나 임차한 자가 그 매수일 또는 임차일부터 2년 이내에 국민주택규모의 주택 또는 조합주택을 건설하지 아니하거나 그 주택을 건설하기 위한 대지조성사업을 시행하지 아니한 경우에는 환매하거나 임대계약을 취소할 수 있다.

④ 토지임대부 분양주택의 토지에 대한 임대차기간은 40년 이내로 한다. 이 경우 토지임대부 분양주택 소유자의 75퍼센트 이상이 계약갱신을 청구하는 경우 40년의 범위에서 이를 갱신할 수 있다.

**25** ① 한옥인 경우 50호 이상의 주택건설사업을 시행하려는 자 또는 1만$m^2$ 이상의 대지조성사업을 시행하려는 자는 사업계획승인을 받아야 한다.

② 주택건설사업 또는 대지조성사업으로서 해당 대지면적이 10만$m^2$ 이상인 경우에는 시·도지사 또는 대도시의 시장에게 사업계획승인을 받아야 한다.

③ 주택건설사업을 시행하려는 자는 전체 세대수가 600세대 이상인 주택단지를 공구별로 분할하여 주택을 건설·공급할 수 있다.

④ 임시사용승인의 대상이 공동주택인 경우에는 세대별로 임시사용승인을 할 수 있다.

**26** ④ 사업주체가 파산 등으로 주택건설사업을 계속할 수 없는 경우에는 해당 주택의 시공을 보증한 자가 잔여공사를 시공하고 사용검사를 받아야 하고 시공보증자가 없거나 파산 등으로 시공을 할 수 없는 경우에는 입주예정자의 대표회의가 시공자를 정하여 잔여공사를 시공하고 사용검사를 받아야 한다.

**27** ① 한국토지주택공사가 사업주체인 경우 국토교통부장관의 사용검사를 받아야 한다.

**28** ① 체비지의 양도가격은 감정가격를 기준으로 하지만, 예외적으로 조성원가을 기준으로 할 수 있다.

③ 주택의 사용검사 후 주택단지 내 일부의 토지 소유권을 회복한 자에게 주택소유자들이 매도청구를 하려면 해당 토지면적이 주택단지 전체 대지면적의 5퍼센트 미만이어야 한다.

④ 사용검사를 하는 시장·군수·구청장은 사용검사의 대상인 주택 또는 대지가 사업계획의 내용에 적합한지를 확인하여야 하며, 신청일부터 15일 이내에 하여야 한다.

⑤ 주택건설사업의 경우의 경우 건축물의 동별로 공사가 완료된 경우에 임시사용이 허용된다.

**29**  ① 사업주체는 사업계획승인을 받아 시행하는 주택건설사업 또는 대지조성사업을 완료한 경우에는 주택 또는 대지에 대하여 사용검사권자에게 사용검사를 받아야 한다.

③ 사업계획승인 조건의 미이행 등 대통령령으로 정하는 사유가 있는 경우에는 공사가 완료된 주택에 대하여 동별로 사용검사를 받을 수 있다.

④ 사용검사는 그 신청일부터 15일 이내에 하여야 한다.

⑤ 주택건설사업을 600세대 이상을 분할하여 시행하기 위하여 사업계획을 승인받은 경우에는 완공된 주택에 대하여 공구별로 사용검사를 받을 수 있다.

**30**

> **주택법 제62조【사용검사 후 매도청구 등】** ④ 제1항에 따라 매도청구를 하려는 경우에는 해당 토지의 면적이 주택단지 전체 대지 면적의 ( 5 )퍼센트 미만이어야 한다.
> ⑤ 제1항에 따른 매도청구의 의사표시는 실소유자가 해당 토지 소유권을 회복한 날부터 ( 2 )년 이내에 해당 실소유자에게 송달되어야 한다.

**31**  ① 주택의 소유자들은 甲에게 해당 토지를 시가로 매도할 것을 청구할 수 있다.

③ 대표자를 선정하여 매도청구에 관한 소송을 하는 경우 그 판결은 대표자 선정에 동의하지 않은 주택의 소유자에게는 효력이 미친다.

④ 甲이 소유권을 회복한 토지의 면적이 주택단지 전체 대지 면적의 5퍼센트 미만(5퍼센트×)인 경우에는 주택 소유자 전원의 동의가 있어야 매도청구를 할 수 있다.

⑤ 甲이 해당 토지의 소유권을 회복한 날부터 2년이 경과한 이후에는 甲에게 매도청구를 할 수 없다.

**32**  ⑤ ㉠㉡㉢㉣㉤ 모두 500세대 이상인 공동주택에 적용한다.

**33**  ④ 입주자 모집공고에 표시하여야 하는 공동주택성능등급은 ①②③⑤ 외에도 화재·소방·피난 안전 등 화재·소방 관련 등급이 있다.

**34**  ① 가스시설·통신시설 및 지역난방시설의 경우에는 주택단지 안의 기간시설을 포함한다.

③ 사업주체가 단독주택은 100호 이상, 공동주택은 100세대 이상(리모델링의 경우에는 늘어나는 세대수를 기준으로 한다)의 주택건설사업을 시행하는 경우 또는 16,500m 이상의 대지조성사업을 시행하는 경우 다음에 정하는 자는 그 해당 간선시설을 설치하여야 한다. 다만, 도로 및 상·하수도시설로서 사업주체가 주택건설사업계획 또는 대지조성사업계획에 포함하여 설치하려는 경우에는 그러하지 아니하다.

  1. **지방자치단체**: 도로 및 상·하수도시설
  2. **해당 지역에** 전기·통신·가스 또는 난방을 공급하는 자: 전기시설·통신시설·가스시설 또는 지역난방시설
  3. **국가**: 우체통

④ 도로 및 상·하수도 시설의 설치비용은 그 비용의 50%의 범위에서 국가가 보조할 수 있다.

⑤ 사업계획승인권자는 단독주택은 100호 이상, 공동주택은 100세대 이상(리모델링의 경우에는 늘어나는 세대수를 기준으로 한다)의 주택건설사업을 시행하는 경우 또는 16,500m 이상의 주택건설 또는 대지조성에 관한 사업계획을 승인한 때에는 지체 없이 간선시설 설치의무자에게 그 사실을 통지하여야 한다.

**35** ① 층간 바닥의 콘크리트 슬래브 두께는 210mm 이상으로 할 것
② 라멘구조의 공동주택은 콘크리트 슬래브 두께는 150mm 이상으로 할 것
③ 각 층간 바닥은 바닥충격음 차단성능(바닥의 경량충격음 및 중량충격음이 각각 49데시벨 이하인 성능을 말한다)을 갖춘 구조일 것
⑤ 법 제51조 제1항에 따라 인정받은 공업화주택도 콘크리트 슬래브 두께기준과 바닥충격음 차단성능기준을 적용하지 않는다.

**36** 필요적 취소사유
1. 거짓이나 그 밖의 부정한 방법으로 인정받은 경우
2. 인정받은 내용과 다르게 판매·시공한 경우
3. 인정제품이 국토교통부령으로 정한 품질관리기준을 준수하지 아니한 경우
4. 인정의 유효기간을 연장하기 위한 시험결과를 제출하지 아니한 경우

**37** ① 6층 이상인 공동주택의 난방설비는 중앙집중난방방식(「집단에너지사업법」에 따른 지역난방 공급방식을 포함한다)으로 하여야 한다.
③ 도로 및 상·하수도시설의 설치비용은 그 비용의 50%의 범위에서 국가가 보조할 수 있다.
④ 500세대 이상 공동주택을 건설하려는 자는 세대 내의 거실·침실의 벽체와 천장의 접합부위, 최상층 세대의 천장부위, 지하주차장·승강기홀의 벽체부위 등 결로 취약부위에 대한 결로방지 상세도를 설계도서에 포함하여야 한다.
⑤ 「도시 및 주거환경정비법」 주거환경개선사업 및 공공재개발사업에서 건설·공급하는 주택은 분양가상한제를 적용하지 아니한다.

**38** ② 사업주체가 1,000세대 이상의 주택을 공급하고자 하는 때에는 장수명 주택의 등급인증제도에 따라 일반 이상의 등급을 인정받아야 한다,
③ 사업계획승인권자는 300세대 미만의 주택건설공사인 경우 「건축사법」에 따른 건축사사무소 개설 신고한자를 감리자로 지정할 수 있다.
④ 시·도지사는 사전방문을 실시하고 사용검사를 신청하기 전에 공동주택의 품질을 점검하여 사업계획의 내용에 적합한 공동주택이 건설되도록 할 목적으로 주택 관련 분야 등의 전문가로 구성된 공동주택 품질점검단을 설치·운영할 수 있다.
⑤ 토지임대부 분양주택을 공급받은 자가 토지소유자와 임대차계약을 체결한 경우 해당 주택의 구분소유권을 목적으로 그 토지 위에 임대차기간 동안 지상권이 설정된 것으로 본다.

## 06  주택의 공급

**Answer** 객관식

| 01 ① | 02 ② | 03 ② | 04 ④ | 05 ① | 06 ② | 07 ③ | 08 ③ | 09 ③ | 10 ① |
| 11 ⑤ | 12 ③ | 13 ① | 14 ① | 15 ④ | 16 ① | 17 ⑤ | 18 ⑤ | 19 ③ | 20 ④ |

**01** ② 사업주체가 일반인에게 공급하는 공동주택 중 공공택지에서 공급하는 주택의 경우에는 분양 가상한제가 적용된다.

③ 한국토지주택공사는 신고대상이 아니다.

④ 지방공사가 사업주체로서 견본주택을 건설하는 경우에는 견본주택에 사용되는 마감자재 목록표와 견본주택의 각 실의 내부를 촬영한 영상물 등을 제작하여 시장·군수·구청장에게 제출하여야 한다.

⑤ 시·군·구청장은 사업계획승인 신청이 있는 날부터 20일 이내에 분양가심사위원회를 설치·운영하여야 한다.

**02** ① 사업주체(공공주택사업자는 제외)가 사업주체로서 복리시설의 입주자를 모집하려는 경우 시장·군수·구청장에게 신고하여야 한다. ⇨ 한국토지주택공사×

③ 「관광진흥법」에 따라 지정된 관광특구에서 건설·공급하는 50층 이상의 공동주택은 분양가상한제를 적용하지 아니한다.

④ 공공택지 외의 택지로서 분양가상한제가 적용되는 지역에서 공급하는 도시형생활주택은 분양가상한제의 적용하지 아니한다.

⑤ 시·군·구청장은 사업계획승인 신청이 있는 날부터 20일 이내에 분양가심사위원회를 설치·운영하여야 한다.

**03** ② 사업주체가 마감자재 생산업체의 부도 등으로 인한 제품의 품귀 등 부득이한 사유로 인하여 사업계획승인 또는 마감자재 목록표의 마감자재와 다르게 마감자재를 시공·설치하려는 경우에는 당초의 마감자재와 같은 질 이상으로 설치하여야 한다.

**04** ① 한국토지주택공사가 총지분의 100분의 70을 출자하여 설립한 부동산투자회사가 사업주체로서입주자를 모집하려는 경우에는 시장·군수·구청장의 승인을 받을 필요는 없다.

② 관광진흥법에 따라 지정된 관광특구에서 건설·공급하는 층수가 50층이거나 높이가 150m 이상인 아파트는 분양가상한제의 적용대상이 아니다.

③ 국토교통부장관은 주택가격상승률이 물가상승률보다 현저히 높은 지역으로서 주택가격의 급등이 우려되는 지역에 대해서 분양가상한제 적용 지역으로 지정할 수 있다.

⑤ 사업주체가 투기과열지구에서 건설·공급하는 주택의 입주자로 선정된 지위는 매매할 수 없다 (상속: 전매제한사유 ×).

**05** ㉡ 분양가격은 택지비와 건축비로 구성(토지임대부 분양주택의 경우에는 건축비만 해당한다)되며, 구체적인 명세, 산정방식, 감정평가기관 선정방법 등은 국토교통부령으로 정한다.
㉢ 사업주체는 분양가상한제 적용주택으로서 공공택지에서 공급하는 주택에 대하여 입주자모집승인을 받았을 때에는 입주자 모집공고 안에 택지비, 공사비, 간접비, 그 밖에 국토교통부령으로 정하는 비용에 대하여 분양가격을 공시하여야 한다.

**06** ② ㉡, ㉢
㉠ 「도시 및 주거환경정비법」 제2조 제2호 가목에 따른 주거환경개선사업 및 같은 호 다목 후단에 따른 공공재개발사업에서 건설·공급하는 주택
㉣ 층수가 50층 이상이거나 높이가 150m 이상인 경우
㉤ 「공공주택 특별법」 제2조 제3호 마목에 따른 도심 공공주택 복합사업에서 건설·공급하는 주택

**07** ③ 분양가상한제 적용주택의 특별자치시·특별자치도·시·군·구별 기본형 건축비 산정의 적정성 여부

**08** ③ 상속·저당의 경우는 제외한다.

**09** ③ ㉢, ㉣
㉠, ㉡ 공급질서교란행위에서 상속과 저당은 제외한다.

**10** ① 공급질서교란행위에서 상속과 저당은 제외한다.

**11** ⑤ 저당권 설정제한 규정을 위반한 자에 대하여는 2년 이하의 징역 또는 2천만원 이하의 벌금에 처한다.

**12** ① 국토교통부장관 또는 시·도지사는 투기과열지구에서 지정 사유가 없어졌다고 인정하는 경우에는 지체 없이 투기과열지구 지정을 해제하여야 한다(시장·군수·구청장과 협의×).
② 투기과열지구로 지정된 지역의 시·도지사, 시장, 군수 또는 구청장은 지정 후 해당 지역의 주택가격이 안정되는 등 지정 사유가 없어졌다고 인정되는 경우에는 국토교통부장관 또는 시·도지사에게 투기과열지구 지정의 해제를 요청할 수 있다(토지소유자 요청×).
④ 투기과열지구에서 제한되는 전매는 상속의 경우를 제외하여 권리의 변동을 수반하는 행위를 말한다.
⑤ 투기과열지구에서 주택의 입주자로 선정된 지위는 이혼으로 인하여 배우자에게 이전이 불가피하고 사업주체의 동의를 받은 경우에도 배우자에게 전매할 수 있다.

**13**

- 주택공급이 있었던 직전 ( 2 )개월간 해당 지역에서 공급되는 주택의 청약경쟁률이 ( 5 ) 대 1을 초과하였거나 국민주택규모 이하 주택의 청약경쟁률이 10 대 1을 초과한 곳
- 다음 각 목의 어느 하나에 해당하여 주택공급이 위축될 우려가 있는 곳
  가. 주택의 분양계획이 직전월보다 ( 30 )% 이상 감소한 곳

**14**

- 투기과열지구로 지정하는 날이 속하는 달의 바로 전 달(이하 "직전월")부터 소급하여 주택공급이 있었던 ( 2 )개월 동안 해당 지역에서 공급되는 주택의 월평균 청약경쟁률이 모두 5대 1을 초과하였거나 국민주택규모 주택의 월평균 청약경쟁률이 모두 ( 10 ) 대 1을 초과한 곳
- 주택의 ( 분양계획 )이 직전월보다 30퍼센트 이상 감소하여 주택공급이 위축될 우려가 있는 곳

**15** ① 국토교통부장관은 반기마다 주거정책심의위원회의 회의를 소집하여 투기과열지구로 지정된 지역별로 해당지역의 주택가격 안정 여건의 변화 등을 고려하여 투기과열지구 지정의 유지 여부를 재검토하여야 한다.

② 공급질서 교란 금지를 위반한 자는 3년 이하의 징역 또는 3천만원 이하의 벌금에 처한다. 다만, 그 위반행위로 얻은 이익의 3배에 해당하는 금액이 3천만원을 초과하는 자는 3년 이하의 징역 또는 그 이익의 3배에 해당하는 금액 이하의 벌금에 처한다.

③ 도시형 생활주택은 분양가상한제가 적용 안 된다.

⑤ 조정대상지역의 지정권자는 국토교통부장관이다.

**16** 위축지역 : 조정대상지역지정직전월부터 소급하여 6개월간의 평균 주택가격상승률이 마이너스 1퍼센트 이하인 지역으로서 다음에 해당하는 지역

1. 조정대상지역지정직전월부터 소급하여 3개월 연속 주택매매거래량이 직전 연도의 같은 기간보다 20퍼센트 이상 감소한 지역
2. 조정대상지역지정직전월부터 소급하여 3개월간의 평균 미분양주택(사업계획승인을 받아 입주자를 모집했으나 입주자가 선정되지 않은 주택)의 수가 직전 연도의 같은 기간보다 2배 이상인 지역
3. 해당 지역이 속하는 시·도의 주택보급률 또는 자가주택비율이 전국 평균을 초과하는 지역

**17** ① 국토교통부장관은 시·도별 주택보급률 또는 자가주택 비율이 전국 평균 이하인 지역을 투기과열지구로 지정할 수 있다.

② 국토교통부장관은 주택가격의 안정을 위하여 필요한 경우에는 주거정책심의위원회의 심의를 거쳐 일정한 지역을 투기과열지구로 지정하거나 이를 해제할 수 있다.

③ 국토교통부장관은 반기마다 주거정책심의위원회의 회의를 소집하여 투기과열지구로 지정된 지역별로 해당 지역의 주택가격 안정 여건의 변화 등을 고려하여 투기과열지구 지정의 유지 여부를 재검토하여야 한다.

④ 국토교통부장관은 주택의 분양·매매 등 거래가 위축될 우려가 있는 지역을 시·도 주거정책심의위원회의 심의를 거쳐 조정대상지역으로 지정할 수 있다.

**18** ⑤ 수도권의 지역으로서 공공택지 외의 택지에서 건설·공급되는 주택의 소유자가 국가에 대한 채무를 이행하지 못하여 공매가 시행되는 경우에는 사업주체의 동의를 받은 경우에는 전매를 할 수 있다.

**19** ③ 상속에 따라 취득한 주택으로 세대원 전원이 이전하는 경우

**20** ㉠ 시장·군수·구청장의 요청을 받아 국토교통부장관이 임대주택의 인수자를 지정하는 경우에는 30일 이내에 인수자를 지정하여 시·도지사에게 통보한다.


## 05 리모델링 및 보칙

**Answer** 객관식

| 01 ③ | 02 ② | 03 ③ | 04 ③ | 05 ③ | 06 ④ | 07 ⑤ | 08 ② | 09 ⑤ | 10 ④ |
| 11 ① | 12 ④ | 13 ③ | 14 ② | 15 ③ | | | | | |

**01** ③ 지역주택조합 또는 직장주택조합의 경우 첨부서류에 해당(리모델링주택조합×)

**02** ② 리모델링에 동의한 소유자는 입주자대표회의가 시장·군수·구청장에게 허가신청서를 제출하지 전까지 서면으로 동의를 철회할 수 있다.

**03**
> **시행령 제13조** ① 법 제2조 제25호 다목1)에서 "대통령령으로 정하는 범위"란 다음 각 호의 구분에 따른 범위를 말한다.
> 1. 수직으로 증축하는 행위(이하 "수직증축형 리모델링"이라 한다)의 대상이 되는 기존 건축물의 층수가 ( 15 )층 이상인 경우: ( 3 )개 층
> 2. 수직증축형 리모델링의 대상이 되는 기존 건축물의 층수가 ( 14 )층 이하인 경우: ( 2 )개 층

**04** ③ ㉠, ㉡, ㉢만 해당한다.

**05** 권리변동계획
1. 리모델링 전후의 대지 및 건축물의 권리변동 명세
2. 조합원의 비용분담
3. 사업비
4. 조합원 외의 자에 대한 분양계획

**06**
> 리모델링 기본계획을 수립하거나 변경하려면 ( 14 )일 이상 주민에게 공람하고, 지방의회의 의견을 들어야 한다. 이 경우 지방의회는 의견제시를 요청받은 날부터 ( 30 )일 이내에 의견을 제시하여야 한다.

**07** ⑤ 「주택법」에 따른 사용검사일 또는 「건축법」에 따른 사용승인일부터 15년(15년 이상 20년 미만의 연수 중 시·도조례가 정하는 경우 그 연수)이 경과된 공동주택을 각 세대의 주거전용면적의 30% 이내(세대의 주거전용면적이 85m² 미만인 경우에는 40% 이내)에서 전유부분을 증축을 하는 행위를 말한다. 이 경우 공동주택의 기능향상 등을 위하여 공용부분에 대해서도 별도로 증축할 수 있다.

**08** ① 리모델링이란 대수선과 증축하는 행위를 말한다.
③ 주택단지 전체를 리모델링하고자 주택조합을 설립하기 위해서는 주택단지 전체의 구분소유자 및 의결권의 각 3분의 2 이상의 결의 및 각 동의 구분소유자와 의결권의 각 과반수의 결의가 필요하다.
④ 공동주택(부대시설과 복리시설을 포함)의 입주자·사용자 또는 관리주체가 공동주택을 리모델링하려고 하는 경우에는 허가와 관련된 면적, 세대수 또는 입주자 등의 동의 비율에 관하여 대통령령으로 정하는 기준 및 절차 등에 따라 시장·군수·구청장의 허가를 받아야 한다.
⑤ 리모델링주택조합 설립에 동의한 자로부터 건축물을 취득한 자는 리모델링주택조합 설립에 동의한 것으로 본다.

**09** ⑤ 증축형 리모델링을 하려는 자는 시장·군수·구청장에게 안전진단을 요청하여야 하며, 안전진단을 요청받은 시장·군수·구청장은 해당 건축물의 증축 가능 여부의 확인 등을 위하여 안전진단을 실시하여야 한다.

**10**
> 주택단지 전체를 리모델링하는 경우에는 주택단지 전체 구분소유자 및 의결권의 각 ( 75 )퍼센트 이상의 동의와 각 동별 구분소유자 및 의결권의 각 ( 50 )퍼센트 이상의 동의를 받아야 하며, 동을 리모델링하는 경우에는 그 동의 구분소유자 및 의결권의 각 ( 75 )퍼센트 이상의 동의를 받아야 한다.

**11** 주택법상 청문
1. 주택건설사업 등의 등록말소
2. 주택조합의 설립인가취소
3. 사업계획승인의 취소
4. 리모델링허가의 취소

**12** ① 증축하는 리모델링을 하려는 자는 시장·군수·구청장에게 안전진단을 요청하여야 하며, 안전진단을 요청받은 시장·군수·구청장은 해당 건축물의 증축 가능 여부의 확인 등을 위하여 안전진단을 실시하여야 한다.
② 입주자·사용자 또는 관리주체의 경우 공사기간, 공사방법 등이 적혀 있는 동의서에 입주자 전체의 동의를 받아야 한다.
③ 리모델링에 동의한 소유자는 리모델링주택조합 또는 입주자대표회의가 시장·군수·구청장에게 허가신청서를 제출하기 전까지 서면으로 동의를 철회할 수 있다.
⑤ 시장·군수·구청장이 증가하는 세대수가 50세대 이상의 세대수 증가형 리모델링을 허가하려는 경우에는 기반시설에의 영향이나 도시·군관리계획과의 부합 여부 등에 대하여 「국토의 계획 및 이용에 관한 법률」에 따라 설치된 시·군·구도시계획위원회의 심의를 거쳐야 한다.

**13** ① 토지임대부 분양주택의 토지에 대한 임대차기간은 40년 이내로 한다.
② 토지임대부 분양주택 소유자의 75% 이상이 계약갱신을 청구하는 경우 40년의 범위에서 이를 갱신할 수 있다.
④ 토지임대부 분양주택을 공급받은 자가 토지임대부 분양주택을 양도하려는 경우에는 한국토지주택공사에 해당 주택의 매입을 신청하여야 한다.
⑤ 토지임대료는 월별 임대료를 원칙으로 하되, 토지소유자와 주택을 공급받은 자가 합의한 경우 대통령령으로 정하는 바에 따라 임대료를 선납하거나 보증금으로 전환하여 납부할 수 있다.

**14** ① 40년의 범위에서 이를 갱신할 수 있다.
③ 주택을 공급받은 자는 토지소유자와 합의하여 토지임대료를 보증금으로 전환하여 납부할 수 있다.
④ 해당 주택의 구분소유권을 목적으로 그 토지 위에 임대차기간 동안 지상권이 설정된 것으로 본다.
⑤ 「집합건물의 소유 및 관리에 관한 법률」을 「민법」에 우선하여 적용한다.

**15** ① 토지임대부 분양주택 입주자의 거주의무기간은 5년이다.
② 토지임대부 분양주택의 건축물의 전유부분에 대한 구분소유권은 이를 분양받은 자가 가지고, 건축물의 공용부분·부속건물 및 복리시설은 분양받은 자들이 공유한다.
④ 토지임대부 분양주택의 입주자는 해당 주택의 최초 입주가능일에 입주하여야 한다.
⑤ 토지임대부 분양주택의 토지에 대한 임대차기간은 40년 이내로 한다.

**Answer** 주관식

01 기숙사

02 ㉠: 85, ㉡: 아파트형주택

03 ㉠: 20, ㉡: 8

04 ㉠: 6, ㉡: 300

05 ㉠: 2, ㉡: 10, ㉢: 3

06 부대시설

07 ㉠: 3, ㉡: 2, ㉢: 구조도

08 ㉠: 300, ㉡: 3, ㉢: 300

09 50

10 ㉠: 5, ㉡: 10

11 ㉠: 30, ㉡: 1

12 50

13 ㉠: 95, ㉡: 10

14 ㉠: 시가, ㉡: 3, ㉢: 10

15 ㉠: 30, ㉡: 법원

16 ㉠: 30, ㉡: 3, ㉢: 3

17 ㉠: 50, ㉡: 조성원가

18 ㉠: 시가, ㉡: 2

19 ㉠: 115, ㉡: 250

20 ㉠: 500, ㉡: 입주자모집공고

21 65

22 ㉠: 75, ㉡: 100

23 ㉠: 12, ㉡: 2, ㉢: 20

24 ㉠: 6, ㉡: 20

25 ㉠: 3, ㉡: 1

26 ㉠: 대지사용권, ㉡: 권리변동계획

27 ㉠: 75, ㉡: 50, ㉢: 75

28 대지사용권

29 2

30 ㉠: 5, ㉡: 300, ㉢: 3

31 ㉠: 3, ㉡: 공급계약체결일

## 01 용어정의 · 관리방법

**Answer** 객관식

| | | | | | | | | | |
|---|---|---|---|---|---|---|---|---|---|
| 01 ④ | 02 ① | 03 ⑤ | 04 ④ | 05 ① | 06 ① | 07 ④ | 08 ③ | 09 ③ | 10 ② |
| 11 ④ | 12 ③ | 13 ⑤ | 14 ③ | 15 ② | 16 ⑤ | 17 ⑤ | 18 ② | | |

**01** ① "입주자"란 공동주택의 소유자 또는 그 소유자를 대리하는 배우자 및 직계존비속을 말한다.
② "혼합주택단지"란 분양을 목적으로 한 공동주택과 임대주택이 함께 있는 공동주택단지를 말한다.
③ "주택관리사 등"이란 주택관리사보와 주택관리사를 말한다.
⑤ "임대주택"이란 「민간임대주택에 관한 특별법」에 따른 민간임대주택 및 「공공주택 특별법」에 따른 공공임대주택을 말한다.

**02** ① 입주자대표회의는 자치의결기구에 해당한다.

**03** ① 입주자 등은 의무관리대상 공동주택을 자치관리하거나 주택관리업자에게 위탁하여 관리하여야 한다.
② 의무관리대상 공동주택 관리방법의 결정은 다음의 어느 하나에 해당하는 방법으로 한다.
　㉠ 입주자대표회의의 의결로 제안하고 전체 입주자 등의 과반수가 찬성
　㉡ 전체 입주자 등의 10분의 1 이상이 서면으로 제안하고 전체 입주자 등의 과반수가 찬성
③ 입주자대표회의는 해당 공동주택의 관리에 필요하다고 인정하는 경우 공동주택을 500세대 이상의 단위로 나누어 관리하게 할 수 있다.
④ 의무관리대상 공동주택 전환 신고를 하려는 자는 입주자 등의 동의를 받은 날부터 30일 이내에 관할 시장·군수·구청장에게 신고하여야 한다.

**04** ④ 의무관리대상 공동주택을 입주자 등이 자치관리할 것을 정한 경우 자치관리기구의 대표자는 관리사무소장이 겸임한다.

**05** ① 입주자대표회의의 구성원은 자치관리기구의 직원을 겸할 수 없다.

**06** ① 주택관리업자에게 위탁관리하다가 자치관리로 관리방법을 변경하는 경우 입주자대표회의는 그 위탁관리의 종료일까지 자치관리기구를 구성하여야 한다.

**07** ④ 입주자대표회의의 회장은 공동주택 관리방법의 결정 또는 변경결정에 관한 신고를 하려는 경우에는 그 결정일 또는 변경결정일부터 30일 이내에 신고서를 시장·군수·구청장에게 제출하여야 한다.

**08** ③ 관리사무소장은 자치관리기구가 갖추어야 하는 기술인력을 겸직할 수 없다.

**09** ① 승강기가 설치된 150세대 이상의 공동주택이 의무관리대상 공동주택이다.
② 자치관리기구 관리사무소장은 입주자대표회의가 입주자대표회의 구성원 과반수의 찬성으로 선임한다.
④ 의무관리대상 공동주택을 건설한 사업주체가 그 공동주택에 대하여 관리하여야 하는 기간은 입주예정자의 과반수가 입주할 때까지이다.
⑤ 주택관리업자에게 위탁관리하다가 자치관리로 관리방법을 변경하는 경우 입주자대표회의는 그 위탁관리의 종료일까지 대통령령으로 정하는 기술인력 및 장비를 갖춘 자치관리기구를 구성하여야 한다.

**10** ① 의무관리대상 공동주택의 관리주체는 다음 회계연도에 관한 관리비 등의 사업계획 및 예산안을 매 회계연도 개시 1개월 전까지 입주자대표회의에 제출하여 승인을 받아야 한다.
③ 계약서를 해당 공동주택단지의 인터넷 홈페이지 및 동별 게시판에 공개하여야 한다.
④ 입주자 등은 관리규약의 준칙을 참조하여 관리규약을 정한다.
⑤ 의무관리대상 공동주택의 관리주체는 회계연도마다 사업실적서 및 결산서를 작성하여 회계연도 종료 후 2개월 이내에 입주자대표회의에 제출하여야 한다.

**11** ① 관할 시장·군수·구청장에게 신고서를 제출해야 한다.
② 전체 입주자 등의 3분의 2 이상이 서면으로 동의하여 정하는 공동주택도 포함이 된다.
③ 의무관리대상 전환 공동주택의 입주자 등은 관리규약의 제정 신고가 수리된 날부터 3개월 이내에 입주자대표회의를 구성하여야 한다.
⑤ 의무관리대상 전환 공동주택의 입주자 등이 공동주택을 위탁관리할 것을 결정한 경우 입주자대표회의는 입주자대표회의의 구성 신고가 수리된 날부터 6개월 이내에 주택관리업자를 선정하여야 한다.

**12** ㉢ 입주자 등이 새로운 주택관리업자 선정을 위한 입찰에서 기존 주택관리업자의 참가를 제한하도록 입주자대표회의에 요구하려면 전체 입주자 등 과반수의 서면동의가 있어야 한다.

**13** ⑤ 입주자대표회의는 공동주택을 공동관리하거나 구분관리할 것을 결정한 경우에는 지체없이 그 내용을 시장·군수·구청장에게 통보하여야 한다.

**14** ③ 국토교통부장관이 정하여 고시하는 경우 외에는 전체 입주자 등의 과반수의 동의를 얻어서 경쟁입찰의 방법으로 주택관리업자를 선정하여야 한다.

**15** ② 관리주체는 필요한 경우 입주자 등을 대상으로 층간소음의 예방, 분쟁의 조정 등을 위한 교육을 실시할 수 있다.

**16** ⑤ 관리규약으로 정한 사항의 집행은 관리주체의 업무이다.

**17** ⑤ 합의가 이뤄지지 않는 경우 해당 혼합주택단지 공급면적의 3분의 2 이상을 관리하는 입주자 대표회의 또는 임대사업자가 결정한다.

**18** ② "자본금"이란 법인인 경우에는 주택관리업을 영위하기 위한 출자금을, 법인이 아닌 경우에는 자산평가액을 말한다.

## 02 입주자대표회의 및 관리주체

**Answer** 객관식

| | | | | | | | | | |
|---|---|---|---|---|---|---|---|---|---|
| 01 ⑤ | 02 ② | 03 ⑤ | 04 ④ | 05 ⑤ | 06 ③ | 07 ⑤ | 08 ② | 09 ⑤ | 10 ③ |
| 11 ④ | 12 ④ | 13 ③ | 14 ③ | 15 ② | 16 ② | 17 ① | 18 ② | 19 ④ | 20 ① |
| 21 ③ | 22 ② | 23 ③ | 24 ③ | 25 ④ | 26 ⑤ | 27 ③ | 28 ④ | 29 ④ | 30 ③ |
| 31 ① | 32 ⑤ | 33 ④ | 34 ① | 35 ① | 36 ⑤ | 37 ④ | | | |

**01** ⑤ 주민등록을 마친 후 계속하여 3개월 이상 거주요건은 필요하지 않다.

**02** ② 입주자대표회의는 4명 이상으로 구성하되, 동별 세대수에 비례하여 관리규약으로 정한 선거구에 따라 선출된 대표자로 구성한다.

**03** ① 입주자대표회의에는 회장 1명, 감사 2명 이상, 이사 1명 이상의 임원을 두어야 한다.
② 서류 제출 마감일을 기준으로 「공동주택관리법」을 위반한 범죄로 금고 이상의 실형 선고를 받고 그 집행이 끝나거나(집행이 끝난 것으로 보는 경우를 포함한다) 집행이 면제된 날부터 2년이 지나지 아니한 사람은 동별 대표자가 될 수 없다.
③ 입주자대표회의는 그 회의를 개최한 때에는 회의록을 작성하여 관리주체에게 보관하게 하여야 한다.

④ 입주자대표회의 회장은 입주자 등의 10분의 1 이상이 요청하는 때에는 해당일부터 14일 이내에 입주자대표회의를 소집해야 한다.

**04** ④ 전체 입주자 등의 과반수가 투표하고 투표자의 과반수 찬성으로 해임

**05** ① 입주자 등의 10분의 1 이상이 요청하는 때 회장은 해당일부터 14일 이내에 입주자대표회의를 소집하여야 한다.

② 입주자대표회의의 의결사항 중 공동주택 공용부분의 담보책임 종료 확인에 관한 사항은 의결에서 제외한다.

③ 300세대 이상인 공동주택의 관리주체는 관리규약으로 정하는 범위·방법 및 절차 등에 따라 회의록을 입주자 등에게 공개하여야 하며, 300세대 미만인 공동주택의 관리주체는 관리규약으로 정하는 바에 따라 회의록을 공개할 수 있다.

④ 어린이집, 다함께돌봄센터, 공동육아나눔터 등 주민공동시설의 위탁운영을 제안할 수 없다.

**06** ③ 관리규약에 동별 대표자가 임기 중에 관리비를 최근 3개월 이상 연속하여 체납한 경우에는 해임한다는 규정이 있는 경우 해당 선거구 전체 입주자 등의 과반수가 투표하고 투표자의 과반수 찬성으로 해임한다.

**07** ⑤ ㉠, ㉡, ㉢, ㉣

㉠ 입주자대표회의는 4명 이상으로 구성하되, 동별 세대수에 비례하여 관리규약으로 정한 선거구에 따라 선출된 대표자로 구성한다.

㉡ 해당 선거구 전체 입주자 등의 과반수가 투표하고 투표자의 과반수 찬성으로 동별대표자를 선출한다.

㉢ 동별 대표자의 임기는 2년으로 하며, 한번만 중임할 수 있다.

㉣ 선출전에 전체 입주자 과반수의 서면동의를 얻은 경우에는 입주자대표회의의 회장이 될 수 있다.

**08** ② 사용자는 입주자인 동별 대표자의 후보자가 없는 선거구에서만 선출할 수 있다.

**09** ① 먼저 입주한 공구의 입주자 등은 입주자대표회의를 구성할 수 있다.

② 주민등록을 마친 후 계속하여 3개월 이상 거주하고 있는 입주자 중선거구 입주자 등의 보통·평등·직접·비밀선거를 통하여 선출한다.

③ 공동주택 소유자 또는 공동주택을 임차하여 사용하는 사람의 동별 대표자의 결격사유는 그를 대리하는 자에게 미친다.

④ 사용자인 동별 대표자는 회장이 될 수 없다. 다만, 입주자인 동별 대표자 중에서 회장 후보자가 없는 경우로서 선출 전에 전체 입주자 과반수의 서면동의를 얻은 경우에는 그러하지 아니하다.

**10** ③ 공동주택은 다음의 구분에 따라 전체 입주자 등의 보통·평등·직접·비밀선거를 통하여 동별 대표자 중에서 회장과 감사를 선출한다. 다만, 후보자가 없거나 선거 후 선출된 사람이 없을 때에는 입주자대표회의 구성원의 과반수 찬성으로 회장과 감사를 선출할 수 있다.
　　1. 후보자가 2명 이상인 경우(감사는 선출필요인원 초과) : 전체 입주자 등의 10분의 1 이상이 투표하고 후보자 중 최다득표자(감사는 다득표자) 선출
　　2. 후보자가 1명인 경우(감사는 선출필요인원과 같거나, 미달) : 전체 입주자 등의 10분의 1 이상이 투표하고 그 투표한 입주자 등의 과반수 찬성으로 선출

**11** ④ 입주자대표회의는 입주자대표회의 구성원 과반수의 찬성으로 의결한다.

**12** ④ 다음의 어느 하나에 해당하는 때에는 회장은 해당일부터 14일 이내에 입주자대표회의를 소집하여야 하고, 회장이 회의를 소집하지 아니하는 경우에는 관리규약으로 정하는 이사가 그 회의를 소집하고 회장의 직무를 대행한다.
　　1. 입주자대표회의 구성원 3분의 1 이상이 청구하는 때
　　2. 입주자 등의 10분의 1 이상이 요청하는 때
　　3. 전체 입주자의 10분의 1 이상이 요청하는 때(장기수선계획의 수립 또는 조정에 관한 사항만 해당한다)

**13** ③ 어린이집을 제외한 주민공동시설 위탁운영의 제안

**14** ③ 입주자대표회의 구성원 과반수의 찬성으로 의결하는 사항은 ㉠, ㉢, ㉤이며, ㉡, ㉣은 전체 입주자 등의 과반수 찬성으로 하는 의결하는 사항이다.

**15** ② 보궐선거 또는 재선거로 선출된 동별 대표자의 임기가 6개월 미만인 경우에는 임기의 횟수에 포함하지 않는다.

**16** ② 해당 공동주택의 동별 대표자를 사퇴한 날로부터 1년이 지나지 아니하거나, 해임된 날로부터 2년이 지나지 아니한 사람은 동별 대표자가 될 수 없다.

**17** ① 공동주택의 소유자가 서면으로 위임한 대리권이 없는 소유자의 배우자나 직계존비속

**18** ㉢ 관리비 등을 최근 3개월간 연속하여 체납한 사람

**19** ④ 서류 제출 마감일을 기준으로 금고 이상의 형의 집행유예선고를 받고 그 유예기간 중에 있는 사람에 한하여 동별 대표자가 될 수 없다.

**20** ① 동별 대표자의 임기는 2년으로 하며, 한 번만 중임할 수 있다.

**21** ③ ㉠, ㉣은 사업주체가 행한다.

**22** ② 관리사무소장은 공동주택의 운영·관리·유지·보수·교체·개량 및 리모델링에 관한 업무와 관련하여 입주자대표회의를 대리하여 재판상 또는 재판 외의 행위를 할 수 있다.

**23** ① 관리사무소장으로 배치된 주택관리사 등은 손해배상책임을 보장하기 위하여 500세대 미만의 공동주택은 3천만원을 보장하는 보증보험 또는 공제에 가입하거나 공탁을 하여야 한다.
② 보증보험 또는 공제에 가입한 주택관리사 등으로서 보증기간이 만료되어 다시 보증설정을 하려는 자는 그 보증기간이 만료되기 전에 다시 보증설정을 하여야 한다.
④ 주택관리사 등은 보증보험금·공제금 또는 공탁금으로 손해배상을 한 때에는 15일 이내에 보증보험 또는 공제에 다시 가입하거나 공탁금 중 부족하게 된 금액을 보전하여야 한다.
⑤ 공탁한 공탁금은 주택관리사 등이 해당 공동주택의 관리사무소장의 직을 사임하거나 그 직에서 해임된 날 또는 사망한 날부터 3년 이내에는 회수할 수 없다.

**24** ③ 보증기간이 만료되어 다시 보증설정을 하려는 자는 그 보증기간이 만료되기 전에 다시 보증설정을 하여야 한다.

**25** ㉠ 주택관리사 등은 관리사무소장의 업무를 집행하면서 고의 또는 과실로 입주자 등에게 재산상의 손해를 입힌 경우에는 그 손해를 배상할 책임이 있다.

**26** ⑤ 관리사무소장은 하자의 발견 및 하자보수의 청구, 장기수선계획의 조정, 시설물 안전관리계획의 수립 및 건축물의 안전점검 업무가 비용지출을 수반하는 사항에 대하여는 입주자대표회의의 의결을 거쳐야 한다.

**27** ③ 관리사무소장은 입주자대표회의에서 의결하는 공동주택의 유지 업무와 관련하여 입주자대표회의를 대리하여 재판상의 행위를 할 수 있다.

**28** ④ 관리사무소장은 배치 내용과 업무의 집행에 사용할 직인을 시장·군수·구청장에게 신고하여야 하며, 배치된 날부터 15일 이내에 '관리사무소장 배치 및 직인 신고서'를 주택관리사단체에게 제출하여야 한다.

**29** ④ 주택관리사 등은 관리사무소장의 업무를 집행하면서 고의 또는 과실로 입주자 등에게 재산상의 손해를 입힌 경우에는 그 손해를 배상할 책임이 있다.

**30** ① 임대사업자는 관리주체가 될 수 있다.
② 300세대 이상인 공동주택의 관리주체는 관리규약으로 정하는 범위·방법 및 절차 등에 따라 입주자대표회의의 회의록을 입주자 등에게 공개하여야 한다.

④ 의무관리대상 공동주택의 관리주체는 회계연도마다 사업실적서 및 결산서를 작성하여 회계
연도 종료 후 2개월 이내에 입주자대표회의에 제출하여야 한다.
⑤ 입주자대표회의와 관리주체는 주요시설을 신설하는 등 관리여건상 필요하여 전체 입주자 과
반수의 서면동의를 받은 경우에는 3년이 지나기 전에 장기수선계획을 조정할 수 있다.

**31** 입주자 등은 다음의 어느 하나에 해당하는 행위를 하려는 경우에는 관리주체의 동의를 받아야
한다.
1. 국토교통부령으로 정하는 경미한 행위로서 주택내부의 구조물과 설비를 교체하는 행위
2. 「소방시설 설치 및 관리에 관한 법률」제16조 제1항에 위배되지 아니하는 범위에서 공용부분
에 물건을 적재하여 통행·피난 및 소방을 방해하는 행위
3. 공동주택에 광고물·표지물 또는 표지를 부착하는 행위
4. 가축(장애인 보조견은 제외한다)을 사육하거나 방송시설 등을 사용함으로써 공동주거생활에
피해를 미치는 행위
5. 공동주택의 발코니 난간 또는 외벽에 돌출물을 설치하는 행위
6. 전기실·기계실·정화조시설 등에 출입하는 행위
7. 「환경친화적 자동차의 개발 및 보급 촉진에 관한 법률」에 따른 전기자동차의 이동형 충전기
를 이용하기 위한 차량무선인식장치[전자태그(RFID tag)를 말한다]를 콘센트 주위에 부착하
는 행위

**32** ⑤ 주택관리사의 자격이 취소된 후 3년이 지나면 결격사유가 아니다.

**33** 시·도지사는 주택관리사 등이 다음에 해당하면 그 자격을 취소하여야 한다.
1. 거짓이나 그 밖의 부정한 방법으로 자격을 취득한 경우
2. 공동주택의 관리업무와 관련하여 금고 이상의 형을 선고받은 경우
3. 의무관리대상 공동주택에 취업한 주택관리사 등이 다른 공동주택 및 상가·오피스텔 등 주택
외의 시설에 취업한 경우
4. 주택관리사 등이 자격정지기간에 공동주택관리업무를 수행한 경우
5. 다른 사람에게 자기의 명의를 사용하여 이 법에서 정한 업무를 수행하게 하거나 자격증을 대
여한 경우

**34** ① 자격을 취소하거나 1년 이내의 기간을 정하여 그 자격을 정지시킬 수 있는 사항이다.

**35** ② 주택관리업을 하려는 자는 대통령령으로 정하는 바에 따라 시장·군수·구청장에게 등록하
여야 한다.
③ 주택관리업의 등록을 하려는 자는 자본금이 2억원 이상이어야 한다.
④ 관리비 등을 공동주택관리법에 따른 용도 외의 목적으로 사용한 경우 영업정지를 명해야 한다.
⑤ 주택관리업자에 대하여 등록말소 또는 영업정지 처분을 하려는 때에는 처분일 1개월 전까지
해당 주택관리업자가 관리하는 공동주택의 입주자대표회의에 그 사실을 통보하여야 한다.

**36** ① 300세대의 의무관리대상 공동주택에는 주택관리사보를 해당 공동주택의 관리사무소장으로 배치할 수 있다.

② 주택관리사보가 공무원으로 주택관련 인·허가 업무 등에 5년 이상 종사한 경력이 있다면 주택관리사 자격을 취득할 수 있다.

③ 금고 이상의 형의 집행유예를 선고받고 그 유예기간 중에 있는 사람은 주택관리사가 될 수 없다.

④ 주택관리사로서 공동주택의 관리사무소장으로 10년 이상 근무한 사람은 하자분쟁조정위원회의 위원으로 위촉될 수 있다.

**37** ① 시·도지사로부터 공동주택관리에 관한 교육과 윤리교육을 받아야 한다.

② 관리사무소장으로 배치된 날로부터 3개월 이내 주택관리에 관한 교육과 윤리교육을 받아야 한다.

③ 교육과 윤리교육기간은 3일로 한다.

⑤ 교육을 받은 후 3년마다 교육과 윤리교육을 받아야 한다.

## 03 관리규약 및 관리비 등

**Answer** 객관식

| | | | | | | | | | |
|---|---|---|---|---|---|---|---|---|---|
| 01 ④ | 02 ② | 03 ① | 04 ④ | 05 ④ | 06 ⑤ | 07 ⑤ | 08 ① | 09 ③ | 10 ⑤ |
| 11 ③ | 12 ② | 13 ④ | 14 ② | 15 ③ | 16 ④ | 17 ② | 18 ② | 19 ④ | 20 ⑤ |
| 21 ④ | 22 ④ | 23 ③ | 24 ① | 25 ④ | | | | | |

**01** 관리규약의 개정절차는 다음에 해당하는 방법으로 한다.

1. 입주자대표회의의 의결로 제안하고 전체 입주자 등의 과반수가 찬성
2. 전체 입주자 등의 10분의 1 이상이 제안하고 전체 입주자 등의 과반수가 찬성

**02** ② 입주자 등은 공동주택관리규약의 준칙을 참조하여 관리규약을 정한다.

**03** ① 특별시장·광역시장·특별자치시장·도지사 또는 특별자치도지사(이하 "시·도지사"라 한다)는 공동주택의 입주자 등을 보호하고 주거생활의 질서를 유지하기 위하여 대통령령으로 정하는 바에 따라 공동주택의 관리 또는 사용에 관하여 준거가 되는 관리규약의 준칙을 정하여야 한다.

**04** ④ 입주자대표회의의 회장은 관리규약을 개정한 경우 시장·군수·구청장에게 30일 이내 신고해야 한다.

**05** ④ 의무관리대상 전환 공동주택의 관리규약 제정안은 의무관리대상전환 공동주택의 관리인이 제안하고, 그 내용을 전체 입주자 등 과반수의 서면동의로 결정한다.

**06** 공동주택의 어린이집 임대계약(지방자치단체에 무상임대하는 것을 포함한다)에 대한 다음 각 목의 임차인 선정기준. 이 경우 그 기준은 「영유아보육법」 제24조 제2항 각 호 외의 부분 후단에 따른 국공립어린이집 위탁체 선정관리 기준에 따라야 한다.
   1. 임차인의 신청자격
   2. 임차인 선정을 위한 심사기준
   3. 어린이집을 이용하는 입주자 등 중 어린이집 임대에 동의하여야 하는 비율
   4. 임대료 및 임대기간
   5. 그 밖에 어린이집의 적정한 임대를 위하여 필요한 사항

**07** ⑤ 관리주체는 모든 거래 행위에 관하여 장부를 월별로 작성하여 그 증빙서류와 함께 해당 회계연도 종료일부터 5년간 보관하여야 한다.

**08** ② 공동주택의 내력구조부에 중대한 하자가 있다고 인정되는 경우에 안전진단기관에 의뢰하여 실시하는 안전진단 실시비용은 관리비와 구분하여 징수하여야 한다.
   ③ 계좌는 관리사무소장의 직인 외에 입주자대표회의의 회장 인감을 복수로 등록할 수 있다.
   ④ 관리비 항목 중 난방비는 난방 및 급탕에 소요된 원가(유류대·난방비 및 급탕용수비)에서 급탕비를 뺀 금액이다.
   ⑤ 잡수입의 경우에도 다음 달 말일까지 해당 공동주택단지의 인터넷 홈페이지 및 동별게시판과 공동주택관리정보시스템에 공개해야 한다.

**09** 관리주체는 다음의 비용에 대해서는 관리비와 구분하여 징수하여야 한다.
   1. 장기수선충당금
   2. 안전진단 실시비용(하자 원인이 사업주체 외의 자에게 있는 경우)

**10** ⑤ 일반관리비의 구성명세에는 인건비(급여, 제수당, 상여금, 퇴직금, 산재보험료, 고용보험료, 국민연금, 국민건강보험료 및 식대 등 복리후생비), 제사무비, 제세공과금, 피복비, 교육훈련비, 차량유지비, 그 밖의 부대비용이 있고, 그 구성명세 중 인건비의 세부 구성명세에는 급여, 제수당, 상여금, 퇴직금, 산재보험료, 고용보험료, 국민연금, 국민건강보험료 및 식대 등 복리후생비가 있다.

**11** ③ ㉢, ㉣은 납부대행 사용료를 지불한다.

**12** ② 관리주체는 해당 공동주택의 공용부분의 관리 및 운영 등에 필요한 경비(관리비 예치금)를 공동주택의 소유자로부터 징수한다.

**13** ④ 의무관리대상 공동주택의 관리주체는 「주식회사 등의 외부감사에 관한 법률」에 따른 감사인의 회계감사를 매년 1회 이상 받아야 한다. 다만, 다음의 구분에 따른 연도에는 그러하지 아니하다.
  1. 300세대 이상인 공동주택: 해당 연도에 회계감사를 받지 아니하기로 입주자 등의 3분의 2 이상의 서면동의를 받은 경우 그 연도
  2. 300세대 미만인 공동주택: 해당 연도에 회계감사를 받지 아니하기로 입주자 등의 과반수의 서면동의를 받은 경우 그 연도

**14** ② 관리주체는 회계감사를 받은 경우에는 감사보고서의 결과를 제출받은 날부터 1개월 이내에 입주자대표회의에 보고하고 해당 공동주택단지의 인터넷 홈페이지 및 동별 게시판에 공개하여야 한다.

**15** ⓒ 감사인은 관리주체가 회계감사를 받은 날부터 1개월 이내에 관리주체에게 감사보고서를 제출하여야 한다.
  ⓔ 회계감사를 받아야 하는 공동주택의 관리주체는 매 회계연도 종료 후 9개월 이내에 회계감사를 받아야 한다.

**16** ④ 세대별로 설치된 연탄가스배출기는 안전관리계획 수립대상시설이 아니다.

**17** ① 세대별로 설치된 연탄가스배출기 및 세대내 전기설비는 안전관리계획을 수립하지 않는다.
  ③ 지능형 홈네트워크설비는 매월 1회 이상 안전진단을 실시해야 한다.
  ④ 촬영된 자료는 컴퓨터보안시스템을 설치하여 30일 이상 보관해야 한다.
  ⑤ 15층 이하의 공동주택으로서 「재난 및 안전관리 기본법 시행령」에 따른 안전등급이 C등급, D등급 또는 E등급에 해당하는 공동주택의 안전점검은 「시설물의 안전 및 유지관리에 관한 특별법」 제28조에 따라 등록한 안전진단전문기관 등이 실시한다.

**18** ② 입주자대표회의와 관리주체는 주요시설을 신설하는 등 관리여건상 필요하여 전체 입주자 과반수의 서면동의를 받은 경우에는 3년이 지나기 전에 장기수선계획을 조정할 수 있다.

**19** ④ 관리주체는 장기수선계획에 따라 공동주택의 주요 시설의 교체 및 보수에 필요한 장기수선충당금을 해당 주택의 소유자로부터 징수하여 적립하여야 한다.

**20** ⑤ 공동주택 중 분양되지 아니한 세대의 장기수선충당금은 사업주체가 부담한다.

**21** ④ 입주자대표회의와 관리주체는 장기수선계획을 3년마다 검토하고 필요한 경우 이를 국토교통
부령으로 정하는 바에 따라 조정하여야 하며, 수립 또는 조정된 장기수선계획에 따라 주요시
설을 교체하거나 보수하여야 한다. 주요시설을 신설하는 등 관리여건상 필요하여 전체 입주
자 과반수의 서면동의를 받은 경우에는 장기수선계획을 수립하거나 조정한 날부터 3년이 지
나기 전에 장기수선계획을 검토하여 이를 조정할 수 있다.

**22** ④ 장기수선충당금은 당해 공동주택의 사용검사일(단지 안의 공동주택의 전부에 대하여 임시사
용승인을 얻은 경우에는 임시사용승인일을 말한다)부터 1년이 경과한 날이 속하는 달부터 매
월 적립한다. 다만, 분양전환승인을 받은 건설임대주택의 경우에는 임대사업자가 관리주체에
게 관리업무를 인수인계한 날이 속하는 달부터 매월 적립한다.

**23** ⓛ 해당 공동주택의 입주자 과반수의 서면동의가 있으면 장기수선충당금을 하자진단 및 감정에
드는 비용으로 사용할 수 있다.
　ⓜ 장기수선충당금은 건설임대주택에서 분양전환된 공동주택의 경우에는 임대사업자가 관리주
체에게 공동주택의 관리업무를 인계한 날이 속하는 달부터 적립한다.

**24** ① 입주자 과반수의 서면동의가 있는 경우에는 하자진단 및 감정에 드는 비용, 하자심사분쟁조
정에 따른 조정 등의 비용의 용도로 사용할 수 있다.

**25** ④ 의무관리대상 공동주택의 안전점검은 반기마다 하여야 한다.

## 04 하자담보책임 · 보칙

**Answer** 객관식

| 01 ① | 02 ③ | 03 ④ | 04 ① | 05 ① | 06 ① | 07 ③ | 08 ① | 09 ① | 10 ⑤ |
| 11 ① | 12 ③ | 13 ① | 14 ⑤ | 15 ⑤ | 16 ④ | 17 ③ | 18 ④ | 19 ② | 20 ③ |
| 21 ④ | 22 ① | 23 ③ | 24 ④ | | | | | | |

**01** ① 사업주체는 담보책임기간에 하자가 발생한 경우에는 해당 공동주택의 입주자, 입주자대표회
의, 관리주체(하자보수청구 등에 관하여 입주자 또는 입주자대표회의를 대행하는 관리주체를
말한다), 「집합건물의 소유 및 관리에 관한 법률」에 따른 관리단, 공공임대주택의 임차인 또는
임차인대표회의의 청구에 따라 그 하자를 보수하여야 한다.

**02** ③ 국가·지방자치단체·한국토지주택공사 및 지방공사인 사업주체의 경우에는 하자보수보증금을 예치하지 않는다.

**03** ④ 전유부분에 대한 하자보수가 끝난 때에는 사업주체와 입주자는 담보책임기간이 만료되기 전에 공동으로 담보책임 종료확인서를 작성해서는 안 된다.

**04** ① 소방시설공사 중 자동화재탐지설비공사의 담보책임기간은 3년이다.

**05** ① 기초공사(10년)
② 철골공사(5년)
③ 조경공사(3년)
④ 정보통신공사(3년)
⑤ 도배공사(2년)

**06** ① 내력벽공사(10년)
② 식재공사(3년)
③ 급수설비공사(3년)
④ 블록공사(5년)
⑤ 옹벽공사(5년)

**07** ③ ㉠, ㉢: 3년, ㉣: 5년, ㉡: 5년

**08** ① ㉠, ㉡: 2년, ㉢: 3년, ㉣: 5년

**09** ① 사업주체는 하자보수를 보장하기 위하여 하자보수보증금을 담보책임기간(보증기간은 공용부분을 기준으로 기산한다) 동안 예치하여야 한다. 다만, 국가·지방자치단체·한국토지주택공사 및 지방공사인 사업주체의 경우에는 그러하지 아니하다.

**10** ① 매 회계연도 종료 후 9개월 이내에 재무제표에 대하여 회계감사를 받아야 한다.
② 장기수선충당금은 다음의 계산식에 따라 산정한다.

> 월간 세대별 장기수선충당금 = [장기수선계획기간 중의 수선비총액 ÷ {총공급면적 × 12 × 계획기간(년)}] × 세대당 주택공급면적

③ 지능형 홈네트워크설비의 안전진단은 매월 1회 이상 실시한다.
④ 허가신청서 또는 신고서에 기재된 해당 공동주택 총사업비의 100분의 3을 하자보수보증금으로 예치하여야 한다.

**11** ① 입주자대표회의는 사업주체가 예치한 하자보수보증금을 순차적으로 사업주체에게 반환하여야 한다.

**12** ③ 축대는 행위허가 또는 신고대상이다.

**13** 다음에 해당하는 사람은 선거관리위원회 위원이 될 수 없으며 그 자격을 상실한다.
1. 동별 대표자 또는 그 후보자
2. 1.에 해당하는 사람의 배우자 또는 직계존비속
3. 미성년자, 피성년후견인 또는 피한정후견인
4. 동별 대표자를 사퇴하거나 그 지위에서 해임된 사람 또는 동별 대표자가 임기 중에 자격요건을 충족하지 아니하게 된 경우나 결격사유에 해당하게 된 경우에 퇴임한 사람으로서 그 남은 임기 중에 있는 사람
5. 선거관리위원회 위원을 사퇴하거나 그 지위에서 해임 또는 해촉된 사람으로서 그 남은 임기 중에 있는 사람

**14** ⑤ 모두 해당한다.

**15** 다음의 어느 하나에 해당하는 사람은 선거관리위원회 위원이 될 수 없으며 그 자격을 상실한다.
1. 동별 대표자 또는 그 후보자
2. 1.에 해당하는 사람의 배우자 또는 직계존비속
3. 미성년자, 피성년후견인 또는 피한정후견인
4. 동별 대표자를 사퇴하거나 그 지위에서 해임된 사람 또는 동별 대표자가 임기 중에 자격요건을 충족하지 아니하게 된 경우나 결격사유에 해당하게 된 경우에 따라 퇴임한 사람으로서 그 남은 임기 중에 있는 사람
5. 선거관리위원회 위원을 사퇴하거나 그 지위에서 해임 또는 해촉된 사람으로서 그 남은 임기 중에 있는 사람

**16** ① 동별 대표자 및 선거관리위원회 위원 임기 중에 사퇴한 사람으로서 사퇴할 당시의 임기가 끝나지 아니한 사람은 선거관리위원회 위원이 될 수 없다.
② 500세대 이상인 공동주택은 「선거관리위원회법」에 따른 선거관리위원회 소속 직원 1명을 위원으로 위촉할 수 있다.
③ 선거관리위원회의 구성·운영·업무·경비, 위원의 선임·해임 및 임기 등에 관한 사항은 관리규약으로 정한다.
⑤ 동별 대표자 또는 그 후보자는 선거관리위원회 위원이 될 수 없고, 그 배우자나 직계존비속도 선거관리위원회 위원이 될 수 없다.

**17** ③ 선거관리위원회의 구성·운영·업무·경비, 위원의 선임·해임 및 임기 등에 관한 사항은 관리규약으로 정한다.

**18** ④ ㉠, ㉢

하자진단을 의뢰할 수 있는 안전진단기관은 ㉠, ㉢ 이외에도 국토안전관리원, 한국건설기술연구원, 「기술사법」에 따라 등록한 해당 분야의 기술사, 「건축사법」에 따라 신고한 건축사가 있다.

**19** ② 판사·검사 또는 변호사 자격을 취득한 후 6년 이상 종사한 자가 9명 이상 포함되어야 한다.

**20** ③ 조정 등의 신청기간 이내에 조정 등을 완료할 수 없는 경우에는 해당 사건을 담당하는 분과위원회 또는 소위원회의 의결로 그 기간을 1회에 한하여 연장할 수 있으나, 그 기간은 30일 이내로 한다.

**21** ④ 조정안을 제시받은 당사자는 그 제시를 받은 날부터 30일 이내에 그 수락 여부를 중앙공동주택관리분쟁조정위원회에 서면으로 통보하여야 하며, 30일 이내에 의사표시가 없는 때에는 수락한 것으로 본다.

**22** ② 공동주택의 층간소음에 관한 사항은 공동주택관리 분쟁조정위원회의 심의사항에 해당된다.
③ 국토교통부에 중앙분쟁조정위원회를 두고, 시·군·구에 지방분쟁조정위원회를 둔다.
④ 500세대 이상인 공동주택단지에서 발생한 분쟁은 중앙분쟁조정위원회에서 관할한다.
⑤ 중앙분쟁조정위원회는 위원장 1명을 포함한 15명 이내의 위원으로 구성한다.

**23** ③ 심의·조정한 경우 당사자가 조정안을 수락하거나 수락한 것으로 보는 때에는 그 조정서의 내용은 재판상 화해와 동일한 효력을 갖는다. 다만, 당사자가 임의로 처분할 수 없는 사항은 제외한다.

**24** ④ 둘 이상의 시·군·구의 관할 구역에 걸친 분쟁으로서 300세대의 공동주택단지에서 발생한 분쟁은 중앙분쟁조정위원회에서 관할한다.

**Answer** 주관식

| | |
|---|---|
| 01 ㉠: 주택법, ㉡: 공공주택특별법 | 02 혼합주택 |
| 03 혼합주택단지 | 04 150 |
| 05 관리비예치금 | 06 입주자대표회의 |
| 07 ㉠: 정보처리시스템, ㉡: 수의계약 | 08 ㉠: 2, ㉡: 6 |
| 09 ㉠: 2, ㉡: 2, ㉢: 6 | 10 ㉠: 14, ㉡: 관리규약 |
| 11 ㉠: 500, ㉡: 3, ㉢: 30 | 12 윤리 |
| 13 ㉠: 3, ㉡: 9 | 14 ㉠: 5, ㉡: 9 |
| 15 ㉠: 사업주체, ㉡: 3 | 16 ㉠: 관리계약, ㉡: 3, ㉢: 10분의 3(3/10) |
| 17 ㉠: 입주자 등, ㉡: 3 | 18 ㉠: 700, ㉡: 잡수입 |
| 19 ㉠: 10, ㉡: 4 | 20 ㉠: 층간소음관리위원회, ㉡: 기후에너지환경부 |
| 21 공동주택관리정보시스템 | 22 ㉠: 장기수선충당금, ㉡: 안전진단 |
| 23 ㉠: 100, ㉡: 잡수입 | 24 ㉠: 1, ㉡: 2 |
| 25 ㉠: 1, ㉡: 2 | 26 ㉠: 관리주체, ㉡: 1 |
| 27 5 | 28 ㉠: 9, ㉡: 운영성과표, ㉢: 이익잉여금처분계산서 |
| 29 주석 | 30 ㉠: 입주자대표회의, ㉡: 3 |
| 31 관리주체 | 32 공동육아나눔터 |
| 33 안전관리계획 | 34 ㉠: 주민공동시설, ㉡: 대피시설 |
| 35 ㉠: 입주자, ㉡: 5분의 4(4/5) | 36 ㉠: 30, ㉡: 공동주택관리정보시스템 |
| 37 ㉠: 30, ㉡: 30 | 38 ㉠: 40, ㉡: 20 |
| 39 ㉠: 40, ㉡: 25 | 40 ㉠: 30, ㉡: 30 |
| 41 ㉠: 2, ㉡: 감사 | |

**01** ② 국가 · 지방자치단체 · 한국토지주택공사 또는 지방공사는 그가 조성한 토지 중 3퍼센트 이상을 임대사업자에게 우선 공급하여야 한다.

③ 임대사업자가 민간임대주택을 자체관리하려면 관할 시장 · 군수 · 구청장의 인가를 받아야 한다.

④ 토지 및 종전부동산(이하 "토지등"이라 한다)을 공급받은 자는 토지등을 공급받은 날부터 2년 이내에 민간임대주택을 건설하여야 한다.

⑤ 임대사업자는 임대의무기간 동안에도 국토교통부령으로 정하는 바에 따라 시장 · 군수 · 구청장에게 신고한 후 민간임대주택을 다른 임대사업자에게 양도할 수 있다.

**02** ② 주택임대관리업의 등록기관은 등록 사항의 변경 신고를 받은 때에는 신고를 받은 날부터 5일 이내에 신고수리 여부를 신고인에게 통지하여야 한다.

**03** ① 임대사업자는 민간임대주택이 300세대 이상의 공동주택의 경우에는 공동주택관리법에 따른 주택관리업자에게 관리를 위탁하거나 자체관리할 수 있다.

② 주택임대관리업은 주택의 소유자로부터 주택을 임차하여 자기책임으로 전대하는 형태의 자기관리형 주택임대관리업과 주택의 소유자로부터 수수료를 받고 임대료 부과 · 징수 및 시설물 유지 · 관리 등을 대행하는 형태의 위탁관리형 주택임대관리업으로 구분한다.

③ 국가, 지방자치단체, 「공공기관의 운영에 관한 법률」에 따른 공공기관, 「지방공기업법」에 따라 설립된 지방공사는 주택임대관리업 등록규정에 제외된다.

⑤ 주택임대관리업자는 주택임대관리업자의 현황 중 전문인력의 경우 분기마다 그 분기가 끝나는 달의 다음달 말일까지 시장 · 군수 · 구청장에게 신고하여야 한다.

**04** ③ 미성년자는 결격사유가 아니다.

**05** ① 주택임대관리업을 하려는 자는 시장 · 군수 · 구청장에게 등록할 수 있다.

③ 자기관리형 주택임대관리업을 하는 주택임대관리업자는 임대인 및 임차인의 권리보호를 위하여 보증상품에 가입하여야 한다.

④ 주택임대관리업자가 등록증을 대여한 경우 그 등록을 말소하여야 한다.

⑤ 주택임대관리업을 폐업하려면 폐업일 30일 이전에 시장·군수·구청장에게 말소신고를 하여야 한다.

**06** 시장·군수·구청장은 주택임대관리업자가 다음에 해당하면 그 등록을 말소하여야 한다.
1. 거짓이나 그 밖의 부정한 방법으로 등록을 한 경우
2. 영업정지기간 중에 주택임대관리업을 영위한 경우 또는 최근 3년간 2회 이상의 영업정지처분을 받은 자로서 그 정지처분을 받은 기간이 합산하여 12개월을 초과한 경우
3. 다른 자에게 자기의 명의 또는 상호를 사용하여 이 법에서 정한 사업이나 업무를 수행하게 하거나 그 등록증을 대여한 경우

**07** 주택임대관리업자는 임대를 목적으로 하는 주택에 대하여 부수적으로 다음의 업무를 수행할 수 있다.
1. 시설물 유지·보수·개량 및 그 밖의 주택관리업무
2. 그 밖에 임차인의 주거 편익을 위하여 필요하다고 다음의 대통령령으로 정하는 업무
　⑴ 임차인이 거주하는 주거공간의 관리
　⑵ 임차인의 안전 확보에 필요한 업무
　⑶ 임차인의 입주에 필요한 지원 업무

**08** ① 자기관리형 주택임대관리업을 등록한 경우에는 위탁관리형 주택임대관리업도 등록한 것으로 본다.

② 주택임대관리업 등록을 한 자가 등록한 사항 중 자본금이 증가한 경우는 경미한 경우로 변경신고를 생략한다.

③ 주택임대관리업자는 분기마다 그 반기가 끝나는 달의 다음 달 말일까지 위탁받아 관리하는 주택의 호수·세대수 및 소재지를 시장·군수·구청장에게 신고하여야 한다.

④ 자기관리형 주택임대관리업을 하는 주택임대관리업자는 임대인 및 임차인의 권리보호를 위하여 보증상품에 가입하여야 한다.

**09** ① 자기관리형 주택임대관리업을 하는 주택임대관리업자는 임대인 및 임차인의 권리보호를 위하여 보증상품에 가입하여야 한다.

② 유상공급 토지면적중 주택건설 용도가 아닌 토지로 공급하는 면적이 유상공급 토지면적의 50%를 초과하지 않아야 한다.

④ 단기민간임대주택의 임대의무기간은 6년이다.

⑤ 시행자는 촉진지구 토지 면적의 3분의 2 이상에 해당하는 토지를 소유하고 토지 소유자 총수의 2분의 1 이상에 해당하는 자의 동의를 받은 경우 나머지 토지 등을 수용 또는 사용할 수 있다. 다만, 공공주택사업자가 동의 요건을 적용하지 아니하고 수용 또는 사용할 수 있다.

**10**  ② 임차인이 월임대료를 3개월 이상 연속하여 연체한 경우 임대사업자는 임대차계약을 해제 또는 해지하거나 재계약을 거절을 할 수 있다.

**11**  ⑤ 100세대 이상의 공동주택을 임대하는 임대사업자가 임대차계약에 관한 사항을 변경하여 신고하는 경우에는 변경예정일 1개월 전까지 신고하여야 한다.

**12**  ⑤ 임대사업자의 귀책사유 없이 입주지정기간 개시일(민간건설임대주택) 또는 임대사업자 등록일 등(민간매입임대주택)으로부터 3개월 이내에 입주하지 아니한 경우

**13**  ① 20세대 이상 임차인은 임차인대표회의를 구성할 수 있다.
③ 30일 이내에 임차인에게 통지하여야 한다.
④ 임차인대표회의는 회장 1명, 부회장 1명 및 감사 1명을 동별 대표자 중에서 선출하여야 한다.
⑤ 임차인대표회의를 소집하려는 경우에는 소집기일 5일 전까지 회의의 목적·일시 및 장소 등을 임차인에게 알리거나 공시하여야 한다.

**14**

- 임대사업자가 ( 20세대 ) 이상의 민간임대주택을 공급하는 공동주택단지에 입주하는 임차인은 임차인대표회의를 구성할 수 있다.
- 임대사업자는 입주예정자의 과반수가 입주한 때에는 과반수가 입주한 날로부터 ( 30일 ) 이내에 입주현황과 임차인대표회의를 구성할 수 있다는 사실을 입주한 임차인에게 통지하여야 한다.
- 동별 대표자가 될 수 있는 사람은 해당 민간임대주택단지에서 ( 6개월 ) 이상 계속 거주하고 있는 임차인으로 한다. 다만, 최초로 임차인대표회의를 구성하는 경우에는 그러하지 아니하다.

**15**  ② 임차인대표회의는 필수적으로 회장 1명, 부회장 1명 및 감사 1명을 동별 대표자 중에서 선출하여야 한다.
③ 임대사업자가 임대주택을 자체관리하려면 대통령령으로 정하는 기술인력 및 장비를 갖추고 관할 시장·군수·구청장의 인가를 받아야 한다.
④ 임차인대표회의를 소집하려는 경우에는 소집일 5일 전까지 회의의 목적·일시 및 장소 등을 임차인에게 알리거나 공시하여야 한다.
⑤ 임대사업자는 임차인으로부터 임대주택을 관리하는 데에 필요한 경비를 받을 수 있다.

**16**  ② 등록한 날로부터 3개월이내 민간임대주택을 취득하지 아니하는 경우 등록의 전부 또는 일부를 말소할 수 있다.

③ 임대사업자는 임차인에게 설명하고 이를 확인받아야 한다.

④ 민간임대주택으로 등록한 준주택은 주거용이 아닌 용도로 사용할 수 없다.

⑤ 조정안을 받아들이면 당사자 간에 조정조서와 같은 내용의 합의가 성립된 것으로 본다.

**17**  ① 시장·군수·구청장은 임대주택분쟁조정위원회를 구성한다.

| Answer | 주관식 |

| | |
|---|---|
| **01** 건축법 | **02** ㉠: 30, ㉡: 10 |
| **03** ㉠: 30, ㉡: 7 | **04** ㉠: 자치관리, ㉡: 위탁관리 |
| **05** ㉠: 1, ㉡: 주택관리사, ㉢: 사무실 | **06** ㉠: 50, ㉡: 1,000, ㉢: 50 |
| **07** ㉠: 사용검사, ㉡: 표준건축비 | **08** ㉠: 5, ㉡: 1 |
| **09** ㉠: 20, ㉡: 공용부분 | **10** 입주자대표회의 |

---

**Answer** 객관식

01 ③　　02 ⑤　　03 ⑤　　04 ④　　05 ⑤　　06 ①　　07 ⑤　　08 ④　　09 ①　　10 ④
11 ③

---

**01** ③ ⓒ 행복주택: 30년, ⓒ 장기전세주택: 20년

**02** ⑤ ㄱ, ㄴ, ㄷ, ㄹ 모두 해당한다.

**03** ⑤ 시장·군수 또는 구청장은 특별관리지역 지정 이전부터 이 법에 따른 적법한 허가나 신고 등의 절차를 거치지 아니하고 설치한 건축물 등에 대하여 기간을 정하여 시정명령을 할 수 있다. 시정명령을 받은 후 그 시정기간 내에 해당 시정명령의 이행을 하지 아니한 자에 대하여 이행강제금을 부과한다.

**04** ④ 공공주택사업자가 주택지구가 지정·고시된 날부터 1년 이내에 지구계획을 수립하여 국토교통부장관에게 승인을 신청하지 아니한 때에는 다른 공공주택사업자로 하여금 지구계획을 수립·신청하게 할 수 있다.

**05** ⑤ ㄱ, ㄴ, ㄷ, ㄹ 모두 옳은 지문이다.

**06** ① 공공주택사업자의 귀책사유로 입주기간 종료일부터 3개월 이내에 입주할 수 없는 경우

**07** ⑤ 국토교통부장관 또는 지방자치단체의 장은 제49조의4(공공임대주택의 전대제한)를 위반하여 공공임대주택의 임차권을 양도하거나 공공임대주택을 전대하는 임차인에 대하여 4년의 범위에서 국토교통부령으로 정하는 바에 따라 공공임대주택의 입주자격을 제한할 수 있다.

**08** ④ 임차인에 대하여 4년의 범위에서 국토교통부령으로 정하는 바에 따라 공공임대주택의 입주자격을 제한할 수 있다.

**09** ① 공공주택사업자는 공공임대주택을 관리하는 데 필요한 경비를 임차인이 최초로 납부하기 전까지 해당 공공임대주택의 유지관리 및 운영에 필요한 경비(이하 "선수관리비"라 한다)를 대통령령으로 정하는 바에 따라 부담할 수 있다.

**10**  ④ 공공주택사업자가 경제적 사정 등으로 공공임대주택에 대한 임대를 계속할 수 없는 경우로서
공공주택사업자가 국토교통부장관의 허가를 받아 임차인에게 분양전환하는 경우 임대의무기
간이 지나기 전에도 분양전환할 수 있다.

**11**  ⑰ 공공건설임대주택에 입주한 후 상속·판결 또는 혼인으로 인하여 다른 주택을 소유하게 된
경우 분양전환 당시까지 거주한 자로서 그 주택을 처분하여 무주택자가 된 임차인

---

**Answer** **주관식**

| | |
|---|---|
| **01** 영구임대주택 | **02** ㉠: 환매, ㉡: 처분손익 |
| **03** ㉠: 공공주택사업, ㉡: 분양전환, ㉢: 현물보상 | **04** ㉠: 주거상업고밀, ㉡: 주거산업융합 |
| **05** ㉠: 15, ㉡: 10, ㉢: 60 | **06** ㉠: 3, ㉡: 2 |
| **07** ㉠: 1, ㉡: 3 | **08** ㉠: 4, ㉡: 6 |
| **09** 6 | |

**01** ④ 공동주택 중 16층 이상 아파트는 제2종 시설물에 해당한다.

**02** ③ 국토교통부장관은 시설물이 안전하게 유지관리될 수 있도록 하기 위하여 5년마다 시설물의 안전 및 유지관리에 관한 기본계획을 수립·시행하여야 한다.

**03** ① 민간관리주체는 특별자치시장·특별자치도지사·시장·군수 또는 자치구 구청장(이하 "시장·군수·구청장"이라 한다)에게 시설물의 안전 및 유지관리계획을 매년 2월 15일까지 제출하여야 한다.

**04** ③ 민간관리주체가 어음·수표의 지급불능으로 인한 부도 등 부득이한 사유로 인하여 안전점검을 실시하지 못하게 될 때에는 관할 시장·군수·구청장이 민간관리주체를 대신하여 안전점검을 실시할 수 있고, 이 경우 안전점검에 드는 비용은 그 민간관리주체에게 부담하게 할 수 있다.

**05** ① 다만, 이 기간 내 정밀안전진단을 실시한 경우에는 해당 정밀안전점검을 생략할 수 있다.

**06** ③ 정기안전점검 결과 안전등급이 D등급(미흡) 또는 E등급(불량)으로 지정된 제3종 시설물의 최초 정밀안전점검은 해당 정기안전점검을 완료한 날부터 1년 이내에 실시하여야 한다.

**07** ① 국토교통부장관은 시설물이 안전하게 유지 관리될 수 있도록 하기 위하여 5년마다 시설물의 안전 및 유지관리에 관한 기본계획을 수립·시행하여야 한다.
③ 층수가 21층 아파트는 제2종 시설물로 분류된다.
④ 국토교통부장관 또는 관계 행정기관의 장은 긴급안전점검을 종료한 날부터 15일 이내에 그 결과를 해당 관리주체에게 서면으로 통보하여야 한다.
⑤ 최초로 실시하는 정밀안전진단은 준공일 또는 사용승인일 후 10년이 지난 때부터 1년 이내에 실시한다.

**08** ① 국토교통부장관은 시설물이 안전하게 유지관리될 수 있도록 하기 위하여 5년마다 시설물의 안전 및 유지관리에 관한 기본계획을 수립·시행하여야 한다.
③ 연면적 5만m² 이상 건축물은 제1종 시설물에 해당한다.
④ 최초로 실시하는 성능평가는 성능평가대상시설물 중 제1종 시설물의 경우에는 최초로 정밀안전진단을 실시하는 때, 제2종 시설물의 경우에는 하자담보책임기간이 끝나기 전에 마지막으로 실시하는 정밀안전점검을 실시하는 때에 실시한다.
⑤ 국토교통부장관은 안전점검등 비용산정기준을 정하여 고시하려는 경우에는 재정경제부장관과 협의하여야 한다.

**09** ④ 대통령령으로 정하는 시설물에 대한 정밀안전진단은 국토안전관리원에만 대행하게 하여야 한다.

**10** ② 관리주체는 시설물의 하자담보책임기간이 끝나기 전에 마지막으로 실시하는 정밀안전점검의 경우에는 안전진단전문기관이나 국토안전관리원에 의뢰하여 실시하여야 한다.

**11** ③ 안전진단전문기관이 소속 임직원인 기술자가 수행하여야 할 안전점검등 또는 성능평가 업무를 소속 임직원이 아닌 기술자에게 수행하게 한 경우 시·도지사는 그 등록을 취소하거나 1년 이내의 기간을 정하여 영업정지를 명할 수 있다.

**12** ⑤ 시설물관리계획을 보고받거나 제출받은 중앙행정기관의 장과 시·도지사는 그 현황을 확인한 후 시설물관리계획에 관한 자료를 15일 이내에 국토교통부장관에게 제출하여야 한다.

**13** ② 최초로 실시하는 정밀안전진단은 준공일 또는 사용승인일 후 10년이 지난 때부터 1년 이내에 실시한다.

| Answer | 주관식 |
| --- | --- |

01 ㉠ : 16, ㉡ : 3　　　　02 ㉠ : 물리적, ㉡ : 기능적
03 ㉠ : 안전성, ㉡ : 내진설계기준　　04 성능평가
05 ㉠ : 정밀안전진단, ㉡ : 정밀안전점검　　06 반기
07 ㉠ : 1, ㉡ : 정밀안전진단　　08 ㉠ : 2, ㉡ : 3
09 ㉠ : 국토안전관리원, ㉡ : 안전진단전문기관

| Answer | 객관식 |

01 ②    02 ①    03 ⑤    04 ①    05 ③    06 ③    07 ④    08 ②    09 ⑤    10 ③
11 ⑤    12 ④    13 ④

**01**   ② 배전사업자는 전기판매사업을 겸업할 수 있다.

**02**   ① 거짓은 필요적 취소이다.

**03**   ⑤ 전기를 대량으로 사용하려는 자가 사용예정일 3년 전에 용량 10만킬로와트 이상 30만킬로와트 미만의 전기를 사업자에게 요청하는 경우

**04**   ① 전력산업기반조성계획은 3년 단위로 수립·시행한다.

**05**   ③ 기본계획 내용에 해당한다.

**06**   ③ 발전사업자 및 전기판매사업자는 「신에너지 및 재생에너지 개발·이용·보급 촉진법」의 규정에 따른 신·재생에너지발전사업자가 발전설비용량이 1천kW 이하인 발전설비를 이용하여 생산한 전력을 거래하는 경우 전력시장을 거치지 않고 전력거래를 할 수 있다.

**07**   ① 구역전기사업자란 3만 5천킬로와트 이하의 발전설비를 갖추고 특정한 공급구역의 수요에 응하여 전기를 생산하여 전력시장을 통하지 아니하고 당해 공급구역 안의 전기사용자에게 공급함을 주된 목적으로 하는 사업을 말한다.
    ② 재생에너지전기공급사업자는 재생에너지를 이용하여 생산한 전기를 전력시장을 거치지 아니하고 전기사용자에게 공급할 수 있다.
    ③ 수전설비용량이 3만kVA(킬로볼트암페어) 이상인 전기사용자는 전기사용자는 전력시장에서 전력을 직접 구매할 수 있다.
    ⑤ 분산형전원이란 전력수요 지역 인근에 설치하여 송전선로[발전소 상호 간, 변전소 상호 간 및 발전소와 변전소 간을 연결하는 전선로(통신용으로 전용하는 것은 제외한다)를 말한다. 이하 같다]의 건설을 최소화할 수 있는 일정 규모 이하의 발전설비로서 기후에너지환경부령으로 정하는 것을 말한다.

**08** ② 전기사용자는 전력시장에서 전력을 직접 구매할 수 없다. 다만, 수전설비용량이 3만kVA(킬로 볼트암페어) 이상인 전기사용자는 그러하지 아니하다.

**09** ⑤ 전기판매사업자는 설비용량이 2만kW 이하의 발전사업자가 생산한 전력을 전력시장운영규칙 으로 정하는 바에 따라 우선적으로 구매할 수 있다.

**10** ③ 전기사업자는 국가·지방자치단체, 그 밖의 공공기관이 관리하는 공공용 토지에 전기사업용 전선로를 설치할 필요가 있는 경우에는 그 토지 관리자의 허가를 받아 사용할 수 있다.

**11** ⑤ 전력시장운영규칙을 제정·변경·또는 폐지하려는 경우에는 기후에너지환경부장관의 승인을 받아야 한다.

**12** ④ 전기사업자는 물밑에 설치한 전선로를 보호하기 위하여 필요한 경우에는 물밑선로보호구역의 지정을 기후에너지환경부장관에게 신청할 수 있다.

**13** ④ 전기신사업을 하려는 자는 전기신사업의 종류별로 기후에너지환경부장관에게 등록하여야 한다.

| Answer | 주관식 |

| | |
|---|---|
| **01** ㉠: 소규모전력중개사업, ㉡: 송전제약발생지역전기공급사업 | **02** ㉠: 전력시장, ㉡: 전기사용자 |
| **03** 7 | **04** ㉠: 수전, ㉡: 구내배전 |
| **05** ㉠: 전력계통, ㉡: 보편적공급 | **06** ㉠: 75, ㉡: 10 |
| **07** ㉠: 3, ㉡: 1 | **08** ㉠: 65, ㉡: 27 |

| Answer | 객관식 |
| --- | --- |

01 ①   02 ①   03 ③   04 ①   05 ③   06 ④   07 ⑤   08 ⑤   09 ④   10 ①
11 ④

**01** ⓒ 승강기안전인증을 받은 승강기는 3년마다 행정안전부장관이 실시하는 승강기에 대한 심사를 정기적으로 받아야 한다.

ⓒ 승강기안전인증을 받은 승강기의 제조·수입업자는 행정안전부령으로 정하는 바에 따라 승강기안전인증을 받은 후 제조하거나 수입하는 같은 모델의 승강기에 대하여 안전성에 대한 자체심사를 하고, 그 기록을 작성하고 5년간 보관해야 한다.

ⓔ 행정안전부장관은 수출을 목적으로 승강기를 제조하는 경우에는 승강기안 전인증의 전부를 면제할 수 있다.

**02** ① 승강기안전인증을 받은 승강기의 제조·수입업자는 승강기안전인증을 받은 후 제조하거나 수입하는 같은 모델의 승강기에 대하여 안전성에 대한 자체심사를 하고, 그 기록을 작성하고 5년간 보관해야 한다.

**03** ③ 승강기 유지관리를 업으로 하려는 자는 시·도지사에게 등록하여야 한다.

**04** ② 10일 이내에 한국승강기안전공단에 승강기의 설치신고를 해야 한다.

③ 30일 이내에 행정안전부장관에게 그 사실을 통보하여야 한다.

④ 「민법」 중 재단법인에 관한 규정을 준용한다.

⑤ 승강기 품질보증기간은 3년 이상

**05** ③ ㉠, ㉡

ⓒ 사망의 경우에는 1인당 8천만원 이상. 다만, 사망에 따른 실손해액이 2천만원 미만인 경우에는 1천만원 이상으로 한다.

ⓔ 14일 이내에 승강기안전종합정보망에 입력하게 해야 한다.

**06** ① 설치공사업자는 승강기의 설치를 끝낸 날부터 10일 이내에 한국승강기안전공단에 승강기의 설치신고를 해야 한다.

② 자체점검실시일부터 10일 이내에 승강기안전종합정보망에 입력해야 한다.

③ 중대한사고나 중대한고장의 발생여부는 정기검사 대상이고, 중대한사고나 중대한고장의 발생한 경우는 정밀안전검사를 받아야 한다.
⑤ 승강기안전인증이 취소된 승강기의 제조·수입업자는 취소된 날부터 1년 이내에는 같은 모델의 승강기에 대한 승강기안전인증을 신청할 수 없다.

**07** ⑤ 승강기 관리주체는 자체점검의 결과 해당 승강기에 결함이 있다는 사실을 알았을 경우에는 즉시 보수하여야 하며, 보수가 끝날 때까지 운행을 중지하여야 한다.

**08** ① 검사주기는 2년 이하로 하되, 행정안전부령으로 정하는 바에 따라 승강기별로 검사주기를 다르게 할 수 있다.
② 정기검사의 검사기간은 정기검사의 검사주기 도래일 전후 각각 30일 이내로 한다
③ 그 후 3년마다 정기적으로 정밀안전검사를 받아야 한다.
④ 안전검사에 불합격한 날부터 4개월 이내에 안전검사를 다시 받아야 한다.

**09** ④ 관리주체는 설치검사를 받은 날부터 15년이 지난 경우에 해당할 때에는 행정안전부장관이 실시하는 정밀안전검사를 받고, 그 후 3년마다 정기적으로 정밀안전검사를 받아야 한다.

**10** ① 관리주체는 안전검사에 불합격한 승강기에 대하여 안전검사에 불합격한 날부터 4개월 이내에 안전검사를 다시 받아야 한다.

**11** ① 관리주체는 승강기의 사고로 승강기 이용자 등 다른 사람의 생명·신체 또 는 재산상의 손해를 발생하게 하는 경우 그 손해에 대한 배상을 보장하기 위한 보험에 가입하여야 한다.
② 그 등록을 취소하여야 한다.
③ 정밀안전검사에 불합격한 승강기는 운행할 수 없다.
⑤ 승강기 관리주체가 직접 승강기를 관리하는 경우에는 그러하지 아니하다.

---

**Answer** 주관식

01 ㉠: 10, ㉡: 3
02 ㉠: 8, ㉡: 14, ㉢: 승강기안전종합정보망
03 ㉠: 30, ㉡: 행정안전부장관
04 ㉠: 3, ㉡: 설치, ㉢: 15
05 ㉠: 3, ㉡: 15
06 ㉠: 2, ㉡: 정밀
07 ㉠: 설치검사, ㉡: 자체점검
08 ㉠: 2, ㉡: 2
09 ㉠: 25, ㉡: 2, ㉢: 2

## 01 총칙 및 조합

**Answer** 객관식

| | | | | | | | | | |
|---|---|---|---|---|---|---|---|---|---|
| 01 ④ | 02 ② | 03 ① | 04 ③ | 05 ② | 06 ③ | 07 ⑤ | 08 ① | 09 ⑤ | 10 ③ |
| 11 ④ | 12 ③ | 13 ① | 14 ④ | 15 ② | 16 ④ | 17 ② | 18 ② | 19 ⑤ | 20 ③ |
| 21 ② | 22 ③ | 23 ② | 24 ⑤ | 25 ⑤ | 26 ⑤ | 27 ④ | 28 ⑤ | | |

**01**

| | |
|---|---|
| 주거환경<br>개선사업 | 도시저소득 주민이 집단거주하는 지역으로서 정비기반시설이 극히 열악하고 노후·불량건축물이 과도하게 밀집한 지역의 주거환경을 개선하거나 단독주택 및 다세대주택이 밀집한 지역에서 정비기반시설과 공동이용시설의 확충을 통하여 주거환경을 보전·정비·개량하기 위한 사업 |
| 재개발사업 | 정비기반시설이 열악하고 노후·불량건축물이 밀집한 지역에서 주거환경을 개선하거나 상업지역·공업지역 등에서 도시기능의 회복 및 상권활성화 등을 위하여 도시환경을 개선하기 위한 사업 |
| 재건축사업 | 정비기반시설은 양호하나 노후·불량건축물에 해당하는 공동주택이 밀집한 지역에서 주거환경을 개선하기 위한 사업 |

**02** ② 정비기반시설이 열악하고 노후·불량건축물이 밀집한 지역에서 주거환경을 개선하거나 상업지역·공업지역 등에서 도시기능의 회복 및 상권활성화 등을 위하여 도시환경을 개선하기 위한 사업은 재개발사업에 해당한다.

**03** 경찰서는 공공청사에 해당한다.

| | |
|---|---|
| 정비기반<br>시설 | 도로·상하수도·구거(도랑)·공원·공용주차장·공동구, 그 밖에 주민의 생활에 필요한 열·가스 등의 공급시설 : 필요적시설<br>① 녹지, 하천, 공공공지, 광장<br>② 소방용수시설, 비상대피시설, 가스공급시설, 지역난방시설 |

| | | |
|---|---|---|
| **04** | **정비기반<br>시설** | 도로·상하수도·구거(도랑)·공원·공용주차장·공동구, 그 밖에 주민의 생활에 필요한 열·가스 등의 공급시설: 필요적시설<br>① 녹지, 하천, 공공공지, 광장<br>② 소방용수시설, 비상대피시설, 가스공급시설, 지역난방시설 |
| | **공동이용<br>시설** | 주민이 공동으로 사용하는 놀이터·마을회관·공동작업장, 그 밖에 대통령령으로 정하는 시설: 있으면 편리한 시설<br>① 공동으로 사용하는 구판장·세탁장·화장실 및 수도<br>② 탁아소·어린이집·경로당 등 노유자시설(유치원 ×) |



**05** ② 정비사업의 계획기간을 단축하는 경우는 경미한 행위이므로 지방의회의 의견청취 절차를 거칠 필요는 없다.

**06** ③ 특별시장·광역시장·특별자치시장·특별자치도지사 또는 시장은 기본계획을 수립시 지방도시계획위원회의 심의를 거쳐야 한다.

**07** 기본계획
   1. 정비사업의 기본방향, 정비사업의 계획기간, 주거지 관리계획
   2. 인구·건축물·토지이용·정비기반시설·지형 및 환경 등의 현황
   3. 토지이용계획·정비기반시설계획·공동이용시설설치계획 및 교통계획
   4. 녹지·조경·에너지공급·폐기물처리 등에 관한 환경계획
   5. 사회복지시설 및 주민문화시설 등의 설치계획
   6. 도시의 광역적 재정비를 위한 기본방향
   7. 정비구역으로 지정할 예정인 구역(정비예정구역)의 개략적 범위
   8. 단계별 정비사업 추진계획(정비예정구역별 정비계획의 수립시기가 포함)
   9. 건폐율·용적률 등에 관한 건축물의 밀도계획
   10. 세입자에 대한 주거안정대책 등

**08** ① 도시 및 주거환경 정비를 위한 국가 정책방향은 기본방침에 해당한다.

**09** 1. 정비구역의 면적을 10퍼센트 미만의 범위에서 변경하는 경우
   2. 토지등소유자별 분담금 추산액 및 산출근거를 변경하는 경우
   3. 정비기반시설의 위치를 변경하는 경우와 정비기반시설 규모를 10퍼센트 미만의 범위에서 변경하는 경우
   4. 공동이용시설 설치계획을 변경하는 경우
   5. 재난방지에 관한 계획을 변경하는 경우
   6. 정비사업시행 예정시기를 3년의 범위에서 조정하는 경우
   7. 용도범위에서 건축물의 주용도를 변경하는 경우
   8. 건축물의 건폐율 또는 용적률을 축소하거나 10퍼센트 미만의 범위에서 확대하는 경우

9. 건축물의 최고 높이를 변경하는 경우

10. 용적률을 완화하여 변경하는 경우

11. 도시·군기본계획, 같은 조 제4호에 따른 도시·군관리계획 또는 기본계획의 변경에 따라 정비계획을 변경하는 경우

12. 교통영향평가 등 관계법령에 의한 심의결과에 따른 변경인 경우

**10** ③ 정비사업의 시행으로 토지등소유자에게 과도한 부담이 발생할 것으로 예상되는 경우에는 지방도시계획위원회의 심의를 거쳐 정비구역 등을 해제할 수 있다.

**11** ① 특별시장·광역시장·특별자치시장·특별자치도지사·시장 또는 군수(광역시의 군수는 제외) 지정할 수 있다.

② 정비구역에서 건축물의 용도만을 변경하는 경우에는 따로 시장·군수 등의 허가를 받아야 한다.

③ 재개발사업을 시행하는 지정개발자가 조합설립인가를 받은 날부터 3년이 되는 날까지 사업시행계획인가를 신청하지 않은 경우 해당 정비구역을 해제하여야 한다.

⑤ 정비구역이 해제된 경우에도 정비계획으로 변경된 용도지역, 정비기반시설 등은 정비구역 지정 이전의 상태로 환원된 것으로 본다.

**12** ㉣ 이동이 용이하지 아니한 물건을 1개월 이상 동안 쌓아놓는 행위

**13** 허가 예외 사유

1. 재해복구 또는 재난수습에 필요한 응급조치를 위한 행위

2. 기존 건축물의 붕괴 등 안전사고의 우려가 있는 경우 해당 건축물에 대한 안전조치를 위한 행위

3. 농림수산물의 생산에 직접 이용되는 것으로서 비닐하우스. 건조장, 버섯재재사, 종묘배양장, 간이공작물의 설치

4. 경작을 위한 토지의 형질변경

5. 정비구역의 개발에 지장을 주지 아니하고 자연경관을 손상하지 아니하는 범위에서의 토석의 채취

6. 정비구역에 존치하기로 결정된 대지에 물건을 쌓아놓는 행위

7. 관상용 죽목의 임시식재(경작지에서의 임시식재는 제외)

**14** ① 조합의 재건축사업의 경우, 토지등소유자가 정비구역으로 지정·고시된 날부터 2년이 되는 날까지 조합설립추진위원회의 승인을 신청하지 않은 경우

② 조합의 재건축사업의 경우, 토지등소유자가 정비구역으로 지정·고시된 날부터 3년이 되는 날까지 조합설립인가를 신청하지 않은 경우

③ 조합의 재건축사업의 경우, 조합설립추진위원회가 추진위원회 승인일부터 2년이 되는 날까지 조합설립인가를 신청하지 않은 경우

⑤ 조합설립추진위원회가 구성된 구역에서 토지등소유자의 100분의 30이 정비구역의 해제를 요청한 경우

**15** ② 토지등소유자가 20인 미만(조합×)인 경우에는 토지등소유자가 시행하거나 토지등소유자가 토지등소유자의 과반수의 동의를 받아 시장·군수 등, 토지주택공사 등, 건설업자, 등록사업자 또는 대통령령으로 정하는 요건을 갖춘 자(신탁업자와 한국부동산원)와 공동으로 시행할 수 있다.

**16** ④ 시장·군수 등이 직접 정비사업을 시행하거나 토지주택공사 등을 사업시행자로 지정한 경우 사업시행자는 사업시행자 지정·고시 후 건설업자 또는 등록사업자를 시공자로 선정하여야 한다.

**17** 시장·군수 등이 직접 정비사업을 시행하거나 토지주택공사 등을 사업시행자로 지정
  1. 천재지변, 「재난 및 안전관리 기본법」 또는 「시설물의 안전 및 유지관리에 관한 특별법」에 따른 사용제한·사용금지, 그 밖의 불가피한 사유로 긴급하게 정비사업을 시행할 필요가 있다고 인정하는 때
  2. 정비계획에서 정한 정비사업시행 예정일부터 2년 이내에 사업시행계획인가를 신청하지 아니하거나 사업시행계획인가를 신청한 내용이 위법 또는 부당하다고 인정하는 때(재건축사업의 경우는 제외한다)
  3. 추진위원회가 시장·군수 등의 구성승인을 받은 날부터 3년 이내에 조합설립인가를 신청하지 아니하거나 조합이 조합설립인가를 받은 날부터 3년 이내에 사업시행계획인가를 신청하지 아니한 때
  4. 지방자치단체의 장이 시행하는 「국토의 계획 및 이용에 관한 법률」에 따른 도시·군계획사업과 병행하여 정비사업을 시행할 필요가 있다고 인정하는 때
  5. 순환정비방식으로 정비사업을 시행할 필요가 있다고 인정하는 때
  6. 사업시행계획인가가 취소된 때
  7. 해당 정비구역의 국·공유지 면적 또는 국·공유지와 토지주택공사 등이 소유한 토지를 합한 면적이 전체 토지면적의 2분의 1 이상으로서 토지등소유자의 과반수가 시장·군수 등 또는 토지주택공사 등을 사업시행자로 지정하는 것에 동의하는 때
  8. 해당 정비구역의 토지면적 2분의 1 이상의 토지소유자와 토지등소유자의 3분의 2 이상에 해당하는 자가 시장·군수 등 또는 토지주택공사 등을 사업시행자로 지정할 것을 요청하는 때. 이 경우 토지등소유자가 정비계획의 입안을 제안한 경우 입안제안에 동의한 토지등소유자는 토지주택공사 등의 사업시행자 지정에 동의한 것으로 본다. 다만, 사업시행자의 지정 요청 전에 시장·군수 등 및 주민대표회의에 사업시행자의 지정에 대한 반대의 의사표시를 한 토지등소유자의 경우에는 그러하지 아니하다.

**18** 추진위원회 업무
   1. 정비사업전문관리업자의 선정 및 변경
   2. 설계자의 선정 및 변경
   3. 개략적인 정비사업 시행계획서의 작성
   4. 조합설립인가를 받기 위한 준비업무
   5. 추진위원회 운영규정의 작성
   6. 토지등소유자의 동의서의 접수
   7. 조합의 설립을 위한 창립총회의 개최
   8. 조합정관의 초안 작성

**19** ⑤ 조합이 시행하는 재건축 사업에서 추진위원회가 추진위원회 승인일부터 2년이 되는 날까지 조합설립인가를 신청하지 아니하는 경우에는 정비구역의 지정권자는 정비구역 등을 해제하여야 한다.

**20** ③ 조합장이 자기를 위하여 조합과 계약이나 소송을 할 때에는 감사가 조합을 대표한다.

**21** ① 조합이 정관의 기재사항인 조합임원의 수를 변경하려는 때에는 시장·군수 등의 신고를 하여야 한다.
   ③ 토지등소유자의 수가 100인을 초과하는 경우 조합에 두는 이사의 수는 5명 이상으로 한다.
   ④ 조합임원의 임기는 3년 이하의 범위에서 정관으로 정하되, 연임할 수 있다.
   ⑤ 조합의 대의원회는 조합원의 10분의 1 이상으로 구성하며, 조합장이 아닌 조합임원은 대의원이 될 수 없다.

**22** ① 조합의 이사는 당해 조합의 대의원이 될 수 없다.
   ② 조합의 비용부담 및 조합의 회계를 하고자 하는 때에는 총회에서 조합원의 3분의 2 이상의 찬성으로 의결하고, 시장·군수 등의 인가를 받아야 한다.
   ④ 조합원의 수가 100인 이상인 조합은 대의원회를 두어야 한다.
   ⑤ 관리처분계획의 수립 및 변경을 의결하는 총회의 경우에는 조합원의 100분의 20 이상이 직접 출석하여야 한다.

**23** ① 조합임원이 금고 이상의 형의 집행유예를 받고 그 유예기간 중에 있는 경우에는 당연히 퇴임한다.
   ③ 조합장 또는 이사가 자기를 위하여 조합과 계약이나 소송을 할 때에는 감사가 조합을 대표한다.
   ④ 조합임원의 임기는 정관으로 정하되, 연임할 수 있다.
   ⑤ 조합의 정관에는 조합임원 업무의 분담 및 대행 등에 관한 사항은 포함된다.

**24** ⑤ 조합임원의 해임은 조합원 10분의 1 이상의 요구로 소집된 총회에서 조합원 과반수의 출석과 출석 조합원 과반수의 동의를 얻어 할 수 있다. 이 경우 요구자 대표로 선출된 자가 해임 총회의 소집 및 진행에 있어 조합장의 권한을 대행한다,

**25** ⑤ 벌금은 정비법 위반시에만 해당한다(음주은 적용대상이 아니다).

**26** 조합원 3분의 2 이상의 찬성
1. 조합원의 자격, 제명·탈퇴 및 교체
2. 정비구역의 위치 및 면적
3. 조합의 비용부담 및 조합의 회계
4. 정비사업비의 부담 시기 및 절차
5. 시공자·설계자의 선정 및 계약서에 포함될 내용

**27** 시장·군수 등에게 신고
1. 착오·오기 또는 누락임이 명백한 사항
2. 조합의 명칭 및 주된 사무소의 소재지와 조합장의 성명 및 주소(조합장의 변경이 없는 경우로 한정한다)
3. 토지 또는 건축물의 매매 등으로 조합원의 권리가 이전된 경우의 조합원의 교체 또는 신규가입
4. 조합임원 또는 대의원의 변경(법 제45조에 따른 총회의 의결 또는 대의원회의 의결을 거친 경우로 한정한다)
5. 건설되는 건축물의 설계 개요의 변경
6. 정비사업비의 변경
7. 현금청산으로 인하여 정관에서 정하는 바에 따라 조합원이 변경되는 경우
8. 정비구역 또는 정비계획의 변경에 따라 변경되어야 하는 사항. 다만, 정비구역 면적이 10퍼센트 이상의 범위에서 변경되는 경우는 제외한다.

**28** ⑤ 정비계획의 작성기준 및 작성방법은 국토교통부장관이 이를 정한다.

## 02 사업시행계획인가 · 관리처분

**Answer** 객관식

| 01 ③ | 02 ④ | 03 ① | 04 ④ | 05 ① | 06 ⑤ | 07 ② | 08 ② | 09 ③ | 10 ② |
|---|---|---|---|---|---|---|---|---|---|
| 11 ③ | 12 ② | 13 ④ | 14 ① | 15 ② | 16 ④ | 17 ⑤ | 18 ④ | | |

**01** 신고사항(경미사유)

1. 정비사업비를 10퍼센트의 범위에서 변경하거나 관리처분계획의 인가에 따라 변경하는 때. 다만, 국민주택을 건설하는 사업인 경우에는 「주택도시기금법」에 따른 주택도시기금의 지원금액이 증가되지 아니하는 경우만 해당한다.
2. 건축물이 아닌 부대시설 · 복리시설의 설치규모를 확대하는 때(위치가 변경되는 경우는 제외한다)
3. 대지면적을 10퍼센트의 범위에서 변경하는 때
4. 세대수와 세대당 주거전용면적을 변경하지 않고 세대당 주거전용면적의 10퍼센트의 범위에서 세대 내부구조의 위치 또는 면적을 변경하는 때
5. 내장재료 또는 외장재료를 변경하는 때
6. 사업시행계획인가의 조건으로 부과된 사항의 이행에 따라 변경하는 때
7. 건축물의 설계와 용도별 위치를 변경하지 아니하는 범위에서 건축물의 배치 및 주택단지 안의 도로선형을 변경하는 때
8. 사업시행자의 명칭 또는 사무소 소재지를 변경하는 때
9. 정비구역 또는 정비계획의 변경에 따라 사업시행계획서를 변경하는 때
10. 조합설립변경 인가에 따라 사업시행계획서를 변경하는 때

**02** ① 재건축사업이란 정비기반시설은 양호하나 노후 · 불량건축물에 해당하는 공동주택이 밀집한 지역에서 주거환경을 개선하기 위한 사업을 말한다.
② 재건축사업의 경우 정비구역의 지정권자는 하나의 정비구역을 둘 이상의 정비구역으로 분할하여 지정할 수 있다.
③ 재건축사업은 관리처분계획에 따라 건축물을 공급(환지로 공급×)
⑤ 토지등소유자가 20인 미만인 경우에는 토지등소유자가 직접 재개발사업을 시행할 수 있다.

**03** ② 정비구역 등을 해제할 수 있다.
③ 수용방법이 아니라 환지로 공급하는 방법으로 한다.
④ 재개발사업 및 재건축사업의 추진위원회가 시장 · 군수 등의 구성승인을 받은 날부터 3년 이내에 조합설립인가를 신청하지 아니하거나 조합이 조합설립인가를 받은 날부터 3년 이내에 사업시행계획인가를 신청하지 아니한 때 시장 · 군수 등은 직접 정비사업을 시행하거나 토지주택공사 등을 사업시행자로 지정하여 정비사업을 시행하게 할 수 있다.

⑤ 사업시행자는 정비사업의 공사를 완료한 때에는 완료한 날부터 30일 이내에 임시거주시설을 철거하고, 사용한 건축물이나 토지를 원상회복하여야 한다.

**04** ④ 재건축사업의 사업시행자가 사업시행계획서를 작성할 때 임대주택의 건설계획은 제외한다.

**05** ① 너무 좁은 토지 또는 건축물이나 정비구역 지정 후 분할된 토지를 취득한 자에 대하여는 현금으로 청산할 수 있다.

**06** ⑤ 투기과열지구 또는 조정대상지역이 아닌 수도권정비계획법의 과밀억제권역에 위치하는 재건축사업의 경우에는 1세대가 수개의 주택을 소유한 경우에는 3주택까지 공급할 수 있다.

**07** 관리처분계획에 포함되어야 할 사항
1. 분양설계
2. 분양대상자의 주소 및 성명
3. 분양대상자별 분양예정인 대지 또는 건축물의 추산액(임대관리 위탁주택에 관한 내용을 포함)
4. 다음에 해당하는 보류지 등의 명세와 추산액 및 처분방법
   ① 일반 분양분
   ② 공공지원민간임대주택(선정된 임대사업자의 성명·주소를 포함)
   ③ 임대주택
   ④ 부대시설·복리시설
5. 분양대상자별 종전의 토지 또는 건축물 명세 및 사업시행계획인가 고시가 있는 날(사업시행계획인가 전에 철거된 건축물은 시장·군수 등에게 허가를 받은 날)을 기준으로 한 가격
6. 정비사업비의 추산액(재건축사업의 경우에는 「재건축초과이익 환수에 관한 법률」에 따른 재건축부담금에 관한 사항을 포함) 및 그에 따른 조합원 분담규모 및 분담시기
7. 분양대상자의 종전 토지 또는 건축물에 관한 소유권 외의 권리명세
8. 세입자별 손실보상을 위한 권리명세 및 그 평가액
9. 현금으로 청산하여야 하는 토지등소유자별 기존의 토지·건축물 또는 그 밖의 권리의 명세와 이에 대한 청산방법
10. 보류지 등의 명세와 추산가액 및 처분방법
11. 비용의 부담비율에 따른 대지 및 건축물의 분양계획과 그 비용부담의 한도·방법 및 시기. 이 경우 비용부담으로 분양받을 수 있는 한도는 정관등에서 따로 정하는 경우를 제외하고는 기존의 토지 또는 건축물의 가격의 비율에 따라 부담할 수 있는 비용의 50퍼센트를 기준으로 정한다.
12. 정비사업의 시행으로 인하여 새롭게 설치되는 정비기반시설의 명세와 용도가 폐지되는 정비기반시설의 명세
13. 기존 건축물의 철거 예정시기

**08** ② 관리처분계획 인가를 받은 후 기존건축물을 철거하여야 한다.

**09** ③ 재개발사업은 정비구역에서 인가받은 관리처분계획에 따라 건축물을 건설하여 공급하거나, 환지로 공급하는 방법으로 한다.

**10** ② 사업시행자는 관리처분계획인가를 받은 후 기존의 건축물을 철거하여야 한다.

**11** ③ 세입자의 주거 및 이주대책은 사업시행계획이다.

**12** ㉠, ㉣ : 관리처분계획의 내용이다.
㉡, ㉢ : 사업시행계획서의 내용이다.

**13**
> - 시장·군수 등이 아닌 사업시행자가 정비사업을 시행하려는 경우에는 사업시행계획서에 정관 등과 그 밖에 국토교통부령으로 정하는 서류를 첨부하여 시장·군수 등에게 제출하고 사업시행계획(인가)를 받아야 한다.
> - 시장·군수 등이 아닌 사업시행자가 정비사업 공사를 완료한 때에는 대통령령으로 정하는 방법 및 절차에 따라 시장·군수 등의 준공(인가)를 받아야 한다.

**14** ② 토지등소유자에 대한 사업시행자의 매도청구에 대한 판결에 따라 관리처분계획을 변경하는 경우에는 경미한 사유로 신고대상이다.
③ 사업시행자는 관리처분계획이 인가·고시된 다음 날부터 90일 이내에 분양신청을 하지 않은 자와 손실보상에 관한 협의를 하여야 한다,
④ 관리처분계획에 포함되는 세입자별 손실보상을 위한 권리명세 및 그 평가액은 시장·군수 등이 선정·계약한 1인 이상의 감정평가법인등과 조합총회의 의결로 선정·계약한 1인 이상의 감정평가법인등이 평가한 금액을 산술평균하여 산정한다.
⑤ 시장·군수 등이 직접 관리처분계획을 수립하는 경우에는 토지등소유자의 공람 및 의견청취 절차를 생략할 수 없다.

**15** ② 시장·군수는 그가 시행하는 정비사업으로 인하여 현저한 이익을 받는 정비기반 시설의 관리자가 있는 경우에는 그 정비기반시설의 관리자와 협의하여 당해 정비사업비의 3분의 1까지를 그 관리자에게 부담시킬 수 있다(다른 정비기반시설의 정비가 그 정비사업의 주된 내용이 되는 경우에는 그 부담비용의 총액은 해당 정비사업에 소요된 비용의 2분의 1까지로 할 수 있다).

**16** ④ 국가 또는 지방자치단체는 시장·군수가 아닌 사업시행자가 시행하는 정비사업에 소요되는 비용의 일부에 대해 융자하거나 융자를 알선할 수 있다.

**17** ⑤ 시장·군수 등은 시장·군수 등이 아닌 사업시행자가 시행하는 정비사업의 정비계획에 따라 설치되는 임시거주시설에 대해서는 그 건설비용의 전부를 부담할 수 있다.

**18** ④ 정비사업의 시행으로 인하여 용도가 폐지되는 국가 또는 지방자치단체 소유의 정비기반시설은 시장·군수 등 또는 토지주택공사 등이 아닌 사업시행자가 새로이 설치한 정비기반시설의 설치비용에 상당하는 범위 안에서 사업시행자에게 무상으로 양도된다.

| Answer | 주관식 |

| | |
|---|---|
| **01** ㉠: 90, ㉡: 30 | **02** ㉠: 3, ㉡: 2, ㉢: 3 |
| **03** ㉠: 30, ㉡: 10 | **04** ㉠: 70, ㉡: 70 |
| **05** ㉠: 조합설립인가, ㉡: 관리처분계획인가 | **06** ㉠: 90, ㉡: 40 |
| **07** 설립인가 | **08** ㉠: 90, ㉡: 1 |
| **09** ㉠: 90, ㉡: 60 | **10** ㉠: 2, ㉡: 60, ㉢: 3 |

# 도시재정비 촉진을 위한 특별법

**Answer** 객관식

| 01 ② | 02 ③ | 03 ② | 04 ④ | 05 ④ | 06 ① | 07 ② | 08 ④ | 09 ④ | 10 ① |
| 11 ④ | 12 ⑤ | 13 ④ |

**01** ② 재정비촉진지구의 유형은 주거지형, 중심지형, 고밀복합형으로 구분한다.

**02** ③ "우선사업구역"에 대한 설명이다.

**03** ② 재정비촉진지구의 유형은 주거지형, 중심지형, 고밀복합형으로 구분한다.

**04** ④ ㉡
　㉠ 「도시재생 활성화 및 지원에 관한 특별법」에 따른 주거재생혁신지구의 혁신지구재생사
　　업의 경우: 토지·물건 또는 권리의 소유자
　㉢ 「공공주택특별법」에 따른 도심 공공주택 복합 사업의 경우: 토지 또는 건축물의 소유자
　㉣ 「도시 및 주거환경정비법」에 따른 재건축사업의 경우: 건축물 및 그 부속토지의 소유자

**05** ㉡ 「도시재생 활성화 및 지원에 관한 특별법」에 따른 주거재생혁신지구의 혁신지구재생사
　　업의 경우: 재정비촉진구역에 있는 토지·물건 또는 권리의 소유자
　㉢ 「공공주택특별법」에 따른 도심 공공주택 복합 사업의 경우: 재정비촉진구역에 있는 토지
　　또는 건축물의 소유자

**06** ① 재정비촉진지구를 지정대상지역은 ②③④⑤이다.

**07** ② 존치관리구역이란 재정비촉진구역의 지정 요건에 해당하지 아니하거나 기존의 시가지로 유
　　지·관리할 필요가 있는 구역을 말한다.

**08** ④ 사업협의회 위원의 2분의 1 이상이 요청하는 경우에 사업협의회를 개최한다.

**09** ① 우선사업구역의 재정비촉진사업은 관계 법령에도 불구하고 토지등소유자의 과반수의 동의를 받아 특별자치시장, 특별자치도지사, 시장·군수·구청장이 직접 시행하거나 총괄사업관리자를 사업시행자로 지정하여 시행하도록 하여야 한다.

② 사업협의회는 20인 이내(재정비촉진구역이 10곳 이상인 경우에는 30인 이내)의 위원으로 구성한다.

③⑤ 특별자치시장, 특별자치도지사, 시장·군수·구청장이 재정비촉진사업을 직접 시행하거나 한국토지주택공사 또는 지방공사가 사업시행자로 지정되는 경우 사업시행자는 「지방자치단체를 당사자로 하는 계약에 관한 법률」 또는 「공공기관의 운영에 관한 법률」에도 불구하고 주민대표회의에서 대통령령으로 정하는 경쟁입찰의 방법에 따라 추천한 자를 시공자로 선정할 수 있다.

**10** ② 특별시장·광역시장 또는 도지사가 직접 재정비촉진계획을 수립할 수 있다.

③ 존치관리구역이란 재정비촉진구역의 지정 요건에 해당하지 아니하거나 기존의 시가지로 유지·관리할 필요가 있는 구역을 말한다.

④ 우선사업구역의 재정비촉진사업은 관계법령에도 불구하고 토지등소유자의 과반수의 동의를 받아 특별자치시장, 특별자치도지사, 시장·군수·구청장이 직접 시행하거나 총괄사업관리자를 사업시행자로 지정하여 시행하도록 하여야 한다.

⑤ 총괄사업관리자로 하여금 민간투자사업을 대행하게 할 수 있다.

**11** ④ 재정비촉진계획의 결정·고시일부터 2년 이내에 재정비촉진사업과 관련하여 해당 사업을 규정하고 있는 관계 법률에 따른 조합설립인가를 신청하지 아니하거나, 3년 이내에 해당 사업에 관하여 규정하고 있는 관계 법률에 따른 사업시행인가를 신청하지 아니한 경우에는 특별자치시장, 특별자치도지사, 시장·군수·구청장이 그 사업을 직접 시행하거나 총괄사업관리자를 사업시행자로 우선하여 지정할 수 있다.

**12** ① 시·도지사 또는 대도시 시장은 재정비촉진계획 결정의 효력이 상실된 구역을 존치지역으로 전환할 수 있다.

② 재정비촉진지구의 지정을 고시한 날부터 재정비촉진계획의 결정을 고시한 날까지 재정비촉진지구에서 「국토의 계획 및 이용에 관한 법률」에 따른 개발행위의 허가를 할 수 없다.

③ 재정비촉진지구 지정을 고시한 날부터 2년이 되는 날까지 재정비촉진계획이 결정되지 아니하면 그 2년이 되는 날의 다음 날에 재정비촉진지구 지정의 효력이 상실된다.

④ 사업시행자는 세입자의 주거안정과 개발이익의 조정을 위하여 해당 재정비촉진사업으로 증가되는 용적률의 75% 범위에서 대통령령으로 정하는 비율을 임대주택 등으로 공급해야 한다.

**13** ① 「도시 및 주거환경정비법」에 따른 재건축사업의 토지등소유자에는 지상권자는 해당되지 않는다.
② 시·도지사 또는 대도시의 시장는 그 밖에 재정비촉진사업의 추진 상황으로 보아 재정비촉진지구의 지정 목적을 달성하였거나 달성할 수 없다고 인정되는 경우에는 지방도시계획위원회 또는 도시재정비위원회의 심의를 거쳐 재정비촉진지구의 지정을 해제할 수 있다.
③ 재정비촉진지구의 수립권자는 사업을 효율적으로 추진하기 위하여 한국토지주택공사 또는 지방공사를 총괄사업관리자로 지정할 수 있다.
⑤ 그 2년이 되는 날의 다음 날에 재정비촉진지구 지정의 효력이 상실된다.

---

**Answer** 주관식

01 ㉠: 존치정비구역, ㉡: 존치관리구역　　　　　02 2

# 집합건물의 소유 및 관리에 관한 법률



**01** ③ 구분소유자의 3분의 2 이상 및 의결권의 3분의 2 이상의 결의로써 결정한다.

**02** ③ 공유자가 공용부분에 관하여 다른 공유자에 대하여 가지는 채권은 그 특별승계인에 대하여는 행사할 수 있다.

**03** ㉡ 각 공유자는 규약에 달리 정한 바가 없으면 지분의 비율에 따라 공용부분의 관리 비용과 그 밖의 의무를 부담하며 공용부분에서 생기는 이익을 취득한다.
　㉣ 그 특별승계인에 대하여는 행사할 수 있다.

**04** ① 관리인은 구분소유자일 필요가 없으며, 그 임기는 2년의 범위에서 규약으로 정한다.
　③ 관리인은 관리단의 사업시행에 관련하여 관리단을 대표하여 행하는 재판상 또는 재판 외의 행위를 할 권한이 있다.
　④ 관리인의 대표권은 규약이나 관리단집회의 결의에 의하여 제한할 수 있다. 다만, 그 제한을 가지고 선의의 제3자에게 대항할 수 없다.
　⑤ 구분소유자의 특별승계인은 승계 전에 발생한 관리단의 채무에 관하여 책임을 진다.

**05** ② 공용부분의 물권의 득실변경은 등기가 필요하지 아니하다.

**06** ② 공동주택의 담보책임 및 하자보수 등과 관련된 분쟁은 제외한다.

**07** ① 관리인은 매년 회계연도 종료후 3개월 이내에 정기관리단집회를 소집하여야 한다.
　② 관리인이 없는 경우에는 구분소유자의 5분의 1 이상은 관리단집회를 소집할 수 있다. 이 정수는 규약으로 감경할 수 있다.
　④ 권리변동 있는 공용부분의 변경에 관한 사항, 재건축의 결의 및 건물가격 2분의 1을 초과하는 건물의 일부가 멸실된 경우 멸실한 공용부분을 복구하는 경우는 구분소유자의 5분의 4 이상 및 의결권의 5분의 4 이상 결의가 있어야 한다.

⑤ 집회의 소집 절차나 결의 방법이 법령 또는 규약에 위반되거나 현저하게 불공정한 경우 집회결의 사실을 안 날부터 6개월 이내에, 결의한 날부터 1년 이내에 결의취소의 소를 제기할 수 있다.

**08** ② 전유부분이 속하는 1동의 건물의 설치 또는 보존의 흠으로 인하여 다른 자에게 손해를 입힌 경우에는 그 흠은 공용부분에 존재하는 것으로 추정한다.

**09** ⑤ 임시관리인은 선임된 날부터 6개월 이내에 관리인 선임을 위하여 관리단집회 또는 관리위원회를 소집하여야 한다.

**10** ③ 관리인은 구분소유자이어야 할 필요가 없으며, 그 임기는 2년의 범위에서 규약으로 정한다.

**11** ⑤ 전유부분이 50개 이상인 건물의 관리인은 관리단의 사무 집행을 위한 비용과 분담금 등 금원의 징수·보관·사용·관리 등 모든 거래행위에 관하여 장부를 월별로 작성하여 그 증빙서류와 함께 해당 회계연도 종료일부터 5년간 보관하여야 한다.

**12** ⑤ 재건축에 참가할 것인지 여부를 회답할 것을 촉구받은 구분소유자가 촉구를 받은 날부터 2개월 이내에 회답하지 아니한 경우 재건축에 참가하지 아니하겠다는 뜻을 회답한 것으로 본다.

**01** ① 소방대상물이란 건축물, 차량, 선박(「선박법」에 따른 선박으로서 항구 안에 매어둔 선박만 해당한다), 선박건조구조물, 산림, 그 밖의 공작물 또는 물건을 말한다.

**02** ㉣ 건축법령상 층수가 11층 이상인 건축물이 이에 해당한다.

**03** ③ 주거지역·상업지역 및 공업지역에 설치하는 경우에는 소방대상물과의 수평거리를 100m 이하가 되도록 하여야 하며, 나머지 지역에 설치하는 경우에는 소방대상물과의 수평거리를 140m 이하가 되도록 설치하여야 한다.

**04** ⑤ 소방시설 오작동 신고에 따른 조치활동은 소화지원활동에 해당한다.

**05** ① 소방신호의 종류는 경계신호·발화신호·해제신호·훈련신호가 있다.

**06** ① 목조건물 밀집한 지역

**07** ① 소방지원활동 군·경찰 등 유관기관에서 실시하는 훈련지원활동, 소방시설 오작동 신고에 따른 조치활동, 방송제작 또는 촬영 관련 소방지원활동이 포함된다.
　② 유관기관·단체 등의 요청에 따른 소방지원활동에 드는 비용은 지원요청을 한 유관기관·단체 등에게 부담하게 할 수 있다.
　③ 소방대상물에 화재, 재난, 재해, 그 밖의 위급한 상황이 발생한 경우 그 관계인 및 고의 또는 과실로 화재 또는 구조·구급활동이 필요한 상황을 발생시킨 사람, 화재 또는 구조·구급현장에서 물건을 가져간 사람은 소방활동의 비용을 지급받을 수 없다.
　④ 해당 조치로 인하여 손실을 입은 자가 있으면 그 손실을 보상하여야 한다.

**08** ① 단전사고시 비상전원 또는 조명의 공급은 생활안전활동에 속한다.
　③ 소방대상물에 화재, 재난, 재해, 그 밖의 위급한 상황이 발생한 경우 그 관계인이 소방활동에 종사한 사람은 시·도지사로부터 소방활동의 비용을 지급 받을 수 없다.
　④ 한국소방안전원은 「민법」 중 재단법인에 관한 규정을 준용한다.

⑤ 소방활동 종사로 인하여 사망하거나 부상을 입은 자가 손실보상을 청구할 수 있는 권리는 손실이 있음을 안 날부터 3년, 손실이 발생한 날부터 5년간 행사하지 아니하면 시효의 완성으로 소멸한다.

**09** ① 법 제19조 제1항을 위반하여 화재 또는 구조 · 구급이 필요한 상황을 거짓으로 알린 사람에게는 500만원 이하의 과태료를 부과한다.

---

**Answer** 주관식

01 관계지역

02 ㉠: 2, ㉡: 100, ㉢: 3

03 ㉠: 경계, ㉡: 해제

04 ㉠: 소방청장, ㉡: 인가, ㉢: 재단법인

05 ㉠: 손실보상심의위원회, ㉡: 3, ㉢: 5

**Answer** 객관식

01 ③　02 ②　03 ④　04 ③　05 ②　06 ②　07 ④　08 ②　09 ④　10 ⑤

**01** ③ 스프링클러 : 소화설비

**02** ② 무선통신보조설비는 소화활동설비에 속한다.

**03** ④ ㉠, ㉢, ㉣
　㉠ 무창층이란 개구부의 면적의 합계가 해당 층의 바닥면적의 30분의 1 이하가 되는 층이다.
　㉢ 해당 층의 바닥면으로부터 개구부 밑부분까지의 높이가 1.2m 이내일 것
　㉣ 내부 또는 외부에서 쉽게 부수거나 열 수 있을 것

**04** ③ ㉠, ㉢
　㉠ 연면적 20만m²인 특정소방대상물. 아파트 등은 제외한다.
　㉢ 창고시설 중 연면적 10만m² 이상인 것

**05** ② 연면적 20만m² 이상인 특정소방대상물. 다만, 별표 2 제1호 가목에 따른 아파트 등은 제외한다.

**06** ② 아파트는 제외한다.

**07** ④ 두께가 2mm 미만인 종이벽지는 제외된다.

**08** ② 물분무등소화설비[호스릴(Hose Reel) 방식의 물분무등소화설비만을 설치한 경우는 제외한다]가 설치된 연면적 5천m² 이상인 특정소방대상물(위험물 제조소등은 제외한다)

**09** ④ 작동점검만 실시하는 아파트등은 1회 점검시마다 전체 세대수의 50% 이상, 종합점검을 실시하는 아파트등은 1회 점검시마다 전체 세대수의 30% 이상 점검하도록 자체점검 계획을 수립·시행해야 한다.

**10** ⑤ 「지진·화산재해대책법」 제14조 제1항 각 호의 시설 중 대통령령으로 정하는 특정소방대상물에 대통령령으로 정하는 소방시설. 즉, 옥내소화전설비, 스프링클러설비, 물분무 등 소화설비를 설치하려는 자는 지진이 발생할 경우 소방시설이 정상적으로 작동될 수 있도록 소방청장이 정하는 내진설계기준에 맞게 소방시설을 설치하여야 한다.

| Answer | 주관식 |

| | |
|---|---|
| 01 성능위주설계 | 02 ㉠: 피난층, ㉡: 3 |
| 03 단독경보형감지기 | |

**01** ① 화재예방강화지구 안의 소방대상물에 대한 화재안전조사 결과에 따른 소방시설 등의 설치명령을 위반한 자는 200만원 이하의 과태료를 부과한다.
② 화재예방강화지구의 지정권자는 시·도지사이다.
④ 소방관서장은 화재예방강화지구 안의 소방대상물의 위치·구조 및 설비 등에 대한 화재안전조사를 연 1회 이상 실시하여야 한다.
⑤ 소방관서장은 소방상 필요한 훈련 및 교육을 실시하고자 하는 때에는 화재예방강화지구 안의 관계인에게 훈련 또는 교육 10일 전까지 그 사실을 통보하여야 한다.

**02** ① 소방청장은 해당 시·도지사에게 해당 지역의 화재예방강화지구 지정을 요청할 수 있다.
② 소방관서장은 화재예방강화지구 안의 화재안전조사를 연 1회 이상 실시해야 한다.
③ 소방시설·소방용수시설 또는 소방출동로가 없는 지역은 화재예방강화지구로 지정대상지역에 속한다.
④ 관계인에 대하여 소방에 필요한 훈련 및 교육을 연 1회 이상 실시할 수 있다.

**03** ③ 화재예방강화지구의 지정권자는 시·도지사다.

**04** ① 화재예방강화지구란 시·도지사가 화재발생 우려가 크거나 화재가 발생할 경우 피해가 클 것으로 예상되는 지역에 대하여 화재의 예방 및 안전관리를 강화하기 위해 지정·관리하는 지역을 말한다.
② 5년마다 수립·시행하여야 한다.
③ 50층 이상(지하층은 제외)이거나 지상으로부터 높이가 200m 이상인 아파트는 특급 소방안전관리대상물이다.
⑤ 법 제36조에 따른 피난계획에 관한 사항과 대통령령으로 정하는 사항이 포함된 소방계획서의 작성 및 시행은 특정소방대상물의 소방안전관리자의 업무이다.

**05** ③ 옥내소화전설비·스프링클러설비가 설치된 공동주택에 한정한다.

**06** ③ 30층 이상(지하층은 제외한다)이거나 지상으로부터 높이가 120m 이상인 아파트는 1급 소방안전관리대상물

**Answer** 주관식

| | |
|---|---|
| 01 화재예방강화지구 | 02 ㉠: 종합, ㉡: 부분 |
| 03 화재안전영향평가 | 04 20 |
| 05 ㉠: 50, ㉡: 200, ㉢: 20 | |

**2026** 제29회 시험대비 전면개정

# 박문각 주택관리사 합격예상문제 <u>2차</u> 주택관리관계법규

**초판인쇄** | 2026. 2. 10.  **초판발행** | 2026. 2. 15.  **편저** | 이경철 외 박문각 주택관리연구소
**발행인** | 박 용  **발행처** | (주)박문각출판  **등록** | 2015년 4월 29일 제2019-000137호
**주소** | 06654 서울시 서초구 효령로 283 서경 B/D 4층  **팩스** | (02)584-2927
**전화** | 교재 주문 (02)6466-7202, 동영상문의 (02)6466-7201

판 권
본 사
소 유




정가 34,000원

ISBN 979-11-7519-771-8  |  ISBN 979-11-7519-770-1(2차 세트)